新 潟 県

〈収録内容〉

2024 年度 ………… 数・英・理・社・国

2023 年度 ………… 数・英・理・社・国

2022 年度 ………… 数・英・理・社・国

2021 年度 ………… 数・英・理・社・国

2020 年度 ………… 数・英・理・社・国

 2019 年度 ………… 数・英・理・社

JN057770

📥 便利な DL コンテンツは右の QR コードから

 解答用紙　　 過去年度　　 リスニング　⇒　

※データのダウンロードは 2025 年 3 月末日まで。
※データへのアクセスには、右記のパスワードの入力が必要となります。 ⇒　449660

〈 各教科の受検者平均点 〉

	数 学	英 語	理 科	社 会	国 語	総合得点
2024年度	40.6	50.7	44.6	46.6	55.3	47.6
2023年度	39.7	41.1	58.4	50.6	50.4	48.1
2022年度	45.4	41.3	55.6	55.2	52.0	49.9
2021年度	53.7	53.7	56.2	55.7	56.6	55.2
2020年度	45.3	59.5	57.7	55.1	59.9	55.5
2019年度	36.5	49.5	47.3	53.7	65.7	50.5

※各100点満点。

本書の特長

POINT 1 　　解答は全問を掲載、解説は全問に対応！

POINT 2 　　英語の長文は全訳を掲載！

POINT 3 　　リスニング音声の台本、英文の和訳を完全掲載！

POINT 4 　　出題傾向が一目でわかる「年度別出題分類表」は、約 10 年分を掲載！

実戦力がつく入試過去問題集

▶ 問題 ……………… 実際の入試問題を見やすく再編集。

▶ 解答用紙 …… 実戦対応仕様で収録。

▶ 解答解説 …… 重要事項が太字で示された、詳しくわかりやすい解説。
　　　　　　　　※採点に便利な配点も掲載。

合格への対策、実力錬成のための内容が充実

▶ 各科目の出題傾向の分析、最新年度の出題状況の確認で、入試対策を強化！

▶ その他、志願状況、公立高校難易度一覧など、学習意欲を高める要素が満載！

解答用紙ダウンロード	解答用紙はプリントアウトしてご利用いただけます。弊社ＨＰの商品詳細ページよりダウンロードしてください。トビラのＱＲコードからアクセス可。
リスニング音声ダウンロード	英語のリスニング問題については、弊社オリジナル作成により音声を再現。弊社ＨＰの商品詳細ページで全収録年度分を配信対応しております。トビラのＱＲコードからアクセス可。
famima PRINT	原本とほぼ同じサイズの解答用紙は、全国のファミリーマートに設置しているマルチコピー機のファミマプリントで購入いただけます。※一部の店舗で取り扱いがない場合がございます。詳細はファミマプリント（http://fp.famima.com/）をご確認ください。
UD FONT	見やすく読みまちがえにくいユニバーサルデザインフォントを採用しています。

～2025年度新潟県公立高校入試の日程（予定）～

☆特色化選抜（※実施する県立高校のみ）

出　願	1／31～2／4　　※土曜日、日曜日は除く。

↓

面接等	2／10

↓

内定通知発送	2／13

☆一般選抜

出　願	2／17～2／19

↓

志願変更	2／25～2／27

↓

学力検査	3／5

↓

学校独自検査	3／6

↓

合格発表	3／13

※学校独自検査は新潟中央高等学校音楽科の実技検査
※募集および選抜に関する最新の情報は新潟県教育委員会のホームページなどで必ずご確認ください。

2024年度/新潟県公立高校一般選抜志願状況(全日制)

【普 通 科】

学校名・学科(コース)	一般選抜募集人数	志願者数	倍率
新　　　潟 普　　通	280	307	1.09
新 潟 中 央 普　　通	197	199	1.01
（ 学 究 ）	80	87	1.08
新　潟　南 普　　通	320	384	1.20
（ 理 数 ）	40	50	1.25
新 潟 江 南 普　　通	280	336	1.20
新　潟　西 普　　通	269	302	1.12
新　潟　東 普　　通	240	280	1.16
新　潟　北 普　　通	100	130	1.30
新 潟 向 陽 普　　通	200	289	1.44
巻　　　普　　通	275	296	1.07
豊　　　栄 普　　通	78	32	0.41
新　　　津 普　　通	240	259	1.07
新　津　南 普　　通	120	99	0.82
白　　　根 普　　通	80	43	0.53
村　　　松 普　　通	80	17	0.21
阿 賀 黎 明 普　　通	37	16	0.43
新　発　田 普　　通	240	289	1.20
新 発 田 南 普　　通	120	145	1.20
村　　　上 普　　通	120	92	0.76
中　　　条 普　　通	79	33	0.41
阿　賀　野 普　　通	79	34	0.43
長　　　岡 普　　通	240	285	1.18
長 岡 大 手 普　　通	233	279	1.19
長 岡 向 陵 普　　通	200	297	1.48
正　徳　館 普　　通	40	16	0.40
見　　附 普　　通	80	59	0.73
三　　　条 普　　通	240	291	1.21
三　条　東 普　　通	200	228	1.14
吉　　　田 普　　通	80	69	0.86
分　　　水 普　　通	80	44	0.55
加　　　茂 普　　通	155	220	1.41
小　千　谷 普　　通	200	234	1.17
小　　　出 普　　通	159	140	0.88
六　日　町 普　　通	200	199	0.99
八　　　海 普　　通	76	69	0.90
十　日　町 普　　通	190	190	1.00
松　　　代 普　　通	77	47	0.61
柏　　　崎 普　　通	195	169	0.86
柏 崎 常 盤 普　　通	120	101	0.84
高　　　田 普　　通	200	210	1.05

学校名・学科(コース)	一般選抜募集人数	志願者数	倍率
高 田 北 城 普　　通	200	222	1.11
有　　　恒 普　　通	40	32	0.80
糸　魚　川 普　　通	120	110	0.91
佐　　　渡 普　　通	200	194	0.97
羽　　　茂 普　　通	40	18	0.45
市 立 万 代 普　　通	200	206	1.03

【農業に関する学科】

学校名・学科(コース)	一般選抜募集人数	志願者数	倍率
新 発 田 農 業 農　　業	160	177	1.10
長 岡 農 業 農　　業	160	176	1.10
加 茂 農 林 農　　業	160	174	1.08
高 田 農 業 農　　業	160	194	1.21

【工業に関する学科】

学校名・学科(コース)	一般選抜募集人数	志願者数	倍率
新 潟 工 業 ミライ創造工学	262	324	1.23
新 津 工 業 工業マイスター	40	52	1.30
生 産 工 学	40	16	0.40
ロボット工学	40	19	0.47
日 本 建 築	30	31	1.03
新 発 田 南 工　　業	160	163	1.01
長 岡 工 業 工　　業	200	230	1.15
新潟県央工業 工　　業	157	111	0.70
塩 沢 商 工 地域創造工学	80	32	0.40
柏 崎 工 業 工　　業	120	116	0.96
上 越 総 合 技 術 工　　業	195	213	1.09

【商業に関する学科】

学校名・学科(コース)	一般選抜募集人数	志願者数	倍率
新潟商業 総合ビジネス	136	209	1.53
情報処理	80	93	1.16
新発田商業 商業	115	117	1.01
長岡商業 総合ビジネス	149	131	0.87
三条商業 総合ビジネス	120	119	0.99
塩沢商工 商業	40	19	0.47
高田商業 総合ビジネス	120	121	1.00

【水産に関する学科】

学校名・学科(コース)	一般選抜募集人数	志願者数	倍率
海洋水産	78	68	0.87

【家庭に関する学科】

学校名・学科(コース)	一般選抜募集人数	志願者数	倍率
新潟中央 食物	38	54	1.42
長岡大手 家政	39	41	1.05
高田北城 生活文化	40	52	1.30

【その他の専門教育を主とする学科】

学校名・学科(コース)	一般選抜募集人数	志願者数	倍率
新潟 理数	80	144	1.80
新潟中央 音楽	25	3	0.12
新潟商業 国際教養	80	75	0.93
新発田 理数	40	44	1.10
長岡 理数	78	85	1.08
国際情報 専門系	120	48	0.40
高田 理数	40	57	1.42
市立万代 英語理数	40	65	1.62

【総合学科】

学校名・学科(コース)	一般選抜募集人数	志願者数	倍率
巻総合 総合	200	222	1.11
五泉 総合	200	202	1.01
村上桜ケ丘 総合	114	110	0.96
栃尾 総合	80	50	0.62
小千谷西 総合	160	126	0.78
十日町総合 総合	116	125	1.07
柏崎総合 総合	120	117	0.97
新井 総合	156	171	1.09
糸魚川白嶺 総合	120	99	0.82
佐渡総合 総合	160	108	0.67

※ 学校名の（　）内は分校。
※ 第2志望とすることが認められている学科・コース等の志願者数と志願倍率には、第2志望として出願した者の数は含まず。

 **●●●● 出題傾向の分析と
合格への対策 ●●●●**

📖 出題傾向とその内容

〈最新年度の出題状況〉

　今年度の出題数は，大問が5題，小問数にして23問と，大問数，小問数ともに例年並みであった。問題レベルは基礎力を見るものから，数学的処理能力，論理的思考力を見る発展問題まで，バランスよく組み合わされている。

　出題内容は，大問1が数・式，平方根，二次方程式の基本的計算問題5問を含み，反比例の利用，円の性質と角度，標本調査に関する8問の小問群，大問2は確率，変化の割合，作図の小問群，大問3は相似の証明と面積比や周の長さを求める計量問題，大問4は一次関数のグラフを利用する問題，大問5は立体の線分の長さや体積を求める計量問題であった。

〈出題傾向〉

　問題の出題数は，ここ数年，小問数で25問前後が定着している。また，大問1は8問の小問群が定着している。

　出題傾向は，大問1，大問2で中学数学全般に関する基本的数学能力を問う小問群が出題され，大問3以降で総合的数学能力を問う融合問題が3題出題されている。

　大問1では数・式，平方根，方程式の計算問題を中心として，関数，平面図形・空間図形の計量問題，データの分析・箱ひげ図，標本調査などの小問群が，大問2では方程式の応用，文字式の利用，図形と関数・グラフ，作図，確率などから，少し応用力を必要とする問題が4問前後出題されている。日頃の授業や教科書の内容を着実にしっかり身につけ，これらの問題は確実に得点できるようにしよう。大問3以降では，式による証明，関数のグラフの利用，グラフの作成を含む図形と関数・グラフの融合問題，平面図形・空間図形を題材とした記述式証明と計量問題，動点問題，規則性の問題などが出題されている。

📖 来年度の予想と対策

　近年，大問，小問数ともに減少傾向にあったが，昨年度，今年度を見ると，この問題数が定着したように思われる。また，出題傾向についても大きな変化はないと思われる。出題内容は，基礎の理解とその応用力をみる設問になり，計量領域，図形領域からバランスよく出題されるだろう。出題範囲に偏りがないため，中学数学の全領域の基礎をしっかり固める必要がある。まずは教科書の内容を完全にマスターし，苦手な単元については繰り返し学習して，早めに克服しておこう。数学は融合問題として出題されることが多いので，苦手な単元を残しておくと他にも影響がおよび，大きなマイナス材料になってしまう。

　基本的な問題を速く正確に解くことを心掛けたい。日ごろの学習でも，計算はノートに書いて，素早くかつ正確にできるように練習することが得点のアップに直結する。標準問題集にも挑戦しよう。

⇨**学習のポイント**
- ・過去問や問題集を使って関数のグラフの利用，空間図形への対策を立てよう。
- ・授業や学校の教材を中心に全分野の基礎力を身につけよう。

年度別出題内容の分析表　数学

※ □ は出題範囲縮小の影響がみられた内容

出題内容		27年	28年	29年	30年	2019年	2020年	2021年	2022年	2023年	2024年
数と式	数 の 性 質								○	○	
	数 ・ 式 の 計 算	○	○	○	○	○	○	○	○	○	○
	因 数 分 解										
	平 方 根	○	○	○	○	○	○	○	○	○	○
方程式・不等式	一 次 方 程 式	○	○	○	○	○	○			○	
	二 次 方 程 式	○	○	○	○	○	○	○	○		
	不 等 式									○	
	方 程 式 の 応 用	○									
関数	一 次 関 数	○	○	○	○	○	○	○	○	○	○
	関 数 $y=ax^2$	○	○	○	○	○	○	○	○	○	○
	比 例 関 数	○		○		○					○
	関 数 と グ ラ フ	○	○				○	○	○	○	
	グ ラ フ の 作 成										○
図形	平面図形　角 度	○	○	○	○	○	○	○	○	○	○
	平面図形　合 同 ・ 相 似	○	○	○	○	○	○	○	○	○	○
	平面図形　三 平 方 の 定 理	○					○		○		
	平面図形　円 の 性 質	○	○	○	○	○	○	○	○	○	○
	空間図形　合 同 ・ 相 似					○	○	○	○	○	
	空間図形　三 平 方 の 定 理	○	○	○	○	○	○	○	○	○	○
	空間図形　切 断										
	計量　長 さ	○	○	○	○	○	○	○	○	○	○
	計量　面 積	○	○	○	○	○	○			○	○
	計量　体 積	○	○	○	○	○	○	○	○	○	○
	証 明	○	○	○	○	○	○	○	○	○	○
	作 図	○	○		○			○			
	動 点										
データの活用	場 合 の 数										
	確 率	○	○	○	○	○	○	○	○	○	
	資料の散らばり・代表値(箱ひげ図を含む)	○	○		○	○			○	○	○
	標 本 調 査			○			○				○
融合問題	図 形 と 関 数 ・ グ ラ フ	○	○				○				
	図 形 と 確 率										
	関 数 ・ グ ラ フ と 確 率										
	そ の 他										
そ の 他			○	○	○	○				○	

― 新潟県公立高校 ―

 **●●●● 出題傾向の分析と 合格への対策 ●●●●●**

出題傾向とその内容

〈最新年度の出題状況〉

　本年度の大問構成は、聞き取り問題1題、短い会話文と比較的長い会話文の2題、長文読解問題1題の計4題であり、昨年度と同じ構成であった。また、条件付き英作文は短い会話文と長文読解の小問の形で出題された。

　放送問題は英語の質問に対する答えを選ぶもので、短い英文を聞いて答えるもの、対話文を聞いて答えるもの、やや長めのメッセージを聞いて答えるものの3種類だった。配点は100点中30点と比重が高い。

　短い会話文問題は、会話の流れを理解して答える問題、「3行以内の英文」という条件付きの英作文が出題された。比較的長い会話文では、適語の補充・選択、日本語で答える問題、内容真偽といったさまざまな形式の小問が出題された。また、文法事項も、関係代名詞、現在完了、間接疑問など、幅広い文法事項の理解を問われた。

　長文読解問題においても、条件付き英作文を含むさまざまな形式の小問が出題された。小問は、選択形式と記述形式があるが、記述形式で解答を求める出題が多い。また、英文の質・量ともに標準的な難易度だと思われる。

〈出題傾向〉

　昨年度とは大問構成や出題の傾向などは変わってないように見える。

　放送問題は分量・難易度ともに平均的なものである。配点の比重が高いので、対策は必須であろう。

　会話問題と長文読解問題では、ともに広い範囲の基本的な文法事項が問われている。問題文をきちんと理解しているかを問う問題も多い。会話問題と長文読解の小問で出題された条件付き英作文は、いずれもテーマが与えられ、それに沿った形で英文を書くような問題だった。

　全般的な傾向として、日本語や英語で解答する記述形式の出題が多い。

来年度の予想と対策

　来年度も、傾向に根本的な変化はないものと思われる。

　さまざまな形式の小問が出題されるが、配点が高いこともあり、やはり記述式の問題がカギとなろう。英語の知識は当然だが、日本語でまとめる力も要求されているため、質問の主旨を捉えて日本語で的確に表現できるようにしておきたい。また英作文においては、難解な表現をする必要はなく、平易な文でミスなく考えを伝える練習をしておきたい。

　語句や文法の知識は、教科書レベルの学習で対応できる。日頃からよく復習をしておきたい。

⇨**学習のポイント**
・教科書で学習した知識を確かなものにして、それを用いた英作文に慣れておこう。
・難しいものでなくてよいので、いろいろな読解問題に挑戦しよう。記述問題はとくに念入りに。

※▨は出題範囲縮小の影響がみられた内容

		出題内容	27年	28年	29年	30年	2019年	2020年	2021年	2022年	2023年	2024年
設問形式	リスニング	絵・図・表・グラフなどを用いた問題	○	○	○	○	○	○	○	○	○	○
		適文の挿入										
		英語の質問に答える問題	○	○	○	○	○	○	○	○	○	○
		英語によるメモ・要約文の完成										
		日本語で答える問題										
		書き取り										
	語い	単語の発音										
		文の区切り・強勢										
		語句の問題										
	読解	語句補充・選択（読解）	○	○	○	○	○	○	○	○	○	○
		文の挿入・文の並べ換え	○	○	○	○	○	○	○	○	○	○
		語句の解釈・指示語	○	○	○	○	○	○	○	○	○	○
		英問英答（選択・記述）	○	○	○	○	○	○	○	○	○	○
		日本語で答える問題	○	○	○	○	○	○	○	○	○	○
		内容真偽	○	○	○	○	○	○	○	○	○	○
		絵・図・表・グラフなどを用いた問題										○
		広告・メール・メモ・手紙・要約文などを用いた問題									○	○
	文法	語句補充・選択（文法）										
		語形変化	○	○	○	○	○	○	○	○		○
		語句の並べ換え	○	○	○	○	○	○	○	○	○	
		言い換え・書き換え										
		英文和訳										
		和文英訳										
		自由・条件英作文	○	○	○	○	○	○	○	○	○	○
文法事項		現在・過去・未来と進行形	○	○	○	○	○	○	○	○	○	○
		助動詞		○	○	○	○	○	○	○	○	○
		名詞・冠詞・代名詞		○	○							
		形容詞・副詞	○									○
		不定詞	○	○		○	○					
		動名詞				○						
		文の構造（目的語と補語）	○								○	○
		比較					○	○	○	○	○	○
		受け身			○			○	○	○	○	○
		現在完了							○	○	○	○
		付加疑問文										
		間接疑問文								○	○	○
		前置詞					○					
		接続詞						○	○		○	
		分詞の形容詞的用法	○						○			○
		関係代名詞		○			○	○	○	○	○	○
		感嘆文										○
		仮定法									○	

理科

●●●● 出題傾向の分析と 合格への対策 ●●●●

📖 出題傾向とその内容

〈最新年度の出題状況〉

　大問は8題であった。観察のスケッチ，水圧，植物細胞の観察，状態変化，減数分裂と分離の法則，空気中の水蒸気量で基礎・基本が試された。砂の層の堆積の仕方，地層の重なり方と大地の変動の考察，ばねが引く力と電子天秤がおす力と重力のつり合い，回路の電圧と電流と抵抗・電力で法則適用，さそり座の夏と冬での見え方の違いや北の空の星の日周運動等で科学的思考力や判断力が試された。動物で観点から分類・分類から特徴，水の電気分解から燃料電池へのエネルギー変換，酸化銅の還元実験でグラフ化での質量変化の規則性から実験のふりかえり等探究の過程重視で表現力も試された。

〈出題傾向〉

　毎年，教科書の物理・化学・生物・地学の各分野からほぼ均等に出題される。大問の内容は，一つのテーマについて，探究の道すじを重視した実験や観察が設定され，実験・観察の操作，実験計画，実験・観察データや資料について考察する問題が多く，応用問題の出題もある。出題形式は，語句・文章記述，化学反応式・金属やイオンの化学式，作図や図解，グラフ化，計算問題など多岐にわたる。

[物理的領域]　大問の中心は，6年は，ばねが引く力と電子てんびんと重力，回路の電圧と電流と抵抗・電力，5年は光の屈折と鏡の反射による像，回路の電圧と電流と抵抗・電力・熱量，4年は回路の電圧と電流と抵抗・電力，浮力の実験・水圧，3年は回路の電圧と電流と抵抗・電力であった。

[化学的領域]　大問の中心は，6年は水の電気分解と燃料電池，CuOの還元・グラフ化・質量の比，5年はダニエル電池・金属のイオン化傾向，発熱・吸熱反応，4年は蒸留実験・グラフ化・沸点・密度での考察，物質の区別，3年はMgの燃焼・グラフ化・質量の比，$NaHCO_3$の熱分解であった。

[生物的領域]　大問の中心は，6年は動物では観点から分類・分類から特徴の探究重視，分離の法則，5年は対照実験によるふ入りの葉の光合成，体細胞分裂・顕微鏡操作，4年はメンデルの実験で探究の過程重視，脊椎動物の進化，刺激と反応，3年は有性生殖と無性生殖，刺激と反応であった。

[地学的領域]　大問の中心は，6年は地球の自転・公転と星の日周／年周運動，地層と大地の変動，5年は透明半球での太陽の日周経路，4年は雲のでき方・上空で雲発生時の露点，月の動きと見え方・月食，3年は金星の動きと見え方・惑星・太陽，天気図と気象データで観測地点特定であった。

📖 来年度の予想と対策

　実験・観察を扱った問題を中心に，基礎的理解力と並んで，図やグラフを書かせたり，実験・科学現象の理由や実験・観察の考察を記述させたりして，科学的思考力・判断力・表現力を試す問題の出題が予想される。また，複数単元の総合問題も予想される。教科書の発展応用問題も予想される。

　教科書を丁寧に復習し，基礎的な用語は正しく理解し押さえておこう。日頃の授業では，探究の過程を意識して，実験や観察に積極的に参加しよう。実験装置は図を描き，実験・観察結果は図や表，グラフ化などで分かり易く表現し，記録しよう。考察は結果に基づいて自分で文章を書く習慣を身につけよう。資料から情報を読み取る学習では，身近に発生している現象と重ねあわせて考察しよう。

⇨**学習のポイント**
- ・過去問題を多く解き，「何を問われるのか，どんな答え方をすればよいのか」を把握しておこう。
- ・教科書の図，表，応用発展，資料が全てテスト範囲。中学理科の全体を総合的に理解しよう。

年度別出題内容の分析表　理科

※★印は大問の中心となった単元／[網かけ]は出題範囲縮小の影響がみられた内容

出題内容	27年	28年	29年	30年	2019年	2020年	2021年	2022年	2023年	2024年
【第一分野・第1学年】身のまわりの物質とその性質	○						○	★		
気体の発生とその性質	○	○		○	○	★	○			○
水溶液	○	○	○	○					○	
状態変化					★			★		○
力のはたらき(2力のつり合いを含む)	★			○	○	○		○		★
光と音				★					★	
【第2学年】物質の成り立ち					★		○	★	○	○
化学変化, 酸化と還元, 発熱・吸熱反応	○	★	○				○		★	
化学変化と物質の質量	★	○	★		★	○	★			★
電流(電力, 熱量, 静電気, 放電, 放射線を含む)	★	★	★	★	★	★	★	★	★	★
電流と磁界										
【第3学年】水溶液とイオン, 原子の成り立ちとイオン	○		★	○	○				○	
酸・アルカリとイオン, 中和と塩		★	○		○	★				
化学変化と電池, 金属イオン	★				○	★	○		★	★
力のつり合いと合成・分解(水圧, 浮力を含む)			★	○				★		
力と物体の運動(慣性の法則を含む)				○	○	★	○			
力学的エネルギー, 仕事とエネルギー		★			★		★	★		
エネルギーとその変換, エネルギー資源								○	○	
【第二分野・第1学年】生物の観察と分類のしかた				○						○
植物の特徴と分類						○	★	○	○	
動物の特徴と分類		★								★
身近な地形や地層, 岩石の観察										
火山活動と火成岩		○	★				○		○	
地震と地球内部のはたらき										
地層の重なりと過去の様子		★		★		★		○		★
【第2学年】生物と細胞(顕微鏡観察のしかたを含む)									○	★
植物の体のつくりとはたらき	★				★	○			★	
動物の体のつくりとはたらき			★	★	★			★	○	○
気象要素の観測, 大気圧と圧力	○	★				○	○	○	★	○
天気の変化	★	○			★	★	★	★		
日本の気象	○					○				
【第3学年】生物の成長と生殖		★		○			★		★	
遺伝の規則性と遺伝子	★				★			★		○
生物の種類の多様性と進化								★		
天体の動きと地球の自転・公転	○					★			★	★
太陽系と恒星, 月や金星の運動と見え方	★		★	★	○		★	★	○	
自然界のつり合い						★				
自然の環境調査と環境保全, 自然災害										
科学技術の発展, 様々な物質とその利用					○				○	
探究の過程を重視した出題	○	○	○	○	○	○	○	○	○	○

― 新潟県公立高校 ―

●●●● 出題傾向の分析と　合格への対策 ●●●●

出題傾向とその内容

〈最新年度の出題状況〉

　本年度の出題数は，大問6題，小問35題である。解答形式は語句記入が7題，記号選択が21題出題されている。短文記述問題が6題出題されている。大問数は，日本・世界地理計3題，歴史2題，公民1題となっており，小問数は地理がやや多め，公民がやや少なめとなっている。

　各設問は基礎的な事項に関するものがほとんどであるが，短文記述の設問もあり，応用力も要求されている。また，写真や統計資料を用いた問題も多く出題されており，千葉県の位置を地図上に表示する問題もあった。

　地理的分野では，各種の地図や雨温図等のグラフや表・写真などを用いて，諸地域の地形・気候・資源・貿易・産業等の特色を問う出題となっている。

　歴史的分野では，写真・説明文・略年表などが用いられ，古代から現代までの歴史の流れや各時代の特色を問う出題となっている。

　公民的分野では，グラフ・表・模式図を多用し，基本的人権・政治の仕組み・経済一般・国際社会等に関する幅広い内容を問う出題となっている。

〈出題傾向〉

　地理的分野では，地形図や地図・表・雨温図などの読み取りを通して，日本や世界の諸地域の特色・地形・気候や産業などを問う問題が出題されている。

　歴史的分野では，文化財の写真や説明文などを用いて，古代から現代までの政治・社会・経済・外交・文化などについて浅く幅広く問う出題となっている。世界史の問題は2題であった。

　公民的分野では，基本的人権・政治の仕組み・裁判・経済一般・国際社会など，幅広く基礎的事項の確認をする出題となっている。

来年度の予想と対策

　来年度も今年度と同じ大問6題が予想され，内容も基本的なものが中心となるであろう。また，短文記述が例年出題されるので，基礎的な用語については正確に漢字で書けるようにし，要領よくまとめられるような練習をしておこう。

　地理的分野では，諸地域の地形・気候・産業等の特色を地図や統計資料と関連させて学習しておくことが大切である。歴史的分野では，年表を使って歴史的事項の順序について正確につかみ，図版等を使用して各時代の政治や文化の特色などを区別できるようにしておくことが大切である。また，世界史との関連も確認しておこう。公民的分野では，政治や経済の基本的なしくみをよく理解し，グラフや図などの資料も確認しておくことが大切である。また，ニュースなどにも目を配っておこう。

　全体として難易度の低い問題が多いので，問題練習を繰り返しておけば，高得点も可能である。そして，普段の授業にしっかり取り組むことが何よりも大切である。

⇨学習のポイント ─────────────────────
　　　・地理的分野では，各種の地図の見方に慣れ，統計資料を正確に読みとる力をつけよう！
　　　・歴史的分野では，教科書で基本的事項を整理し，大きな歴史の流れを理解しておこう！
　　　・公民的分野では，政治・経済の基本を理解し，ニュースの今日的問題と結びつけよう！

年度別出題内容の分析表 社会

※ □ は出題範囲縮小の影響がみられた内容

		出題内容	27年	28年	29年	30年	2019年	2020年	2021年	2022年	2023年	2024年
地理的分野	日本	地形図の見方	○	○	○	○	○		○	○	○	○
		日本の国土・地形・気候	○	○	○	○	○	○	○	○	○	○
		人口・都市			○	○		○			○	○
		農林水産業		○		○	○	○	○	○	○	○
		工業		○		○	○	○	○			
		交通・通信								○		
		資源・エネルギー						○				
		貿易									○	○
	世界	人々のくらし・宗教	○		○	○	○		○		○	
		地形・気候	○	○	○				○			○
		人口・都市							○			
		産業			○	○	○	○				○
		交通・貿易	○	○			○	○	○		○	
		資源・エネルギー						○		○		
	地理総合											
歴史的分野	日本史―時代別	旧石器時代から弥生時代										
		古墳時代から平安時代	○	○	○	○	○	○	○	○	○	○
		鎌倉・室町時代	○	○	○	○	○	○	○	○	○	○
		安土桃山・江戸時代	○	○	○	○	○	○	○	○	○	○
		明治時代から現代	○	○	○	○	○	○	○	○	○	○
	日本史―テーマ別	政治・法律	○	○	○	○	○	○	○	○	○	○
		経済・社会・技術	○	○	○	○	○	○	○	○	○	○
		文化・宗教・教育	○	○	○	○	○	○	○	○	○	○
		外交	○	○	○	○	○	○	○	○	○	○
	世界史	政治・社会・経済史					○	○	○		○	
		文化史						○				
		世界史総合							○			
	歴史総合											
公民的分野		憲法・基本的人権	○	○			○	○	○	○	○	○
		国の政治の仕組み・裁判	○	○	○	○	○	○	○	○	○	○
		民主主義										○
		地方自治		○		○	○					
		国民生活・社会保障		○	○				○	○	○	
		経済一般	○	○	○	○	○			○		
		財政・消費生活	○	○	○	○	○	○	○	○		○
		公害・環境問題									○	
		国際社会との関わり	○	○		○	○	○		○	○	○
時事問題												
その他								○				

 ●●●● 出題傾向の分析と
合格への対策 ●●●●●

 出題傾向とその内容

〈最新年度の出題状況〉

　本年度の大問は4題。知識問題が2題と，古文・現代文の読解問題が1題ずつ出題された。

　〔一〕は，漢字の読みと書き取り。紛らわしい漢字や書き誤りやすい漢字が出題されている。

　〔二〕は，語句と文法。文法は，単語の数について出題された。

　〔三〕は，古文が部分訳とともに出された。言葉の意味，口語訳などの他，内容について60字以内で書く記述問題も出題されている。

　〔四〕は論説文で，さまざまな形式の問題が出題された。記述問題は45字以内，120字以内の2問。同じ著書の別の部分が示され，その文章と本文の内容と関連させて説明する問題が，特に難しかった。

〈出題傾向〉

　知識，読解力，表現力と，幅広い国語力が求められている。

　本年度は，現代文の読解問題は論説文1題であった。長めの記述問題が出題され，複数の文章の内容を正確に読み取る力と，読み取った内容を端的にまとめる力が求められた。

　古文は，部分訳とともに出題された。仮名遣いや選択問題にとどまらず，深い読解力が必要となる記述問題が出題されている。

　知識問題は，漢字の読み書きで1題，語句・文法で1題である。会話文を示し，慣用句やことわざにあてはまる語を選ぶ問題も出題されている。

　課題作文は出題されていないが，その分記述問題が多く，表現力が試されている。

 来年度の予想と対策

　中学校で学習した国語全般にわたる出題が予想される。したがって，日ごろから，教科書や授業を中心とした学習をきちんと積み重ねておくことが大切である。

　現代文の読解問題は，説明的文章，文学的文章のいずれについても対応できるようにしておくこと。説明的文章の読解では，接続語や指示語に注意しながら，段落相互の関係を正しくとらえられるようにしたい。さらに，文章の内容や筆者の考える理由を簡潔にまとめる練習もしよう。文学的文章は，随筆からの出題が多いので，読み慣れておきたい。

　古文は歴史的仮名遣い，古語の意味などの基本的な知識を身につけることはもちろん，著名な作品にふれる機会を多くして，内容を読み取る練習をしよう。

　漢字の練習の他，語句や文法についてもしっかり学習しておきたい。熟語の意味や組み立て，用言の活用，品詞・用法などに重点をおこう。

⇨**学習のポイント**

- ・過去問を解いて，出題形式に慣れよう。
- ・段落要旨などを端的にまとめる練習をしよう。
- ・教科書を使って，漢字，文法，語句の知識を身につけよう。

年度別出題内容の分析表　国語

		出題内容	27年	28年	29年	30年	2019年	2020年	2021年	2022年	2023年	2024年
内容の分類	読解	主題・表題				○						
		大意・要旨	○	○	○	○						
		情景・心情	○		○		○	○		○	○	○
		内容吟味	○	○	○	○	○	○	○	○	○	○
		文脈把握	○	○	○	○	○	○	○	○		○
		段落・文章構成										
		指示語の問題	○	○	○				○			
		接続語の問題	○	○	○			○	○			○
		脱文・脱語補充		○	○							
	漢字・語句	漢字の読み書き	○	○	○	○	○	○	○	○	○	○
		筆順・画数・部首										
		語句の意味	○	○	○							○
		同義語・対義語										
		熟語	○		○		○	○		○	○	○
		ことわざ・慣用句・四字熟語										○
		仮名遣い	○				○	○	○	○	○	○
	表現	短文作成										
		作文(自由・課題)										
		その他										
	文法	文と文節							○	○		○
		品詞・用法	○	○	○	○	○	○	○	○		
		敬語・その他							○			
		古文の口語訳	○	○	○	○	○	○		○	○	○
		表現技法・形式								○		
		文学史										
		書写										
問題文の種類	散文	論説文・説明文	○	○	○	○	○	○	○	○	○	○
		記録文・実用文										
		小説・物語・伝記										
		随筆・紀行・日記	○	○	○	○	○					
	韻文	詩										
		和歌(短歌)		○						○		○
		俳句・川柳						○		○		
		古文	○	○	○	○	○	○	○	○	○	○
		漢文・漢詩										
		会話・議論・発表										
		聞き取り										

新潟県公立高校難易度一覧

目安となる偏差値	公立高校名
75 ~ 73	....
72 ~ 70	新潟(理数) 新潟
69 ~ 67	新潟南(理数)
66 ~ 64	長岡(理数) 高田(理数)，新潟南
63 ~ 61	新発田(理数)，高田，長岡 三条，新潟中央(学究)
60 ~ 58	国際情報(専門系)，新発田，市新潟市立万代(英語理数) 高田北城，新潟江南 長岡大手，巻
57 ~ 55	柏崎，新津 長岡向陵，市新潟市立万代 新潟中央
54 ~ 51	三条東，新発田南 高田北城(生活文化)，新潟商業(国際教養) 新潟商業(総合ビジネス／情報処理)，六日町 新井(総合)，佐渡，新潟中央(食物)
50 ~ 47	五泉(総合)，佐長岡大手(家政) 加茂，新発田商業(商業)，長岡工業(工業)，新潟中央(音楽)，村上 糸魚川，小千谷，柏崎常盤，十日町，長岡農業(農業)，新潟西 新発田南(工業)，高田商業(総合ビジネス)，長岡商業(総合ビジネス)，見附
46 ~ 43	上越総合技術(工学)，新潟工業(ミライ創造工学)，新潟東 柏崎総合(総合)，高田農業(農業) 柏崎工業(工業)，小出，三条商業(総合ビジネス)，新発田農業(農業)
42 ~ 38	十日町総合(総合)，新津南，村上桜ケ丘(総合) 糸魚川白嶺(総合)，加茂農林(農業)，佐渡総合(総合)，新津工業(工業マイスター／生産工学／ロボット工学／日本建築)，巻総合(総合) 小千谷西(総合)，海洋(水産)，新潟県央工業(工業)，新潟向陽，分水，有恒 栃尾(総合)，新潟北，八海，吉田 塩沢商工(商業)，正徳館
37 ~	塩沢商工(地域創造工学)，中条 阿賀野，阿賀黎明，羽茂 白根，豊栄，松代，村松

＊( )内は学科・コースを示します。特に示していないものは普通科(普通・一般コース)，または全学科(全コース)を表します。市は市立を表します。

＊データが不足している高校，または学科・コースなどにつきましては掲載していない場合があります。

＊公立高校の入学者は，「学力検査の得点」のほかに，「調査書点」や「面接点」などが大きく加味されて選抜されます。上記の内容は想定した目安ですので，ご注意ください。

＊公立高校入学者の選抜方法や制度は変更される場合があります。また，統廃合による閉校や学校名の変更，学科の変更などが行われる場合もあります。教育委員会などの関係機関が発表する最新の情報を確認してください。

新潟県公立高等学校

2024年度
★★★★★★★★★★★★★★★★★★★★★

入 試 問 題

●くわしい解説 ……37ページ

＜数学＞　　時間　50分　　満点　100点

〔1〕　次の(1)～(8)の問いに答えなさい。

(1)　$3 - 12 + 7$　を計算しなさい。

(2)　$3(2a - b) - 5(-a + 2b)$　を計算しなさい。

(3)　$18xy^2 \div (-3y)^2$　を計算しなさい。

(4)　3つの数 $\dfrac{3}{10}$, $\dfrac{\sqrt{2}}{5}$, $\dfrac{1}{\sqrt{10}}$ の大小を，不等号を使って表しなさい。

(5)　2次方程式 $(x + 5)^2 = 13$　を解きなさい。

(6)　電子レンジで食品が温まるまでの時間は，電子レンジの出力に反比例する。ある食品の適切な加熱時間が500Wの出力で3分のとき，600Wの出力での適切な加熱時間は何分何秒か，答えなさい。

(7)　右の図のように，線分ABを直径とする半円があり，AB＝10cmである。$\overset{\frown}{AB}$ 上に，$\overset{\frown}{BC} = 2\pi$cmとなる点Cをとるとき，$\angle x$の大きさを答えなさい。ただし，$\pi$は円周率である。

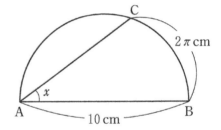

(8)　箱の中に同じ大きさの白玉がたくさん入っている。標本調査を行い，この箱の中にある白玉の個数を推定することにした。この箱の中に，白玉と同じ大きさの赤玉300個を入れ，よくかき混ぜた後，箱の中から100個の玉を取り出したところ，その中に赤玉が10個あった。この箱の中には，およそ何個の白玉が入っていると推定されるか，答えなさい。

〔2〕　次の(1)～(3)の問いに答えなさい。
(1)　7人の生徒A，B，C，D，E，F，Gの中から，2人の代表をくじで選ぶとき，生徒Aが代表に選ばれる確率を求めなさい。

(2)　関数 $y = ax^2$ について，xの値が1から4まで増加するときの変化の割合が$2a^2$である。このとき，aの値を求めなさい。ただし，$a \neq 0$とする。

(3) 下の図のような，四角形ABCDがある。この四角形と
　面積が等しい三角形を，定規とコンパスを用いて，1つ作図
　しなさい。ただし，作図は解答用紙に行い，作図に使った
　線は消さないで残しておくこと。

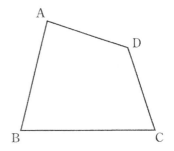

〔3〕　下の図1，2のように，1辺の長さが6cmの正三角形ABCと，1辺の長さが5cmの正三
　　角形DEFがある。このとき，次の(1)，(2)の問いに答えなさい。

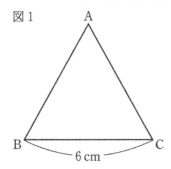

図1

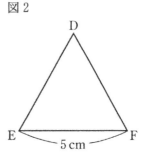

図2

(1) 正三角形ABCと正三角形DEFの面積の比を答えなさい。

(2) 右の図3のように，正三角形DEFを，頂点D，E，Fがす
　べて正三角形ABCの周の外側にくるように，正三角形ABC
　に重ねる。辺DF，DEと辺ABとの交点をそれぞれG，Hと
　し，辺ED，EFと辺BCとの交点をそれぞれI，Jとする。ま
　た，辺FE，FDと辺CAとの交点をそれぞれK，Lとする。
　このとき，次の①，②の問いに答えなさい。
　①　△AGL∽△DGHであることを証明しなさい。

　②　辺BCと辺DFが平行であるとき，六角形GHIJKLの周の長さを求めなさい。

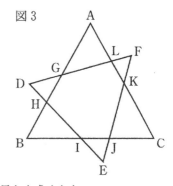

〔4〕　右の図1のような，左右2枚の引き戸がついた棚がある。
　　この棚の内側の面のうち，▨▨の面を「奥の面」と呼ぶこと
　　にする。2枚の引き戸は，形と大きさが同じであり，それぞれが
　　次のページの図2のように，透明なガラス板と枠でできている。
　　2枚の引き戸をすべて閉めて，正面から見ると，図3のように，
　　枠が重なり，ガラス板を通して「奥の面」が見える。また，この
　　とき，2枚の引き戸はそれぞれ，全体が縦100cm，横80cmの長方形
　　に，ガラス板が縦80cm，横60cmの長方形に，枠の幅が10cmに見え
　　る。

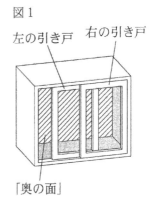

　図3の状態から，左の引き戸だけを右向きに動かす。図4～6は，左の引き戸を右向きに動かしたときのようすを順に表したものであり，2枚の引き戸を正面から見たときに見える「奥の面」を，A～Dのように分類する。

　左の引き戸を，図3の位置から右向きに動かした長さを x cmとするとき，あとの⑴～⑸の問いに答えなさい。ただし，$0 \leqq x \leqq 70$ とする。

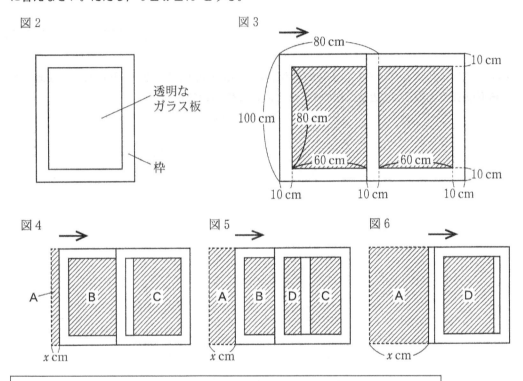

図2　透明なガラス板　枠

図3

図4　図5　図6

A：左右いずれの引き戸のガラス板も通さずに見える「奥の面」
B：左の引き戸のガラス板だけを通して見える「奥の面」
C：右の引き戸のガラス板だけを通して見える「奥の面」
D：左右2枚の引き戸のガラス板が重なった部分を通して見える「奥の面」

⑴　$x = 15$のとき，Aの面積を答えなさい。

⑵　次のページの文は，左の引き戸を，図3の位置から右向きに動かした長さと，2枚の引き戸を正面から見たときに見える「奥の面」の面積の関係について述べたものの一部である。このとき，文中の ｱ に当てはまるものを，A～Dからすべて選び，その符号を書きなさい。

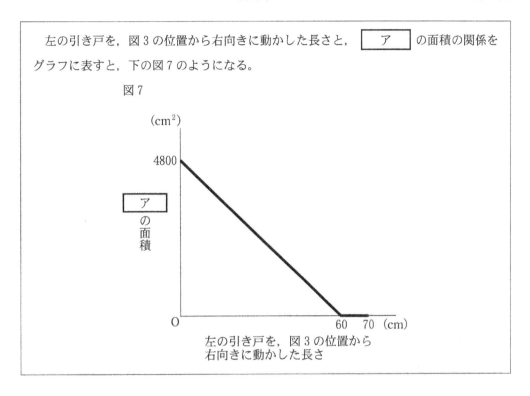

左の引き戸を，図3の位置から右向きに動かした長さと，［　ア　］の面積の関係をグラフに表すと，下の図7のようになる。

図7

(3) 10≦ x ≦70 のとき，Dの面積を x を用いて表しなさい。

(4) 3つの部分B，C，Dの面積の和を y cm²とするとき，x と y の関係を表すグラフをかきなさい。

(5) Aの面積と，3つの部分B，C，Dの面積の和が等しいとき，x の値を求めなさい。

〔5〕　次のページの図のように，AB＝3cm，AD＝5cm，BF＝4cmの直方体ABCD－EFGHがある。辺BC上を点Bから点Cまで移動する点をPとし，点Pを通り線分AHに平行な直線と辺CGとの交点をQとする。このとき，次の(1)～(3)の問いに答えなさい。

(1) 線分BEの長さを答えなさい。

(2) 四角形BCHEの面積を答えなさい。

(3) AP＋PHの長さが最も短くなるとき，次の①，②の問いに答えなさい。

　① 線分BPの長さを求めなさい。

　② 6点P，Q，C，A，H，Dを結んでできる立体の体積を求めなさい。

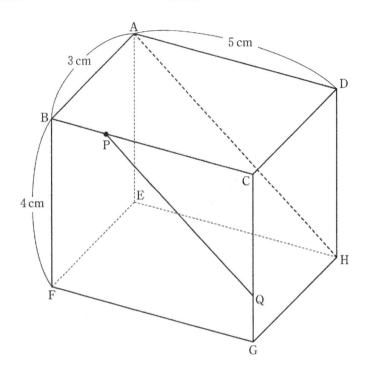

＜英語＞　　　時間　50分　　満点　100点

〔1〕　放送を聞いて，次の(1)～(3)の問いに答えなさい。

(1)　これから英文を読み，それについての質問をします。それぞれの質問に対する答えとして最も適当なものを，次のア～エから一つずつ選び，その符号を書きなさい。

1　ア　　　　　　イ　　　　　　ウ　　　　　　エ

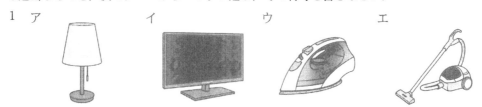

2　ア　A bird.　イ　A cat.　ウ　A dog.　エ　An elephant.

3

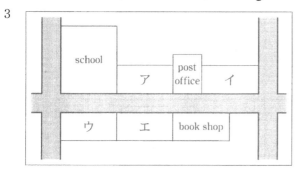

4　ア　She is going to study in the library.
　　イ　She is going to go to the sea.
　　ウ　She is going to swim.
　　エ　She is going to play volleyball.

(2)　これから英語で対話を行い，それについての質問をします。それぞれの質問に対する答えとして最も適当なものを，次のア～エから一つずつ選び，その符号を書きなさい。

1　ア　Yes, he does.　イ　No, he doesn't.
　　ウ　Yes, he did.　エ　No, he didn't.

2　ア　By car.　イ　By bike.　ウ　By bus.　エ　By train.

3　ア　On Thursday.　イ　On Friday.　ウ　On Saturday.　エ　On Sunday.

4　ア　Because she went to Canada to see Ben.
　　イ　Because she bought nice hats for the students there.
　　ウ　Because she joined a special winter English class with Ben.
　　エ　Because she communicated with the students there.

(3)　これから，あなたの学校の離任式で，アメリカに帰国することになった ALT のスミス先生 (Mr. Smith) が，英語のスピーチをします。そのスピーチについて，二つの質問をします。それぞれの質問に対する答えを，3語以上の英文で書きなさい。

〔2〕　あなたのクラスでは，修学旅行先の京都で，日本を訪れた外国人旅行者にインタビューを
行いました。あなたと留学生のアリス（Alice）は，そのインタビューの結果をまとめたグラフ
を見ながら，話をしています。次の【グラフ】と，あなたとアリスの【会話】を読んで，下の(1)
〜(3)の問いに答えなさい。ただし，【会話】の＊＊＊の部分には，あなたの名前が書かれている
ものとします。

【グラフ】

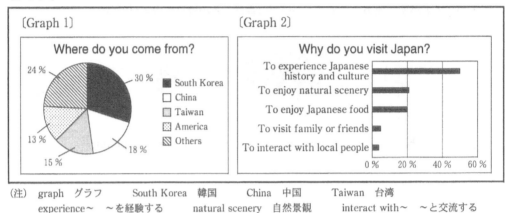

（注）　graph　グラフ　　　South Korea　韓国　　　China　中国　　　Taiwan　台湾
　　　experience〜　〜を経験する　　natural scenery　自然景観　　　interact with〜　〜と交流する

【会話】

> Alice : According to Graph 1, we can say that ［　　　　］ visit Japan the most.
> ＊＊＊ : Yes.　Look at Graph 2.　We can see that （　a　） to experience
> 　　　　 Japanese history and culture.
> Alice : That's right.　I want to experience some Japanese culture, too.　<u>Can
> 　　　　 you tell me something to try?</u>
> ＊＊＊ : Yes.　（　b　）
> Alice : Thank you.　I'll try it.

(1)　【会話】の ［　　］ の中に入る最も適当なものを，次のア〜エから一つ選び，その符号を書き
なさい。
　　　ア　people from America　　　　　イ　people from China
　　　ウ　people from South Korea　　　エ　people from Taiwan
(2)　【会話】の流れが自然になるように a の（　）に当てはまる内容を，1行以内の英語で書き
なさい。
(3)　【会話】の下線部分について，あなたならアリスにどのようなことを教えてあげますか。あな
たが教えたいことを一つあげ，【会話】の b の（　）の中に，3行以内の英文で書きなさい。

〔3〕　次の英文を読んで，あとの(1)〜(6)の問いに答えなさい。
　　*Kaori is a high school student.　Emma is a junior high school student from
America and she has been staying at Kaori's house.　They are talking at
Kaori's house.*

Kaori: Emma, what are you doing?

Emma: I'm looking for my bag.　Do you ₐ[it, where, is, know]?

Kaori: I saw it under that desk last night.

Emma: Under the desk?　Oh, I've found it.　Thank you.　I have my homework in it.

Kaori: What kind of homework do you have?

Emma: I have to read a handout that my teacher ʙ[give] us in the social studies class yesterday and write my opinion about it.

Kaori: What is it about?

Emma: It is about UD font, a kind of Universal Design.　It is a little different from traditional fonts.　According to this handout, in a city in Japan, this font is used in all of the elementary schools and junior high schools.

Kaori: Sounds interesting!　Tell me more.

Emma: According to a survey in this city, UD fonts were useful not only for students who couldn't read other fonts well, but also for many other students.　Because of this, the city decided to use handouts or digital learning materials with this font for all the children there.　The city hopes that all students will understand the contents of sentences which they read better.　And it also hopes that they will enjoy learning more.

Kaori: c How nice!　The city has great wishes.

Emma: I think so, too.　For us, being interested in learning is very important. By the way, do you know another example of universal designs in Japan?

Kaori: Yes, I do.　I have ᴅ[want, I, something] to show you.　Wait a minute. I'll bring it.

Emma: What?

Kaori: Here is a carton of milk.　Can you see a notch on the other side of the opening?　This is very useful for people who can't see things well.　It is used to help them find which is a carton of milk. It also helps them find the opening.

Emma: Great!　I have never noticed this design before. We don't sometimes realize there are many good designs like these around us before [　E　].

Kaori: You are right.　How about you?　Have you ever needed any help in Japan?

Emma: Yes.　It is about signs in towns.　There are many signs around us, but I can't understand them well because many of them are ꜰ[write] in Japanese.　Two weeks ago, I took a bus alone for the first time in Japan when I went to the next town to meet one of my friends.　Then I

　　　　　　 thought, "Which bus should I take?　Which way should I go?"　I worried
　　　　　　 a lot.
Kaori: I don't think there are enough signs for foreign people in Japan.　I
　　　　　 know your feelings.
Emma: Thank you.　A lot of people from foreign countries visit Japan.　So
　　　　 more signs in many languages or pictures will be a great help to them.
Kaori: You are right.　I hope our town and country will be better for everyone.
　　　　　 There are many people who need help around us.　I want to create
　　　　 new universal designs someday.
Emma: You can be a person who can support _Gthose people.
Kaori: Thanks.　The important thing is to help someone in our daily life.　Why
　　　　 don't we try to do something soon?

　　（注）　handout　プリント　　UD　universal design の略　　font　字体
　　　　　　 universal design　すべての人々のためのデザイン　　survey　調査
　　　　　　 not only 〜 , but also…　〜だけでなく，…もまた　　digital learning material　デジタル教材
　　　　　　 content　内容　　sentence　文　　carton　パック　　notch　半月型の切り込み
　　　　　　 opening　開け口　　notice 〜　〜に気づく　　for the first time　初めて

(1)　文中のA，Dの ☐ の中の語を，それぞれ正しい順序に並べ替えて書きなさい。

(2)　文中のB，Fの ☐ の中の語を，それぞれ最も適当な形に直して書きなさい。

(3)　下線部分Cについて，カオリ（Kaori）が感心したこの市の願いは，どのようなことか。具
　　体的に日本語で書きなさい。

(4)　文中のEの ☐ の中に入る最も適当なものを，次のア〜エから一つ選び，その符号を書き
　　なさい。
　　ア　someone solves no problems　　イ　we use UD fonts
　　ウ　someone makes better designs　　エ　we have some troubles

(5)　下線部分Gについて，その内容を，具体的に日本語で書きなさい。

(6)　本文の内容に合っているものを，次のア〜オから二つ選び，その符号を書きなさい。
　　ア　UD fonts are used only for people who come from foreign countries.
　　イ　Kaori has already known about UD fonts used for students.
　　ウ　Emma thinks the design of the carton of milk shown by Kaori is good.
　　エ　Kaori understands the feelings Emma had when Emma took a bus two
　　　　weeks ago.
　　オ　Emma has to write her opinion about signs in many languages or pictures.

〔4〕　次の英文を読んで，あとの(1)〜(6)の問いに答えなさい。
　　*Rikuto and Mei are Japanese high school students.　Kevin is from Australia
and he studies at their school.　They are giving reports to their classmates in
English in Mr. Yamada's English class.*

Mr. Yamada

Today, you are going to talk about your research. The development of technology has made our life easier. Now, let's start talking about the things you have learned.

Rikuto

Can you imagine life without refrigerators? In the 1950s, most people in Japan did not have refrigerators. Now, because of them, we can buy many kinds of food such as fish and meat, and keep them in our house. We can also keep dishes we have cooked in the refrigerators.

However, sometimes we can't eat some of the food in the refrigerators and waste them. We also have another problem. In supermarkets and convenience stores, some of the food which people have not bought is wasted. I think $_A$these problems should be solved soon because there are over 800,000,000 people who can't get enough food all around the world. In Japan, we wasted about 5,220,000 tons of food in 2020. It means that everyone in Japan put about one bowl of food into a garbage box every day.

Mei

I'm going to talk about the development of railroads. [a] Before the *Shinkansen* was introduced, it took six and a half hours when we traveled from Tokyo to Osaka on the fastest train. [b] Now, it takes only two and a half hours. [c] The *Shinkansen* has made trips easier and faster than before. [d] Have you ever heard Linear Chuo *Shinkansen*? If it is introduced, it will take about one hour from Tokyo to Osaka. It's amazing. But how much energy do we need for it?

Kevin

The development of the Internet can help us communicate with people anywhere. I am in Japan now, but I can communicate with my family living in Australia every day through the Internet. It is great fun. However, I have started to feel that talking face-to-face is more important. When I lived with my family in Australia, I often played video games in my room and didn't have much time to talk with them. Sometimes I sent them e-mails even when I was in the house. When I go back to Australia, I would like to (B) with my family face-to-face.

Mr. Yamada

Thank you very much for talking about $_C$the development of technology. You did a good job. You found both good points and some problems of the development of technology. I hope you will think critically about many things in the future. This is one of the most important things when you solve problems in the world.

Also, information technology has been getting more important in our world. You used your tablet devices when you made your reports, didn't you? The use of those things has become more popular than before. In such a situation, generative AI has become popular, right? $_D$<u>AI will be used more in our daily life.</u> Let's talk about it next time.

(注) development 発達　technology 科学技術　refrigerator 冷蔵庫
in the 1950s 1950年代には　waste ～ ～を無駄にする　ton トン（重さの単位）
one bowl of ～ 茶わん一杯の～　railroad 鉄道　introduce ～ ～を導入する
on ～ ～に乗って　Linear Chuo Shinkansen リニア中央新幹線
face-to-face 面と向かって　critically 批判力をもって　tablet device タブレット端末
generative AI 生成AI

(1) 下線部分Aについて，その内容を，具体的に日本語で書きなさい。

(2) 次の英文は，文中のa～dの 　 のどこに入れるのが最も適当か。当てはまる符号を書きなさい。

Then, in 1964, the *Shinkansen* was introduced and it took about four hours.

(3) 文中のBの（　）に当てはまる内容を，4語以上の英語で書きなさい。

(4) 下線部分Cについて，生徒が発表した内容に合っているものを，次のア～オから二つ選び，その符号を書きなさい。

　ア　technology about keeping food for a long time
　イ　technology about telling the weather for tomorrow
　ウ　technology about making the environment cleaner
　エ　technology about saving a lot of energy we use
　オ　technology about carrying people to another place

(5) 次の①～③の問いに対する答えを，それぞれ3語以上の英文で書きなさい。

　①　Are there more than 800,000,000 people who can't get enough food all around the world?

　②　Who communicates with Kevin through the Internet every day?

　③　What does Mr. Yamada want the students to do in the future?

(6) 下線部分Dについて，あなたが人工知能（AI）を利用するとしたら，どのように利用しますか。その理由も含め，4行以内の英文で書きなさい。

＜理科＞　　時間　50分　　満点　100点

〔1〕　次の(1)～(6)の問いに答えなさい。

(1)　生物を観察するときのスケッチのしかたについて述べた文として，最も適当なものを，次の
　　ア～エから一つ選び，その符号を書きなさい。

　　ア　ルーペを使って観察したときは，ルーペの視野を示す円をかく。
　　イ　線を重ねがきして，濃淡をつける。
　　ウ　よくけずった鉛筆を使い，細い線や小さい点ではっきりとかく。
　　エ　観察の対象だけでなく，背景もかく。

(2)　図1のように，うすいゴム膜を張った透明なパイプに，プラスチックの管を差し込んだ器具
　　がある。図2は，この器具を水の中に入れて，パイプをいろいろな向きに回転させたときの，
　　ゴム膜のへこみ方を模式的に表したものである。このとき，水中にある器具が，水から受ける
　　力について述べた文として，最も適当なものを，次のア～エから一つ選び，その符号を書きな
　　さい。

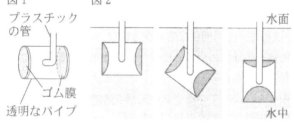

　　ア　水中にある器具のあらゆる面に対して水圧がはたらき，水中にある器具には，全体として
　　　上向きの力がはたらく。
　　イ　水中にある器具のあらゆる面に対して水圧がはたらき，それらの力はつり合っている。
　　ウ　水中にある器具のゴム膜のみに対して水圧がはたらき，水中にある器具には，全体として
　　　上向きの力がはたらく。
　　エ　水中にある器具のゴム膜のみに対して水圧がはたらき，それらの力はつり合っている。

(3)　右の図の顕微鏡を用いて，オオカナダモの葉の細胞を観察した。この観察につ　　
　　いて述べた次の文中の　X　，　Y　に当てはまる語句の組合せとして，最も適
　　当なものを，下のア～エから一つ選び，その符号を書きなさい。

　　　細胞の中にある　X　を観察しやすくするために，　Y　を2，3滴たらして，プ
　　レパラートをつくった。このプレパラートを観察したところ，どの細胞にも，よく染まる
　　丸い粒が一つずつあり，　X　があることを確認できた。

　　ア　〔X　葉緑体，Y　ベネジクト液〕　　　イ　〔X　葉緑体，Y　酢酸オルセイン液〕
　　ウ　〔X　核，　　Y　ベネジクト液〕　　　エ　〔X　核，　　Y　酢酸オルセイン液〕

(4) 理科の授業で，状態変化や化学変化を観察するため，次のア～エの実験を行った。このうち，状態変化を観察した実験について述べた文として，最も適当なものを，ア～エから一つ選び，その符号を書きなさい。

ア　硫酸に水酸化バリウム水溶液を加えると，沈殿ができた。

イ　炭酸水素ナトリウムを加熱すると，気体と液体が発生した。

ウ　食塩を加熱すると，液体になった。

エ　うすい塩酸にマグネシウムを加えると，マグネシウムが溶けて，気体が発生した。

(5) 生物の生殖において，親の細胞が生殖細胞をつくるとき，親がもつ1対の遺伝子は，減数分裂により，別々の生殖細胞に入る。遺伝の規則性における，この法則を何というか。その用語を書きなさい。

(6) 室温20℃，湿度20%の部屋で，水を水蒸気に変えて放出する加湿器を運転したところ，室温は20℃のままで，湿度が50%になった。このとき，加湿器からこの部屋の空気中に放出された水蒸気量は，およそ何gか。最も適当なものを，次のア～エから一つ選び，その符号を書きなさい。ただし，20℃の空気の飽和水蒸気量を17.3 g/m³，この部屋の空気の体積を50m³とする。

ア　173 g　　　イ　260 g　　　ウ　433 g　　　エ　865 g

〔2〕　地層について，次の(1)，(2)の問いに答えなさい。

(1) 地層に見られる堆積岩の構成について述べた文として，最も適当なものを，次のア～エから一つ選び，その符号を書きなさい。

ア　れき岩は，海中をただよっている小さな生物の殻が堆積してできた岩石である。

イ　凝灰岩は，土砂が堆積してできた岩石である。

ウ　石灰岩は，海中の貝殻やサンゴなどが堆積してできた岩石である。

エ　チャートは，火山灰が堆積してできた岩石である。

(2) 右の図は，ある場所で見られる地層のようすを示した模式図である。この図をもとにして，次の①～③の問いに答えなさい。

① 次の文は，砂の層に含まれるビカリアの化石について述べたものである。次の文中の X に当てはまる語句として，最も適当なものを，下のア～エから一つ選び，その符号を書きなさい。

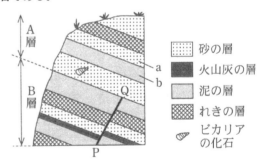

　　ビカリアのように， X していた生物の化石は，その地層が堆積した年代を推定するのに役立つ。このような化石を示準化石という。

ア　ある期間にだけ，せまい範囲に分布

イ　ある期間にだけ，広い範囲に分布

ウ　長い期間にわたって，せまい範囲に分布

エ　長い期間にわたって，広い範囲に分布

② 図中のaの砂の層が堆積したときの河口からの距離は，bの泥の層が堆積したときの河口からの距離よりも短かったと考えられる。その理由を書きなさい。

③ 次のア～エのできごとを古いものから順に並べ，その符号を書きなさい。

　　ア　A層の堆積　　　イ　B層の堆積　　　ウ　傾きの形成　　　エ　P－Qの断層の形成

〔3〕 「動物の分類」の学習のまとめとして，10種類の動物，イカ，イモリ，カエル，カメ，キツネ，コウモリ，サケ，ツル，マイマイ，ミミズを，次のⅠ～Ⅳの手順で，a～gのグループに分類した。このことに関して，下の(1)~(3)の問いに答えなさい。

Ⅰ　10種類の動物の中から，背骨をもたない動物を選び，そのうち，外とう膜がある動物をa，外とう膜がない動物をbとした。

Ⅱ　Ⅰの手順で選ばなかった動物の中から，一生を通して肺で呼吸する動物を選び，それらを，次の①，②の手順で分類した。

① 胎生の動物をcとした。

② ①で選ばなかった動物の中から， X 動物をd， Y 動物をeとした。

Ⅲ　Ⅱまでの手順で選ばなかった動物のうち，幼生と成体とで呼吸のしかたが異なる動物をfとした。

Ⅳ　最後に残った動物をgとした。

---

(1) Ⅱの結果，ツルはd，カメはeに分類された。このとき， X ， Y に最もよく当てはまるものを，次のア～オからそれぞれ一つずつ選び，その符号を書きなさい。

　　ア　からだの表面が羽毛でおおわれている　　　イ　からだの表面がうろこでおおわれている

　　ウ　からだとあしに節がない　　　　　　　　　エ　外骨格をもつ

　　オ　卵生の

(2) イカ，イモリ，カエル，キツネ，サケ，ミミズについて，b，fに分類される動物を，それぞれすべて選び，書きなさい。

(3) コウモリ，マイマイは，それぞれa～gのどれに分類されるか。正しいものを，a～gから選び，その符号を書きなさい。

〔4〕 水の電気分解について調べるために，水に水酸化ナトリウムを加えてつくった，うすい水酸化ナトリウム水溶液を用いて，次の実験1，2を行った。この実験に関して，あとの(1)~(3)の問いに答えなさい。

実験1　次のⅠ～Ⅲの手順で，実験を行った。

Ⅰ　図1のような，2本の電極がついと装置を用いて，管a，bの上端まで，うすい水酸化ナトリウム水溶液を満たした後，水の電気分解を一定時間行ったところ，管aの中には気体が5cm³，管bの中には気体が10cm³集まった。

Ⅱ　陽極と陰極とを反対にして，管aの中の気体が

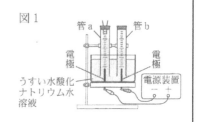

図1

16cm³になるまで電気分解を続けた。

Ⅲ　図1の電源装置をはずし，図2のように，管aに集まっ
た気体に点火装置で点火したところ，ポンと音をたてて燃
え，気体が残った。

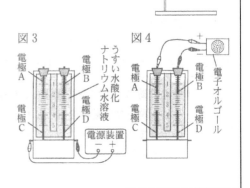
図2

実験2　次のⅠ，Ⅱの手順で，実験を行った。

Ⅰ　図3のような，4本の電極A，B，C，
Dがついた装置を用いて，装置の内部の上
端まで，うすい水酸化ナトリウム水溶液を
満たした後，水の電気分解を一定時間行っ
たところ，気体が集まった。

Ⅱ　図3の電源装置をはずし，図4のよう
に，電極A，Bに電子オルゴールをつなげ
ると，電子オルゴールがしばらく鳴った。

(1)　水の電気分解を行うとき，水に水酸化ナトリウムを加えるのはなぜか。その理由を書きなさい。

(2)　実験1Ⅲの下線部分について，管aに残った気体の体積は何cm³か。求めなさい。また，
残った気体は何か。その気体の名称を書きなさい。

(3)　実験2Ⅱの下線部分について，次の①，②の問いに答えなさい。

①　電子オルゴールが鳴ったことについて述べた，次の文中の　X　～　Z　に最もよく当て
はまる用語を，それぞれ書きなさい。

> 　電子オルゴールが鳴ったのは，電流が流れたためであり，この装置は，水の電気分解
> とは逆の化学変化によって，　X　エネルギーを　Y　エネルギーに変える電池と
> なっている。このように，水の電気分解とは逆の化学変化によって電流を取り出す装置
> を　Z　という。

②　水の電気分解とは逆の化学変化を表す化学反応式を書きなさい。

〔5〕　ばねを引く力の大きさとばねののびとの関係を調べるために，フックのついたおもりを用
いて，次の実験1～3を行った。この実験に関して，後の(1)～(4)の問いに答えなさい。ただし，
質量100gの物体にはたらく重力を1Nとし，フックの質量は無視できるものとする。

> 実験1　図1のように，スタンドにばねをつるした装置をつくり，そのばねの下の端におも
> りをつけ，ばねののびを測定した。図2は，質量の異なるおもりにつけかえながら，
> ばねを引く力の大きさとばねののびとの関係を調べた結果を，グラフに表したもので
> ある。
>
> 実験2　実験1と同じ装置で，ばねの下の端に質量12gのおもりをつけ，ばねののびを測定
> した。
>
> 実験3　図3のように，質量50gのおもりを電子てんびんに置き，実験1で用いたばねを取
> り付けて上向きに引き，ばねののびが3.3cmになったところで静止させ，電子てんびん

　　　が示す値を読んだ。

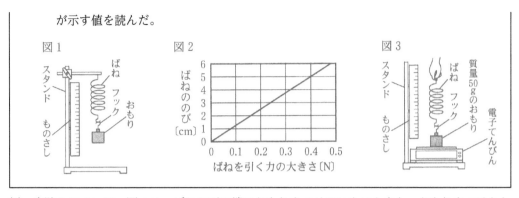

図1　スタンド　ばね　フック　おもり　ものさし

図2　ばねののび〔cm〕　ばねを引く力の大きさ〔N〕

図3　質量50gのおもり　スタンド　ばね　フック　電子てんびん　ものさし

(1)　実験1について，図4は，ばねの下の端におもりをつけていないときと，おもりをつけたときのようすを表したものである。図2に示したばねののびの値は，図4のア～オのうちのどの長さを測定したものか。最も適当なものを一つ選び，その符号を書きなさい。

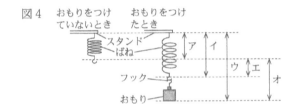

図4　おもりをつけていないとき　おもりをつけたとき　スタンド　ばね　ア　イ　ウ　エ　オ　フック　おもり

(2)　実験1について，次の文は，ばねを引く力の大きさとばねののびとの関係について述べたものである。文中の　X　に最もよく当てはまる語句を書きなさい。

> 　ばねののびは，ばねを引く力の大きさに　X　する。この関係は，フックの法則とよばれている。

(3)　実験2について，ばねののびは何cmか。求めなさい。

(4)　実験3について，電子てんびんが示す値は何gか。最も適当なものを，次のア～エから一つ選び，その符号を書きなさい。
　　ア　23.6g　　　イ　26.4g　　　ウ　47.4g　　　エ　49.7g

〔6〕　理科の授業で，春香さんと陽太さんの班は，酸化銅と炭素を混ぜ合わせたものを加熱したときの化学変化について調べるために，次のⅠの実験を行った。Ⅱは実験後の会話の一部である。Ⅰ，Ⅱに関して，あとの(1)～(4)の問いに答えなさい。ただし，ガスバーナーの火を消して，加熱をやめてからは，化学変化は起きないものとする。

Ⅰ　実験

次の①～④の手順で実験を行った。
①　右の図のように，酸化銅の粉末6.00gと炭素の粉末0.15gをよく混ぜ合わせたものを，乾いた試験管Aに入れて，ガスバーナーで加熱したところ，気体が発生した。このとき，発生した気体を，試験管Bに入れた

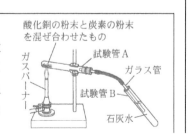

酸化銅の粉末と炭素の粉末を混ぜ合わせたもの　試験管A　ガラス管　ガスバーナー　試験管B　石灰水

石灰水に通したところ，石灰水が白く濁った。

② 十分に加熱して，気体が発生しなくなってから，ガラス管を石灰水から取り出し，ガスバーナーの火を消して，加熱をやめた。

③ 試験管Aが十分に冷えてから，試験管Aに残った固体を取り出し，質量を測定した。また，その固体の色を観察した。

④ ①〜③と同じ手順で，試験管Aに入れる炭素の粉末の質量を0.30ｇ，0.45ｇ，0.60ｇ，0.75ｇ，0.90ｇに変えて，それぞれ実験を行った。

次の表は，①〜④の実験の結果をまとめたものである。

炭素の粉末の質量〔g〕	0.15	0.30	0.45	0.60	0.75	0.90
加熱後の試験管Aに残った固体の質量〔g〕	5.60	5.20	4.80	4.95	5.10	5.25
加熱後の試験管Aに残った固体の色	赤色と黒色		赤色	赤色と黒色		

Ⅱ　実験後の会話の一部

春香：　試験管Bに入れた石灰水が白く濁ったので，化学変化で発生した気体は　X　ですね。実験の結果を用いて計算すると，この気体の質量を求めることができます。

先生：　そうですね。それでは，ₐ炭素の粉末の質量と化学変化で発生した気体の質量の関係をグラフに表してみましょう。

陽太：　グラフに表すと，変化のようすがわかりやすくなりますね。加熱後の試験管Aの中に残った赤色の物質は，教科書で調べたところ，銅であることがわかりました。ところで，炭素の粉末の質量を0.45ｇにして実験を行ったとき以外は，加熱後の試験管Aの中に黒色の物質も残っていましたが，これは何でしょうか。

春香：　グラフから考えると，炭素の粉末の質量を0.15ｇ，0.30ｇにして実験を行ったときの，加熱後の試験管Aに残った黒色の物質は　Y　で，炭素の粉末の質量を0.60ｇ，0.75ｇ，0.90ｇにして実験を行ったときの，加熱後の試験管Aに残った黒色の物質は　Z　ではないでしょうか。

先生：　そのとおりです。この化学変化では，酸化銅と炭素はいつも一定の質量の割合で結びつき，どちらかの質量に過不足があるときは，多い方の物質が結びつかないで残ります。このことを，ᵦ混ぜ合わせる酸化銅の粉末の質量と炭素の粉末の質量を変えて，同じ手順で実験を行うことで，確かめてみましょう。

(1)　X　に当てはまる物質の名称を書きなさい。

(2)　下線部分aについて，実験の結果をもとにして，炭素の粉末の質量と化学変化で発生した気体の質量の関係を表すグラフをかきなさい。

(3)　Y，Z　に当てはまる物質の名称を，それぞれ書きなさい。

(4)　下線部分bについて，試験管Aに入れる酸化銅の粉末の質量を10.00ｇ，炭素の粉末の質量を0.60ｇにして実験を行ったところ，加熱後の試験管Aには，赤色の物質と黒色の物質が残った。

このとき，加熱後の試験管Aに残った黒色の物質は何か。その物質の名称を書きなさい。また，その黒色の物質の質量は何gか。求めなさい。

〔7〕　電流とそのはたらきを調べるために，抵抗器a，電気抵抗5Ωの抵抗器bを用いて回路をつくり，次の実験1，2を行った。この実験に関して，下の(1)〜(3)の問いに答えなさい。

実験1　図1のように，電源装置，抵抗器a，抵抗器b，スイッチ1，スイッチ2，電流計，電圧計，端子を用いて回路をつくり，スイッチ1のみを入れて，抵抗器aの両端に加わる電圧と回路を流れる電流を測定した。図2は，その結果をグラフに表したものである。

実験2　図3のように，電源装置，抵抗器a，抵抗器b，スイッチ1，スイッチ2，電流計，電圧計，端子を用いて回路をつくり，スイッチ1のみを入れて，電流を流し，電流計が示す値を読んだ。次に，スイッチ1を入れたままスイッチ2を入れたところ，電流計が400mAを示した。

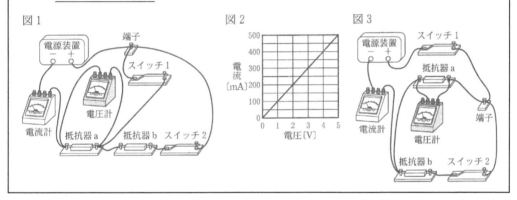

(1)　実験1について，抵抗器aの電気抵抗は何Ωか。求めなさい。

(2)　実験2について，次の①，②の問いに答えなさい。

①　下線部分について，このとき，電圧計は何Vを示すか。小数第2位を四捨五入して求めなさい。

②　次の文は，スイッチ1のみを入れた状態と，スイッチ1，2を入れた状態の，電気抵抗の大きさと電流計の示す値の変化について述べたものである。文中の　X　，　Y　に当てはまる語句の組合せとして，最も適当なものを，下のア〜エから一つ選び，その符号を書きなさい。

　　スイッチ1，2を入れたときの回路全体の電気抵抗は，スイッチ1のみを入れたときの抵抗器aの電気抵抗よりも　X　なる。また，スイッチ1，2を入れたときの電流計の示す値は，スイッチ1のみを入れたときの電流計の示す値よりも　Y　なる。

ア　〔X　小さく，Y　小さく〕　　イ〔X　小さく，Y　大きく〕
ウ　〔X　大きく，Y　小さく〕　　エ〔X　大きく，Y　大きく〕

(3)　図1の回路において，スイッチ2のみを入れて，電圧計が1.5Vを示すように電源装置を調節した。次に，図3の回路において，スイッチ1，2を入れて，電圧計が1.5Vを示すように電源

装置を調節した。このとき，図3の抵抗器bが消費する電力は，図1の抵抗器bが消費する電力の何倍か。求めなさい。

〔8〕　ある年の7月20日午後9時頃に，日本のある場所で，北の空と南の空を観察したところ，北の空には，図1のようにカシオペヤ座が，南の空には，図2のようにさそり座が，それぞれ見えた。また，図3は，太陽，地球および，さそり座の位置関係を模式的に表したものである。このことに関して，次の(1)~(4)の問いに答えなさい。

図1

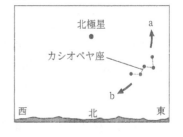

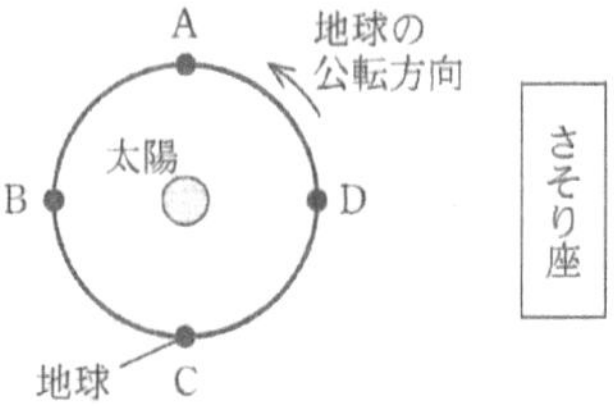

(1)　図1，2について，この日の午後9時から30分程度，同じ場所で観察を続けると，カシオペヤ座とさそり座は，時間の経過とともに，それぞれその位置を変えた。このことに関して，次の①，②の問いに答えなさい。

図2

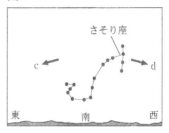

①　カシオペヤ座は，図1に示した矢印a，bのどちらの方向に位置を変えたか。また，さそり座は，図2に示した矢印c，dのどちらの方向に位置を変えたか。それぞれの星座が位置を変えた方向の組合せとして，最も適当なものを，次のア～エから一つ選び，その符号を書きなさい。

	カシオペヤ座	さそり座
ア	a	c
イ	a	d
ウ	b	c
エ	b	d

図3

②　次の文は，カシオペヤ座とさそり座が，時間の経過とともに，それぞれその位置を変える理由を説明したものである。次の文中の　X　，　Y　に当てはまる語句の組合せとして，最も適当なものを，下のア～エから一つ選び，その符号を書きなさい。

地球が　X　へ　Y　しているため。

ア〔X　東から西，Y　公転〕　　イ〔X　東から西，Y　自転〕
ウ〔X　西から東，Y　公転〕　　エ〔X　西から東，Y　自転〕

(2)　この年の8月4日に，同じ場所で，南の空を観察するとき，さそり座が図2と同じ位置に見られるおよその時刻として，最も適当なものを，次のア～オから一つ選び，その符号を書きなさい。

ア　午後8時頃　　　イ　午後8時30分頃　　　ウ　午後9時頃
エ　午後9時30分頃　　　オ　午後10時頃

(3)　図3について，日没後まもない時刻に，南の方向にさそり座が観察できるのは，地球がどの位置にあるときか。最も適当なものを，図中のA～Dから一つ選び，その符号を書きなさい。

(4)　12月には，さそり座を観察することはできない。その理由を，「太陽」，「さそり座」という用語を用いて書きなさい。

＜社会＞　　時間　50分　　満点　100点

〔１〕　次の地図１～３を見て，下の(1)～(5)の問いに答えなさい。ただし，地図１～３の縮尺はそれぞれ異なっている。

地図１

地図２

地図３

(1)　地図１中のⅠ～Ⅳで示した経線のうち，本初子午線を示すものはどれか。Ⅰ～Ⅳから一つ選び，その符号を書きなさい。

(2)　地図１で示したアフリカ大陸の多くの国々の経済は，特定の農産物や鉱産資源を輸出することで成り立っている。このような経済を何というか。その用語を書きなさい。

(3)　次の表は，地図2，3で示したインド，スリランカ，カナダ，チリについて，それぞれの国の人口密度，穀物生産量，主な輸出品目と金額を示したものであり，表中のａ～ｄは，これらの四つの国のいずれかである。このうちａ，ｄに当てはまる国名の組合せとして，最も適当なものを，下のア～エから一つ選び，その符号を書きなさい。

| | 人口密度
（人/km²） | 穀物生産量
（千t） | 主な輸出品目と金額(億ドル) | | | | | |
			第１位		第２位		第３位	
ａ	333	5,623	衣　　類	58	茶	14	ゴ ム 製 品	7
ｂ	26	3,036	銅　　鉱	298	銅	238	野 菜・果 実	76
ｃ	431	356,345	石 油 製 品	548	機　械　類	446	ダイヤモンド	247
ｄ	4	46,739	原　　油	819	機　械　類	460	自　動　車	437

（「世界国勢図会」2023/24 年版より作成）

ア　〔a　スリランカ，d　インド〕
イ　〔a　スリランカ，d　カナダ〕
ウ　〔a　チリ，　　　d　インド〕
エ　〔a　チリ，　　　d　カナダ〕

(4)　地図３の緯線は北緯37度を示しており，次のページの文は，この地図で示したアメリカにおける，北緯37度より南の地域について述べたものである。文中の X ， Y に当てはまる語句の組合せとして，最も適当なものを，後のア～エから一つ選び，その符号を書きなさい。

> 　この地域は，温暖な気候から　X　とよばれており，工業地域として，航空宇宙産業
> や　Y　などが発展している。

ア　〔X　サンベルト，　Y　ICT産業〕　　イ　〔X　サンベルト，　Y　鉄鋼業〕

ウ　〔X　サヘル，　　　Y　ICT産業〕　　エ　〔X　サヘル，　　　　Y　鉄鋼業〕

(5)　右の写真は，地図3で示したペルーにある，インカ帝国の
遺跡を示したものである。このように，南アメリカ大陸で
は，かつて，先住民による独自の文明が栄えていたが，現在
は，主に，スペイン語やポルトガル語が使われ，キリスト教
が信仰されている。その理由を，「16世紀」，「先住民」の二つ
の語句を用いて書きなさい。

〔2〕　右の地図を見て，次の(1)～(5)の問いに答えなさい。

(1)　地図中の矢印は，主に6月から8月にかけ
て，東北地方の太平洋側に吹く，冷たく湿った
北東風を示している。この風は，何とよばれて
いるか。その名称を書きなさい。

(2)　次の表は，気象観測地点である盛岡，小名浜，
前橋，金沢について，それぞれの1月と8月の
月平均気温と月降水量を示したものであり，表
中のア～エは，これらの四つの地点のいずれか
である。このうち，小名浜に当てはまるものを，
ア～エから一つ選び，その符号を書きなさい。

	月平均気温(℃)		月降水量(mm)	
	1月	8月	1月	8月
ア	4.1	24.5	57.3	122.6
イ	4.0	27.3	256.0	179.3
ウ	3.7	26.8	29.7	195.6
エ	−1.6	23.5	49.4	185.4

（「理科年表」令和5年版による）

(3)　地図中の▲は，主な石油化学コンビナートの位置を示したものである。これらの石油化学コ
ンビナートは，どのような場所に形成されているか。その理由も含めて，「輸入」という語句
を用いて書きなさい。

(4)　次のページの表は，秋田県，神奈川県，千葉県，宮城県の，それぞれの県の人口密度の推移，
野菜の産出額，林業産出額，製造品出荷額等を示したものであり，表中のA～Dは，これらの
四つの県のいずれかである。表中のBに当てはまる県を，解答用紙の地図中に　////////　で示し
なさい。

	人口密度の推移（人/km²）		野菜の産出額 （億円）	林業産出額 （千万円）	製造品出荷額等 （億円）
	1970年	2021年			
A	2,294.7	3,822.8	345	48	178,722
B	662.9	1,216.8	1,383	243	125,846
C	249.6	314.5	275	849	45,590
D	106.9	81.2	301	1,415	12,998

（「データでみる県勢」2023年版による）

(5) 右の地形図は，地図中の松本市の市街
地を表す2万5千分の1の地形図であ
る。この地形図を見て，次の①，②の問
いに答えなさい。

① 「松本城」から見た「消防署」のある
方位として，最も適当なものを，次の
ア～エから一つ選び，その符号を書き
なさい。

　ア　東　イ　西　ウ　南　エ　北

② 地形図中の 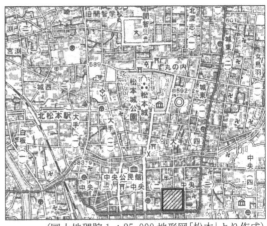 で示した正方形の一
辺の長さを測ったところ，約0.5cmで
あった。このとき，実際の面積は約何

（国土地理院 1：25,000 地形図「松本」より作成）

m²となるか。最も適当なものを，次のア～エから一つ選び，その符号を書きなさい。
　ア　約3,125m²　　イ　約6,250m²　　ウ　約12,500m²　　エ　約15,625m²

〔3〕　次のA～Dは，それぞれ，奈良時代から江戸時代の間の，ある時代につくられた短歌であ
る。これらの短歌について，下の(1)～(6)の問いに答えなさい。

A　人も愛し　人も恨めし　あぢきなく　世を思ふゆゑに　もの思ふ身は　（後鳥羽上皇）
B　この世をば　わが世とぞ思ふ　望月の　欠けたることも　なしと思へば　　（藤原道長）
C　天皇の　御代栄えむと　東なる　陸奥山に　金花咲く　　（大伴家持）
D　白河の　清きに魚の　すみかねて　もとの濁りの　田沼恋しき　　（作者不明）

(1) Aの短歌をつくった後鳥羽上皇は，幕府を倒そうと兵を挙げたが敗れ，隠岐に流された。こ
のできごとと最も関係の深い人物を，次のア～エから一つ選び，その符号を書きなさい。
　ア　足利義政　　イ　足利義満　　ウ　北条時宗　　エ　北条政子

(2) Bの短歌をつくった藤原道長について，右の資料
は，平安時代の皇室と藤原氏の関係を表した系図の
一部である。この資料から読みとれることをもと
に，藤原道長が政治の実権をにぎることができた理
由を，「きさき」という語句を用いて書きなさい。

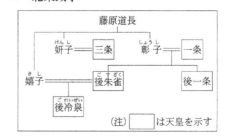

(3)　Cの短歌がつくられた時代の天皇は，政治の中心であったが，政治や社会への天皇の関わり方は，時代によって異なる。次のア～エは，それぞれ，ある時代における，政治や社会への天皇の関わり方について述べたものである。ア～エを，年代の古いものから順に並べ，その符号を書きなさい。

　　ア　壬申の乱に勝って即位した天皇が，天皇の権威を高め，豪族たちをおさえて改革を進めた。
　　イ　天皇の役割は幕府の法律で定められ，第一の仕事は学問であることが強調された。
　　ウ　京都の北朝と吉野の南朝が並び立ち，それぞれの朝廷が全国の武士に呼びかけて戦った。
　　エ　天皇の位をゆずった上皇が，摂政や関白の力をおさえて政治を行うようになった。

(4)　Dの短歌について，田沼意次の後に老中となり，この短歌で「白河」と詠まれている人物は誰か。この人物の名前を書きなさい。

(5)　次のア～オは，それぞれ，奈良時代から江戸時代の間の，ある時代の代表的な文化財である。このうち，A～Dの短歌がつくられた時代の，どの時代のものでもない文化財を，ア～オから一つ選び，その符号を書きなさい。

ア
イ
ウ
エ
オ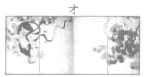

(6)　A～Dの短歌がつくられた，それぞれの時代の社会のようすについて述べた文として，正しいものを，次のア～エから一つ選び，その符号を書きなさい。

　　ア　Aの短歌がつくられた時代には，武士と百姓を区別する兵農分離が進められた。
　　イ　Bの短歌がつくられた時代には，墾田永年私財法により，土地の開墾が進んだ。
　　ウ　Cの短歌がつくられた時代には，浄土真宗や日蓮宗などの新しい仏教が生まれた。
　　エ　Dの短歌がつくられた時代には，歌舞伎や落語など，庶民の娯楽が発展した。

〔4〕　右の略年表を見て，次の(1)～(6)の問いに答えなさい。

(1)　下線部分aについて，この戦争で，清がイギリスに敗れたことを知った江戸幕府が行った政策として，最も適当なものを，次のア～エから一つ選び，その符号を書きなさい。

　　ア　間宮林蔵らに命じて蝦夷地や樺太の調査を行った。

年代	できごと
1840	a アヘン戦争が始まる。
1894	b 日英通商航海条約が結ばれる。
1905	ポーツマス条約が結ばれる。
1911	c 辛亥革命が始まる。
1914	第一次世界大戦が始まる。
1919	d ベルサイユ条約が結ばれる。
1951	サンフランシスコ平和条約が結ばれる。
1978	日中平和友好条約が結ばれる。

（1911～1914 を A，1951～1978 を B とする）

　　イ　異国船打払令を出し，外国船を撃退することにした。

　　ウ　徴兵令を出し，全国統一の軍隊をつくろうとした。

　　エ　来航する外国船に燃料や食料を与えて帰すことにした。

(2)　下線部分bについて，この条約が結ばれた結果，日本は，治外法権（領事裁判権）の撤廃に成功した。このときの内閣の外相は誰か。次のア～エから一つ選び，その符号を書きなさい。

　　ア　伊藤博文　　イ　陸奥宗光　　ウ　寺内正毅　　エ　岩倉具視

(3)　下線部分cについて，このあと，この条約の内容に反対する国民の暴動が起こった。**資料Ⅰ**は，このころの「増税に泣く国民」のようすを描いた絵であり，**資料Ⅱ**は，日清戦争と日露戦争の，それぞれの戦費と日本が得た賠償金を示したグラフである。この二つの資料から読みとれることをもとに，国民の暴動が起こった理由を書きなさい。

資料Ⅰ

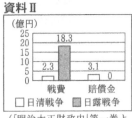

資料Ⅱ

（「明治大正財政史」第一巻より作成）

(4)　次の図は，年表中のAの時期のイギリス，イタリア，オーストリア，ドイツ，日本，フランス，ロシアの関係について表したものである。図中の X ～ Z に当てはまる国名の組合せとして，正しいものを，下のア～カから一つ選び，その符号を書きなさい。

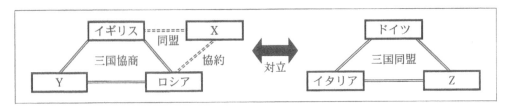

　　ア〔X　オーストリア，Y　日本，　　　　Z　フランス　　　〕
　　イ〔X　オーストリア，Y　フランス，　　Z　日本　　　　　〕
　　ウ〔X　日本，　　　　Y　オーストリア，Z　フランス　　　〕
　　エ〔X　日本，　　　　Y　フランス，　　Z　オーストリア〕
　　オ〔X　フランス，　　Y　オーストリア，Z　日本　　　　　〕
　　カ〔X　フランス，　　Y　日本，　　　　Z　オーストリア〕

(5)　下線部分dについて，この条約が結ばれた年に，朝鮮の人々が日本からの独立を求めて起こした運動を何というか。その用語を書きなさい。

(6)　年表中のBの時期のできごととして，正しいものはどれか。次のア～エから一つ選び，その符号を書きなさい。

　　ア　北大西洋条約機構が成立する。

　　イ　冷戦の終結が宣言される。

　　ウ　沖縄が日本に復帰する。

　　エ　湾岸戦争が起こる。

〔5〕　中学校3年生のあるクラスの社会科の授業では，次のA〜Dの課題について学習を行うことにした。これらの課題について，あとの(1)〜(4)の問いに答えなさい。

A	私たちの人権は，どのように保障されているのだろうか。	B	民主的な社会は，どのようにして成り立っているのだろうか。
C	我が国の経済は，どのようなしくみで動いているのだろうか。	D	国際社会は，どのような問題を抱えているのだろうか。

(1)　Aの課題について，次の①，②の問いに答えなさい。

①　次の文は，法，政府，国民の関係について述べたものである。文中の $\boxed{X}$ ， $\boxed{Y}$ に当てはまる語句の組合せとして，最も適当なものを，下のア〜エから一つ選び，その符号を書きなさい。

> 　右の図のように，国民の代表である議会で制定された法が，政府の政治権力を制限することを $\boxed{}$ という。これに基づき，最高法規である憲法によって国家権力を制限し，国民の人権を保障するという考え方を $\boxed{}$ という。

（図：法 →制限→ 政府 →政治権力→ 国民，制定）

ア　〔X　人の支配，Y　民主主義〕　　イ〔X　人の支配，Y　立憲主義〕
ウ　〔X　法の支配，Y　民主主義〕　　エ〔X　法の支配，Y　立憲主義〕

②　次の資料は，1966年に国際連合で採択され，我が国では1979年に批准された規約の一部である。この規約を何というか。その名称を書きなさい。

> 　この規約の各締約国は，その領域内にあり，かつ，その管轄の下にあるすべての個人に対し，人種，皮膚の色，性，言語，宗教，政治的意見その他の意見，国民的若しくは社会的出身，財産，出生又は他の地位等によるいかなる差別もなしにこの規約において認められる権利を尊重し及び確保することを約束する。

(2)　Bの課題について，次の①〜③の問いに答えなさい。

①　現在の衆議院の選挙制度は，小選挙区制と比例代表制を組み合わせたものである。右の図は，ある選挙区における，小選挙区制による選挙の結果を表したものである。この図から読みとれることをもとに，小選挙区制のしくみと問題点を書きなさい。

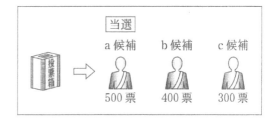

当選
a候補　　b候補　　c候補
500票　　400票　　300票

②　裁判が公正で中立に行われるために，裁判所や裁判官が，国会や内閣から圧力や干渉を受けないことを何というか。その用語を書きなさい。

③　次のページの図は，国会における法律案の審議の流れを表したものである。図中の $\boxed{X}$ 〜 $\boxed{Z}$ に当てはまる語句の組合せとして，最も適当なものを，後のア〜カから一つ選び，

その符号を書きなさい。

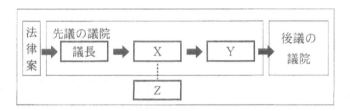

ア　〔X　公聴会，Y　本会議，Z　委員会〕　　イ　〔X　公聴会，Y　委員会，Z　本会議〕

ウ　〔X　本会議，Y　公聴会，Z　委員会〕　　エ　〔X　本会議，Y　委員会，Z　公聴会〕

オ　〔X　委員会，Y　公聴会，Z　本会議〕　　カ　〔X　委員会，Y　本会議，Z　公聴会〕

(3)　Cの課題について，次の①〜③の問いに答えなさい。

　①　右のグラフは，我が国の一般会計における税収と歳出，国債依存度の推移を示したものである。このグラフから読みとれることとして，最も適当なものを，次のア〜エから一つ選び，その符号を書きなさい。なお，国債依存度とは，歳入に占める国債の割合である。

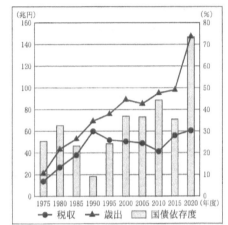

（財務省ホームページより作成）

　　　ア　1975年度から2020年度にかけて，税収が歳出を上回る状況が続いている。

　　　イ　国債依存度は，1990年度以降，一貫して高まっている。

　　　ウ　2020年度の歳出は，1995年度の歳出の約2倍となった。

　　　エ　税収が増えると，国債依存度は低下する。

　②　次の文は，経済活動における政府の役割について述べたものである。文中の　X　に当てはまる語句を書きなさい。

　　　　道路や公園，水道などの社会資本の整備や，警察や消防，教育などの　X　の提供は，民間企業だけで担うことが困難なため，税金をもとに政府が行っている。

　③　働くことについて述べた文として，最も適当なものを，次のア〜エから一つ選び，その符号を書きなさい。

　　　ア　日本国憲法は，勤労を義務ではなく，権利として定めている。

　　　イ　日本国憲法は，ストライキなどを行う団体行動権を認めている。

　　　ウ　労働基準法により，労働時間は週35時間，1日7時間以内と定められている。

　　　エ　労働基準法により，使用者は，労働者に毎週2日の休日を与えなければならない。

(4)　Dの課題について，次の①，②の問いに答えなさい。

　①　国家間の争いを国際法に基づいて解決するしくみとして設けられ，オランダのハーグに本部を置く，国際連合の主要機関の名称として，最も適当なものを，次のページのア〜オから一つ選び，その符号を書きなさい。

ア　総会　　　　　　　イ　安全保障理事会　　　ウ　経済社会理事会
エ　信託統治理事会　　オ　国際司法裁判所

② 世界の地域間の経済格差について述べた文として，正しいものを，次のア～オからすべて選び，その符号を書きなさい。

ア　ヨーロッパ連合（EU）では，加盟国の間の経済格差の拡大に伴う，他国支援への不満などを背景として，2016年にフランスが国民投票で離脱を決定した。

イ　2000年代，新興工業経済地域（NIES）とよばれる，ブラジル，ロシア，インド，中国，南アフリカ共和国の5か国が，急速に経済成長を果たした。

ウ　発展途上国の人々が生産した農産物や製品を，その労働に見合う公正な価格で貿易するフェアトレード運動など，発展途上国の人々の経済的な自立を目指す取組が広がっている。

エ　現在では，先進国の中でも，成長産業や資源を持っている国々と，そうでない国々との経済格差が広がっており，南南問題といわれている。

オ　国際連合は，2030年までに達成すべき17の目標からなる「持続可能な開発目標（SDGs）」を2015年に採択し，先進国だけでなく，発展途上国も取組を進めている。

〔6〕　Sさんのクラスの社会科の授業では，日本の農業について調べ，発表することにした。次の資料Ⅰ～資料Ⅵは，Sさんが集めたものの一部である。また，次のページはSさんの発表原稿の一部である。このことについて，あとの(1)～(3)の問いに答えなさい。

資料Ⅰ　耕地面積の推移

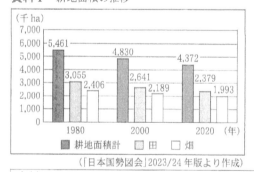

（「日本国勢図会」2023/24年版より作成）

資料Ⅱ　国民1人当たりの米の消費量の推移

資料Ⅲ　海外における日本食や日本産米の評価

　海外に目を向けると，世界的に日本食がブームであり，アジア諸国の所得水準の向上，新興国を中心とした富裕層の増加などにより，日本食は一層広がっています。
　日本産米は，安全であること，高品質であること，おいしいことなどから，海外で高い評価を得ています。

資料Ⅳ　米の自給率の推移

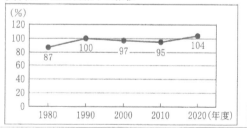

（農林水産省ホームページより作成）

資料Ⅴ　1世帯当たりの米，パン，めん類の支出金額の推移

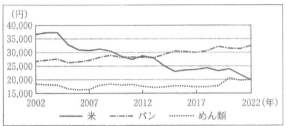

（総務省統計局ホームページより作成）

資料Ⅵ　米粉について

米粉とは，お米を細かく砕いて粉状にしたものです。お米はこれまでは「ごはん」としての食べ方が主流でしたが，特徴的なもっちりとした食感が人気となって，パンやケーキ，めん類などに加工されています。

（日本米粉協会ホームページより作成）

Ｓさんの発表原稿の一部

　　私が住んでいる地域では，耕作放棄地が見られます。**資料Ⅰ**によると，日本の2020年における田の耕地面積は，1980年に比べて　 X 　しています。その原因を調べてみると，農業従事者の高齢化や後継者不足に加えて，**資料Ⅱ**にあるように，国民1人当たりの米の消費量が減少していることがわかりました。一方で，**資料Ⅲ**によると，海外で日本産米が高く評価されていることから，米の消費拡大のための一つの方法として，海外への米の　 Y 　ことが必要だと考えました。また，米を，米粉として利用する取組が広がっていることを知りました。**資料Ⅳ～資料Ⅵ**から，米粉は，　 Z 　ことがわかりました。このことから，米粉の利用は，さらに拡大することが期待できると思います。このようにして，国内外において米の消費量を増加させることができると考えました。

(1)　発表原稿の　 X 　に当てはまる語句として，最も適当なものを，次のア～エから一つ選び，その符号を書きなさい。

　　ア　約10％減少　　イ　約20％減少　　ウ　約30％減少　　エ　約40％減少

(2)　発表原稿の　 Y 　に当てはまる内容を，10字以内で書きなさい。

(3)　発表原稿の　 Z 　に当てはまる内容を，「自給率」，「支出金額」の二つの語句を用いて，45字以内で書きなさい。

選び、その符号を書きなさい。

ア　実質的　　イ　自発的　　ウ　共同的　　エ　対照的

(三)　——線部分(1)とはどういうことか。四十五字以内で書きなさい。

(四)　——線部分(2)について、その状態を具体的に述べている一文を、Ⅰの文章中から四十五字以上五十字以内で抜き出し、そのはじめと終わりの五字をそれぞれ書きなさい。

(五)　——線部分(3)について、筆者がこのように述べるのはなぜか。その理由として最も適当なものを、次のア〜エから一つ選び、その符号を書きなさい。

ア　ヒトは、食物連鎖のピラミッドの安定性を損なったとしても、自然を改変することにより存続が可能となるから。

イ　ヒトが自分の住む地域の野生動物を食べなくなった現在、食物連鎖のピラミッドに位置づけることはできないから。

ウ　ヒトは、自らを食物連鎖のピラミッドの頂点に位置づけ、意のままに自然を改変した結果、生命システム全体を破綻させたから。

エ　ヒトが自然を改変し続け、食物連鎖のピラミッドが崩れると、ヒトの健全な存続が不安視されるようになるから。

(六)　次のⅡの文章は、Ⅰの文章と同じ著書の一部である。筆者は、ヒトが幸福になるためには、どのようなことをヒトが知り、どのような知識が広がって行く必要があると考えているか。ⅠとⅡの文章を踏まえ、百二十字以内で書きなさい。

Ⅱ

技術発展の方向性を決める要因とは何か。それは、快適さや便利さ、効率性を追求する心であり、経済的な利益を最大化しようとする欲求である。こうした志向はおそらく、社会発展を

支えるという意味で、今後もある程度必要なものだろう。

しかし、こうした志向だけではおそらく今後のヒトの社会がやって行けないことに、人々はうすうす気づいている。便利さと豊かさは、似ているようでいて、実はほとんど関係がない。便利さと幸福も、近いようでいて、実はほとんど関係がない。金銭的な利益が幸福と直結しないことを示す事例は少なくない。そうしたことをヒトが知り、ナチュラル・ヒストリーについての知識が広がって行けば、技術発展の方向性に影響を与えずにはおかないだろう。

ナチュラル・ヒストリーを知るべきである。ほかの生き物について知り、ヒトとの共通点と相違点を知るべきである。ヒトが他を思いやる心を身につけたという事実を振り返り、自らもそれを実践すべきである。そうしたことが、個体としてのヒトと、種としてのヒトを同時に豊かにし、安定させることになると、筆者は考えている。

食物連鎖の頂点である。それは、究極的には「自分たちを食べる動物がいるか否か」の判断に基づくだろう。

本来、食物連鎖がピラミッドで描かれる理由は、それが個体の数あるいは生物量を表せるからである。頂点の少数の生き物を養うために、底辺へ向かうにしたがって幾何級数的に、必要な個体数が増えていく。上部の相対的に少ない生物量と、下部の相対的に多い生物量とは均衡の関係にあると言える。ところが今は、頂点に位置する人類の数がどんどん増え続ける一方で、それより下に位置する無数の生物については、生息地域の確実な減少から、数と多様性が減っているであろうこと、また将来的にもそれが進むであろうことが指摘されている。これは、(1)生物量の均衡を失うことである。やせ細らせることであり、これは、本来は分厚かったピラミッドの下部を

(2)ピラミッドは三角形であるから安定している。この下部がやせ細り、頂点だけ大きくなれば安定性は損なわれる。それがさらに進行すれば、もはや三角形をなさず、いずれ倒れてしまう——つまり、ヒトという種の健全な存続が危ぶまれるようになるか、最悪の場合には生命システム全体が破綻してしまうであろう。生物量の均衡喪失は、種の不安定化要因の1つになる。地球は過去に5度の大規模な絶滅を経験している。ヒトが自然を改変した結果としての、現在進行形の種や個体の減少について、これが "6度目の大絶滅" であるとする見方もあるが、それは他人事ではない。(3)ヒトが、"滅びゆく運命" の中にいないとは誰も言えないのである。

このような未来像は、暗い。次世代のためにも、皆がそれぞれの分野で「別のあり方」を考え、明るい方向に向かうための材料を出しておかなければならない。筆者にとってそのヒントは「ナチュラル・ヒストリー」にある。さらに、それを活かすことのできる、ヒ

トの英知も忘れてはならない。

ナチュラル・ヒストリーは日本では「自然史」あるいは「生命誌」と訳されるが、嚙みくだいて言うなら「生き物の中にある、生命が歩んできた道の記録」となるだろう。

具体的には、地球の歴史があり、そこに生命が誕生し、さまざまな条件の環境に進出し、種が分化し、新種が生まれる一方で別の種が滅びて今に至る。また、例えば初期の生物が光合成を行って大気中に酸素を増やし、それによって太陽光線を受ける地上の環境を大きく変えてしまうなど、地球環境との「共進化」によって、今日の自然と生命の多様性が生まれてきたということである。

その中で、それぞれの生き物は個別の特殊性を持ち、それが全体としては多様性——を持つ一方で、互いに構造や機能の共通性——生物としての普遍性——を持っている。ナチュラル・ヒストリーとは、生き物が歩んできた、このような歴史のことである。

地球上に生物種がどれだけあるかは諸説あるが、ここでは1千万種としておこう。それらの生物の形づくりや歩いてきた道（ナチュラル・ヒストリー）を知ることは、その一部でありながらかなり例外的な種であるヒトが、将来はどこへ向かっていくのかを考えていくときに、基本的な視点になると考えるのである。

（浅島　誠『生物の「安定」と「不安定」　生命のダイナミクスを探る』による）

（注）　幾何級数的＝増加が急激なさま。

(一)　文章中の　A　に最もよく当てはまる言葉を、次のア～エから一つ選び、その符号を書きなさい。

ア　しかし　　イ　ただし　　ウ　例えば　　エ　したがって

(二)　文章中　a　に最もよく当てはまる言葉を、次のア～エから一つ

卿を放 言するが由無きなり、とぞ人云て、義忠を謗 ける、となむ語り伝へたるとや。

無責任ナ発言
ヨクナイ
トイウコトダ
(4)

(注) 女房＝貴族などの家に仕えた女性。

(一) ～～線部分の「伝へ」の読みを、すべてひらがなで書きなさい。ただし、現代かなづかいでない部分は、現代かなづかいに改めること。

(二) ──線部分(1)の「心得ず」の意味として最も適当なものを、次のア～エから一つ選び、その符号を書きなさい。
ア 分かりにくいと
イ しかたがないと
ウ 不思議なことだと
エ 納得がいかないと

(三) 〈 I 〉の和歌には、誰の、どのような気持ちが表れているか。最も適当なものを、次のア～エから一つ選び、その符号を書きなさい。
ア 義忠の、宇治殿から弁明の余地なく叱責されたことを今も不満に思う気持ち。
イ 義忠の、民部卿の怒りを買ったために謹慎を命じられたことを悔しく思う気持ち。
ウ 宇治殿の、義忠の訴えを退けなかったことを今になって情けなく思う気持ち。
エ 宇治殿の、民部卿が資業の漢詩を高く評価したことをいら立たしく思う気持ち。

(四) ──線部分(2)の「私」とは、誰の「私情」か。最も適当なものを、次のア～エから一つ選び、その符号を書きなさい。
ア 資業　　イ 民部卿　　ウ 義忠　　エ 宇治殿

(五) ──線部分(3)の「謗り」とは、どのようなことに対する「非難」か。最も適当なものを、次のア～エから一つ選び、その符号を書きなさい。
ア 資業が文章博士にふさわしくないこと。
イ 資業が達人たちに漢詩を作らせたこと。
ウ 資業が作成した漢詩に難点が多いこと。
エ 資業が民部卿に金品を渡していたこと。

(六) ──線部分(4)の「義忠を謗ける」について、人々が義忠を非難したのはなぜか。六十字以内で書きなさい。

[四]

次の I 、 II の文章を読んで、(一)～(六)の問いに答えなさい。

I 生き物どうしのつながりと言えば連想されやすいのが食物連鎖かもしれない。食物連鎖はしばしばピラミッドの形で描かれる。底辺から順に細菌、植物、草食動物、そして肉食動物が複数段階ある。

これは、 A 、草食性の昆虫がいたとして、それを食べるカエルがいて、さらにそれを食べるヘビ、そしてヘビを食べるタカなどがいるからである。また別の地域では別のピラミッドが描かれる。草食動物、その上位の捕食者としてライオンが位置づけられる地域もあるだろう。

現代のヒトをここに位置づけるとしたら、タカやライオンの層、あるいはそれより上の層に入るかもしれない。おそらく、かつてヒトがまだサルと区別されにくかった時代、周囲にはヒトを襲って食べる肉食獣がたくさんいたであろうから、そのときヒトは上から2番目ぐらいの層に入っていたことだろう。現代のヒトは自分が住んでいる地域の野生動物を食べないため、そもそもこのピラミッドに入れるのが適切かどうか分からないが、入れるとすれば a に

サクラ　私は、「　C　」聞は一見に如かず」ということわざのとおり、様々なことを自分の目でしっかりと確認していきたいと思います。

	A		B		C	
ア	A 二		B 十		C 一	
イ	A 二		B 十		C 百	
ウ	A 二		B 百		C 百	
エ	A 十		B 十		C 一	
オ	A 十		B 十		C 一	
カ	A 十		B 百		C 百	

〔三〕次のAの文章は、『今昔物語集』の「藤原資業作詩義忠難語第二十九」の前半の内容を現代語でまとめたものであり、Bの文章は、Aに続く部分の古文である。この二つの文章を読んで、㈠～㈥の問いに答えなさい。

A
昔、天皇が、達人たちに屏風に書く漢詩を作らせた。学才豊かで、漢詩に精通していた民部卿大納言が、天皇の命令を受けてこれらの漢詩を選定したところ、資業のものが数多く採用された。このことを藤原義忠という文章博士がねたみ、「資業の作った漢詩は難点が多いにもかかわらず、数多く採用されています。思うに、民部卿は資業から金品を受け取って採用したのです。」と宇治殿に訴えた。

(注)
文章博士=漢詩文・歴史などを教えた教官。
民部卿大納言=藤原斉信。平安時代の歌人。
宇治殿=藤原頼通。当時の高官。

B
民部卿此の事を伝へ聞きて、激怒して、攀縁を発して、此の詩共を、皆麗句微妙にして、撰ぶ所に私無き由を申しければ、宇治殿、頗る義忠が言ったこと⑴を心得ず思食て、義忠を召て、「何の故有て、此る僻言を申事を壊らむと為るぞ」と、勘発し仰られける。義忠恐れを成して蟄り居にけり。明る年の三月になむ免れける。

〔Ⅰ〕
あやぎのいろのいとにてむすびてし

而るに義忠或る女房に付、和歌をぞ奉ける、

うらみをとかで春のくれぬる

と。其後、指る仰せ無て止にけり。

此を思ふに、義忠も誹⑵るべき所有てこそ誹りけめ。只民部卿の当時止事無き人なるに、「私有る思へを取らリョウに」⑶とて、有ける事にや。亦資業も人の謗り有る計は世も作りけむかし。此れも只才を挑むより出来る事なり。但義忠が民部

＜国語＞

時間　五〇分　満点　一〇〇点

〔一〕

(一) 次の(一)、(二)の問いに答えなさい。

次の1〜5について、——線をつけた漢字の部分の読みがなを書きなさい。

1 お年寄りを敬う。

2 彼は天文学に詳しい。

3 幼い頃を回顧する。

4 濃霧に注意して前に進む。

5 辛抱強く課題に取り組む。

(二) 次の1〜5について、——線をつけたカタカナの部分に当てはまる漢字を書きなさい。

1 農業がサカんな地域である。

2 研究者に学位をサズける。

3 何のヨチョウもなく雨が降った。

4 経営のセンリャクを練る。

5 練習会のヨクシュウに発表会がある。

〔二〕

(一) 次の文中の「立てる」と同じ意味で使われている「立てる」がある文を、あとのア〜エから一つ選び、その符号を書きなさい。

ア 来年度の目標を立てる。

春休みの計画を立てる。

イ やかんが湯気を立てる。

ウ 実業家として身を立てる。

エ 隣の会話に聞き耳を立てる。

(二) 次の文と、単語の数が同じ文を、あとのア〜エから一つ選び、その符号を書きなさい。

あなたと再び会えてうれしい。

ア 穏やかに日々を過ごした。　イ 駅のホームで電車を待つ。

ウ 素早く準備に取りかかる。　エ 借りた本をいったん返す。

(三) ※出題に不備があったため問題を掲載しておりません。

(四) 次の文中の「花鳥風月」と構成が同じ四字熟語を、あとのア〜エから一つ選び、その符号を書きなさい。

公園を散歩しながら花鳥風月に親しむ。

ア 共存共栄　　イ 起承転結

ウ 大器晩成　　エ 有名無実

(五) 次の会話文の　A　〜　C　に当てはまる語の組合せとして最も適当なものを、あとのア〜カから一つ選び、その符号を書きなさい。

先生　皆さんには、それぞれ目標があると思います。その目標を、数字を含んだ慣用句やことわざを用いて発表してみましょう。

カズキ　私は、一に　A　にも勉強に励みます。

ユタカ　私は、人から、一から　B　まで手取り足取り教えてもらうのではなく、自分なりに考えて行動します。

大切なことはメモしておこうネ！

2024年度

解 答 と 解 説

《2024年度の配点は解答用紙集に掲載してあります。》

<数学解答>

〔1〕 (1) -2　　(2) $11a-13b$　　(3) $2x$　　(4) $\dfrac{\sqrt{2}}{5}<\dfrac{3}{10}<\dfrac{1}{\sqrt{10}}$　　(5) $x=-5\pm\sqrt{13}$

　　　(6) 2分30秒　　(7) $\angle x=36$度　　(8) およそ2700個

〔2〕 (1) (例)くじの引き方は，全部で21通りある。このうち，生徒Aが代表に選ばれるのは，

　　　6通りある。よって，求める確率は，$\dfrac{6}{21}=\dfrac{2}{7}$　　答　$\dfrac{2}{7}$

　　　(2) (例)$\dfrac{16a-a}{4-1}=2a^2$を解いて，$3a(2a-5)=0$　$a\neq0$よ

　　　り，$a=\dfrac{5}{2}$　　答　$a=\dfrac{5}{2}$　　(3) 右図

〔3〕 (1) $36:25$　　(2) ① 解説参照　② (例)△AGL，

　　　△BIHは正三角形であるから，LG＝AG，HI＝HB　よって，

　　　LG＋GH＋HI＝AG＋GH＋HB＝AB＝6(cm)…①　△EJI，△FLKは正三角形であるか

　　　ら，IJ＝EJ，KL＝KF　よって，IJ＋JK＋KL＝EJ＋

　　　JK＋KF＝EF＝5(cm)…②　①，②より，求める長さ

　　　は，6＋5＝11(cm)　　答　11cm

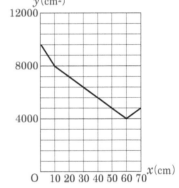

〔4〕 (1) 1500cm^2　　(2) B，C　　(3) $80x-800\text{cm}^2$

　　　(4) 右図　　(5) (例)(4)のグラフと$y=100x$のグラ

　　　フの交点のx座標を求めればよい。2つのグラフが交点を

　　　もつのは，$10\leqq x\leqq60$のときである。この部分の(4)の

　　　直線の式は，$y=-80x+8800$であるから，$100x=-80x$

　　　$+8800$を解いて，$x=\dfrac{440}{9}$　これは，$10\leqq x\leqq60$を満

　　　たす。　　答　$x=\dfrac{440}{9}$

〔5〕 (1) 5cm　　(2) 25cm^2　　(3) ① (例)このときの点Pは，2つの長方形ABCD，BEHC

　　　を合わせた長方形AEHDの対角線AHと，線分BCの交点である。BP//EHより，BP＝$\dfrac{3}{8}\times$

　　　$5=\dfrac{15}{8}$(cm)　　答　$\dfrac{15}{8}$cm　　② (例)2直線AP，DCの交点をRとすると，直線HQも点

　　　Rを通る。体積を求める立体は，三角すいRAHDから三角すいRPQCを除いた部分である。

　　　2つの三角すいは相似で，相似比は8：5であるから，体積比は512：125となる。三角すい

　　　RAHDの体積は，$\dfrac{1}{3}\times\dfrac{1}{2}\times5\times4\times8=\dfrac{80}{3}$(cm³)であるから，求める体積は，$\dfrac{387}{512}\times\dfrac{80}{3}=$

　　　$\dfrac{645}{32}$(cm³)　　答　$\dfrac{645}{32}$(cm³)

<数学解説>

〔1〕 (数・式の計算，平方根の大小，二次方程式，反比例の利用，円の性質と角度，標本調査)

　　(1) $3-12+7=3+7-12=10-12=-2$

(2)　$3(2a-b)-5(-a+2b)=6a-3b+5a-10b=11a-13b$

(3)　$18xy^2\div(-3y)^2=18xy^2\div9y^2=\dfrac{18xy^2}{9y^2}=2x$

(4)　2乗した数で比較する。$\left(\dfrac{3}{10}\right)^2=\dfrac{9}{100}$, $\left(\dfrac{\sqrt{2}}{5}\right)^2=\dfrac{2}{25}=\dfrac{8}{100}$, $\left(\dfrac{1}{\sqrt{10}}\right)^2=\dfrac{1}{10}=\dfrac{10}{100}$　$\dfrac{8}{100}<\dfrac{9}{100}<$ $\dfrac{10}{100}$より, $\dfrac{\sqrt{2}}{5}<\dfrac{3}{10}<\dfrac{1}{\sqrt{10}}$

(5)　$(x+5)^2=13$　$x+5=\pm\sqrt{13}$　$x=-5\pm\sqrt{13}$

(6)　求める時間をt分とすると, 電子レンジの出力と加熱時間は反比例するから, $500\times3=600\times t$　$t=\dfrac{5}{2}$　$\dfrac{5}{2}=2\dfrac{1}{2}$より, 2分30秒。

(7)　中心角の大きさを$a°$とすると, $a=\dfrac{2\pi}{10\pi}\times360=72$　中心角と円周角の関係により, $\angle x=\dfrac{1}{2}$ $\times a°=\dfrac{1}{2}\times72°=36°$

(8)　箱の中にある白玉の個数をx個とすると, 母集団における赤玉の比率と標本における赤玉の比率は等しいと考えられるから, $(x+300):300=100:10$　$10(x+300)=30000$　$x+300=3000$　$x=2700$　よって, およそ2700個。

〔2〕　(確率, 関数$y=ax^2$の変化の割合, 作図)

(1)　くじの引き方を樹形図で表すと, 図のようになる。引き方は全部で21通りあり, このうち, 生徒Aが代表に選ばれるのは○印をつけた6通り。よって, 確率は, $\dfrac{3}{21}=\dfrac{2}{7}$

(2)　xの増加量は, $4-1=3$　yの増加量は, $a\times4^2-a\times1^2=16a-a=15a$
（変化の割合）$=\dfrac{y\text{の増加量}}{x\text{の増加量}}=\dfrac{15a}{3}=5a$　$5a=2a^2$を解いて, $2a^2-5a=0$　$a(2a-5)=0$　$a\neq0$より, $a=\dfrac{5}{2}$

(3)　頂点Dを通り直線ACに平行な直線と直線BCとの交点をEとすると, 平行線と面積の関係により, $\triangle ACD=\triangle ACE$なので, （四角形ABCD）$=\triangle ABC+\triangle ACD=\triangle ABC+\triangle ACE=\triangle ABE$となる。

〔3〕　(平面図形, 面積の比, 相似の証明, 周の長さ)

(1)　正三角形ABCと正三角形DEFは相似で, 相似比は, BC：EF＝6：5である。相似な図形の面積の比は, 相似比の2乗に等しいから, $6^2:5^2=36:25$

(2)　①　(証明)(例)$\triangle AGL$と$\triangle DGH$において, $\angle GAL=\angle GDH=60°\cdots$①　対頂角は等しいから, $\angle AGL=\angle DGH\cdots$②　①, ②より, 2組の角がそれぞれ等しいから, $\triangle AGL\backsim\triangle DGH$

②　BC//DFより, 平行線の同位角, 錯角は等しいから, $\triangle AGL$, $\triangle DGH$, $\triangle BIH$は正三角形である。よって, LG＝AG, HI＝HBより, LG＋GH＋HI＝AG＋GH＋HB＝AB＝6(cm)　また, AB//FEより, $\triangle EJI$, $\triangle CJK$, $\triangle FLK$は正三角形である。よって, IJ＝EJ, KL＝KFより, IJ＋JK＋KL＝EJ＋JK＋KF＝EF＝5(cm)　よって, 六角形GHIJKLの周の長さは, $6+5=11$(cm)

〔4〕　(一次関数のグラフの利用)

(1)　縦100cm, 横15cmの長方形だから, 面積は, $100\times15=1500$(cm^2)

(2)　$x=0$のとき, 奥の面の面積が$(60\times80=)4800$(cm^2)　$x=60$のとき, 奥の面の面積が0cm^{2}で

あるから，BまたはCである。

(3)　縦80cm，横$(x-10)$cmの長方形だから，面積は，$80\times(x-10)=80x-800$（cm^2）

(4)　$0\leqq x\leqq10$のとき，Bの面積は，$80\times(60-x)=-80x+4800$（cm^2）　Cの面積は，$80\times(60-x)$$=-80x+4800$（cm^2）　Dの面積は0cm^2　よって，$y=(-80x+4800)+(-80x+4800)=-160x$$+9600\cdots$①　$10x\leqq x\leqq60$のとき，B，C，Dの面積の和は，縦80cm，横$(150-x)-10\times4=$$110-x$（cm）の長方形の面積に等しいから，$y=80\times(110-x)=-80x+8800\cdots$②　$60\leqq x\leqq70$のとき，B，Cの面積は0cm^2　Dの面積は，縦80cm，横$(x-10)$cmの長方形より，$y=80\times(x-10)$$=80x-800\cdots$③　よって，点$(0, 9600)$，$(10, 8000)$，$(60, 4000)$，$(70, 4800)$を順に線分で結ぶ。

(5)　Aは，縦100cm，横$x$cmの長方形だから，面積についてのyをxの式で表すと，$y=100\times x=$$100x\cdots$④　求める$x$の値は(4)のグラフと④のグラフの交点の$x$座標である。2つのグラフが交点を持つのは$10\leqq x\leqq60$のときだから，②，④を連立方程式として解いて，$100x=-80x+8800$$180x=8800$　$x=\dfrac{440}{9}$　これは，$10\leqq x\leqq60$を満たす。

〔5〕　(空間図形，線分の長さ，面積，最短距離，体積)

(1)　△BFEで，三平方の定理により，BE^2＝BF^2＋EF^2＝$4^2+3^2=25$　BE＞0より，BE＝5（cm）

(2)　四角形BCHEは長方形（正方形）より，面積は，BC×BE＝$5\times5=25$（cm^2）

(3)　①　底面を△ABEとする三角柱ABE－DCHを考える。側面の展開図より，AP＋PHの長さが最も短いとき，3点A，P，Hは一直線上にある。BP//EHなので，三角形と比の定理により，BP：EH＝AB：AE＝3：$(3+5)=3:8$　よって，BP＝$\dfrac{3}{8}$EH＝$\dfrac{3}{8}\times5=\dfrac{15}{8}$（cm）

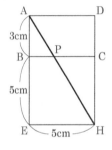

②　直線AP，DC，HQは1点で交わり，その点をRとすると，立体R－AHDと立体R－PQCは相似で，相似比は，AD：PC＝$5:\left(5-\dfrac{15}{8}\right)=5:\dfrac{25}{8}$$=8:5$　また，AB//CRより，AB：CR＝BP：PC＝$\dfrac{15}{8}:\dfrac{25}{8}=3:5$

CR＝$\dfrac{5}{3}$AB＝$\dfrac{5}{3}\times3=5$（cm）　相似な立体の体積の比は相似比の3乗に等しいから，体積の比は，$8^3:5^3=512:125$　求める立体は，立体R－AHDから立体R－PQCを取り除いたものだから，求める体積は，$\left(1-\dfrac{125}{512}\right)\times\left(\dfrac{1}{3}\times\dfrac{1}{2}\times5\times4\times8\right)=\dfrac{387}{512}\times\dfrac{80}{3}=\dfrac{645}{32}$（cm^3）

＜英語解答＞

〔1〕　(1)　1　エ　　2　ア　　3　イ　　4　ア　　(2)　1　ウ　　2　イ　　3　ウ　　4　エ
　　　(3)　1　(例)No, he didn't.　　2　(例)Because he wants to be a music teacher.

〔2〕　(1)　ウ　　(2)　(例) about half of the people visit Japan　　(3)　(例) *Origami* is a Japanese traditional art of paper folding.　We can make many kinds of things such as animals and flowers with paper.

〔3〕　(1)　A　know where it is　　D　something I want　　(2)　B　gave
　　　F　written　　(3)　(例)すべての生徒たちが，読んだ文の内容をよりよく理解することや，学ぶことをもっと楽しむこと。　　(4)　エ　　(5)　(例)私たちの周りの，助けを必要とする多くの人々。　　(6)　ウ，エ

〔4〕　(1)　(例)冷蔵庫の中の食べ物を食べきれず無駄にしてしまうことや，スーパーマーケッ

トやコンビニエンスストアで，人々が買わなかった食べ物が無駄にされること。
(2) b　(3) (例) have more time to talk　(4) ア，オ
(5) ① (例) Yes, there are.　② (例) His family does.　③ (例) He
wants them to think critically about many things.　(6) (例) I want
to use AI to translate Japanese into other languages. If I use it, I can
communicate with people all over the world. It helps me understand
them.

＜英語解説＞
〔1〕 (リスニング)
　　　放送台本の和訳は，45ページに掲載。

〔2〕 (会話文：絵・図・表・グラフなどを用いた問題，語句補充・選択，自由・条件英作文)
【グラフ】

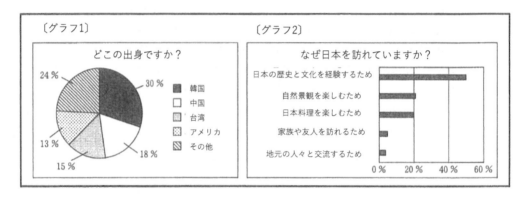

〔グラフ1〕 どこの出身ですか？
〔グラフ2〕 なぜ日本を訪れていますか？

【会話】
アリス：グラフ1によると，韓国からの人々が最も日本を訪れていると言えるね。
＊＊＊：そうだね，グラフ2を見て。日本の歴史や文化を経験するために，a(約半数の人々が日本を訪れている)ことがわかる。
アリス：その通り。私も何か日本の文化を経験してみたい。何か試してみるものを私に教えてくれる？
＊＊＊：わかった。b(折り紙は，紙を折りたたむ日本の伝統的な技法なの。紙で動物や花のようなさまざまな種類のものを作ることができる。)
アリス：ありがとう。やってみる。
(1)　ア　アメリカからの人々　イ　中国からの人々　ウ　韓国からの人々(○)　エ　台湾からの人々　四角の空欄の文は「もっとも日本を訪れた」人々のことを述べている。グラフ1を見ると，それは韓国からの人々(30パーセント)だとわかるので，選択肢ウが適当。
(2)　(例) about half of the people visit Japan　カッコ a の文は，「日本の歴史と文化を経験するために…」という意味である。グラフ2を参照すると「約50パーセントの人々が，日本の歴史と文化を体験するために訪れている」とあるので，解答例では about half of the people visit Japan (約半数の人々が日本を訪れている)としている。

(3)　(例) *Origami* is a Japanese traditional art of paper folding. We can make many kinds of things such as animals and flowers with paper.（折り紙は，紙を折りたたむ日本の伝統的な技法です。私たちは，紙で動物や花のようなさまざまな種類のものを作ることができます。）　問題文に指示された事項を確認して解答の英文を作成したい。解答例では，始めの文 *Origami* is a〜で「折り紙」について述べ，次に We can make〜で具体的に「何を作ることができるかの例を提示」している。

〔3〕　（会話文：絵・図・表・グラフなどを用いた問題，語句の並べ換え，語形変化，日本語で答える問題，語句補充・選択，語句の解釈・指示語，内容真偽，間接疑問，関係代名詞，感嘆文，現在完了，分詞の形容詞用法，助動詞）

(全訳)　*カオリは高校生です。エマはアメリカからの中学生で，彼女はカオリの家に滞在しています。彼女たちはカオリの家で話しています。*

カオリ：エマ，何してるの？

エマ　：私のバッグを探してるの。あなたは_Aそれがどこにあるか知ってる？

カオリ：昨日の夜，あの机の下で見たよ。

エマ　：机の下？　あ，見つけた。ありがとう。その中に宿題が入っているの。

カオリ：どのような宿題があるの？

エマ　：昨日，社会科の授業で先生が私たちに_B渡したプリントを読んで，それについて私の意見を書かなければならないの。

カオリ：それは何についてなの？

エマ　：ユニバーサルデザインの一種のUD字体について。これは昔からの字体と少し違うの。このプリントによると，日本のある町では，この字体がすべての小学校と中学校で使われているんだって。

カオリ：おもしろそう！　もっと教えて。

エマ　：この町での調査によると，UD字体は別の字体がうまく読めない生徒だけではなく，他の多くの生徒にも役立った。このため，この町はそこのすべての子供たちに，この字体を使ったプリントやデジタル学習教材を使うことに決めたの。この町は，すべての生徒たちが，読む文の内容をよりよく理解することを期待している。また，町は学びをもっと楽しむことを期待しているよ。

カオリ：_Cすてきね！　その町は素晴らしい願いを持ってる。

エマ　：私もそう思う。私たちにとって，学びに興味を持つことはとても重要だね。ところで，日本でユニバーサルデザインの他の例を知っている？

カオリ：知っているよ。あなたに見せ_Dたいものがあるんだ。ちょっと待ってて。それを持ってくるから。

エマ　：何？

カオリ：ここに牛乳のパックがあるよね。開け口の反対側に，半月型の切り込みが見える？これはものがあまりよく見えない人たちのために，とても便利なんだよ。どれが牛乳パックなのかを，彼らが見つける手助けのために使われている。また，彼らが開け口を見つけるための助けにもなるの。

エマ　：すごい！　以前にはこのデザインに気がついたことがなかった。_E私たちは，何かの問題があるまで，私たちの周りにそれらのようなたくさんの良いデザインがあることに時々気づかないんだね。

カオリ：その通りね。あなたはどう？　日本で何か助けが必要なことはあった？

エマ　：あったよ。それは町の標識について。私たちの周りにはたくさんの標識があるけれど，それらの多くは日本語で_F書かれていて，私はそれらをよく理解できない。2週間前，友達の一人に会うためにとなりの町に行った時，日本で初めて一人でバスに乗った。その時，「どのバスに乗ればいいの？　どの道を行けばいいの？」と考えた。私はとても心配だった。

カオリ：日本には外国人のために十分な標識があるとは思えない。あなたの気持ちがわかる。

エマ　：ありがとう。外国からたくさんの人々が日本を訪れている。だから，言語や絵のより多くの標識が，彼らをとても助けることになる。

カオリ：そうだね。私たちの町や国が，みんなにとってより良くなるといいな。私たちの周りには助けを必要とする人々がたくさんいる。私は，いつか新しいユニバーサルデザインを作りたい。

エマ　：あなたは，_Gそれらの人々を支援できる人になれるよ。

カオリ：ありがとう。大切なことは，私たちの日々の生活で誰かを助けること。すぐに何かやってみない？

(1)　A　(正答)Do you know where it is？（あなたは，それがどこにあるのか知っていますか？）　Do you～の疑問文では～の部分に動詞がくるので，空欄の先頭は know が適当。where～の部分は間接疑問の形なので＜疑問詞＋主語＋動詞＞の語順になることに注意したい。D　(正答)I have something I want to show you.（私はあなたに見せたいものがある）空欄の前には動詞 have があり，これには名詞や名詞のはたらきをする語が続くので，空欄の単語では something が適当。このあとは want to～「～したい」という語句にすると，空欄は something I want となる。ここでは something と I の間に関係代名詞 which が省略されていて，which～が something(もの)を説明して「私があなたに見せたいもの」という意味になる。

(2)　B　(正答)gave(give の過去形)　空欄の文は yesterday(昨日)とあるので，過去形の文となる。したがって，give の過去形 gave が適当。　F　(正答)written(write の過去分詞形)空欄の前には are という be 動詞があり空欄はそれに続く動詞なので，ing 形か過去分詞形が考えられるが，空欄の次が in Japanese「日本語で」とあり，文脈から「日本語で書かれた」という受け身にして過去分詞形の written が適当。

(3)　(例)すべての生徒たちが，読んだ文の内容をよりよく理解することや，学ぶことをもっと楽しむこと。　下線部の発話は，その前のエマの発話第3文 The city hopes～「この町は，すべての生徒たちが，読んだ文の内容をよりよく理解することを期待している」と，その次の文 Ant it also～「町は学びをもっと楽しむことを期待している」に対するものだと考えられることから，この2文をまとめた正答例の内容が適当。下線部の文 How nice! は感嘆文で＜how＋形容詞＋主語＋動詞＞の形になっている(本文では主語＋動詞が省略されている)。

(4)　ア　誰も問題を解決しません。　イ　私たちはUD字体を使います。　ウ　誰かがより良いデザインを作ります。　エ　私たちは何かの問題があります。(○)　空欄Eのある文の意味は，「□□の前まで，良いデザインがあることに気づかない」となり，「何かがあるまで，それを解決するようなことに気がつかない」という意味合いがあると考えられるので，空欄には選択肢エが適当。

(5)　(例)私たちの周りの，助けを必要とする多くの人々。　下線のある文は「それらの人々を支援できる人になれる」という意味になる。「それらの人々」とは，下線の文の前のカオリの発話

第3文 There are many～「私たちの周りには助けが必要な人々がたくさんいる」にある「人々」だと考えられるので，正答例の内容が適当。

(6) ア　UD字体は，外国から来た人々だけに使われます。　イ　カオリは，生徒たちに使われるUD字体についてすでに知っています。　ウ　エマは，カオリによって示された牛乳パックのデザインが良いと思っています。(○)　エ　カオリは，2週間前にエマがバスに乗った時に，エマが感じたこと理解しています。(○)　オ　エマは，多言語や絵がある標識について，自分の意見を書かなければなりません。　問題の会話文第16番目のエマの発話 Great! I have never～には，「(牛乳パックは)すごい！このデザインには気がつかなかった」とカオリが持ってきた牛乳パックのデザインをほめているので，選択肢ウが適当。また，第18番目のエマの発話 Yes. It is～以降では，「2週間前，日本で初めて一人でバスに乗った時，標識がわからずとても心配だった」とあり，これを受けて次のカオリの発話第2文 I know your feeling「気持ちがわかる」とあるので，選択肢エが適当。選択肢アの people who～の who は関係代名詞で，who～が people(人々)を説明して「外国から来た人々」という意味になる。また，選択肢ウの milk shown by Kaori は分詞の形容詞用法で，shown by Kaori が milk(牛乳)を説明して「カオリによって示された牛乳」という意味になる。

〔4〕　(長文読解：広告・メール・メモ・手紙・要約文などを用いた問題，文の挿入，日本語で答える問題，内容真偽，語句補充・選択，英問英答，自由・条件英作文，現在・過去・未来と進行形，受け身，動名詞，文の構造，比較，形容詞・副詞，不定詞)

(全訳)　*リクトとメイは日本の高校生です。ケビンはオーストラリア出身で，彼らの学校で勉強しています。彼らはヤマダ先生の英語の授業で，クラスメートに対して英語で報告をしています。*

ヤマダ先生

　今日は，みなさんは自分の調査について話をします。科学技術の発展は，私たちの生活をより楽なものにしました。さあ，みなさんが学んだことについて話を始めましょう。

リクト

　みなさんは，冷蔵庫がない生活を想像できますか？　1950年代には，日本のほとんどの人々が冷蔵庫を持っていませんでした。今では，冷蔵庫のおかげで，魚や肉などの多くの種類の食べ物を買って，それらを自分たちの家に保存できます。また，自分たちが作った料理も冷蔵庫に保存できます。／しかし，時々私たちは冷蔵庫の中のいくらかの食べ物を食べることができずに，それらを無駄にします。また，私たちには別の問題があります。スーパーマーケットとコンビニエンスストアでは，人々が買わなかったいくらかの食べ物が無駄にされています。世界中には，十分な食べ物を手に入れることができない約8億人より多くの人々がいるので，私はA これらの問題がすぐに解決されるべきだと思います。日本では，2020年には約522万トンの食べ物を無駄にしました。これは，日本のだれもが毎日茶碗約一杯の食べ物をゴミ箱に入れていることを意味しています。

メイ

　私は鉄道の発達について話します。　ａ　新幹線が導入される以前，最速の列車で東京から大阪まで旅をする時，6時間半かかりました。　ｂ　そして，1964年に新幹線が導入され，約4時間かかるようになりました。　今では，2時間半しかかかりません。　ｃ　新幹線が旅行を以前よりも手軽に速くしました。　ｄ　リニア中央新幹線を聞いたことがありますか？　もしそれが導入されれば，東京から大阪まで約1時間かかることになります。それは驚くべきことです。しかし，それにはどれくらいのエネルギーが必要なのでしょうか？

ケビン

インターネットの発達は，私たちがどこにいても人々とコミュニケーションする手助けをしてくれます。私は現在日本にいますが，インターネットを通じてオーストラリアに住む家族と毎日コミュニケーションできます。それはとても楽しいです。しかし，最近，面と向かって話すことがより大切だと感じ始めました。オーストラリアで家族と一緒に住んでいたとき，私はよく自分の部屋でテレビゲームをしていて，あまり家族と話す時間がありませんでした。家にいるときでさえも，時々家族にメールを送っていました。オーストラリアに戻ったら，家族と面と向かって_B(話をするためのより多くの時間を持ち)たいと思います。

ヤマダ先生

　_C科学技術の発達について話してくれてありがとうございます。みなさん，よくできていました。みなさんは科学技術の発展の良い点といくつかの問題点の両方を見つけましたね。将来，みなさんが多くのことについて，批判力をもって考えることを願っています。それは，みなさんが世の中で問題を解決する時に，とても大切なことの一つです。／また，情報技術は私たちの世の中でますます重要になってきています。みなさんは，報告を作成する時にタブレット端末を使いましたね？　それらを利用することは，以前よりも一般的になっています。そのような状況の中で，生成AIも一般的になってきましたね？　_DAIは私たちの日常生活でさらに活用されることでしょう。次回はそれについて話しましょう。

(1)　(例)冷蔵庫の中の食べ物を食べきれず無駄にしてしまうことや，スーパーマーケットやコンビニエンスストアで，人々が買わなかった食べ物が無駄にされること。　下線部は「これらの問題」とある。文脈としては，問題本文のリクトの発表の第2段落の最初の文 However, sometimes we~と第4文In supermarkets and~の2つの文を受けて「これらの問題」と言っていることから，正答例ではこれら2文を要約した内容としている。これらの文のうち In supermarkets and~にあるwhich は関係代名詞で，which people have not bought がその前の the food(食べ物)を説明して「人々が買わなかった食べ物」という意味になる。

(2)　(正答)b　(問題文訳)そして，1964年に新幹線が導入され，約4時間かかるようになりました。　空欄aからdの前後の文の意味を合わせて，意味の通るような文脈を作るように空欄に文を補充したい。問題文の was introduced は受け身の表現で「導入された」という意味になる。

(3)　(例)have more time to talk(話をするためのより多くの時間を持つ)　空欄の文は「家族と面と向かって_B(　)したい」という意味になる。空欄の2つ前の文 When I lived~では「オーストラリアで家族と一緒に住んでいたとき，自分の部屋でテレビゲームをして，あまり家族と話さなかった」とあり，空欄の1つ前の文 Sometimes I sent~では「家にいるときにでも，家族にメールを送っていた」とある。これらから空欄Bの文へつながることから，正答例では「家族と面と向かって(話をするためのより多くの時間を持ち)たい」としている。would like to のあとには動詞の原形を置くことに注意したい。解答例の to talk は to 不定詞の形容詞用法で直前の time(時間)を修飾して「話すための時間」という意味になる。

(4)　ア　食べ物を長い時間保存することに関する技術(○)　イ　明日の天気を伝えることに関する技術　ウ　環境をよりきれいにすることに関する技術　エ　私たちが使うたくさんのエネルギーを節約することに関する技術　オ　人々を他の場所に運ぶことに関する技術(○)　問題本文では，リクトは「冷蔵庫ができたことで人々の生活が変わった」と言っているので選択肢アが適当。また，メイは「新幹線ができたことで，人々はより速く移動ができるようになり，今後さらに発展する」と言っているので選択肢オが適当。選択肢ウの making the environment cleaner は make A B(AをBにする)の形で，ここでは A=the environment　B=cleaner で「環境をよりきれいにする(こと)」という意味になる。

(5)　①　（例）Yes, there are.(はい，そうです。)　(問題文訳)世界中で十分な食べ物を手に入れることができない8億人より多くの人々がいますか？　問題本文リクトの発表の第2段落第4文 I think these～には，「世界中で十分な食べ物を手に入れることができない約8億人より多くの人々がいる」とあるので，正答例が適当。問題文は Are there more～? という疑問文なので，答えの文は Yes/No～の形とする。　②　His family does.(かれの家族がする。)
(問題文訳)毎日，誰がケビンとインターネットを通じてコミュニケーションをしていますか？
問題本文ケビンの発表の第2文 I am in～には，「私は現在日本にいるが，インターネットを通じてオーストラリアに住む家族と毎日コミュニケーションできる」とあるので，正答例が適当。does は動詞 do(する，遂行する) の三人称単数形。　③　（例）He wants them to think critically about many things.(彼は彼らに多くのことについて批判力をもって考えてほしい。)　(問題文訳)将来，ヤマダ先生は生徒たちに何をしてほしいですか？　ヤマダ先生が生徒たちに期待することは，問題本文ヤマダ先生の最後の話の最初の段落第4文 I hope you～「将来，多くのことについて批判力をもって考えることを願っている」にあるので，正答例の内容が適当。

(6)　（例）I want to use AI to translate Japanese into other languages. If I use it, I can communicate with people all over the world. It helps me understand them.（解答例訳）私はAIを使って日本語を他の言語に翻訳したいです。もし私がそれを使えば，世界中の人々とコミュニケーションできます。それは私が彼らを理解することに役立ちます。

2024年度英語　放送による聞き取り検査

〔放送台本〕
〔1〕
(1)　1　When you clean rooms, you use this.
　　　　Question: What is this?
　　2　David is interested in an animal. It can fly.
　　　　Question: What animal is David interested in?
　　3　In my town, there is a hotel next to a post office. A museum is in front of a school. A park is between the museum and a book shop. We have a nice restaurant next to the school.
　　　　Question: Which is the hotel?
　　4　Hello, Miho. This is Jane. I want to talk about our plan for tomorrow. We are going to meet at the library at nine a.m. and study there until noon, and then go to the sea, right? The news says it will be sunny tomorrow afternoon, so we can enjoy swimming and playing volleyball on the beach. If you have any questions, call me later. Bye.
　　　　Question: What is Jane going to do with Miho tomorrow morning?

〔英文の訳〕
1　部屋を掃除するときに，あなたはこれを使います。
　　質問：これは何ですか？
　　ア　スタンド　　イ　テレビ　　ウ　アイロン　　エ　掃除機(○)

2　デイビッドは動物に興味があります。それは飛べます。
　　質問：デイビッドはどの動物に興味がありますか？
　　ア　鳥（○）　　イ　猫　　ウ　犬　　エ　象
3　私の町には郵便局の隣にホテルがあります。博物館は学校の前にあります。公園は博物館と本屋の間にあります。学校のとなりには，すてきなレストランがあります。
　　質問：ホテルはどれですか？　答え：イ
4　もしもし，ミホ。ジェーンだよ。明日の計画について話をしたいの。私たちは午前9時に図書館で待ち合わせて，昼までそこで勉強して，それから海に行くよね？　ニュースでは，明日の午後は晴れるだろうと言っているから，ビーチで泳いだりバレーボールをしたりして楽しめるよ。何か質問があったら，後で電話してね。さようなら
　　質問：ジェーンは明日の午前中に，ミホと何をしますか？
　　ア　彼女は図書館で勉強します。（○）　　イ　彼女は海に行きます。
　　ウ　彼女は泳ぎます。　　エ　彼女はバレーボールをします。

〔放送台本〕
(2)　1　A: Oliver, this desk is nice. I want to buy the same one.
　　　　　B: Really? Actually, I made it.
　　　　　A: Oh, you are great. I want to make one, too.
　　　　　Question: Did Oliver make the desk?
　　　2　A: Will you come to our school festival next week, Paul?
　　　　　B: Of course, yes. I'll go with my sister. She will take me there by car.
　　　　　A: Oh, you can't come to my school by car. There is no place for cars on that day. You should come by bike, by bus, or by train.
　　　　　B: OK. I'll go by bike.
　　　　　Question: How will Paul go to the school festival?
　　　3　A: Please come and have dinner with us. Are you free this Friday evening?
　　　　　B: Thank you, but I'm going to have a piano lesson on that day.
　　　　　A: Then, how about the next day?
　　　　　B: OK. I think I can visit you at seven in the evening.
　　　　　Question: When will they have dinner together?
　　　4　A: Ben, this is for you. I went to Canada during the winter vacation.
　　　　　B: Oh, what a beautiful hat! Thank you, Hinako. What did you do there?
　　　　　A: I joined a special winter English class there.
　　　　　B: How was it?
　　　　　A: At first, I was too shy and I couldn't talk to the students. But they asked me many questions, so I communicated with them. It made me very happy.
　　　　　Question: Why did Hinako feel happy?
〔英文の訳〕
1　A：オリバー，この机はすてきだね。同じものを買いたい。
　　B：本当？　実は，それはぼくが作ったんだ。

　　Ａ：ああ，すごいね。私も一つ作りたい。

　　質問：オリバーはその机を作りましたか？

　　ア　はい，作ります。　　イ　いいえ，作りません。

　　ウ　はい，作りました。(〇)　　エ　いいえ，作りませんでした。

2　Ａ：来週の私たちの学園祭に来る，ポール？

　　Ｂ：もちろん，行くよ。ぼくの姉妹と一緒に行く。彼女がそこへ車で連れてってくれるんだ。

　　Ａ：ああ，車で私の学校に来ることはできないよ。その日は車のための場所がないから。自転車，
　　　　バスか電車で来るべきだよ。

　　Ｂ：わかった。自転車で行くよ。

　　質問：ポールは学園祭にどのように行きますか？

　　ア　車で　　イ　自転車で(〇)　　ウ　バスで　　エ　電車で

3　Ａ：来てください，そして私たちと一緒に食べましょう。今週の金曜日の夜は，都合はいいです
　　　　か？

　　Ｂ：ありがとう，でもその日はピアノのレッスンがあります。

　　Ａ：では，次の日はどうですか？

　　Ｂ：わかりました。夜の7時に訪問できると思います。

　　質問：いつ彼らは一緒に夕食を食べますか？

　　ア　木曜日　　イ　金曜日　　ウ　土曜日(〇)　　エ　日曜日

4　Ａ：ベン，これはあなたのよ。冬休みの間にカナダに行ったの。

　　Ｂ：ああ，なんてすてきな帽子なんだ！　ありがとう，ヒナコ。そこで何をしたの？

　　Ａ：そこで特別な冬の英語クラスに参加したの。

　　Ｂ：どうだった？

　　Ａ：最初はとても恥ずかしくて，生徒たちと話すことができなかった。けれども，彼らが私にたく
　　　　さん質問してくれたから，彼らとコミュニケーションできた。それで私はとてもうれしくなっ
　　　　た。

　　質問：ヒナコはなぜうれしく感じたのですか？

　　ア　彼女はベンに会うためにカナダに行ったから。　　イ　彼女はそこで生徒たちにすてきな帽子
　　を買ったから。　　ウ　彼女はベンと一緒に特別な冬の英語クラスに参加したから。　　エ　彼女は
　　そこで生徒たちとコミュニケーションしたから。(〇)

〔放送台本〕

(3)　　　Hello, everyone. This is my last message to you. I came to Japan in
　　August three years ago. I have had a great experience in Japan. Especially,
　　I'm very happy that I have spent time with all of you in this school. My best
　　memory is the chorus festival. Your chorus was amazing! When I go back to
　　America, I will study music because I want to be a music teacher. Thank you
　　for everything. I hope I'll see you again. Bye.

　　Question: 1 Did Mr. Smith come to Japan in summer two years ago?
　　　　　　　　2 Why will Mr. Smith study music when he goes back to America?

〔英文の訳〕

　　みなさん，こんにちは。これがみなさんへの私の最後のメッセージです。私は3年前の8月に日本に
来ました。日本ですばらしい経験をしました。特に，この学校でみなさんと一緒に過ごした時間が，

私はとても楽しかったです。私の最高の思い出は合唱祭です。みなさんの合唱は，とてもすばらしかったです！アメリカに帰ったら，私は音楽を勉強します，なぜなら，私は音楽の先生になりたいからです。すべてに感謝しています。またみなさんに会えることを願っています。さようなら。

　質問：1　スミスさんは2年前の夏に日本に来ましたか？

　　　　　(例)No, he didn't.（いいえ，来ませんでした。）

　　　　2　なぜ，スミスさんはアメリカに帰ってから音楽を勉強するのですか？

　　　　　(例)Because he wants to be a music teacher.（なぜなら彼は音楽の先生になりたいからです。）

＜理科解答＞

〔1〕　(1)　ウ　　(2)　ア　　(3)　エ　　(4)　ウ　　(5)　分離の法則　　(6)　イ

〔2〕　(1)　ウ　　(2)　①　イ　　②　(例)砂の層に含まれる粒の方が，泥の層に含まれる粒よりも大きく，大きな粒ほど河口から近いところに堆積するため。

　　　　(3)　(イ)→(エ)→(ア)→(ウ)

〔3〕　(1)　X　ア　　Y　イ　　(2)　b　ミミズ　　f　イモリ，カエル

　　　　(3)　コウモリ　c　　マイマイ　a

〔4〕　(1)　(例)電流を流しやすくするため。　　(2)　(気体の体積)　1cm³

　　　　(気体の名称)　水素　　(3)　①　X　化学　　Y　電気

　　　　Z　燃料電池　　②　2H₂ + O₂ → 2H₂O

〔5〕　(1)　エ　　(2)　比例　　(3)　1.5 cm　　(4)　ア

〔6〕　(1)　二酸化炭素　　(2)　右図

　　　　(3)　Y　酸化銅　　Z　炭素

　　　　(4)　(物質の名称)　酸化銅　　(物質の質量)　2g

〔7〕　(1)　10Ω　　(2)　①　1.3 V　　②　イ　　(3)　4倍

〔8〕　(1)　①　イ　　②　エ　　(2)　ア　　(3)　A

　　　　(4)　(例)地球から見て，さそり座が太陽と同じ方向にあるため。

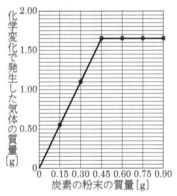

縦軸：化学変化で発生した気体の質量 [g]　横軸：炭素の粉末の質量 [g]

＜理科解説＞

〔1〕　(生物の観察と分類のしかた：スケッチ，大気圧と圧力：水圧，生物と細胞：植物細胞の観察，状態変化，遺伝の規則性と遺伝子，天気の変化：空気中の水蒸気量)

　(1)　生物を観察するときのスケッチは，よくけずった鉛筆を使い，細い線や小さい点ではっきりとかく。

　(2)　図2は，図1の器具を水面に対する角度を変えて水中に入れ，ゴム膜の凹みから水圧の大きさを考察する実験である。実験から，深いほど水圧が大きいことがわかり，水中にある器具のあらゆる面に対して水圧がはたらき，水中にある器具には，全体として上向きの力がはたらく。

　(3)　オオカナダモの葉の細胞の顕微鏡観察では，細胞の中にある核を観察しやすくするために，酢酸オルセイン液を2，3滴たらして，プレパラートをつくる。このプレパラートを観察すると，どの細胞にも，よく染まる丸い粒が一つずつあり，核があることが確認できる。

(4)　物質が固体，液体，気体の間で状態を変えることを状態変化という。食塩を加熱すると，液体になったのがその例であり，ほかの3つの実験は化学変化である。

(5)　生物の生殖において，親の細胞が**生殖細胞をつくるとき**，親がもつ一対の遺伝子は，**減数分裂**により，別々の生殖細胞に入る。遺伝の規則性における，この法則を**分離の法則**という。

(6)　室温20℃において，加湿器を使って湿度を20%から50%に変えたとき，加湿器から空気1m³中に放出された水蒸気量を，20℃の空気の飽和水蒸気量を17.3g/m³として計算すると，17.3$[g/m^3]$ $\times (50[\%] - 20[\%]) = 5.19[g/m^3]$，である。もとめる部屋の空気の体積が50cm³であるため，$5.19[g/m^3] \times 50[m^3] \fallingdotseq 260[g]$，である。

〔2〕　(地層の重なりと過去の様子：堆積岩・示準化石，断層)

(1)　地層に見られる堆積岩である石灰岩は，**海中の貝殻やサンゴなどが堆積してできた**岩石である。

(2)　①　図の砂の層に含まれまれてるビカリアのように，**ある期間にだけ，広い範囲に分布していた生物の化石**は，その地層が堆積した年代を推定するのに役立つ。このような化石を**示準化石**という。　②　図中のaの砂の層が堆積したときの河口からの距離は，bの泥の層が堆積したときの河口からの距離よりも短かったと考えられる。その理由は，**砂の層に含まれる粒の方が，泥の層に含まれる粒よりも大きく，大きな粒ほど河口から近いところに堆積する**ためである。

③　ウの傾きの形成が地層全体であることから出来事ア〜エの最後である。またAは水平に堆積し断層は生じていないため，P−Qの断層ができたのは，B層が堆積後に地殻の大変動が起きたためと考えられる。よって，できごとを古い順に並べると，**B層の堆積→P−Qの断層の形成→A層の堆積→傾きの形成**，である。

〔3〕　(動物の特徴と分類，両生類，ハチュウ類，鳥類，ホニュウ類，軟体動物)

(1)　dのツルは，セキツイ動物で卵生であり，鳥類に分類されるため，からだの表面が**羽毛**でおおわれている。eのカメは，セキツイ動物で卵生であり，ハチュウ類に分類されるため，からだの表面が**うろこ**でおおわれている。

(2)　無セキツイ動物で外とう膜がない動物bは**ミミズ**，であり，セキツイ動物で卵生であり，幼生と成体とで呼吸のしかたが異なる動物fは，両生類の**カエルとイモリ**である。

(3)　コウモリは，セキツイ動物のホニュウ類で，胎生であるため，**c**である。マイマイは無セキツイ動物の軟体動物であり，外とう膜があるため，**a**である。

〔4〕　(化学変化と電池：燃料電池，物質の成り立ち：水の電気分解，気体の発生とその性質，化学変化と物質の質量，化学変化：化学反応式)

(1)　水の電気分解を行うとき，水に**水酸化ナトリウム**を加えるのは，電流を流しやすくするためである。

(2)　図1は水の電気分解である。化学反応式は，$2H_2O \rightarrow 2H_2 + O_2$，により，Ⅰ図1の陽極である管aに集まった気体は，酸素で5cm³である。Ⅱ陽極と陰極を反対にして，すなわち，管aは陰極になり，水素が$16[cm^3] - 5[cm^3] = 11[cm^3]$，になるまで電気分解を続けた。よって，管aの中の気体は，水素11cm³と酸素5cm³が入っている。Ⅲ電源装置をはずして，図2のように管aに集まった気体に点火装置で点火したところ，ポンと音を立てて水素が燃えたことから，水素と酸素が，体積比2：1，で化合したことがわかる。よって，残った気体は水素で，体積は1cm³である。

(3)　①　実験2Ⅰ図3で電気分解を行った後，電源装置をはずし，Ⅱ図4のように，電極A，Bに電子オルゴールをつなげると，オルゴールがしばらく鳴ったのは，電流が流れたためであり，この

装置は，水の電気分解とは逆の化学変化によって，化学エネルギーを電気エネルギーに変える電池となっている。このように，水の電気分解とは逆の化学変化によって電流を取り出す装置を燃料電池という。　②　水の電気分解とは逆の化学変化を表す化学反応式は，$2H_2 + O_2 \rightarrow 2H_2O$，である。

〔5〕　(力のはたらき：フックの法則，3力のつり合い：ばねが引く力と電子てんびんと重力)

(1)　図2に示したばねののびの値は，おもりをつけたときのばねの長さイから，おもりをつけていないときのばねの長さアを引いたエの長さを測定したものである。

(2)　ばねののびは，ばねを引く力の大きさに比例する。この関係は，フックの法則とよばれている。

(3)　実験2のばねののびを$x$cmとすると，図2より，5〔cm〕：0.4〔N〕＝x〔cm〕：0.12〔N〕，x〔cm〕＝1.5〔cm〕，より，ばねののびは，1.5cmである。

(4)　おもりをばねが引く力と電子てんびんが上向きにおす力(垂直抗力)の和は，重力とつり合う。電子てんびんの上に置いた質量50gのおもりには，0.5Nの重力がはたらいているため，電子てんびんは50gを示す。次に，おもりに実験1で用いたばねを取り付けて，実験3図3のようにしてばねの伸びが3.3cmになるまで上向きに引いたときの力をW〔N〕とすると，5〔cm〕：0.4〔N〕＝3.3〔cm〕：W〔N〕，W〔N〕＝0.264〔N〕である。電子てんびんが上向きに押す力＝0.5〔N〕－0.264〔N〕＝0.236〔N〕，であるため，電子てんびんが示す値は23.6gである。

〔6〕　(化学変化と物質の質量，化学変化：酸化と還元，気体の発生とその性質)

(1)　試験管Bに入れた石灰水が白く濁ったことから，酸化銅の還元によって発生した気体は，二酸化炭素である。

(2)　酸化銅の炭素による還元を化学反応式で表すと，$2CuO + C \rightarrow Cu + CO_2$，であることから，酸化銅6.00gに炭素0.15gをよく混ぜ合わせて加熱したところ発生した二酸化炭素の質量は，6.00〔g〕＋0.15〔g〕－5.60〔g〕＝0.55〔g〕，である。加える炭素粉末の質量が0.30g，0.45g，0.60g，0.75g，0.90gの場合も同様に計算して，座標(炭素の粉末の質量〔g〕，発生した二酸化炭素の質量〔g〕)で表わすと，(0.00，0.00)，(0.15，0.55)，(0.30，1.10)，(0.45，1.65)，(0.60，1.65)，(0.75，1.65)，(0.90，1.65)である。これらの座標をグラフに記入する。混ぜ合わせた炭素の質量が0.00gから0.45gまでは，原点を通り，各測定値の最も近くを通る直線を引く。炭素の質量が0.45gから，0.60g，0.75gを通り，0.90gまでは，発生した二酸化炭素の質量が変わらないため，横軸に平行な直線を引く。

(3)　グラフと結果の表で，加熱後の試験管Aに残った固体の色が赤色だったことから，炭素の粉末の質量が0.45gのとき，酸化銅の粉末6.00gと過不足なく反応したことがわかる。そのことから，炭素の粉末の質量を0.15g，0.30gにして実験を行ったときの，加熱後の試験管Aに残った黒色の物質は酸化銅で，炭素の粉末の質量を0.60g，0.75g，0.90gにして実験を行ったときの，加熱後の試験管Aに残った黒色の物質は炭素である。

(4)　(3)より，炭素の粉末の質量が0.45gのとき，酸化銅の粉末6.00gと過不足なく反応した。よって，炭素の粉末の質量が0.60gのとき，過不足なく反応する酸化銅の粉末の質量をxgとすると，0.45〔g〕：6.00〔g〕＝0.60〔g〕：x〔g〕，x〔g〕＝8〔g〕，である。試験管Aに入れた酸化銅10.00gのうち，8gが炭素と反応し，還元され赤色の銅の金属になった。残りの2gは炭素が無くなったため，黒色の酸化銅のまま試験管Aに残った。

〔7〕　(電流：回路の電圧と電流と抵抗・電力)

(1)　図2より，実験1の抵抗器aの電気抵抗〔Ω〕＝$\dfrac{1\,〔V〕}{0.1\,〔A〕}$＝10〔Ω〕である。

(2)　①　スイッチ1を入れたままスイッチ2を入れると，抵抗器aと抵抗器bは並列回路になる。並列回路での電圧は，抵抗器aに加わる電圧＝抵抗器bに加わる電圧＝回路全体に加わる電圧，であるため，抵抗器aの電圧は，回路全体を流れる電流が400mAであることから，合成抵抗をもとめ，オームの法則により計算する。抵抗器aの電気抵抗をRa，抵抗器bの電気抵抗をRb，抵抗器aと抵抗器bの合成抵抗をRtとすると，$\dfrac{1}{Rt}=\dfrac{1}{Ra}+\dfrac{1}{Rb}=\dfrac{1}{10〔Ω〕}+\dfrac{1}{5〔Ω〕}=\dfrac{3}{10〔Ω〕}$，$Rt=\dfrac{10}{3}$〔Ω〕≒3.3〔Ω〕，である。よって，電圧計の示す電圧〔V〕＝0.4〔A〕×3.3〔Ω〕≒1.3〔V〕である。

　②　スイッチ1，2を入れたときの回路全体の電気抵抗は，問(2)①より，3.3Ωであるから，スイッチ1のみを入れたきの抵抗器aの電気抵抗の10Ω(問(1)より)よりも小さい。また，問(2)①より，スイッチ1，2を入れたときの電圧は1.3Vであり，そのとき電流計の示す値は400mAであり，スイッチ1のみを入れたときは，図2から電圧が1.3Vのとき，電流計の示す値の130mAである。よって，スイッチ1，2を入れたときの電流計の示す値は，スイッチ1，を入れたときの電流計の示す値よりも大きくなる。

(3)　図1の回路において，スイッチ2のみを入れて，電圧計が1.5Vを示すように電源装置を調節したときの抵抗器aを流れる電流〔A〕＝$\dfrac{1.5〔V〕}{10〔Ω〕}$＝0.15〔A〕である。直列回路により抵抗器bを流れる電流は抵抗器aを流れる電流に等しいため，図1の抵抗器bが消費する電力〔W〕＝電流〔A〕×電圧〔V〕＝0.15〔A〕×0.15〔A〕×5〔Ω〕＝0.15〔A〕×0.75〔V〕である。図3の並列回路において，スイッチ1，2を入れて，電圧計が1.5Vを示すように電源装置を調節したときの抵抗器bを流れる電流〔A〕＝$\dfrac{1.5〔V〕}{5〔Ω〕}$＝0.3〔A〕である。図3の抵抗器bが消費する電力〔W〕＝0.3〔A〕×1.5〔V〕である。よって，図3並列回路の抵抗器bが消費する電力は，図1直列回路の抵抗器bが消費する電力に対して，(0.3〔A〕×1.5〔V〕)÷(0.15〔A〕×0.75〔V〕)＝4であるから，4倍である。

〔8〕　(天体の動きと地球の自転・公転：星の日周運動と年周運動)

(1)　①　北の空の星は北極星付近(天の北極)を中心として反時計回りに回転する。よって，カシオペア座はaの方向に位置を変える。南の空に見える星は，時間とともに東から西へと移動し，やがて西の地平線に沈む。よって，さそり座はdの方向に位置を変える。　②　カシオペア座とさそり座が，時間の経過とともに，それぞれaとdの方向に位置を変える理由は，地球が西から東へ自転しているためである。

(2)　地球は太陽を中心として，公転軌道上を1年かかって360°移動するので，7月20日から8月4日の15日間では約15°移動する。よって，さそり座は15日後の同じ時刻には地球の公転によって西に約15°移動して見える。地球は1日に360°自転するので，さそり座は1時間に約15°西に移動して見える。よって，8月4日に，同じ場所で，南の空を観察するとき，さそり座が図2と同じ位置に見られるおよその時刻は，7月20日午後9時より1時間前の，午後8時頃である。

(3)　地球は北極側から見て反時計回りに自転しているので，図3で，さそり座が南の方向に見えて，太陽が西の空に沈んでいくように見えるのは，地球がAの位置にあるときである。

(4)　さそり座は，7月20日9時には図2のように見えたことから，図3における公転による地球の位置はDであり，この時夏である。よって，冬の地球の位置はBであるため，12月にさそり座を観察することができない理由は，地球から見て，さそり座が太陽と同じ方向にあり，昼間の空に見えるため，太陽の光が強く，見ることができないためである。

<社会解答>

〔1〕 (1) Ⅱ　 (2) モノカルチャー経済　 (3) イ
(4) ア　 (5) (例)16世紀にスペイン人やポルトガル人
が進出し，先住民を征服して，植民地にしたため。

〔2〕 (1) やませ　 (2) ア　 (3) (例)原料の輸入に船を
利用するため，臨海部に形成されている。　 (4) 右図
(5) ① イ　② エ

〔3〕 (1) エ　 (2) (例)自分の娘を天皇のきさきにし，その子を
天皇の位に就けたから。　 (3) (ア)→(エ)→(ウ)→(イ)
(4) 松平定信　 (5) ウ　 (6) エ

〔4〕 (1) エ　 (2) イ　 (3) (例)戦費をまかなうため，国民
は増税に苦しんだにもかかわらず，日本は賠償金を得るこ
とができなかったため。　 (4) エ　 (5) 三・一独立運動
(6) ウ

〔5〕 (1) ① エ　② 国際人権規約　 (2) ① (例)一つの選挙区から一人の議員を選出
するしくみで，死票が多くなるという問題点がある。　② 司法権の独立　③ カ
(3) ① ウ　② 公共サービス　③ イ　 (4) ① オ　② ウ，オ

〔6〕 (1) イ　 (2) (例)輸出量を増加させる　 (3) (例)原料の自給率が高く，1世帯当た
りの支出金額が増加しているパンやめん類に加工されている

<社会解説>

〔1〕 (地理的分野―世界地理－地形・人々のくらし・産業・人口・貿易)

(1) イギリスのロンドン郊外の**グリニッジ天文台**を通る経線が，**本初子午線**である。1884年の国際協定で，この線を東経0度，西経0度とし，全世界の経度の原点とすることが決定された。本初子午線が通る国は，ヨーロッパ州では，イギリス・フランス・スペイン，アフリカ州では，アルジェリア・マリ・ブルキナファソ・トーゴ・ガーナである。これにあたるのは，経線Ⅱである。

(2) 一つまたは二種類や三種類の鉱産資源や農産物の輸出に依存している国の経済状態を，**モノカルチャー経済**という。カカオ豆に大きく依存するコートジボワールや，原油輸出に依存するナイジェリアなどアフリカ州の国に多く見られる。農産物は気候の影響を受けやすく，特定の産物に頼っていると経済が**不安定**になりやすい。また，その農産物や資源の価格や他国との関係によって，輸出量の変動に左右されやすい。そのため，現在モノカルチャー経済からの脱却を図っている国が多い。

(3) スリランカは，**人口密度**が世界35位であり，この4国の中では2番目に高い。Aがスリランカである。カナダは人口密度が世界182位であり，この4か国の中では最も低いので，dである。**穀物生産量**で見ると，この4か国で一番多いのは世界第3位のインドである。cがインドである。スリランカは狭い国土で茶の生産を活発に行っており，茶の輸出は世界第3位である。以上から，正しい組み合わせは，イである。

(4) アメリカ南部の，カリフォルニア州からノースカロライナ州に至る，**北緯37度線**以南の温暖な地域を，日照時間が長いことから，**サンベルト**と呼ぶ。この地域は元々農業が盛んであったが，近年は，**石油産業や航空機・電子**などの先端技術産業が発達している。

(5)　大航海時代の16世紀には，スペイン人とポルトガル人が世界を二分する勢いで，植民地を拡大していた。特に南アメリカ大陸はその標的となり，インカ帝国として栄えていたペルーはスペインの植民地となり，**先住民**は征服された。スペインやポルトガルなど旧教の国は海外布教が活発な国だったため，**カトリックのキリスト教**が広まった。現代のペルーでは，スペイン語が**公用語**となっている。

〔2〕　(地理的分野—日本地理－気候・都市・人口・工業・農林水産業・地形図の見方)
(1)　梅雨明け後に，オホーツク海気団より吹く，冷たく湿った北東風を**やませ**といい，北海道・東北地方の太平洋側に吹き付け，**冷害**をもたらす。
(2)　小名浜は，**暖流**である**黒潮**の影響で，冬でも気温が極端に下がることはない。また，太平洋側に位置するため，1月に積雪による降水量も少ない。表中の**ア**である。
(3)　**石油化学コンビナート**は，操業に必要な石油を輸入するのに便利な，臨海部に位置している。輸入の語句を必ず用い，上記の趣旨で簡単にまとめればよい。
(4)　人口密度が1.5倍まで上がったのは，神奈川県である。大都市東京都との近接性を生かして**近郊農業**を行い，多くの野菜を産出しているのは，千葉県である。千葉県の位置は，解答例のとおりである。
(5)　①　地形図では，右が東，下が南，左が西，上が北である。松本城から見て，消防署「Y」があるのは西である。　②　正方形の一辺の長さは，地形図中で0.5cmである。この地形図の縮尺は，2万5,000分の1なので，実際の正方形の一辺は，0.5(cm)×25,000＝12,500(cm)＝125(m)である。したがって，正方形の面積は，125(m)×125(m)＝15,625(m²)である。

〔3〕　(歴史的分野—日本史時代別－古墳時代から平安時代・鎌倉時代から室町時代・安土桃山時代から江戸時代，—日本史テーマ別－政治史・法律史・文化史・宗教史)
(1)　後鳥羽上皇が，鎌倉幕府を倒そうと兵を挙げたが敗れたのは，**承久の乱**である。このころには，初代将軍源頼朝の死後20年以上が経っていたが，その妻北条政子は，尼将軍として権力を保っていた。北条政子が**御家人**を前にして，呼びかけを行ったことにより，御家人たちはこぞって上皇打倒の幕府軍に加わった。
(2)　藤原氏は，自分の娘を天皇の**きさき**とし，生まれた子供を天皇にして外祖父(母方の祖父)や外戚となり，天皇が幼い時には**摂政**として，成人してからは**関白**として政治を代行・補佐する，**摂関政治**を進めることにより政治の実権を握ったのである。
(3)　ア　672年の壬申の乱で勝利を収めた大海人皇子が**天武天皇**となり，改革を進めた。　イ　江戸時代には，天皇の役割は1615年に幕府の制定した「**禁中並公家諸法度**」(きんちゅうならびにくげしょはっと)により定められていた。　ウ　京都の北朝と吉野の南朝が並び立つ**南北朝時代**は1336年から1392年まで続いた。　エ　天皇の位を譲った**上皇**が院政を行ったのは，1086年に始まったことである。以上を時代の古い順に並べると，ア→エ→ウ→イとなる。
(4)　田沼意次の後に**老中**となり，**寛政の改革**を行ったのは，徳川吉宗の孫にあたる元白河藩主の**松平定信**である。
(5)　まず，A～Dの短歌のつくられた時期を確認する。Aは12世紀，Bは11世紀，Cは8世紀，Dは18世紀である。アは，鎌倉時代に運慶らによって再建された東大寺南大門の「**金剛力士像**」である。イは，**天平時代**につくられた興福寺の「**阿修羅像**」である。エは，平安末期の「**源氏物語絵巻**」である。オは，江戸時代の**俵屋宗達**の「**風神雷神図屏風**」である。A～Dの短歌がつくられた時代の，どの時代のものでもない文化財は，ウである。ウは，室町時代後期の水墨画家雪舟

の「秋冬山水図」である。

(6) ア　**兵農分離**が大きく進められたのは，豊臣政権下の1580年代であり，Aの短歌の時代ではない。　イ　**墾田永年私財法**が出されたのは，奈良時代の中期743年であり，Bの短歌の時代ではない。　ウ　浄土宗や日蓮宗など，**鎌倉新仏教**が生まれたのは，鎌倉時代であり，Cの短歌の時代ではない。　エ　歌舞伎や落語など庶民の文化が発展したのは，Dの短歌(**狂歌**)が詠まれた江戸時代後期である。

〔4〕（歴史的分野―日本史時代別－安土桃山時代から江戸時代・明治時代から現代，―日本史テーマ別―外交史・政治史・社会史・経済史，―世界史―政治史）

(1) ア　幕府の命で**樺太**を探検し，ロシアのシベリアと樺太との間には海峡があり，島であることを発見したのは，19世紀初頭の**間宮林蔵**である。　イ　幕府が**異国船打払令**を発したのは1825年である。　ウ　明治政府が，近代的な軍隊をつくろうとして，**徴兵令**を発したのは，1873年である。ア・イ・ウのどれも別の時代のことで，正しいのは，エである。　エ　清国のアヘン禁輸を発端とするイギリスと清との**アヘン戦争**が，イギリスの勝利に終わり，幕府は，それまでの**異国船打払令**から，来航する外国船に燃料や水を与えて帰す**薪水給与令**へと政策を変更した。

(2) アの**伊藤博文**は，**初代総理大臣**であり，その後3回総理大臣になった。　ウ　**寺内正毅**は，1918年に起こった**米騒動**の際の総理大臣であり，鎮圧に軍隊を利用した責任をとって辞職した。　エ　**岩倉具視**は，公家出身の政治家であり，1871年に出発した遣欧米使節(**岩倉使節**)の正使の役割を果たした。ア・ウ・エのどれも誤りであり，イの**陸奥宗光**が正しい。この時外相だった陸奥は，この**条約改正で領事裁判権**の撤廃に成功した。

(3) **日露戦争**の死者数と戦費が，**日清戦争**に比べてはるかに大きく，また，その戦費は外債と国民からの**大増税**によってまかなわれた。ところが，**ポーツマス条約**の内容に**賠償金**の支払いがなかったことから，弱腰の政府に対して国民の不満が爆発し，政府系の新聞社や交番などを襲う**日比谷焼打事件**が起こったのである。上記の趣旨をまとめて解答すればよい。

(4) イギリス・フランスの間に協商関係が結ばれたのは，1904年である。フランス・ロシアの間に露仏同盟が完成したのは，1894年である。イギリス・ロシアの間に英露協商が結ばれたのは，1907年のことである。よって，**三国協商**が成立したのは，1907年のことである。ドイツ，「オーストリア・ハンガリー」，イタリア間に**三国同盟**が成立したのは，1882年であり，1894年以前の出来事である。なお，日本は，1902年に**日英同盟**を，1907年に**日露協約**を締結していた。正しい組み合わせは，エである。

(5) 1919年から1920年まで，**第一次世界大戦**の講和会議として開催された**パリ会議**は，アメリカ大統領ウィルソンの十四か条の原則の柱である**国際協調・民族自決**の精神で進められた。1919年には**ベルサイユ条約**が結ばれた。パリ会議とベルサイユ条約は，植民地となっていた国々に大きな影響を与え，日本の植民地となっていた朝鮮でも，独立を求める**三・一独立運動**が起こった。

(6) ア　1949年に設立された**北大西洋条約機構(NATO)**は，北米2か国と欧州30か国の計32か国の西側諸国からなっている，大西洋両岸にまたがる集団防衛機構である。

〔5〕（公民的分野―民主主義・基本的人権・国の政治の仕組み・裁判・財政・経済一般・国際社会との関わり）

(1) ①　**法の支配**は，国民の代表が制定した法によって，国王や政府の権力が制限されるため，国民の人権は保障されることになるという考え方である。また，憲法に基づいて政府が国の統治

をすることを原理として，政府の権威や合法性が，憲法の制限下に置かれていることに依拠するという考え方を，**立憲主義**という。　②　**国際人権規約**は，1966年に世界人権宣言の内容を基礎として，これを条約化したものである。人権諸条約の中で最も基本的かつ包括的なものである。日本は1979年に批准した。

(2)　①　**小選挙区**とは，一つの選挙区から一人の当選者を選出するしくみで，小選挙区制の短所としては，有権者にとって自分が投票した候補者が落選するという「**死票**」が多くなるということがあげられる。上記の趣旨を簡単にまとめるとよい。　②　現行の日本の司法制度は，司法権が立法権や行政権と異なり，特に独立した存在であることを認めている。これを「**司法権の独立**」という。それは，裁判が公正に行われ，人権の保障を確保するためである。　③　国会ではまず**委員会**が開かれ，必要があれば**公聴会**が開催され，最後に**本会議**が開かれ，採決が行われる。正しい組み合わせは，カである

(3)　①　ア　1975年度から2020年度にかけて，**歳出が税収**を上回る状況が続いている。　イ　**国債依存度**は，1990年以降，一貫して高まっているわけではない。2015年度の国債依存度は，前の5年間を下回っている。　エ　2015年度から2020年度は，税収が増えているが，国債依存度は上昇している。ア・イ・エのどれも誤りであり，ウが正しい。　②　公共サービス基本法によれば，「**公共サービス**」とは，国民が日常生活及び社会生活を円滑に営むために必要な基本的な需要を満たすものや，公共の利益の増進に資する行為などである。　③　ア　**日本国憲法第27条**は「すべて国民は，勤労の**権利**を有し，**義務を負ふ。**」と定めている。　ウ　**労働基準法**は，労働時間は1日8時間，1週40時間と定めている。　エ　労働基準法は，労働者に，毎週1日の休日を与えなければならないことを定めている。ア・ウ・エは誤りであり，イが正しい。　イ　日本国憲法第28条は「勤労者に団結する権利及び団体交渉その他の**団体行動**をする権利を保障する」と規定している。

(4)　国際連合の機関である**国際司法裁判所**は，オランダのハーグに置かれている。領土問題などの国家間の紛争を，**国際法**に基づいて平和的に解決することを目指す機関である。訴えを提起できるのは，個人ではなく国家だけである。また，訴えられた国が同意しない場合は，裁判は行われない。　②　ア　EUを離脱したのは，フランスではなくイギリスである。　イ　2000年代以降著しい経済発展を遂げているブラジル・ロシア・インド・中国・南アフリカの5か国をまとめ，5国の頭文字をとってBRICSという。　エ　先進国間の経済格差はあるが，南南問題とは言わない。南南問題は，発展途上国間の経済格差を指す言葉である。ア・イ・エのどれも誤りであり，ウ・オが正しい。　ウ　**発展途上国**の原料や製品を適正な価格で継続的に購入し，先進国市場で販売し，消費することを**フェアトレード**という。フェアトレードの価格は，国際価格が安くなっても，それと連動して安くするのではなく，一定の価格を下回らないように設定されている。現在では，フェアトレードの傾向は強まりつつある。　オ　2015年にニューヨークで開催された「**国連持続可能な開発に関するサミット**」において採択された世界共通の17の目標が，**持続可能な開発目標(SDGs)**である。目標の例をあげれば，「貧困をなくそう」「飢餓をゼロに」「エネルギーをみんなに　そしてクリーンに」「気候変動に具体的な対策を」などである。対象は先進国だけだったが，発展途上国も対象とするようになった。

〔6〕　(地理的分野―日本地理―農林水産業・貿易)

(1)　5,461千haだった**耕地面積**が，4,372千haまで減っている。約20%の減少である。

(2)　資料Ⅲから，日本の米が，各国で高く評価されていることを読み取り，輸出量を増加させることができることを指摘する。

(3) 資料Ⅳから，日本の米の**自給率**が高いことを読み取る。次に，資料Ⅴからパンやめん類は1世帯当たりの支出金額が増加していることを読み取る。最後に資料Ⅵから，米を米粉にし，パンやめんの原料とすることが可能である，と指摘する。上記の内容を簡潔にまとめ，45字以内で解答する。

＜国語解答＞

〔一〕 (一) 1 うやま(う)　　2 くわ(しい)　　3 かいこ　　4 のうむ　　5 しんぼう
　　　　(二) 1 盛(ん)　　2 授(ける)　　3 予兆　　4 戦略　　5 翌週

〔二〕 (一) ア　　(二) エ　　(三) ※出題に不備があったため問題を掲載しておりません。
　　　　(四) イ　　(五) イ

〔三〕 (一) つたえ　　(二) エ　　(三) ア　　(四) イ　　(五) ウ
　　　　(六) (例)資業の漢詩が数多く採用されたことを義忠がねたみ，民部卿が資業から金品を受け取って採用したという無責任な発言をしたから。

〔四〕 (一) ウ　　(二) ア　　(三) (例)人類の数が増え続ける一方で，人類より下に位置する無数の生物の数と多様性が減っていくこと。　　(四) (はじめ)頂点の少数～(終わり)えていく。　　(五) エ　　(六) (例)技術発展の方向性を決める快適さや便利さ，効率性を追求する心，金銭的な利益が幸福と直結しないことを知り，生き物が個別の特殊性を持ち，それが全体としては多様性となる一方で，互いに生物としての普遍性を持っているという知識が広がって行く必要がある。

＜国語解説＞

〔一〕 （知識－漢字の読み書き）

(一) 1 「敬」の音読みは「ケイ」で，「尊敬」「敬老」などの熟語を作る。　2 この場合の「詳しい」は，細かいところまでよく知っているということ。　3 「回顧」は，経験したことを振り返ってみること。　4 「濃霧」は，深い霧のこと。　5 「辛抱強い」は，苦しいことやつらいことでも我慢できる性質を表す。

(二) 1 この場合の「盛ん」は，広く行われている様子を表す。　2 「授ける」は，立場が上の者が下の者に与えるという意味。　3 「予兆」の「兆」は，点の数と向きに注意して書く。　4 「戦略」は，目的を達成するための総合的な計画や方法。　5 「翌週」の「翌」は，次のという意味。

〔二〕 （知識―語句の意味，熟語，ことわざ・慣用句・四字熟語，文と文節）

(一) 「計画を**立てる**」は，計画を**はっきりさせる**という意味。　ア 「目標を**立てる**」は目標をはっきりさせる，　イ 「湯気を**立てる**」は湯気を発生させる，　ウ 「身を**立てる**」は生活するまたは出世する，　エ 「聞き耳を**立てる**」は聞き取ろうとして注意を集中するという意味なので，アが正解。

(二) 「あなた／と／再び／会え／て／うれしい」は6単語，　ア 「穏やかに／日々／を／過ごし／た」は5単語，　イ 「駅／の／ホーム／で／電車／を／待つ」は7単語，　ウ 「素早く／準備／に／取りかかる」は4単語，　エ 「借り／た／本／を／いったん／返す」は6単語。

（三）　※出題に不備があったため問題を掲載しておりません。

（四）　「花鳥風月」は，**4字が対等**なもの。　ア　「共存共栄」は似た意味の2字熟語の組み合わせ，イ　「起承転結」は4字が対等なもの，ウ　「大器晩成」前の2字熟語が後の2字熟語の主語になるもの，エ　「有名無実」は対になる意味の2字熟語の組み合わせなので，イが正解。

（五）　「一にも**二**にも」はただそれだけ，「一から**十**まで」は何もかも，「**百**聞は一見に如かず」は何度話を聞くよりも一度実際に見るほうがよくわかる，という意味なので，空欄Aは「二」，空欄Bは「十」，空欄Cは「百」が入る。したがって，イが正解。

〔**三**〕　（古文―情景・心情，内容吟味，古文の口語訳，仮名遣い）

〈B口語訳〉　民部卿がこのことを伝え聞いて激怒して，これらの漢詩について，みな立派な辞句で選定のときに私情は交えていないことを申し上げると，宇治殿は，非常に義忠が言ったことを納得がいかないとお思いになって，義忠をお呼びになって，「どうして，あのようなでたらめを申して事態を混乱させようとするのか」と叱責なさった。義忠は恐縮して家にこもってしまった。翌年の3月に許された。ところが義忠はある女房に託して，和歌を差し上げた。

資業の色糸の詩句を非難したためおとがめを受けたうらみを晴らさないまま春が終わってしまうと。その後，これといったお言葉もなくて終わった。

これを思うと，義忠も非難するべきところがあったからこそ非難したのであろう。ただ民部卿が当時人望のある人であったために，「私情を交えるという評判を取らないように」としておとがめがあったのであろうか。また資業も人の非難を受けるような漢詩はよもや作らなかったであろうよ。

これもただ才能を競うことにより起こった事件である。ただ義忠が民部卿について無責任な発言をしたのがよくないのだ，と世間の人々は言って，義忠を非難した，と語り伝えたということだ。

（一）　「へ」を「え」に直して「**つたえ**」とする。

（二）　「心得」（こころう）は，**納得がいく**という意味の語句である。

（三）　〈Ⅰ〉の和歌は，義忠が宇治殿に差し上げたものであり，**義忠**の気持ちが表れている。和歌の「むすびてしうらみ」は義忠が**宇治殿に叱責された**ことに対する不満を指しているので，アが正解。イは，「民部卿の怒りを買ったため」が誤り。ウとエは，「宇治殿の」気持ちとしているので誤りである。

（四）　人望のある民部卿の評判を落とさないようにしようという文脈から，**民部卿の私情**であるとわかる。

（五）　――線部分(3)は，漢詩に対する非難である。Aの文章の「**資業の作った漢詩は難点が多い**」に対応するウが正解となる。

（六）　人々は「義忠が民部卿を放言する」ことを非難している。「放言」は，**無責任な発言**という意味。Aの文章によれば，義忠が無責任な発言をした理由は民部卿が漢詩を選定したときに「**資業のものが数多く採用された**」ことに対するねたみであり，発言の内容は「**民部卿は資業から金品を受け取って採用した**」という臆測であった。この内容を60字以内で書く。

〔**四**〕　（論説文―内容吟味，文脈把握，接続語の問題，脱文・脱語補充）

（一）　空欄Aの前で食物連鎖のピラミッドの構成について説明し，後で具体的な食物連鎖について説明しているので，ウ　「**例えば**」が当てはまる。

（二）　ヒトを食物連鎖の頂点に入れることは，「ヒトを食べる野生動物がいない」という現実に基づく判断なので，空欄aには**実際の内容**を述べるときに用いるアの「**実質的**」が当てはまる。イ　「自発的」は自分から進んでする様子，ウ　「共同的」は複数のものが対等な関係で一緒に

行う様子，エ 「対照的」は並べたときに違いが目立つ様子，を表すので，文脈に合わない。

(三)　「上部の相対的に少ない生物量と，下部の相対的に多い生物量とは，均衡の関係にある」の
だから，「頂点に位置する**人類の数がどんどん増え続ける**」一方で「**それより下に位置する無数
の生物**」の「**数と多様性**」が減れば「生物量の均衡を失う」ことになる。この内容を45字以内
で書く。

(四)　この場合の「三角形」は，食物連鎖の上に位置する生物量が少なく，下の生物量が多いこと
を示す。この内容を述べ，字数条件にも合う「頂点の少数の生き物を養うために，底辺へ向かう
にしたがって幾何級数的に，必要な個体数が増えていく。」を抜き出し，はじめと終わりの5字
をそれぞれ書く。

(五)　──線部分(3)の段落には，「ヒトが自然を改変した結果」として「生物量の均衡を失う」こ
とがさらに進行すれば，**食物連鎖のピラミッドは倒れてしまい**，「**ヒトという種の健全な存続が
危ぶまれる**」ばかりか「生命システム全体が破綻してしまう」可能性があると述べられている。
この内容と合致するエが正解。アは「存続が可能」が筆者の考えと合わない。イは，筆者がヒト
を食物連鎖のピラミッドの頂点に位置づけていることと合わない。ウは，ヒトがすでに「生命シ
ステム全体を破綻させた」としている点が誤りである。

(六)　筆者はⅡの文章で，「**技術発展の方向性を決める要因**」として「快適さや便利さ，効率性を
追求する心」「経済的な利益を最大化しようとする欲求」を挙げ，「**便利さ**」や「**金銭的な利益**」
が幸福と直結しないことをヒトが知り，ナチュラル・ヒストリーについての知識が広がっていく
必要があると述べている。Ⅰの文章では，ナチュラル・ヒストリーは生き物が歩んできた歴史で
あり，「それぞれの生き物は**個別の特殊性**を持ち，それが全体としては**多様性**となる一方で，互
いに構造や機能の共通性──生物としての**普遍性**──を持っている」と説明されている。この内
容を120字以内で書く。

新潟県公立高等学校

2023年度
★★★★★★★★★★★★★★★★★★★★★★

入 試 問 題

2023年度

●くわしい解説 …… 37ページ

＜数学＞　　時間　50分　　満点　100点

〔1〕　次の⑴～⑻の問いに答えなさい。

(1)　$7-(-3)-3$　を計算しなさい。

(2)　$2(3a-2b)-4(2a-3b)$　を計算しなさい。

(3)　$(-6ab)^2 \div 4ab^2$　を計算しなさい。

(4)　連立方程式　$\begin{cases} x+3y=21 \\ 2x-y=7 \end{cases}$　を解きなさい。

(5)　$\sqrt{45}-\sqrt{5}+\dfrac{10}{\sqrt{5}}$　を計算しなさい。

(6)　130人の生徒が1人a円ずつ出して，1つb円の花束を5つと，1本150円のボールペンを5本買って代金を払うと，おつりがあった。このとき，数量の関係を不等式で表しなさい。

(7)　右の図のように，円Oの周上に円周を9等分する9つの点A，B，C，D，E，F，G，H，Iがある。線分ADと線分BFの交点をJとするとき，∠xの大きさを答えなさい。

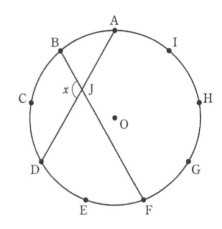

(8)　右の図は，ある家庭で購入した卵40個の重さを1個ずつはかり，ヒストグラムに表したものである。このヒストグラムに対応する箱ひげ図として正しいものを，次のページのア～エから1つ選び，その符号を書きなさい。ただし，階級は52g以上54g未満のように，2gごとの区間に区切っている。

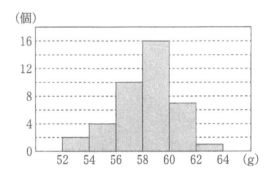

ア
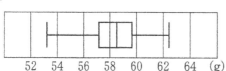

イ
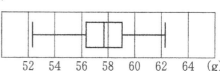

ウ
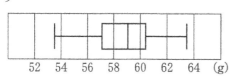

エ
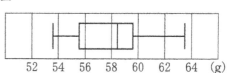

〔2〕　次の⑴～⑶の問いに答えなさい。

⑴　1から6までの目のついた1つのさいころを2回投げるとき，1回目に出る目の数をa，2回目に出る目の数をbとする。このとき，$\dfrac{24}{a+b}$が整数になる確率を求めなさい。

⑵　下の図のように，AD∥BCの台形ABCDがあり，∠BCD＝∠BDCである。対角線BD上に，∠DBA＝∠BCEとなる点Eをとるとき，AB＝ECであることを証明しなさい。

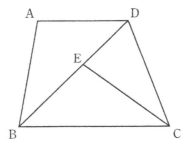

⑶　下の図のように，平行な2直線ℓ，mと点Aがある。点Aを通り，2直線ℓ，mの両方に接する円の中心を，定規とコンパスを用いて，作図によってすべて求め，それらの点に●をつけなさい。ただし，作図は解答用紙に行い，作図に使った線は消さないで残しておくこと。

ℓ ————————————————————

A ●

m ————————————————————

〔３〕　下の図１のように，OA＝12cm，OC＝ 6 cmの長方形OABCがあり，２つの頂点O，Aは直
線 ℓ 上にある。点Pは，頂点Oを出発し，毎秒２cmの速さで，図２，３のように直線 ℓ 上を頂点
Aまで移動する。また，線分OPの延長上に，OP＝PQとなる点Qをとり，直線 ℓ について長方形
OABCと同じ側に，正方形PQRSをつくる。

　　　点Pが頂点Oを出発してから，x 秒後の長方形OABCと正方形PQRSの重なっている部分の面
積を y cm^2 とするとき，次の⑴～⑷の問いに答えなさい。ただし，点Pが頂点O，Aにあるときは，
$y＝0$ とする。

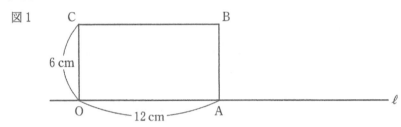

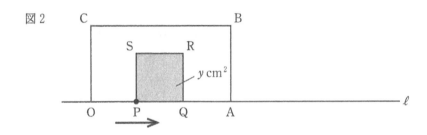

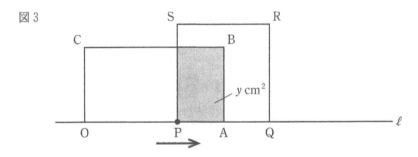

⑴　$x＝2$ のとき，y の値を答えなさい。

⑵　次の①，②について，y を x の式で表しなさい。

　　①　$0 \leqq x \leqq 3$　のとき

　　②　$3 \leqq x \leqq 6$　のとき

⑶　$0 \leqq x \leqq 6$ のとき，x と y の関係を表すグラフをかきなさい。

⑷　$y＝20$ となる x の値をすべて求めなさい。

〔**4**〕　箱の中に，数字を書いた10枚のカード⓪，①，②，③，④，⑤，⑥，⑦，⑧，⑨が入ってい
る。これらのカードを使い，次の手順Ⅰ〜Ⅲに従って，下のような記録用紙に数を記入していく。
このとき，あとの(1)，(2)の問いに答えなさい。

手順

Ⅰ　箱の中から1枚のカードを取り出して，そのカードに書かれている数字を，記録用紙の
　　1番目の欄に記入し，カードを箱の中に戻す。

Ⅱ　箱の中からもう一度1枚のカードを取り出して，そのカードに書かれている数字を，記
　　録用紙の2番目の欄に記入し，カードを箱の中に戻す。

Ⅲ　次に，記録用紙の$(n-2)$番目の欄の数と$(n-1)$番目の欄の数の和を求め，その
　　一の位の数をn番目の欄に記入する。ただし，nは3以上18以下の自然数とする。

記録用紙

1番目	2番目	3番目	4番目	5番目	6番目	…	16番目	17番目	18番目

(1)　次の文は，手順Ⅰ〜Ⅲに従って，記録用紙に数を記入するときの例について述べたものであ
る。このとき，文中の　ア　〜　ウ　に当てはまる数を，それぞれ答えなさい。

　　例えば，手順Ⅰで②のカード，手順Ⅱで③のカードを取り出したときには，下のよう
に，記録用紙の1番目の欄には2，2番目の欄には3を記入する。このとき，16番目の欄
に記入する数は　ア　，17番目の欄に記入する数は　イ　，18番目の欄に記入する数
は　ウ　となる。

1番目	2番目	3番目	4番目	5番目	6番目	…	16番目	17番目	18番目
2	3	5	8	3	1	…	ア	イ	ウ

---

(2)　手順Ⅰ，Ⅱで取り出したカードに書かれている数字と，手順Ⅲで記録用紙に記入する数に，
どのような関係があるかを調べるために，次のページの表1，2を作った。

　　表1は，手順Ⅰで⓪〜⑨のいずれか1枚のカードを取り出し，手順Ⅱで⑤のカードを取
り出したときのそれぞれの場合について，1番目の欄の数を小さい順に並べ替えてまとめたも
のである。また，表2は，手順Ⅰで⓪〜⑨のいずれか1枚のカードを取り出し，手順Ⅱで⑥
のカードを取り出したときのそれぞれの場合について，1番目の欄の数を小さい順に並べ替
えてまとめたものである。このとき，あとの①，②の問いに答えなさい。

表1

1番目	2番目	…	16番目	17番目	18番目
0	5	…	0	5	5
1	5	…	7	5	2
2	5	…	4	5	9
3	5	…	1	5	6
4	5	…	8	5	3
5	5	…	5	5	0
6	5	…	2	5	7
7	5	…	9	5	4
8	5	…	6	5	1
9	5	…	3	5	8

表2

1番目	2番目	…	16番目	17番目	18番目
0	6	…	0	2	2
1	6	…	7	2	9
2	6	…	4	2	6
3	6	…	1	2	3
4	6	…	8	2	0
5	6	…	5	2	7
6	6	…	2	2	4
7	6	…	9	2	1
8	6	…	6	2	8
9	6	…	3	2	5

① 手順Ⅱで $\boxed{5}$，$\boxed{6}$ 以外のカードを取り出しても，17番目の欄の数は，1番目の欄の数に関係なく，2番目の欄の数によって決まる。このことを証明しなさい。

② 手順Ⅰで $\boxed{x}$ のカード，手順Ⅱで $\boxed{4}$ のカードを取り出したとき，18番目の欄の数が1になった。このとき，x の値を求めなさい。

〔5〕 下の図のような立体ABC－DEFがあり，四角形ABEDは，BA＝5 cm，BE＝10cmの長方形であり，△ABCと△DEFは正三角形である。また，辺BEと辺CFは平行であり，CF＝5 cmである。点Cから辺BEに引いた垂線と辺BEとの交点をPとするとき，次の⑴～⑶の問いに答えなさい。

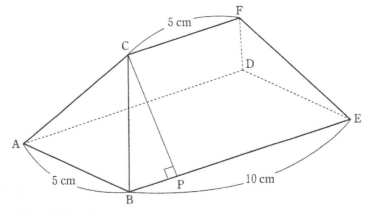

⑴ 線分CPの長さを答えなさい。

⑵ 5点C，A，B，E，Dを結んでできる四角すいの体積を求めなさい。

⑶ 4点A，B，C，Fを結んでできる三角すいの体積を求めなさい。

＜英語＞　時間　50分　　満点　100点

〔1〕　放送を聞いて，次の(1)～(3)の問いに答えなさい。

(1)　これから英文を読み，それについての質問をします。それぞれの質問に対する答えとして最も適当なものを，次のア～エから一つずつ選び，その符号を書きなさい。

1　ア 　イ 　ウ 　エ

2　ア　35 minutes.　　　　　イ　40 minutes.
　　ウ　45 minutes.　　　　　エ　50 minutes.

3　ア　On Monday.　　　　　イ　On Wednesday.
　　ウ　On Saturday.　　　　エ　On Sunday.

4　ア　She wants to study about foreign countries.
　　イ　She wants to be an English teacher in Japan.
　　ウ　She wants to live and work in the U.S.
　　エ　She wants to write interesting books.

(2)　これから英語で対話を行い，それについての質問をします。それぞれの質問に対する答えとして最も適当なものを，次のア～エから一つずつ選び，その符号を書きなさい。

1　ア　Yes, he will.　　　　イ　No, he won't.
　　ウ　Yes, he did.　　　　エ　No, he didn't.

2　ア　Kate's sister.　　　　イ　Kate's friend.
　　ウ　Takumi's sister.　　エ　Takumi's friend.

3　ア　He will walk.　　　　イ　He will go by taxi.
　　ウ　He will go by bus.　エ　He will go by bike.

4　ア　Because she knew about the musicians well.
　　イ　Because the musicians' sound was beautiful.
　　ウ　Because she likes musicians who practiced a lot.
　　エ　Because the musicians looked like her.

(3)　これから，あなたのクラスの英語の授業で，アメリカのバーナード中学校 (Barnard Junior High School)に留学していたマキ(Maki)が，英語のスピーチをします。そのスピーチについて，二つの質問をします。それぞれの質問に対する答えを，3語以上の英文で書きなさい。

〔2〕　あなたは桜高校 (Sakura High School) の生徒です。来月，ブラウン高校 (Brown High School) の生徒が桜高校を訪問します。あなたとブラウン高校のピーター (Peter) は，

そのときに行う交流活動について，事前の希望アンケートの結果をまとめたグラフを見ながら，オンライン上で打合せをしています。次の【グラフ】と，あなたとピーターの【会話】を読んで，下の⑴～⑶の問いに答えなさい。ただし，【会話】の＊＊＊の部分には，あなたの名前が書かれているものとします。

【グラフ】

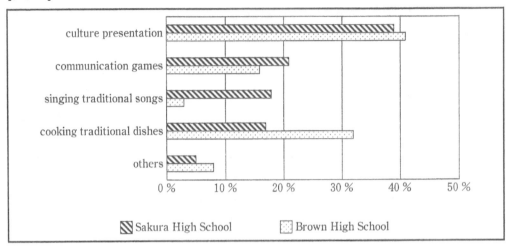

（注）　communication　コミュニケーション

【会話】

Peter:	The result was different between our schools.
＊＊＊:	Yes. I was surprised that only a few students from your school are interested in ▢. Anyway, in both schools, (a), so let's do it.
Peter:	I agree. I think we can do one more activity. <u>What should we do?</u>
＊＊＊:	(b)
Peter:	That may be a good idea.

⑴　【会話】の ▢ の中に入る最も適当なものを，次のア～エから一つ選び，その符号を書きなさい。

　　ア　culture presentation
　　イ　communication games
　　ウ　singing traditional songs
　　エ　cooking traditional dishes

⑵　【会話】の流れが自然になるように，aの（　）に当てはまる内容を，1行以内の英語で書きなさい。

⑶　【会話】の下線部分の質問に対するあなたの答えを，【会話】のbの（　）の中に，3行以内の英文で書きなさい。なお，【グラフ】を踏まえて，具体的な理由も含めて書くこと。

〔3〕　次の英文を読んで，あとの(1)～(6)の問いに答えなさい。

Luis is a junior high school student from Mexico.　He is staying with a family in Niigata.　Now he is talking with Keita, the father of the family, in the home vegetable garden.

Keita:　Luis, let's plant tomatoes in the garden together.　Do you like tomatoes?

Luis:　Yes.　In Mexico, we use tomatoes for many dishes.　I'll cook some dishes for you tomorrow.

Keita:　Great!　First, let's plant tomatoes and then, plant some marigolds near them.

Luis:　Marigolds?　They are very popular in Mexico.　We use the flowers in a traditional festival in November.

Keita:　What kind of festival is it?

Luis:　We decorate graves with a lot of marigolds.　We believe that our ancestors come back （　A　） the strong smell of marigolds.

Keita:　It's like Japanese *obon*.　We also believe our ancestors come back and we offer some flowers to them.　We have the event in summer.

Luis:　Wow, I thought your culture and our culture were different, but we have the same kind of traditional event.　_B How interesting!　By the way, why do you plant marigolds near tomatoes?

Keita:　Good question!　The marigolds _C me, make, help a safe vegetable garden.

Luis:　Really?　Why do marigolds do such a thing?

Keita:　Again, the reason is their strong smell.　Insects which eat tomato leaves don't like the smell, so 　D　 .

Luis:　Great!　We don't have to use agricultural chemicals.

Keita:　Right.　I want to choose safe ways for the environment when I plant vegetables.　（　E　） marigolds is one good way.

Luis:　I see.　_F Can you tell me another example?

Keita:　Yes, of course.　For example, can you see the flowers over there?　They are called *renge-sou* in Japanese.　They will be natural fertilizers.

Luis:　Amazing!　I want to learn more about such ways.　What should I do?

Keita:　Well, _G you, I, if, were , I would ask people who know about them very well.

Luis:　That's a good idea.　Can you introduce such people to me?

Keita:　OK, some of my friends are farmers, so I'll ask them.

Luis:　Thank you!　At school, I'll start a research project with my classmates next month.　It may be interesting to do research about eco-friendly ways to plant vegetables.

Keita:　That will be an interesting research topic.　I think my friends will help you a lot.　Some of them also have machines which use less energy.　You may also be interested in them.

Luis: Sounds interesting! Thank you.

Keita: You're welcome. Do your best in your research project.

Luis: I will. Can I find new eco-friendly ways?

Keita: It's not so easy, but I believe you can do it in the future if you work hard.

Luis: I hope so. My teacher told us that some human activities damage the environment. I think it is important for us to make the situation better.

Keita: That's right. Humans have been developing the civilization by using nature, but if we keep using things in nature, we will destroy the environment.

Luis: Yes. We should look for ways to live with nature.

(注)　plant ~　~を植える　　marigold　マリーゴールド（花の名前）　　decorate ~　~を飾りつける
grave 墓　　ancestor 先祖　　smell におい　　*obon* お盆　　offer ~　~を供える
insect 昆虫　　agricultural chemical 農薬　　*renge-sou* れんげ草（花の名前）
natural fertilizer 天然肥料　　eco-friendly 環境にやさしい　　civilization 文明
destroy ~　~を破壊する

(1)　文中のA，Eの（　）の中に入る最も適当なものを，次のア～エからそれぞれ一つずつ選び，その符号を書きなさい。

A　ア　according to　　イ　because of　　ウ　instead of　　エ　such as

E　ア　Use　　　　　　イ　Uses　　　　　ウ　Used　　　　　エ　Using

(2)　下線部分Bについて，ルイス（Luis）がそのように感じた理由を，具体的に日本語で書きなさい。

(3)　文中のC，Gの[　]の中の語を，それぞれ正しい順序に並べ替えて書きなさい。

(4)　文中のDの[　]の中に入る最も適当なものを，次のア～エから一つ選び，その符号を書きなさい。

ア　they like to stay on the flowers

イ　they fly near the flowers

ウ　they don't come to eat tomato leaves

エ　they aren't damaged by tomato leaves

(5)　下線部分Fについて，ルイスが教えてほしいと言っているのは，何についての例か。具体的に日本語で書きなさい。

(6)　本文の内容に合っているものを，あとのア～オから二つ選び，その符号を書きなさい。

ア　Tomatoes are very popular in Mexico and they are put on graves during the festival in November.

イ　Both people in Mexico and people in Japan believe that their ancestors come back in summer.

ウ　Keita believes it is good to use safe ways for the environment when he plants vegetables.

エ　Luis wants to meet some of Keita's friends to learn how to make delicious vegetables.

オ　Luis learned from his teacher that humans damage the environment through some activities.

〔4〕 次の英文を読んで，あとの(1)～(6)の問いに答えなさい。

Hikari is a high school student. She likes English and she enjoys communicating with her American friend, Fred. One day, she sent an e-mail to him.

【E-mail from Hikari to Fred】

Hello, Fred. How are you? I'm enjoying my high school life, but I have _Aa big question now, and I want your opinion.

Today, my friend, Yuri, and I talked about our future. Now I'm interested in art history and I want to study about it after I finish high school. When I said so to Yuri, she asked me, "Will you be a teacher or a researcher in the future?" I said, "I have no idea about my future job now. I just want to study about art history because I'm interested in it." Yuri was really surprised to hear my answer. She decided her goal first before she decided what she would study.

Fred, you want to be a doctor and you are studying hard to achieve your goal, right? Should I decide my future job before I decide what to study?

【E-mail from Fred to Hikari】

Thank you for your e-mail, Hikari. I'm doing well.

Your question is difficult. Now I'm studying to achieve my goal, but I will keep studying after I become a doctor. And I also enjoy studying subjects which are not related to my dream. For example, in the U.S., many schools have drama classes. Most students will not be actors, but drama class is very popular. I like it. I think we can improve some skills through drama classes. For example, we sometimes make our own stories. My drama teacher says we can be good at creating something new through this activity. Also, now I can talk more clearly than before.

My brother studies math at university, but he is taking a music class, too. He says he can learn good teamwork in the class. You should study your favorite subjects. You can improve some skills by doing so.

Hikari thought Fred's opinion was interesting. She also likes music though she won't be a musician. "If ☐ B ☐ through learning, I'll be happy," she thought.

One week later, Fred introduced a website article to Hikari. It was an article for students written by a university professor.

【The website article】

You may think like this. "Why do I have to study this subject? I don't like it. It isn't related to my goal." I can understand your feelings, but is it really a good idea to study only your favorite things?

Let me tell you about _C one good example, Florence Nightingale. She is one of the most famous nurses in the world. She tried to make clean hospitals. She needed to show that it was important to make clean environments to save people's lives. She had the knowledge of math and statistics. By using that knowledge, she created her original graphs and showed that dirty environments would threaten people's lives.

Do you understand what this story means? You don't know what will be useful in the future. For example, in the future, you may find problems you want to solve. Then, some knowledge may help you. Or you can create something new by using that knowledge. You may not use it in the future, but it will be so fun to learn something new. Enjoy learning a lot of things. By doing so, you can broaden your world.

My father was a science teacher. He is 75 years old, but now, he is studying classic literature at university. He says he is so happy to learn something new.

" D ," Hikari thought. " _E I'll write an e-mail to Fred tonight."

(注) achieve ~ ～を達成する be related to ~ ～と関連する skill 技能
clearly はっきりと take ~ class ～の授業を受ける teamwork チームワーク
article 記事 professor 教授 knowledge 知識 statistics 統計学 graph グラフ
threaten ~ ～をおびやかす broaden ~ ～を広げる classic literature 古典文学

(1) 下線部分Aについて，その内容を，具体的に日本語で書きなさい。

(2) 文中のBの [　] に当てはまる内容を，4語以上の英語で書きなさい。

(3) 下線部分Cについて，フローレンス・ナイチンゲール (Florence Nightingale) の例で，記事の筆者が最も伝えたいことを表している1文を，本文から探して抜き出しなさい。

(4) 文中のDの [　] の中に入る最も適当なものを，次のア～エから一つ選び，その符号を書きなさい。

ア People have different reasons for learning
イ We should study for our dreams
ウ There is only one reason for learning
エ It is important to learn useful things

(5) あとの①～③の問いに対する答えを，それぞれ3語以上の英文で書きなさい。

① Has Hikari already decided her future job?
② How did Yuri decide what she would study?
③ In the drama class at Fred's school, what do students do to be good at

creating something new?

(6) 下線部分Eについて，ヒカリ (Hikari) になったつもりで，フレッド (Fred) に対するメール を，解答用紙の "Hello, Fred.　Thank you for your e-mail and the interesting article." に続けて，□ の中に，4行以内の英文で書きなさい。

＜理科＞　　時間　50分　　満点　100点

〔1〕　あとの(1)～(6)の問いに答えなさい。

(1)　ヒトの呼吸のしくみと血液のはたらきについて述べた文として，最も適当なものを，次のア～エから一つ選び，その符号を書きなさい。

　ア　血液中の二酸化炭素は，肺胞から毛細血管に排出される。
　イ　肺では，動脈血が静脈血に変わる。
　ウ　酸素は，血液によって全身の細胞に運ばれる。
　エ　空気を吸うときは，ろっ骨が上がり，横隔膜も上がる。

(2)　右の表は，太陽系の惑星A～Dについて，それぞれの惑星の半径と密度をまとめたものである。木星型惑星の組合せとして，最も適当なものを，次のア～カから一つ選び，その符号を書きなさい。なお，半径は，地球を1とした場合の値である。

惑星	A	B	C	D
半径（地球＝1）	0.38	11.21	9.45	0.53
密度〔g/cm³〕	5.43	1.33	0.69	3.93

　ア　〔A，B〕　　イ　〔A，C，D〕　　ウ　〔A，D〕
　エ　〔B，C〕　　オ　〔B，C，D〕　　カ　〔C，D〕

(3)　右の図は，火力発電のしくみを模式的に表したものである。火力発電では，化石燃料の燃焼により，高温・高圧の水蒸気をつくり，タービンを回して発電が行われており，この過程でエネルギーが変換されている。火力発電において，エネルギーが変換される順に，次のア～エを並べ替え，その符号を書きなさい。

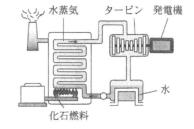

　ア　運動エネルギー　　　イ　化学エネルギー
　ウ　電気エネルギー　　　エ　熱エネルギー

(4)　60℃の水300gが入っているビーカーに，硝酸カリウム200gを入れ，よくかき混ぜたところ，全部溶けた。この水溶液の温度をゆっくりと下げていくと，結晶が出てきた。水溶液の温度を20℃まで下げたとき，出てくる結晶の質量は何gか。求めなさい。ただし，20℃の水100gに溶ける硝酸カリウムの質量は32gとする。

(5)　右の図は，火山岩をルーペで観察して，スケッチしたものである。火山岩は，図のように，比較的大きな鉱物と，aのような小さな粒の部分からできていた。このとき，火山岩のでき方について述べた次のページの文中の　X　，　Y　に当てはまる語句の組合せとして，最も適当なものを，次のページのア～エから一つ選び，その符号を書きなさい。

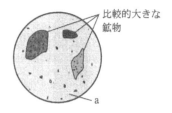

比較的大きな鉱物

火山岩は，マグマが地表や地表付近で　X　冷えてできるので，ほとんどの鉱物は大きな結晶にならず，図中のaのような　Y　という組織ができる。

ア〔X　急に，　　　Y　石基〕　　イ〔X　急に，　　　Y　斑晶〕
ウ〔X　ゆっくりと，Y　石基〕　　エ〔X　ゆっくりと，Y　斑晶〕

(6) 右の図は，新潟市におけるある年の6月10日の気象観測の結果をまとめたものである。図中のa～cの折れ線は，気温，湿度，気圧のいずれかの気象要素を表している。a～cに当てはまる気象要素の組合せとして，最も適当なものを，次のア～カから一つ選び，その符号を書きなさい。

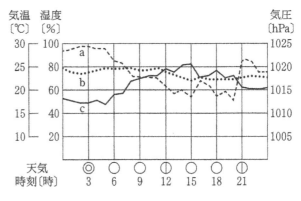

ア〔a　気温，b　湿度，c　気圧〕　　イ〔a　気温，b　気圧，c　湿度〕
ウ〔a　湿度，b　気圧，c　気温〕　　エ〔a　湿度，b　気圧，c　気温〕
オ〔a　気圧，b　気温，c　湿度〕　　カ〔a　気圧，b　湿度，c　気温〕

〔2〕　植物の根の成長を調べるために，タマネギの根を用いて，次の実験1, 2を行った。この実験に関して，あとの(1), (2)の問いに答えなさい。

実験1　次の I , II の手順で，タマネギの根の
　　　　観察を行った。
　　　 I　図1のように，タマネギを発根させ
　　　　　た。発根させた根のうちの1本に，図2
　　　　　のように，先端から等間隔で5つの印を
　　　　　つけた。
　　　 II　 I で根に印をつけたタマネギを，ビーカーに入れた水につけ
　　　　　て，3日間成長させた。その後，印の間隔がどのように変化し
　　　　　たかを観察した。
実験2　タマネギの根の先端部分を切り取ってプレパラートをつくり，
　　　　図3の顕微鏡で観察した。

図1

図2　タマネギの一部　根

図3

(1) 実験1について，3日後の根の印の間隔は，どのようになっているか。最も適当なものを，次のア～エから一つ選び，その符号を書きなさい。

ア　　　イ　　　ウ　　　　　エ

(2) 実験2について，図4は，できたプレパラートを顕微鏡で
観察して，スケッチしたものである。図中のA～Dは，細胞
分裂の過程におけるいろいろな段階の細胞である。このこと
に関して，次の①～③の問いに答えなさい。

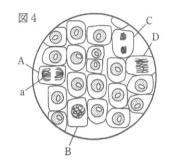

図4

① 顕微鏡の使い方について述べた文として，最も適当なも
のを，次のア～エから一つ選び，その符号を書きなさい。

　　ア　はじめに最も高倍率の対物レンズを用いて，観察をす
　　　る。
　　イ　反射鏡を調節するときは，接眼レンズをのぞきながら行う。
　　ウ　レンズの倍率を高くすると，視野が広くなる。
　　エ　プレパラートと対物レンズを近づけながら，ピントを合わせる。

② 図4のaの部分について，ひものようなつくりを何というか。その用語を書きなさい。
③ A～Dの細胞を，分裂の進む順に並べ，その符号を書きなさい。

〔3〕 化学変化にともなう熱の出入りについて調べるために，次の実験を行った。この実験に関
して，あとの(1)～(3)の問いに答えなさい。

実験　右の図のように，ビーカーに鉄粉5gと活
　　　性炭2gを入れて混ぜた後，質量パーセント
　　　濃度が5％の食塩水を2cm³加え，ガラス棒
　　　でかき混ぜながら，温度計で温度を測定する
　　　と，温度の上昇が確認できた。

ガラス棒　　　　　　温度計

5％の食塩水　　　　　　鉄粉と活性炭

(1) 食塩水について，次の①，②の問いに答えなさい。

① 次の $\boxed{X}$ の中に物質の化学式を，$\boxed{Y}$，$\boxed{Z}$ の中にイオンの化学式を書き入れて，水
溶液中の塩化ナトリウムの電離を表す式を完成させなさい。

　　　$\boxed{X}$ → $\boxed{Y}$ + $\boxed{Z}$

② 質量パーセント濃度が5％の食塩水を40gつくるとき，必要な食塩と水の質量はそれぞれ
何gか。求めなさい。

(2) 化学変化が起こるときには，熱の出入りがともなう。このことについて，次の①，②の問い
に答えなさい。

① 化学変化のうち，熱を周囲に放出し，温度が上がる反応を何というか。その用語を書きな
さい。

② 化学変化には，熱を周囲から吸収し，温度が下がる反応もある。温度が下がる反応が起こ
る物質や水溶液の組合せとして，最も適当なものを，次のア～エから一つ選び，その符号を
書きなさい。

　　ア　マグネシウムと酸素
　　イ　硫酸と水酸化バリウム水溶液
　　ウ　水酸化ナトリウム水溶液と塩酸
　　エ　炭酸水素ナトリウムとクエン酸水溶液

⑶　寒いときにあたたまるために使うカイロは，この実験と同じ化学変化を利用している。カイロを持つ手があたたまるのは，カイロから手に熱が伝わるためである。このような熱の伝わり方を何というか。その用語を書きなさい。

〔４〕　健一さんは，太陽の動きを調べるため，透明半球を用いて，太陽の観察を行うことにした。夏のある日に新潟県のある地点で，右の図のように，厚紙に透明半球を置いたときにできる円の中心をＯとし，方位を定めて，透明半球を固定した。午前９時から午後３時まで１時間おきに，太

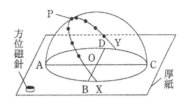

陽の位置を透明半球上に油性ペンで印をつけて記録した。また，太陽が南中した時刻に，太陽の位置を透明半球上に印をつけて記録し，この点をＰとした。記録した太陽の位置をなめらかに結んで，透明半球のふちまで延長して曲線ＸＹをつくった。このことに関して，あとの⑴～⑹の問いに答えなさい。なお，図中のＡ～Ｄは，それぞれＯから見た東西南北のいずれかの方向にある円周上の点である。

⑴　Ｏから見て，東の方向にある点として，最も適当なものを，図中のＡ～Ｄから一つ選び，その符号を書きなさい。

⑵　太陽などの天体は，時間の経過とともにその位置を変えているように見える。このような，地球の自転による天体の見かけの動きを何というか。その用語を書きなさい。

⑶　太陽の位置を透明半球上に油性ペンで印をつけて記録するとき，どのように印をつければよいか。「油性ペンの先端の影」という語句を用いて書きなさい。

⑷　太陽の南中高度を表す角として，最も適当なものを，次のア～カから一つ選び，その符号を書きなさい。
　　ア　∠ACP　　イ　∠AOP　　ウ　∠BOP　　エ　∠BPD　　オ　∠COP　　カ　∠DOP

⑸　透明半球上につくった曲線ＸＹについて，午前９時の点から午後３時の点までの長さと，午前９時の点からＰまでの長さをはかると，それぞれ12cm，5.5cmであった。観察を行った日の太陽が南中した時刻として，最も適当なものを，次のア～エから一つ選び，その符号を書きなさい。
　　ア　午前11時45分
　　イ　午前11時51分
　　ウ　午前11時57分
　　エ　午後０時３分

⑹　健一さんが観察を行った地点と，緯度は同じで，経度が異なる日本のある地点で，同じ日に太陽の観察を行った場合，太陽が南中する時刻と太陽の南中高度は，健一さんが観察を行った地点と比べてどのようになるか。最も適当なものを，次のア～エから一つ選び，その符号を書きなさい。
　　ア　太陽が南中する時刻も太陽の南中高度も，ともに異なる。
　　イ　太陽が南中する時刻は異なるが，太陽の南中高度は同じになる。
　　ウ　太陽が南中する時刻は同じになるが，太陽の南中高度は異なる。
　　エ　太陽が南中する時刻も太陽の南中高度も，ともに同じになる。

〔5〕　光の進み方について調べるために，次の実験1，2を行った。この実験に関して，下の(1)
～(4)の問いに答えなさい。

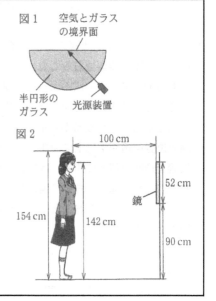

実験1　図1のように，半円形のガラスの中心を光が
　　　　通るように，光源装置で光を当てて，光の道す
　　　　じを観察した。
実験2　図2のように，和実さんは，床に垂直な壁に
　　　　かけた鏡を用いて，自分の像を観察した。な
　　　　お，和実さんの全身の長さは154cm，目の位置
　　　　は床から142cm，鏡の縦方向の長さは52cm，鏡
　　　　の下端の位置は床から90cm，和実さんと鏡との
　　　　距離は100cmとする。

(1)　実験1について，光の進み方を表したものとして，最も適当
　　なものを，図3のア～エから一つ選び，その符号を書きなさ
　　い。

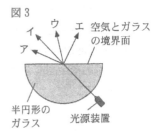

(2)　実験1について，光がガラスから空気へ進むときの入射角
　　を大きくしていくと，全反射が起きた。このような光の性質
　　を利用しているものとして，最も適当なものを，次のア～エか
　　ら一つ選び，その符号を書きなさい。
　　　ア　エックス線写真　　イ　けい光灯　　ウ　光ファイバー　　エ　虫眼鏡

(3)　実験2について，和実さんから見える自分の像として，最も適当なものを，次のア～エから
　　一つ選び，その符号を書きなさい。

　ア　　イ　　ウ　　エ

(4)　次の文は，実験2において，和実さんが全身の像を観察するために必要な鏡の長さと，その
　　鏡を設置する位置について述べたものである。文中の [X]，[Y] に当てはまる値を，それ
　　ぞれ求めなさい。ただし，和実さんと鏡との距離は変えないものとする。

　　　　和実さんが全身の像を観察するためには，縦方向の長さが少なくとも [X] cmの鏡を
　　　用意し，その鏡の下端が床から [Y] cmの位置になるように設置すればよい。

〔6〕　電池のしくみを調べるために，次の実験1，2を行った。この実験に関して，あとの(1)～(3)の問いに答えなさい。

実験1　図1のように，硫酸銅水溶液と銅板が入った袋状のセロハンを，硫酸亜鉛水溶液と亜鉛板が入ったビーカーの中に入れた。銅板と亜鉛板を，それぞれ導線でモーターとつないだところ，プロペラが回転した。

実験2　図2のように，硫酸マグネシウム水溶液とマグネシウム板が入った袋状のセロハンを，硫酸銅水溶液と銅板が入ったビーカーの中に入れた。マグネシウム板と銅板を，それぞれ導線でモーターとつないだところ，プロペラが実験1とは逆に回転した。

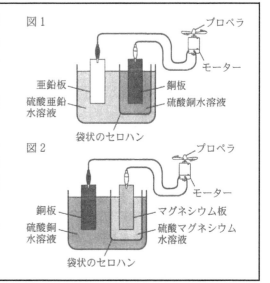

(1)　実験1について，次の①，②の問いに答えなさい。

①　銅，亜鉛の化学式を，それぞれ書きなさい。

②　水溶液に入っている銅板と亜鉛板のそれぞれに起こる変化について述べた文として，最も適当なものを，次のア～エから一つ選び，その符号を書きなさい。

ア　銅板も亜鉛板も，ともに溶け出す。

イ　銅板は溶け出し，亜鉛板は表面に物質が付着する。

ウ　銅板は表面に物質が付着し，亜鉛板は溶け出す。

エ　銅板も亜鉛板も，ともに表面に物質が付着する。

(2)　次の文は，実験2において，プロペラが実験1とは逆に回転した理由を説明したものである。文中の　X　～　Z　に当てはまる語句の組合せとして，最も適当なものを，下のア～カから一つ選び，その符号を書きなさい。

実験1では　X　が－極になり，モーターに電流が流れたが，　Y　の方が陽イオンになりやすく，実験2では　Z　が－極になり，モーターに電流が流れたから。

ア〔X　亜鉛板，Y　銅に比べてマグネシウム，Z　銅板　　　　　　　　〕

イ〔X　亜鉛板，Y　銅に比べてマグネシウム，Z　マグネシウム板〕

ウ〔X　亜鉛板，Y　マグネシウムに比べて銅，Z　銅板　　　　　　　〕

エ〔X　亜鉛板，Y　マグネシウムに比べて銅，Z　マグネシウム板〕

オ〔X　銅板，　Y　銅に比べてマグネシウム，Z　マグネシウム板〕

カ〔X　銅板，　Y　マグネシウムに比べて銅，Z　マグネシウム板〕

(3)　実験1，2で用いた袋状のセロハンのはたらきについて述べた文として，最も適当なものを，あとのア～エから一つ選び，その符号を書きなさい。

ア　2種類の水溶液を分けて，水溶液中のイオンが通過できないようにする。

イ　2種類の水溶液を分けて，水溶液中の陽イオンだけが通過できないようにする。
ウ　2種類の水溶液を分けるが，水溶液中のイオンは通過できるようにする。
エ　2種類の水溶液を分けるが，水溶液中の陽イオンだけは通過できるようにする。

〔7〕　理科の授業で，理子さんの班は，光合成が行われるときの条件を調べるために，アサガオの葉を用いて，次の Ⅰ の手順で実験を行った。Ⅱ はこの実験の結果であり，Ⅲ は実験後の理子さんと班のメンバーによる会話の一部である。Ⅰ～Ⅲ に関して，次のページの(1)～(3)の問いに答えなさい。

Ⅰ　実験の手順

①　アサガオからふ入りの葉を一枚選び，図1のように，葉の一部をアルミニウムはくでおおって，暗いところに一晩置いた。

②　翌日，①の葉に光を十分に当てた後，アルミニウムはくをとって，熱湯につけてやわらかくした。やわらかくした葉を，a熱湯であたためたエタノールの中に入れて脱色した。

③　エタノールから取り出した葉を水洗いしてから，ヨウ素溶液にひたして，葉の色の変化を観察した。なお，図2のように，葉の，アルミニウムはくでおおわなかった緑色の部分をA，アルミニウムはくでおおわなかったふの部分をB，アルミニウムはくでおおっていた緑色の部分をC，アルミニウムはくでおおっていたふの部分をDとした。

図1

アルミニウムはく

図2
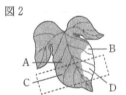

Ⅱ　実験の結果

・　Aの部分は，青紫色に変化した。
・　B，C，Dの部分は，変化が見られなかった。

Ⅲ　実験後の会話の一部

理子さん

Aの部分とBの部分の結果を比べると，　　X　　がわかりますね。

そうですね。他にも，Aの部分とCの部分の結果を比べると，　Y　がわかりますね。Aの部分とDの部分とではどうでしょうか。

高子さん

太郎さん

Aの部分とDの部分の結果を比べても，どの条件が結果に影響したのかわかりません。これは b対照実験とは言えません。

次は，光合成が葉の細胞の中のどこで行われているかを調べてみましょう。

高子さん

⑴　下線部分aについて，エタノールをあたためる際，熱湯を用いるのはなぜか。その理由を書きなさい。

⑵　　X　，　Y　に最もよく当てはまるものを，次のア～カからそれぞれ一つずつ選び，その符号を書きなさい。

　　ア　光合成は，葉の緑色の部分で行われていること

　　イ　光合成は，葉のふの部分で行われていること

　　ウ　光合成は，葉緑体と呼ばれる部分で行われていること

　　エ　光合成には，二酸化炭素が必要であること

　　オ　光合成には，暗いところに一晩置くことが必要であること

　　カ　光合成には，葉に光を当てる必要があること

⑶　下線部分bについて，対照実験とはどのような実験か。「条件」という語句を用いて書きなさい。

〔8〕　電熱線から発生する熱による水の温度の上昇について調べるために，電気抵抗が2Ωの電熱線を用いて，次の実験1～3を行った。この実験に関して，あとの⑴～⑸の問いに答えなさい。ただし，電熱線から発生する熱は，すべて水の温度の上昇に使われたものとする。

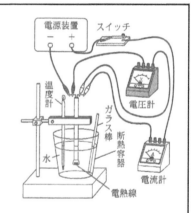

実験1　右の図のように，電源装置，スイッチ，電流計，電圧計，電熱線を用いて回路をつくり，水140cm³（140g）を入れた断熱容器に，電熱線，温度計，ガラス棒を入れた。

　　　　断熱容器内の水の温度が，室温と同じ16.0℃になるまで放置した後，スイッチを入れて，電圧計が2.0Vを示すように電源装置を調節して電流を流した。ガラス棒で，静かに水をかきまぜながら，断熱容器内の水の温度を，スイッチを入れてから1分ごとに4分間測定した。

実験2　実験1と同じ手順で，電圧計が4.0Vを示すように電源装置を調節して，断熱容器内の水の温度を測定した。

実験3　実験1と同じ手順で，電圧計が6.0Vを示すように電源装置を調節して，断熱容器内の水の温度を測定した。

　　下の表は，実験1～3の結果をまとめたものである。

電圧〔V〕	2.0 V					4.0 V					6.0 V				
電流を流した時間〔分〕	0	1	2	3	4	0	1	2	3	4	0	1	2	3	4
水の温度〔℃〕	16.0	16.2	16.4	16.6	16.8	16.0	16.8	17.6	18.4	19.2	16.0	17.8	19.6	21.4	23.2
水の上昇温度〔℃〕	0.0	0.2	0.4	0.6	0.8	0.0	0.8	1.6	2.4	3.2	0.0	1.8	3.6	5.4	7.2

⑴　実験1について，電流計は何Aを示すか。求めなさい。

⑵　実験2について，電熱線が消費する電力は何Wか。求めなさい。

⑶　次の文は，実験1，2において，電熱線で発生する熱量について述べたものである。文中の
　　 X に当てはまる語句として，最も適当なものを，下のア～エから一つ選び，その符号を書き
　　なさい。

　　　　実験2で電流を1分間流したときに電熱線で発生する熱量は，実験1で電流を　 X
　　流したときに電熱線で発生する熱量と同じになる。

　　ア　1分間　　イ　2分間　　ウ　3分間　　エ　4分間

⑷　実験3について，表をもとにして，電流を流した時間と水の上昇温度の関係を表すグラフを
　　かきなさい。

⑸　実験1～3について，電流を流した時間と水の上昇温度には，どのような関係があるか。「電
　　力」という語句を用いて書きなさい。

＜社会＞　　時間　50分　　満点　100点

〔1〕　次の地図1，2を見て，あとの(1)〜(5)の問いに答えなさい。なお，地図1は，東京からの距離と方位を正しく示しており，地図中の緯線は赤道を基準として，また，経線は本初子午線を基準として，いずれも30度間隔で表している。

地図1

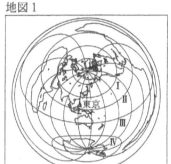

地図2

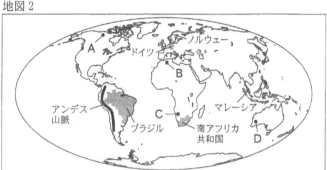

(1)　地図1中のⅠ〜Ⅳで示した緯線のうち，赤道を示すものはどれか。Ⅰ〜Ⅳから一つ選び，その符号を書きなさい。

(2)　地図2中の地点A〜Dのうち，東京から見た方位がほぼ西の地点として，最も適当なものを一つ選び，その符号を書きなさい。

(3)　地図2で示したアンデス山脈の高地に暮らす人々の衣服について，その写真と説明として，最も適当なものを，次のア〜エから一つ選び，その符号を書きなさい。

ア	イ	ウ	エ

5mほどの長い1枚の布を，体に巻きつけて着用する衣服	中央に開けた穴から，頭を出して着用する毛織物の衣服	厳しい寒さから身を守る，動物の毛皮でつくられた衣服	強い日ざしや砂あらしから身を守る，長袖で裾が長い衣服

(4)　地図2で示したノルウェーについて述べた次の文中の　X　，　Y　に当てはまる語句の組合せとして，最も適当なものを，下のア〜エから一つ選び，その符号を書きなさい。

　　この国の西岸には，　X　によって削られた奥深い湾が連続する海岸線がみられる。また，緯度の高い地域では，　Y　には白夜となる時期がある。

ア　〔X　川，　Y　夏〕　　イ　〔X　川，　Y　冬〕
ウ　〔X　氷河，　Y　夏〕　　エ　〔X　氷河，　Y　冬〕

(5) 次の表は，地図2で示したブラジル，ドイツ，南アフリカ共和国，マレーシアについて，それぞれの国の人口密度，一人当たり国民総所得，主要輸出品の輸出額の割合を示したものであり，表中のa～dは，これらの四つの国のいずれかである。このうち，a，cに当てはまる国名を，それぞれ書きなさい。

| | 人口密度 (人/km²) | 一人当たり国民総所得(ドル) | 主要輸出品の輸出額の割合(%) | | |
			第1位	第2位	第3位
a	233	47,186	機械類(28.7)	自動車(14.8)	医薬品　(7.3)
b	102	10,209	機械類(43.4)	石油製品(6.1)	パーム油　(4.2)
c	49	4,999	白金族(12.6)	自動車(9.8)	金(非貨幣用)(7.9)
d	25	6,667	大　豆(13.7)	鉄鉱石(12.3)	原．油　(9.4)

（「世界国勢図会」2022/23年版による）

〔2〕　右の地図を見て，あとの(1)～(4)の問いに答えなさい。

(1) 地図中のA～Cは，それぞれ，山脈を示したものである。A～Cに当てはまる山脈の名称の組合せとして，正しいものを，次のア～カから一つ選び，その符号を書きなさい。

ア 〔A　赤石山脈，B　木曽(きそ)山脈，C　飛騨(ひだ)山脈〕
イ 〔A　赤石山脈，B　飛騨山脈，C　木曽山脈〕
ウ 〔A　木曽山脈，B　飛騨山脈，C　赤石山脈〕
エ 〔A　木曽山脈，B　赤石山脈，C　飛騨山脈〕
オ 〔A　飛騨山脈，B　木曽山脈，C　赤石山脈〕
カ 〔A　飛騨山脈，B　赤石山脈，C　木曽山脈〕

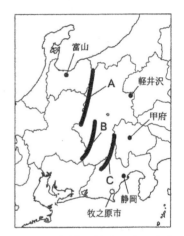

(2) 次の表は，石川県，長野県，岐阜県，愛知県の，それぞれの県の昼夜間人口比率，米の産出額，野菜の産出額，果実の産出額，製造品出荷額等を示したものであり，表中のa～dは，これらの四つの県のいずれかである。このうち，a，dに当てはまる県名の組合せとして，最も適当なものを，下のア～エから一つ選び，その符号を書きなさい。ただし，昼夜間人口比率とは，昼間人口を夜間人口で割り，100をかけたものである。

	昼夜間人口比率(%)	米の産出額(億円)	野菜の産出額(億円)	果実の産出額(億円)	製造品出荷額等(億円)
a	96.1	229	323	55	59,896
b	99.8	473	818	743	62,194
c	101.4	298	1,010	190	481,864
d	100.2	299	97	34	30,478

（「データでみる県勢」2022年版による）

ア 〔a　長野県，d　石川県〕
イ 〔a　長野県，d　愛知県〕
ウ 〔a　岐阜県，d　石川県〕
エ 〔a　岐阜県，d　愛知県〕

(3) 次のページの地形図は，地図中の牧之原市の郊外を表す2万5千分の1の地形図である。この地形図を見て，あとの①，②の問いに答えなさい。

（国土地理院1：25,000 地形図「相良」より作成）

①　地形図中の地図記号∴は，茶畑を示している。地形図から，茶畑は，主にどのようなところに分布していると読みとることができるか。最も適当なものを，次のア〜エから一つ選び，その符号を書きなさい。

ア　山地　　　イ　台地　　　ウ　低地　　　エ　海岸

②　地形図中の地点 X と地点 Y の標高差は約何mか。最も適当なものを，次のア〜エから一つ選び，その符号を書きなさい。

ア　約20m　　　イ　約40m　　　ウ　約60m　　　エ　約80m

(4)　次のア〜エのグラフは，気象観測地点である富山，軽井沢，甲府，静岡のいずれかの月降水量と月平均気温を表したものである。このうち，富山に当てはまるものを，ア〜エから一つ選び，その符号を書きなさい。また，そのように判断した理由を，「日本海」，「季節風」の二つの語句を用いて書きなさい。なお，棒グラフは月降水量を，折れ線グラフは月平均気温を表している。

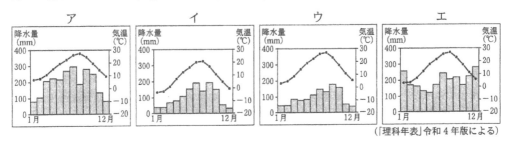

（「理科年表」令和4年版による）

〔3〕　社会科の授業で，A〜Dの四つの班に分かれて，時代ごとの社会のようすについて調べ，発表を行うことにした。次の資料は，班ごとに作成した発表資料の一部である。これらの資料を見て，次のページの(1)〜(4)の問いに答えなさい。

A班の資料

古墳時代に我が国に製法が伝えられた須恵器（すえき）

B班の資料

（裏）　（表）

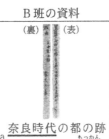

a 奈良時代の都の跡地から出土した木簡（もっかん）

C班の資料

室町時代の農民たちが借金の帳消しを記録した碑文

D班の資料

b 江戸時代後半の工場制手工業のようすを描いた絵

(1)　A班の資料について，須恵器の製法は，中国や朝鮮半島から我が国に移り住んだ人々によって伝えられた。こうした人々を何というか。その用語を書きなさい。

(2)　B班の資料について，次の①，②の問いに答えなさい。

①　次の文は，この木簡に記されている文字を書き出したものであり，この木簡は，地方の特産品が税として納められた際に，荷札として使われたものであることがわかった。文中の　X　に当てはまる語句として，最も適当なものを，下のア〜エから一つ選び，その符号を書きなさい。

| （表）伊豆国賀茂郡三島郷戸主占部久須理戸占部広庭　X　麁堅魚拾壹斤 |
| （裏）拾両　　員十連三節　　　　　天平十八年十月 |

（注）麁堅魚：カツオの加工品

ア　租
イ　調
ウ　庸
エ　年貢

②　下線部分aについて，この時代につくられた，天皇や貴族，民衆の和歌をおさめた，現存する我が国最古の歌集を何というか。その名称を書きなさい。

(3)　次の文は，C班の資料の背景について述べたものである。文中の　X　〜　Z　に当てはまる語句の組合せとして，最も適当なものを，下のア〜カから一つ選び，その符号を書きなさい。

農村では，農民たちが　X　と呼ばれる自治的な組織をつくった。15世紀になると，近畿地方を中心として，団結した農民たちが土倉や　Y　などをおそい，借金の帳消しを求める　Z　を起こすようになった。

ア　〔X　惣，　　Y　酒屋，Z　土一揆〕
イ　〔X　惣，　　Y　酒屋，Z　打ちこわし〕
ウ　〔X　惣，　　Y　馬借，Z　土一揆〕
エ　〔X　五人組，Y　酒屋，Z　打ちこわし〕
オ　〔X　五人組，Y　馬借，Z　土一揆〕
カ　〔X　五人組，Y　馬借，Z　打ちこわし〕

(4)　D班の資料について，次の①，②の問いに答えなさい。

①　D班の資料にみられる工場制手工業とは，どのように製品を生産するしくみか。「工場」という語句を用いて書きなさい。

②　下線部分bについて，この時代に，水野忠邦が行った政治改革について述べた文として，最も適当なものを，次のア〜エから一つ選び，その符号を書きなさい。

ア　裁判の基準となる法律を定めるとともに，庶民の意見を聞くために目安箱を設置した。
イ　朱子学を重視するなど学問を奨励するとともに，極端な動物愛護の政策を進めた。
ウ　海防を強化するため，江戸や大阪の周辺を幕府の直接の支配地にしようとした。
エ　天明のききんにより荒廃した農村の復興を図り，ききんや凶作に備えて米を蓄えさせた。

〔4〕　右の略年表を見て，あとの(1)～(6)の問いに答えなさい。

年代	我が国のできごと
1858 ┐A	日米修好通商条約が結ばれる。
1868 ┘	戊辰(ぼしん)戦争が始まる。
1872	a　　が発布される。
1877 ┐b	西南戦争が起こる。
1889 ┘B	大日本帝国憲法が発布される。
1927 ┘c	金融恐慌が起こる。
1956 ┐C	国際連合に加盟する。
1979 ┘	国際人権規約を批准する。

(1)　次のX～Zは，年表中のAの時期のできごとである。年代の古い順に並べたものとして，正しいものを，下のア～カから一つ選び，その符号を書きなさい。

　X　大政奉還が行われる。

　Y　四国連合艦隊が下関を砲撃する。

　Z　薩長同盟が成立する。

　ア　X→Y→Z　　　イ　X→Z→Y

　ウ　Y→X→Z　　　エ　Y→Z→X

　オ　Z→X→Y　　　カ　Z→Y→X

(2)　右の写真は，　a　の発布をうけて設立された学校の校舎である。　a　に当てはまる法令の名称を書きなさい。

(3)　次の表は，下線部分bの【できごと】の【背景・原因】，【結果・影響】をまとめたものである。表中の　X　，　Y　に当てはまる文として，最も適当なものを，下のア～オからそれぞれ一つずつ選び，その符号を書きなさい。

【背景・原因】		【できごと】		【結果・影響】
X	⇒	西南戦争が起こる。	⇒	Y

　ア　自由民権運動が全国に広まった。

　イ　政府の改革により士族の特権がうばわれた。

　ウ　版籍奉還や地租改正などの政策が行われた。

　エ　日比谷(ひびや)焼き打ち事件などの暴動が起こった。

　オ　尊王攘夷(そんのうじょうい)運動が盛んになった。

(4)　次の文は，年表中のBの時期に，我が国で高まった社会運動や民主主義思想について述べたものである。文中の　X　，　Y　に当てはまる人物の名前の組合せとして，最も適当なものを，下のア～エから一つ選び，その符号を書きなさい。

> 女性の社会的差別からの解放を目指す　X　らは，女性のための雑誌を発刊するなど，女性の地位を高めようとする運動を進めた。また，政治学者の　Y　は，政治の目的を一般民衆の幸福や利益に置き，大日本帝国憲法の枠内で，政治に民衆の考えを反映することを主張した。

　ア　〔X　平塚(ちょう)らいてう，Y　吉野作造(さくぞう)〕　　イ　〔X　平塚らいてう，Y　美濃部達吉(みのべたつきち)〕

　ウ　〔X　津田梅子，　Y　吉野作造〕　　エ　〔X　津田梅子，　Y　美濃部達吉〕

(5)　下線部分cについて，資料Ⅰ（次のページ）は，預金を引き出すために，銀行に殺到する人々のようすを示したものであり，資料Ⅱ（次のページ）は，裏が印刷されていない紙幣を示したものである。政府が，資料Ⅱで示している紙幣を印刷した理由を，資料Ⅰと関連づけて書きな

さい。

資料Ⅰ　　　　　　　　　　　資料Ⅱ

(6) 年表中のCの時期のできごととして，正しいものはどれか。次のア～エから一つ選び，その符号を書きなさい。

　ア　ベルリンの壁が崩壊する。　　イ　アジア・アフリカ会議が開催される。

　ウ　朝鮮戦争が始まる。　　　　　エ　日本と中国の国交が正常化する。

〔5〕　中学校3年生のあるクラスの社会科の授業では，次のA～Dのテーマについて学習を行うことにした。これらのテーマについて，あとの(1)～(4)の問いに答えなさい。

> テーマ
> A　日本国憲法について　　　　　　　　B　国会，内閣，裁判所について
> C　経済と企業の活動について　　　　　D　国際連合について

(1)　Aのテーマについて，次の①，②の問いに答えなさい。

　①　日本国憲法で国民に保障される自由権のうち，「経済活動の自由」に当てはまるものとして，最も適当なものを，次のア～エから一つ選び，その符号を書きなさい。

　　ア　自分の興味のあることを学ぶことができる。

　　イ　自分の支持する候補者に投票することができる。

　　ウ　自分の信じたい宗教を信仰することができる。

　　エ　自分の住みたい場所に住むことができる。

　②　次の日本国憲法の条文について，文中の　X　，　Y　に当てはまる語句の組合せとして，最も適当なものを，下のア～エから一つ選び，その符号を書きなさい。

> 　この憲法の改正は，各議院の総議員の　X　の賛成で，国会が，これを発議し，国民に提案してその承認を経なければならない。この承認には，特別の国民投票又は国会の定める選挙の際行はれる投票において，その　Y　の賛成を必要とする。

　ア〔X　三分の二以上，Y　三分の二以上〕　イ〔X　三分の二以上，Y　過半数〕

　ウ〔X　四分の三以上，Y　三分の二以上〕　エ〔X　四分の三以上，Y　過半数〕

(2)　Bのテーマについて，次の①～③の問いに答えなさい。

　①　右の図は，国会，内閣，裁判所が互いに抑制し合い，均衡を保っていることを表したものである。図中の矢印aは裁判所が内閣に対して持つ権限，矢印bは国会が裁判所に対して持つ権限を，それぞれ示している。a，bに当てはまるものの組合せとして，最も適当なものを，次のペー

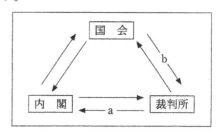

ジのア～エから一つ選び，その符号を書きなさい。

ア　〔a　違憲審査，　　　　b　弾劾裁判所の設置　　　　〕

イ　〔a　違憲審査，　　　　b　下級裁判所裁判官の任命〕

ウ　〔a　内閣不信任の決議，b　弾劾裁判所の設置　　　　〕

エ　〔a　内閣不信任の決議，b　下級裁判所裁判官の任命〕

② 国会は，法律案や予算の審議などの役割を十分に果たすために，証人を呼んで証言させる証人喚問を行ったり，政府に記録の提出を求めたりする権限を持っている。この権限を何というか。その用語を書きなさい。

③ 裁判所で行われる刑事裁判について述べた文として，最も適当なものを，次のア～エから一つ選び，その符号を書きなさい。

ア　訴えた人が原告，訴えられた人が被告となって，裁判が行われる。

イ　当事者どうしの話し合いにより，争いが解決する場合がある。

ウ　被告人が弁護人を依頼できないときは，国が弁護人を用意する。

エ　個人と個人の間に起こる，法的な紛争の解決を図る裁判である。

(3)　Cのテーマについて，次の①～③の問いに答えなさい。

① 我が国には，株式会社の形態をとって事業を進める企業が多くある。株式会社における，株主の権利について，「議決」，「配当」の二つの語句を用いて，50字以内で書きなさい。

② 右のグラフは，我が国の経済における中小企業と大企業の割合を示したものであり，グラフ中のX～Zは，企業数，従業員数，売上高のいずれかである。X～Zに当てはまるものの組合せとして，最も適当なものを，次のア～カから一つ選び，その符号を書きなさい。なお，売上高は非一次産業のものである。

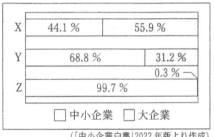

（「中小企業白書」2022年版より作成）

ア　〔X　企業数，　　Y　従業員数，Z　売上高　〕

イ　〔X　企業数，　　Y　売上高，　Z　従業員数〕

ウ　〔X　従業員数，Y　企業数，　Z　売上高　〕

エ　〔X　従業員数，Y　売上高，　Z　企業数　〕

オ　〔X　売上高，　Y　企業数，　Z　従業員数〕

カ　〔X　売上高，　Y　従業員数，Z　企業数　〕

③ 次の資料は，公正かつ自由な競争を促進し，消費者の利益を確保するために，昭和22(1947)年に制定された法律の第1条である。この法律の運用に当たる機関を何というか。その名称を書きなさい。

> 第1条　この法律は，私的独占，不当な取引制限及び不公正な取引方法を禁止し，事業支配力の過度の集中を防止して，……（略）……一般消費者の利益を確保するとともに，国民経済の民主的で健全な発達を促進することを目的とする。

(4)　Dのテーマについて，次のページの①～③の問いに答えなさい。

① 下の表は，国際連合の安全保障理事会における，国際平和の維持に関する，ある重要な議題についての投票結果を示したものであり，この議題は決定されなかった。この議題が決定されなかったのはなぜか。その理由を書きなさい。

	国の数	内　訳	
		常任理事国	非常任理事国
賛成	13か国	4か国	9か国
反対	1か国	1か国	なし
棄権	1か国	なし	1か国

② 下のグラフは，国際連合の通常予算の分担率について，アメリカ，中国，ドイツ，日本の推移を示したものであり，グラフ中のア～エは，これらの四つの国のいずれかである。このうち，日本に当てはまるものを，ア～エから一つ選び，その符号を書きなさい。なお，国際連合の通常予算は，加盟国全体で合意された分担率に応じて，各加盟国が支払う分担金によってまかなわれている。

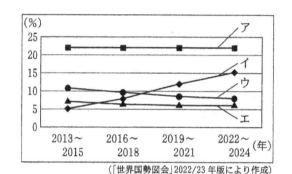

（「世界国勢図会」2022/23年版により作成）

③ 主に発展途上国で，医療や感染症対策などの活動に取り組んでいる国際連合の専門機関の略称として，最も適当なものを，次のア～エから一つ選び，その符号を書きなさい。

ア　APEC　　イ　PKO　　ウ　UNESCO　　エ　WHO

〔6〕 あるクラスの社会科の授業では，「地球温暖化対策」について，テーマを決めて調べることにした。あとの資料Ⅰ～資料Ⅴは，「温室効果ガスの削減」をテーマに選んだNさんが集めたものの一部である。このことについて，次のページの(1)，(2)の問いに答えなさい。

（資料Ⅳ，資料Ⅴは次のページにあります。）

資料Ⅰ　世界の年平均気温の推移

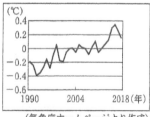

（気象庁ホームページより作成）

資料Ⅱ　世界の二酸化炭素排出量の推移

（国際エネルギー機関ホームページより作成）

資料Ⅲ　新潟県における温室効果ガスの排出量と吸収量及び今後の目標

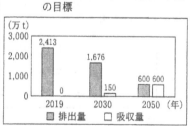

（「新潟県地球温暖化対策地域推進計画2017—2030」より作成）

資料Ⅳ　脱炭素化の取組にあたり企業が最も重視する要素

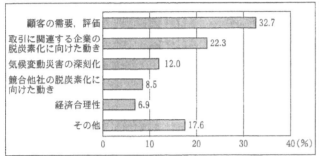

（令和4年度「年次経済財政報告」より作成）

資料Ⅴ　「COOL CHOICE」について

　「COOL　CHOICE」は，CO_2などの温室効果ガスの排出量削減のために，脱炭素社会づくりに貢献する「製品への買換え」，「サービスの利用」，「ライフスタイルの選択」など，日々の生活の中で，あらゆる「賢い選択」をしていこうという取組です。

（環境省ホームページより作成）

（注）　資料Ⅰは，各年の平均気温と基準値（1991年から2020年の平均気温）の差の変化。

　　　資料Ⅱは，エネルギー関連の二酸化炭素排出量の推移。

　　　資料Ⅲは，温室効果ガスの排出量と吸収源対策による吸収量を，二酸化炭素に換算して数値化した値。

(1)　資料Ⅰと資料Ⅱについて，Nさんは，世界の地球温暖化対策を説明するために，次のA～Cのカードを作成した。A～Cのカードを，年代の古いものから順に並べ，その符号を書きなさい。

カードA

京都議定書
　先進国に温室効果ガスの排出量の削減を義務付け

カードB

地球サミット
　気候変動枠組条約・生物多様性条約の調印

カードC

パリ協定
　世界の平均気温上昇を産業革命以前に比べ2℃未満に抑制

(2)　Nさんは，資料Ⅲ～資料Ⅴから読みとったことをもとに，温室効果ガスの削減について考察し，次の発表原稿を作成した。この原稿について，下の①，②の問いに答えなさい。

　　我が国の政府は，2020年10月に，2050年までに脱炭素社会の実現を目指すことを宣言しました。資料Ⅲによると，新潟県も，2050年までに温室効果ガスの排出量を実質ゼロにすることを目指しています。温室効果ガスの削減は，とても大きな課題であり，国や地方公共団体の取組だけでは解決できません。生産活動の中心である企業や，私たち消費者の役割も重要です。資料Ⅳと資料Ⅴから，　X　ことが企業の脱炭素化の推進につながると考えました。一人一人の行動は着実に結果へとつながっていきます。私も，自分にできることを考えながら，現在のライフスタイルを見直していきたいと思います。

①　文中の下線部分とはどのようなことか。資料Ⅲから読みとることができることをもとに書きなさい。

②　文中の　X　に当てはまる内容を，「企業」，「消費者」の二つの語句を用いて，55字以内で書きなさい。

定観念」あるいは「偏見」と言い換えられる。それが社会にまで広がったものを、私たちは「常識」と呼ぶ。だが、アインシュタインも常識とは18歳までに身につけた偏見のコレクションと指摘したと言われるように、常識とはまなざしが固定化したものにほかならない。

（ハナムラ　チカヒロ「まなざしの革命」による）

（注）　アインシュタイン＝ドイツ生まれの理論物理学者。
　　　　アイデンティティ＝自己が他と区別されて、ほかならぬ自分であると感じられるときの、その感覚や意識をいう語。

（一）　文章中の　　Ａ　　に最もよく当てはまる言葉を、次のア〜エから一つ選び、その符号を書きなさい。
　　　ア　なぜなら　　イ　もし　　ウ　ところで　　エ　むしろ

（二）　文章中の　　a　　に最もよく当てはまる言葉を、次のア〜エから一つ選び、その符号を書きなさい。
　　　ア　受動的　　イ　画一的　　ウ　表面的　　エ　積極的

（三）　——線部分(1)について、筆者がこのように述べるのはなぜか。その理由を、三十五字以内で書きなさい。

（四）　——線部分(2)とはどういうことか。六十字以内で書きなさい。

（五）　——線部分(3)について、筆者がこのように述べるのはなぜか。その理由として最も適当なものを、次のア〜エから一つ選び、その符号を書きなさい。
　　　ア　相手の認識を改めるよりも、自分の見方が間違っていると素直に認める方が、私たちには容易いから。
　　　イ　自分の認識を改めるよりも、自分に都合のよい方向に物事の解釈を変える方が、私たちには容易いから。
　　　ウ　相手の認識を改めるよりも、相手の意見に合わせて自由に発想を変えていく方が、私たちには容易いから。

（六）　次のⅡの文章は、Ⅰの文章と同じ著書の一部である。〜〜〜線部分とはどういうことか。ⅠとⅡの文章を踏まえ、百二十字以内で書きなさい。

エ　自分の認識を改めるよりも、自分の都合に合わせて相手の考えを変えていく方が、私たちには容易いから。

Ⅱ

　混乱が大きくなればなるほど、社会では次の常識を巡る「まなざしの戦い」が始まる。そこには、さまざまな力が巧みに私たちのまなざしをデザインしようと仕掛けており、どの見方もそれらしく見えるようにプレゼンテーションされる。そんな観点からインターネットを注意深く眺めると、多様な見方が並べられていることに気づくだろう。
　その中には科学的でないものも溢れているし、客観性を装いながら根拠のなさそうなものもたくさん見られる。しかし私たちがこれまで当たり前としてきた社会の仕組みや科学的な常識を覆すような情報や証拠も共有され始めているのだ。それらの全てが妥当性を欠いた説明であるとは必ずしも言い切れないように思える。一方で、あまりにもたくさんの情報に溢れ、そのどれもが正反対を主張する中、今や何が事実で何が正解なのかの判断は簡単には下せなくなっている。そんなときこそ、改めてもう一度、「常識とは何か」について確認する必要があるだろう。

持っているのは相手だと思っている。自分は他者の意見を受け入れ、その違いにも寛容で、自由に発想を変えられると信じている。だから普段、私たちは自分の見方を変えたいと思っていない。　[A]　柔軟でない相手や融通の利かない物事を変えたいと思っている。

私たちが見方を変えるのは、自分にとって都合の悪いことが起こったときだ。社会や他者や物事との関係の中で自分にとって不都合な状況が生じたときに、私たちはそれを何とか切り抜けるために見方を変えようとする。アイデアに行き詰まったとき、人間関係がうまくいかないとき、日々の生活で困ったことが生じたとき。そしてその物事がどうにも変えられないとき、経験や知識の範囲で私たちは見方を変えようとする。だがその場合に私たちが変えるのは自分自身への認識ではなく、[a]な物事の解釈であることが多い。

物事の解釈を変えることも見方を変えることではあるのだが、それは自分の欲求に合わせて都合よく見方を変える場合が多い。そこでの見方を方向づける欲求そのものは自分の深い部分で固定化しており、それには気づかない。私たちは物事の解釈を変更することで、日常の問題であれば何とか乗り切れるかもしれない。だが、深刻な事態が起こったときには、それだけではうまくいかなくなる。生死にまつわるようなこと、自分のアイデンティティの危機、混乱した状況や先行きの全く見えない社会不安。(1)そんな場合に私たちは根本的な見方を変える必要性に迫られる。

そもそも、見方を変えるのはそう簡単なことではない。これまで長い時間をかけて培ってきた自分の根幹に関わることほど、見方を急に変えるのは難しい。それにはとてもエネルギーと努力が必要になるのだ。特に社会に大きな変化が訪れるときや、答えのない深刻な問いが自分に突きつけられ、根本から見方を変えねばならない状況になるほど、私たちはこれまで以上にますます自分のまなざしを固定しがちだ。自分の見方が間違っていると改めるよりも、自分の見方は間違っていないことを確認する方向に物事の解釈を変更する方が私たちには容易（たやす）い。

しかし、何とかしてようやく自分の認識を変えることができたとしても、また次から次へと深刻な事態が続くような状況に陥るとどうだろうか。今度は、私たちは自ら進んで(2)まなざしを固定化することを選ぶのである。答えが定まらない不安定な状態は、私たちに大きな苦痛を強いる。その不安の激流に流されてしまわないように、何か答えを決めてそこから動きたくない気持ちが強まるのだ。だから状況が厳しくなるほど、自分の都合の悪いものは視界から追いやって、自分が見たい部分や一度信じたことにだけ目を向けがちになる。そんな状態を繰り返しているうちに、私たちのまなざしはもう変えられないほど固定化してしまう。

(3)こうして一度信じ込んでしまうと、その物事の別の側面を見せられても、私たちにはそれが事実には見えない。いくら妥当性がある理屈が並べられても、自分の信念に合わないものを間違っているとする方が、私たちには容易い。自分の見方を正当化してくれる情報や理屈、権威を追い求めるようになると、それがまた自分の見方をますます強めていく。そして次第に自分と反対の見解や立場を突きつける相手を敵視したり、見下したりする態度を示すようになる。

小さい頃から教育されてきた知識、長年にわたって社会で信じられてきた概念、多くの人が口にする情報。それらは繰り返し唱えられるものほど私たちの中に強く刻まれ、それはいつしか自分自身の信念や考え、感覚として自分の無意識に深く入り込んでいく。自らが固く信じて疑わない見方、つまり私たちのまなざしが固定化した状態は「固

前がつけられているものが多く、一条天皇は、「いなかへじ」という名前の笙の笛を所有していました。

ハルコ　「いなかへじ」という笛について調べたら、この名前は、「いいえ、替えるつもりはない」という意味の「いな替へじ」という言葉が由来になっていることがわかりました。

フユミ　作者も、この笛の名前を知っていたから、宮の御前が言った「いなかへじ」という言葉に、二つの意味が掛けられていることをすぐに理解できたのですね。

アキラ　それは面白いですね。どんなものとも交換したくないほど、素晴らしい笛だったということでしょう。

ナツキ　なるほど。この場面で、この笛の名前を持ち出した宮の御前は、とても機転が利く人ですね。

㈠　～～～線部分の「なほ」を現代かなづかいに直し、すべてひらがなで書きなさい。

㈡　──線部分⑴の「隆円に給へ」の意味として最も適当なものを、次のア～エから一つ選び、その符号を書きなさい。
ア　隆円にお申しつけください。
イ　隆円にお与えください。
ウ　隆円にお聞かせください。
エ　隆円にお返しください。

㈢　──線部分⑵の「ことごとをのたまふ」は、誰の動作か。最も適当なものを、次のア～エから一つ選び、その符号を書きなさい。
ア　淑景舎の女御　　イ　僧都の君
ウ　宮の御前　　エ　作者

㈣　──線部分⑶の「あまたたび聞えたまふ」には、誰の、どのような気持ちが表れているか。最も適当なものを、次のア～エから一つ選び、その符号を書きなさい。
ア　宮の御前の、淑景舎の女御からの返事を待ちわびる気持ち。
イ　僧都の君の、宮の御前からの返事をありがたく思う気持ち。
ウ　宮の御前の、僧都の君からの返事を潔くあきらめる気持ち。
エ　僧都の君の、淑景舎の女御からの返事を強く求める気持ち。

㈤　──線部分⑷の「いみじうをかしきことぞ限りなき」について、作者は、どのようなことに対して素晴らしいと感じているのか。六十字以内で書きなさい。

㈥　──線部分⑸の「この御笛の名、僧都の君もえ知りたまはざりけれ」とはどういうことか。最も適当なものを、次のア～エから一つ選び、その符号を書きなさい。
ア　故殿がくださった笛の名前を、僧都の君だけが知っていたということ。
イ　故殿がくださった笛の名前を、僧都の君は知らされていなかったということ。
ウ　上が所有している笛の名前を、僧都の君は知らなかったということ。
エ　上が所有している笛の名前を、僧都の君が誰にも知らせなかったということ。

〔四〕
あとのⅠ、Ⅱの文章を読んで、㈠～㈥の問いに答えなさい。

Ⅰ

私たちの多くは自分のまなざしが固定化しているとは思っていない。自分は人と比べて柔軟な視点を持っており、頑固なまなざしを

書きなさい。

ノゾミ　国語の授業で「　Ａ　」という言葉の意味を調べるために辞書を引いてみたら、「最も興味深いところ」という意味があることがわかりました。

ツバサ　私は、「　Ａ　」という言葉は知っていましたが、「物事の終わりの段階」という意味だと思って使っていました。この言葉の本来の意味を知って、とても驚きました。

ノゾミ　この言葉の他にも、本来の意味とは異なる使い方をしている言葉があるかもしれません。今度、一緒に調べてみましょう。

ア　幕開け　イ　転機　ウ　佳境　エ　大詰め

〔三〕　次のＡの文章は、清少納言の『枕草子』の一部で、作者が目にした、「淑景舎(しげいしゃ)の女御(にょうご)」とその兄の「僧都(そうづ)の君(きみ)」、二人の姉である「宮(みや)の御前(おまへ)」による、笛をめぐるやりとりについて記したものである。また、Ｂの文章は、Ａの文章について調べた四人の生徒と先生の会話である。この二つの文章を読んで、(一)〜(六)の問いに答えなさい。

Ａ
淑景舎などわたりたまひて（コチラニオイデニナッテ）、御物語のついでに（オ話ヲナサル）、「まろがもと（私ノ）にいとをかしげなる笙(さう)の笛こそあれ。故殿の得させたまへりし」とのたまふを（オッシャルト）、僧都の君「それは(1)隆円(りゅうえん)に給(たま)へ。おのがもとにめでたき琴(きん)はべり（ゴザイマス）。それにかへさせたまへ」と申したまふを聞きも入れたまはで（ナサラナイデ）、(2)ことごと（他ノコト）をのたまふに、いらへ（オ返事ヲ）させたてまつらむ（イタダコウ）と、(3)あまたたび聞えたまふに（何度モ申シ上ゲナサルガ）、なほ物ものたまはねば、宮の御前の、「いなかへじとおぼしたる（思ッテイラッシャルノニ）ものを」とのたまはせたる御けしき（ゴ様子）の、(4)いみじうをかしきことぞ限りなき。(5)この御笛の名、僧都の君もえ知りたまはざりければ、ただうらめしうおぼいためる（思ッテイラッシャッタヨウダ）。

これは職(しき)の御曹司(みざうし)におはしまいし（イラッシャッタ）ほどの事なめり（デアルヨウダ）。上の御前にいなかへじといふ御笛の候ふ名なり（笛ガゴザイマシテ、ソノ名前デアル）。

(注)
淑景舎＝淑景舎の女御。女御は天皇に仕える女官の名称。
故殿＝藤原道隆。淑景舎の女御、僧都の君、宮の御前の父。
隆円＝僧都の君。僧都は僧官の名称。
宮の御前＝中宮定子。中宮は皇后の別称。
職の御曹司＝中宮関係の事務をとる役所内の建物。
上＝天皇。ここでは宮の御前の夫である一条天皇を指す。

Ｂ
先生　宮中にある楽器には、「無名(むみょう)」という名前の琵琶(びわ)や「塩釜(しおがま)」という名前の和琴(わごん)など、楽器としては珍しい名

〈国語〉

時間 五〇分 満点 一〇〇点

〔一〕 次の〔一〕、〔二〕の問いに答えなさい。

〔一〕 次の1～5について、──線をつけた漢字の部分の読みがなを書きなさい。

1 わずかな時間を惜しんで練習する。

2 若葉の緑が目に鮮やかだ。

3 目標の数値に到達する。

4 新製品の開発に貢献する。

5 喫緊の課題に対応する。

〔二〕 次の1～5について、──線をつけたカタカナの部分に当てはまる漢字を書きなさい。

1 大きく息をスう。

2 風のイキオいが次第に弱まる。

3 電力のセツゲンに努める。

4 セイミツな機械を製造する。

5 複数の文化のルイジ点に着目する。

〔二〕 次の〔一〕～〔五〕の問いに答えなさい。

〔一〕 次の文中の「控える」と同じ意味で使われている「控える」がある文を、あとのア～エから一つ選び、その符号を書きなさい。

　説明の要点をノートに控える。

ア 大切な打ち合わせを明日に控える。

イ 宿泊する施設の電話番号を控える。

ウ 出演の時間まで、ステージの裏で控える。

エ 気温が高いので、屋外での運動を控える。

〔二〕 次の文中の「乗車」と構成が同じ熟語を、あとのア～エから一つ選び、その符号を書きなさい。

　停留所でバスに乗車する。

ア 往復　　イ 過程　　ウ 作文　　エ 選択

〔三〕 次の文中の「ついに」と同じ品詞であるものを、あとのア～エの──線部分から一つ選び、その符号を書きなさい。

　長い年月を経て、ついに作品が完成した。

ア 月の輪郭がはっきり見える。

イ 街灯の光が道を明るく照らす。

ウ 机の上をきれいに片付ける。

エ 大きな池で魚がゆったり泳ぐ。

〔四〕 次の文中の「話し」と活用形が同じ動詞を、あとのア～エの──線部分から一つ選び、その符号を書きなさい。

　友人と夏休みの思い出について話した。

ア 地図を見れば、駅までの経路がわかる。

イ 春が来ると、雪が溶けて草木が芽吹く。

ウ 今度の週末は、図書館に行こうと思う。

エ 窓を開けて、部屋の空気を入れ換える。

〔五〕 次のページの会話文の二つの **A** に共通して当てはまる言葉として、最も適当なものを、あとのア～エから一つ選び、その符号を

2023年度

解 答 と 解 説

《2023年度の配点は解答用紙集に掲載してあります。》

＜数学解答＞

〔1〕　(1)　7　　(2)　$-2a+8b$　　(3)　$9a$　　(4)　$x=6$, $y=5$　　(5)　$4\sqrt{5}$

(6)　$130a>5b+750$　　(7)　$\angle x=120$度　　(8)　ア

〔2〕　(1)　(例)さいころの目の出方は全部で36通りある。図1
2$\leqq a+b\leqq12$であり，このうち，$a+b$が24の約数と
なるのは，17通りある。　よって，求める確率は$\dfrac{17}{36}$

(2)　解説参照　　(3)　右図2

a＼b	1	2	3	4	5	6
1	②	③	④	5	⑥	7
2	③	④	5	⑥	7	⑧
3	④	5	⑥	7	⑧	9
4	5	⑥	7	⑧	9	10
5	⑥	7	⑧	9	10	11
6	7	⑧	9	10	11	⑫

〔3〕　(1)　$y=16$　　(2)　①　$y=4x^2$

②　$y=-12x+72$　　(3)　右図3

(4)　(例)$0\leqq x\leqq3$のとき，$4x^2=20$を解いて，

図2

$x=\pm\sqrt{5}$　　$0\leqq x\leqq3$から，$x=\sqrt{5}$　　$3\leqq x\leqq6$のとき，

$-12x+72=20$を解いて，$x=\dfrac{13}{3}$　これは，$3\leqq x\leqq6$

を満たす。よって，$x=\sqrt{5}$，$\dfrac{13}{3}$

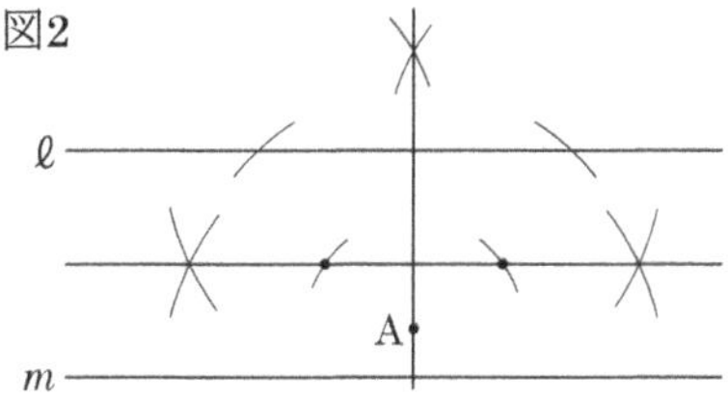

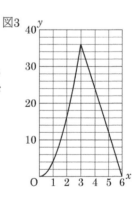

〔4〕　(1)　ア　4　　イ　1　　ウ　5　　(2)　①　解説
参照　②　(例)$7x+7\times4=7(x+4)$の一の位が1になればよ
い。これを満たすxは9に限る。

〔5〕　(1)　$\dfrac{5\sqrt{3}}{2}$cm　　(2)　(例)点Cから辺ADに引いた垂線と辺AD
との交点をQとすると，△CPQはCP＝CQの二等辺三角形であ
り，PQ＝AB＝5(cm)　線分PQの中点をMとすると，線分CMが
求める四角すいの高さになる。∠CMP＝90°より，$CM^2=CP^2-$
$PM^2=\dfrac{50}{4}$　$CM=\dfrac{5\sqrt{2}}{2}$(cm)　よって，求める体積は，$\dfrac{1}{3}\times5\times$

$10\times\dfrac{5\sqrt{2}}{2}=\dfrac{125\sqrt{2}}{3}$(cm³)　　(3)　(例)辺ABの中点をNとする

と，求める三角すいの体積は，$\dfrac{1}{3}\times(△CFNの面積)\times AB=\dfrac{1}{3}\times$

$\dfrac{1}{2}\times CF\times CM\times5=\dfrac{125\sqrt{2}}{12}$(cm³)

図3

＜数学解説＞

〔1〕　(数・式の計算，連立方程式，平方根，不等式，円の性質と角度，データの活用)

(1)　$7-(-3)-3=7+3-3=7$

(2)　$2(3a-2b)-4(2a-3b)=6a-4b-8a+12b=-2a+8b$

(3)　$(-6ab)^2\div4ab^2=36a^2b^2\div4ab^2=\dfrac{36a^2b^2}{4ab^2}=9a$

(4)　$x+3y=21\cdots$①，$2x-y=7\cdots$②とする。①×2－②より，$7y=35$　$y=5$　これを，①に代入
して，$x+3\times5=21$　$x+15=21$　$x=6$

(5)　$\sqrt{45}-\sqrt{5}+\dfrac{10}{\sqrt{5}}=\sqrt{3^2\times5}-\sqrt{5}+\dfrac{10\times\sqrt{5}}{\sqrt{5}\times\sqrt{5}}=3\sqrt{5}-\sqrt{5}+\dfrac{10\sqrt{5}}{5}=3\sqrt{5}-\sqrt{5}+2\sqrt{5}=4\sqrt{5}$

(6)　花束5つとボールペン5本の代金は，$b\times5+150\times5=5b+750$(円) と表される。これが，支払った金額，$130\times a=130a$(円) より小さいから，不等号＞を用いて，$130a>5b+750$

(7)　点Bと点Dを結ぶ。中心角と円周角の関係により，$\angle\mathrm{ADB}=\dfrac{1}{2}\angle\mathrm{AOB}=\dfrac{1}{2}\times\dfrac{360°}{9}=\dfrac{1}{2}\times40°=$ $20°$　等しい弧に対する円周角は等しいから，$\angle\mathrm{DBF}=20°\times2=40°$　△BDJで，内角の和は $180°$だから，$\angle x=180°-(20°+40°)=120°$

(8)　ヒストグラムより，第1四分位数は，軽い方から10番目と11番目の値の平均だから，56g以上 58g未満，第2四分位数(中央値)は，20番目と21番目の値の平均だから，58g以上60g未満，第3 四分位数は，30番目と31番目の値の平均だから，58g以上60g未満である。これらを満たす箱ひげ図はアである。

〔2〕　(確率，証明，作図)

(1)　24を素因数分解すると，$24=2^3\times3$より，$a+b$の値が 2，3，4，6，8，12のとき，$\dfrac{24}{a+b}$は整数になる。よって，右 図より，求める確率は$\dfrac{17}{36}$

$a\backslash b$	1	2	3	4	5	6
1	②	③	④	5	⑥	7
2	③	④	5	⑥	7	⑧
3	④	5	⑥	7	⑧	9
4	5	⑥	7	⑧	9	10
5	⑥	7	⑧	9	10	11
6	7	⑧	9	10	11	⑫

(2)　(例)△ABDと△ECBにおいて，仮定より，$\angle\mathrm{DBA}=$ $\angle\mathrm{BCE}\cdots$①　△BCDは$\angle\mathrm{BCD}=\angle\mathrm{BDC}$の二等辺三角形であ るから，$\mathrm{BD}=\mathrm{CB}\cdots$②　AD//BCより，$\angle\mathrm{ADB}=\angle\mathrm{EBC}\cdots$③ ①，②，③より，1辺とその両端の角がそれぞれ等しいか ら，△ABD≡△ECB　よって，$\mathrm{AB}=\mathrm{EC}$

(3)　点Aを通り，2直線ℓ，mに垂直な直線を引く。次に， 2直線ℓ，mと平行であり，距離が等しい直線nを引く。 直線ℓと直線nの距離をコンパスでとり，点Aを中心と した円をかく。この円と直線nとの交点が，点Aを通り2 直線ℓ，mの両方に接する円の中心である。

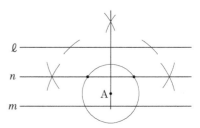

〔3〕　(関数のグラフの利用)

(1)　$\mathrm{PQ}=\mathrm{OP}=2\times2=4$(cm) より，正方形PQRSの1辺の長さは4cmである。重なっている部分の 面積は正方形PQRSの面積に等しいから，$y=4^2=16$

(2)　①　$0\leqq x\leqq3$のとき，重なっている部分の面積は正方形PQRSの面積に等しい。$\mathrm{PQ}=\mathrm{OP}=$ $2\times x=2x$(cm) より，$y=(2x)^2=4x^2$

　　②　$3\leqq x\leqq6$のとき，線分BCと線分PSとの交点をTとすると，重なっている部分の面積は長方形 ABTPの面積に等しい。$\mathrm{AP}=\mathrm{OA}-\mathrm{OP}=12-2x$(cm) より，$y=\mathrm{AP}\times\mathrm{AB}=(12-2x)\times6=-12x$ $+72$

(3)　$0\leqq x\leqq3$のとき，点(0，0)，(3，36)を通る放物線。$3\leqq x\leqq6$のとき，点(3，36)，(6，0)を 結ぶ線分となる。

(4)　$0\leqq x\leqq3$のとき，$y=4x^2$に$y=20$を代入して，$4x^2=20$　これを解いて，$x=\pm\sqrt{5}$　条件より， $x=\sqrt{5}$　$3\leqq x\leqq6$のとき，$y=-12x+72$に$y=20$を代入して，$-12x+72=20$　これを解いて，$x=$ $\dfrac{13}{3}$　これは条件を満たす。よって，$x=\sqrt{5}$，$\dfrac{13}{3}$

〔4〕（規則性）

(1)　1番目から，2, 3, 5, 8, 3, 1, 4, 5, 9, 4, 3, 7, 0, 7, 7, 4, 1, 5, …となるから，16番目の数は$_{ア}$4，17番目の数は$_{イ}$1，18番目の数は$_{ウ}$5である。

(2)　①　（例）1番目の欄の数をa，2番目の欄の数をbとし，10の倍数を取り除きながら17番目まで順に書き出すと，a, b, $a+b$, $a+2b$, $2a+3b$, $3a+5b$, $5a+8b$, $8a+3b$, $3a+b$, $a+4b$, $4a+5b$, $5a+9b$, $9a+4b$, $4a+3b$, $3a+7b$, $7a$, $7b$(17番目)　　したがって，17番目の欄の数は，1番目の欄の数に関係なく，2番目の欄の数によって決まる。

②　16番目の数は$7x$，17番目の数は，$7×4＝28$より，8なので，$7x+8$の一の位の数が1になればよい。これを満たすxは9である。

〔5〕（空間図形，線分の長さ，体積）

(1)　点Fから辺BEに垂線FRを引くと，四角形CPRFは長方形なので，△BPCと△ERFは，直角三角形の斜辺と他の1辺が等しいから，△BPC≡△ERF　よって，BP＝(BE−CF)÷2＝(10−5)÷2＝$\dfrac{5}{2}$(cm)　△BPCで，**三平方の定理**により，CP²＝BC²−BP²＝5²−$\left(\dfrac{5}{2}\right)^2$＝$\dfrac{75}{4}$　CP＞0より，CP＝$\dfrac{\sqrt{75}}{2}$＝$\dfrac{5\sqrt{3}}{2}$(cm)

(2)　点Cから辺ADに垂線CQを引くと，△CPQはCP＝CQの二等辺三角形だから，線分PQの中点をMとすると，CM⊥PQであり，CM⊥(面ABED)である。△CMPで，**三平方の定理**により，CM²＝CP²−PM²＝$\left(\dfrac{5\sqrt{3}}{2}\right)^2$−$\left(\dfrac{5}{2}\right)^2$＝$\dfrac{25}{2}$　CM＞0より，CM＝$\dfrac{5\sqrt{2}}{2}$(cm)　よって，求める体積は，$\dfrac{1}{3}$×(四角形ABED)×CM＝$\dfrac{1}{3}$×(5×10)×$\dfrac{5\sqrt{2}}{2}$＝$\dfrac{125\sqrt{2}}{3}$(cm³)

(3)　△ABCは正三角形より，辺ABの中点をNとすると，AB⊥CNであり，AB⊥(面CFN)である。よって，求める体積は，立体A−CFNの体積と立体B−CFNの体積の和に等しいから，$\dfrac{1}{3}$×△CFN×AN＋$\dfrac{1}{3}$×△CFN×BN＝$\dfrac{1}{3}$×△CFN×(AN＋BN)＝$\dfrac{1}{3}$×△CFN×AB＝$\dfrac{1}{3}$×$\left(\dfrac{1}{2}×5×\dfrac{5\sqrt{2}}{2}\right)$×5＝$\dfrac{125\sqrt{2}}{12}$(cm³)

＜英語解答＞

〔1〕　(1)　1　イ　　2　ア　　3　ウ　　4　ウ　　(2)　1　イ　　2　ウ　　3　エ　　4　イ

(3)　1　(例)Yes, she was.　　2　(例)It starts in August.

〔2〕　(1)　ウ　　(2)　(例)culture presentation is the most popular

(3)　(例)How about cooking? It's more popular than other activities in your school. Let's enjoy traditional dishes of each country.

〔3〕　(1)　A　イ　　E　エ　　(2)　(例)日本の文化と自分たちの文化は異なると思っていたのに，同じような種類の伝統行事があったから。　　(3)　C　help me make　　G　if I were you　　(4)　ウ　　(5)　(例)野菜を植えるときに，環境にとって安全な方法の例。　　(6)　ウ，オ

〔4〕　(1)　(例)何を学ぶかを決める前に，自分の将来の仕事を決めるべきかということ。

(2)　(例)I can improve my skills　　(3)　You don't know what will be useful in the future.　　(4)　ア　　(5)　①　(例)No, she hasn't.　　②　(例)She decided her goal first.　　③　(例)They sometimes make their own stories.

(6)　(例)Hello, Fred. Thank you for your e-mail and the interesting article. You helped me a lot. I decided to follow my heart. Though I don't know what I will do in the future, I can learn something important through art history. Your friend, Hikari

＜英語解説＞

〔1〕　(リスニング)

　　放送台本の和訳は，45ページに掲載。

〔2〕　(会話文：語句補充・選択，自由・条件英作文，動名詞，比較)

【グラフ】

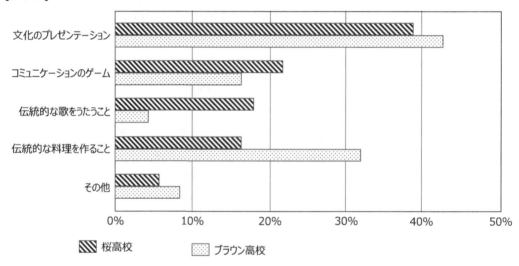

桜高校　　　ブラウン高校

【会話】

ピーター：結果は私たちの学校の間で異なっているね。

＊＊＊：　そうだね。きみの学校では 伝統的な歌をうたうこと に興味を持っている生徒がほんの少数であることに驚いた。とにかく両校ともに a(文化のプレゼンテーションが一番人気だ)から，それをやろうか。

ピーター：そうだね。もう1つ活動ができると思うけれども，何をすべきかな？

＊＊＊：　 b(料理はどうかな？　きみの学校では他の活動よりも人気があるから。それぞれの国の伝統料理を楽しもうよ。)

ピーター：それはいいアイデアかもしれない。

(1)　ア　文化のプレゼンテーション　　イ　コミュニケーションのゲーム　　ウ　伝統的な歌をうたうこと(○)　　エ　伝統的な料理を作ること　空欄の文は，「きみの学校では____に興味を持っている生徒がほんの少数であることに驚いた」という意味で，問題のグラフを見ると，ピーターのブラウン高校では，singing traditional songs(伝統的な歌をうたうこと)を選んだ生徒が少数であることから選択肢ではウが適当。

(2)　(例)Anyway, in both schools, (culture presentation is the most popular), so let's do it.　空欄の文は，「両校ともに(a)だから，それをやろう」なので，解答例ではグラ

フを参照して「文化のプレゼンテーションが一番人気がある」としている。

(3)　(例)How about cooking? It's more popular than other activities in your school. Let's enjoy traditional dishes of each country.　問題文に指示された事項を確認して解答文を作成したい。解答例では，始めの文 How about~で「料理」を提案して，次に It's more~で「人気があるから」と理由を示し，最後にLet's enjoy~で「楽しもうよ」と誘っている形式でまとめている。解答例の最初の文の cooking は動名詞形で「料理をすること」。

〔3〕　(会話文：語句補充・選択，日本語で答える問題，内容真偽，語句の並べ換え，動名詞，文の構造，受け身，接続詞，不定詞，前置詞)

(全訳)　ルイスはメキシコ出身の中学生です。彼は新潟で，ある家族のところに滞在しています。今，彼はその家族の父親であるケイタと家庭菜園で話をしています。

ケイタ：ルイス，一緒に庭にトマトを植えましょう。トマトは好きですか？

ルイス：はい。メキシコではトマトを多くの料理に使います。明日はあなたのために何か料理を作ります。

ケイタ：いいですね！　まずトマトを植えて，それからその近くにマリーゴールドを植えましょう。

ルイス：マリーゴールド？　それはメキシコではよく使われます。11月の伝統的なお祭りで花を使います。

ケイタ：どんなお祭りですか？

ルイス：私たちはたくさんのマリーゴールドでお墓を飾ります。私たちは，マリーゴールドの強いにおい_A(のために)，私たちの先祖が戻ってくると信じています。

ケイタ：日本のお盆みたいですね。私たちも先祖が戻ってくることを信じていて，彼らに花を供えます。私たちは，夏にその行事を行います。

ルイス：わあ，私はあなたたちの文化と私たちの文化は違うと思っていましたが，私たちには同じような種類の伝統行事がありますね。_Bなんて面白いのでしょう！　ところで，なぜトマトの近くにマリーゴールドを植えるのですか？

ケイタ：いい質問ですね！　マリーゴールドは私が安全な家庭菜園を作るのを_C|手助けしてくれます。|

ルイス：本当ですか？　マリーゴールドはなぜそのようなことをするのでしょう？

ケイタ：やはり，理由はそれらのにおいが強いことです。トマトの葉を食べる虫はそのにおいが嫌いなので，_D|トマトの葉を食べに来ません|。

ルイス：すごい！　農薬を使う必要はありませんね。

ケイタ：その通りですね。野菜を植えるときは，環境に安全な方法を選びたいです。マリーゴールドを_E(使用すること)は良い方法の1つです。

ルイス：わかりました。_F別の例を教えていただけますか？

ケイタ：はい，もちろんです。たとえば，向こうに花が見えますか？　日本語ではレンゲソウと呼ばれています。それらは天然肥料になります。

ルイス：すごいですね！　そういった方法をもっと知りたいです。私は何をするべきですか？

ケイタ：そうですね，_G|仮に私があなただったら|，それについてとてもよく知っている人々に聞きますね。

ルイス：それはいい考えですね。そういう人々を紹介してもらえますか？

ケイタ：わかりました，私の友達には農家の人もいるので，彼らに頼んでみます。

ルイス：ありがとう！　来月学校で，クラスメートと一緒に研究プロジェクトを始めます。環境に

優しい野菜の植え方について，研究してみるのも面白いかもしれません。

ケイタ：それはおもしろそうな研究テーマですね。私の友達があなたをよく助けてくれると思います。友達の中には，エネルギー消費が少ない機械を持っている人もいます。あなたも興味があるかもしれません。

ルイス：面白そうですね！　ありがとう。

ケイタ：どういたしまして。研究プロジェクトを頑張ってください。

ルイス：そうします。私は環境に優しい新しい方法を見つけることができるでしょうか？

ケイタ：それほど簡単ではないですが，頑張れば将来それができると，私は信じています。

ルイス：そうだといいですね。私の先生は，人間の活動の中には環境に悪影響を及ぼしているものがあると言いました。私はその状況をよりよくすることが，私たちにとって大切なことだと思います。

ケイタ：そうですね。人間は自然を利用して文明を発展させてきていますが，自然のものを使い続けると私たちは環境を破壊してしまうでしょう。

ルイス：はい。私たちは自然とともに生きる方法を探すべきです。

(1)　A　ア　によると　　イ　のために(○)　　ウ　の代わりに　　エ　のような　空欄の文は「マリーゴールドの強いにおい(A)，私たちの先祖が戻ると信じている」となるので，文脈から空欄にはイ(because of)が適当。　E　ア　Useの現在形(原形)　　イ　Useの三人称単数形　　ウ　Useの過去形(過去分詞形)　　エ　Useの現在分詞形　空欄Eには use が入るが，空欄の文にはすでに動詞 is があるので，空欄では use を動詞以外の用法で使う。ここでは動名詞の Using(使用すること)として Using marigold～「マリーゴールドを使用することは～」とすれば意味が通る。

(2)　(例)日本の文化と自分たちの文化は異なると思っていたのに，同じような種類の伝統行事があったから。　下線部で「なんて面白い！」と言っているが，これはその直前の文 Wow, I thought～を受けてのことなので，この文の内容を参考に解答文を作成したい。

(3)　C　The marigolds help me make a safe vegetable garden.　ここでは help A B の形で，A＝me(目的語)で B＝make(動詞の原形)として意味は「私が安全な家庭菜園を作るのを手助けしてくれる」となる。　G　Well, if I were you, I would ask people who know about them very well.　空欄のある文は仮定法過去の形式になっている。仮定法過去の形は，＜If＋主語＋動詞の過去形～，主語＋would／should／could＋動詞の原形～＞となる。ここで動詞の過去形は be 動詞であれば were を使う。仮定法過去では，現実にないことを表現する時に使い，この文では「仮に私があなただったら～(If I were you～)」となる。

(4)　ア　それらは花の上に留まるのが好きだ　　イ　それらは花の近くを飛ぶ　　ウ　それらはトマトの葉を食べに来ない(○)　　エ　それらはトマトの葉によって傷つかない　空欄は，「トマトの葉を食べる虫はそのにおいが嫌いなので」に続くので，文脈からウが適当。選択肢ウの to stay は不定詞で「留まること」。また，選択肢エの～aren't damaged by～は受け身の表現を使っている。

(5)　(例)野菜を植えるときに，環境にとって安全な方法の例。　下線のある文の前のケイタの発話 Right. I want～には，「野菜を植えるときは，環境に安全な方法を選びたい」と言い一例として「マリーゴールドを使う」とある。これを受けて下線部の文では「別の例を知りたい」と言っている。

(6)　ア　メキシコではトマトは非常に人気があり，11月のお祭りの時には，トマトがお墓の上に置かれる。　イ　メキシコの人々も日本の人々も，夏になると先祖が戻ってくると信じている。

ウ　ケイタは，野菜を植えるときは環境に安全な方法を使うことが良いことだと信じている。（○）　エ　ルイスは，おいしい野菜の作り方を学ぶために，ケイタの何人かの友達に会いたい。オ　ルイスは，人間が何らかの活動を通じて環境に悪影響を与えていることを，彼の先生から学んだ。（○）　問題本文の第13番目のケイタの発話第2文 I want to～には「野菜を植えるときは，環境に安全な方法を選びたい」と言っていることから，選択肢ウが適当。また，問題本文最後から第3番目のルイスの発話第2文 My teacher told～には，「私の先生は，人間の活動が環境に悪影響を及ぼすと言った」とあるので，選択肢オが適当。

〔4〕　（長文読解：広告・メール・メモ・手紙・要約文などを用いた問題，語句補充・選択，文の挿入，英問英答，自由・条件英作文，助動詞，動名詞，現在完了，間接疑問，不定詞，現在・過去・未来と進行形）

（全訳）　ヒカリは高校生です。彼女は英語が好きで，アメリカ人の友人フレッドとのコミュニケーションを楽しんでいます。ある日，彼女は彼にメールを送りました。

【ヒカリからフレッドへの E メール】
　こんにちは，フレッド。元気ですか？　私は高校生活を楽しんでいますが，今_A大きな疑問があるので，あなたの意見がほしいのです。
　今日，友達のユリと私は将来について話し合いました。今は美術史に興味があり，高校を卒業したら美術史を勉強したいと思っています。私がユリにそう言うと，彼女は私に「将来は教師か研究者になるの？」と尋ねました。私は「今は将来の仕事については何も考えていない。美術史に興味を持っているから，美術史について勉強したいだけなの」と言いました。ユリは私の答えを聞いて本当に驚きました。彼女は何を勉強するかを決める前に，まず目標を決めました。
　フレッド，あなたは医者になりたいと思っていて，その目標を達成するために一生懸命勉強していますね？　何を学ぶかを決める前に，将来の仕事を決めたほうがよいでしょうか？

【フレッドからヒカリへの E メール】
　ヒカリ，Eメールをありがとう。ぼくは元気です。
　あなたの質問は難しいですね。今は目標を達成するために勉強していますが，医師になってからも勉強を続けます。また，自分の夢に関係のない科目を勉強することも楽しいです。たとえば，米国では多くの学校で演劇の授業が行われています。ほとんどの生徒は俳優にはなりませんが，演劇の授業はとても人気があります。ぼくはそれを気に入っています。演劇の授業を通じて何かの技能を向上させることができると思います。　たとえば，時々私たちは自分たちで物語を作ることがあります。私の演劇の先生は，私たちはこの活動を通じて，何か新しいものを生み出すことが得意になることができるのだと言いました。また，今では私は以前よりもはっきりと話せるようになりました。
　私の兄は大学で数学を勉強していますが，音楽の授業も受けています。この授業では良いチームワークを学ぶことができると彼は言います。あなたは好きな科目を勉強すればいいのです。そうすることで何かの技能を向上させることができます。

　ヒカリはフレッドの意見がおもしろいと思いました。彼女はミュージシャンにはなりませんが，音楽も好きです。「もし学ぶことを通じて_B自分の技能を向上させることができるなら，私はうれしい」と彼女は考えました。
　1週間後，フレッドはウェブサイトの記事をヒカリに紹介しました。大学教授によって書かれた

学生向けの記事でした。

【ウェブサイトの記事】
　みなさんはこのように考えるかもしれません。「なぜこの科目を勉強しなければならないのか？好きではないのに。自分の目標とは関係ないのに」気持ちはわかりますが，好きなことだけを勉強するのが本当に良い考えなのでしょうか？
　cフローレンス・ナイチンゲールというふさわしい一例について，みなさんにお話しましょう。彼女は世界で最も有名な看護師の一人です。彼女は清潔な病院を作ろうと努力しました。彼女は，人々の命を救うためには，清潔な環境を作ることが重要だと示す必要がありました。彼女は数学と統計学の知識を持っていました。その知識を利用し，彼女は独自のグラフを作成して，汚れた環境が人々の生命をおびやかすことを示しました。
　この話が何を意味するのかが分かりますか？　将来何が役立つか，みなさんにはわかりません。たとえば，将来，解決したい問題が見つかるかもしれません。そうすれば，いくつかの知識がみなさんを手助けするかもしれません。または，その知識を使って何か新しいものを生み出すことができます。将来的にみなさんはそれを使わないかもしれませんが，何か新しいことを学ぶのはとても楽しいことでしょう。多くを学ぶことを楽しんでください。そうすることでみなさんの世界を広げることができます。
　私の父は理科の教師でした。父は75歳ですが，現在は大学で古典文学を勉強しています。新しいことを学ぶことができて，とてもうれしいと父は言います。

　D人々には学ぶためのさまざまな理由があるのだ，とヒカリは思いました。「E今夜フレッドにメールを書こう」

(1)　(例)何を学ぶかを決める前に，自分の将来の仕事を決めるべきかということ。　下線部は「大きな疑問」なので，解答はこの「疑問」を具体的に記述する。ヒカリからフレッドへのメールの第2段落 Today, my friend~には，「大きな疑問」の背景が書かれてあり，「疑問」自体はこのメールの最後の文 Should I decide~(何を学ぶかを決める前に，将来の仕事を決めたほうがいいのか？)に書かれていると考えられるので，この文を参考に解答を書きたい。

(2)　(例)I can improve my skills　空欄の文は「もし学習を通じて　B　ならばうれしい」となる。空欄の前のフレッドからヒカリへのメールで言いたいことは，「興味のあるテーマを学ぶことで，何かの技能を向上させることができる」だと考えられ，空欄の文の2つ前の文 Hikari thought Fred's~にあるように，ヒカリはフレッドのこの考え方に共感した。解答例ではこの点に注目して，フレッドからヒカリへのメールの最後の文 You can improve~(好きな科目を勉強することで何かの技能を向上できる)を参考に文を作成している。

(3)　You don't know what will be useful in the future.　ウェブサイトの記事の第2段落 Let me tell~ではナイチンゲールが何をしたのかを具体的に述べ，第3段落の最初の文 Do you understand~では，「この話の意味は理解しているか？」と問いかけている。そして次の文 You don't know~ではこの意味を説明していることから，文脈からこの文がナイチンゲールの例で記事の筆者が最も伝えたいことだと考えられる。

(4)　ア　人々には学ぶためのさまざまな理由がある(○)　　イ　私たちは夢のために勉強すべきだ　ウ　学ぶ理由はただ一つ　　エ　役に立つことを学ぶことが重要だ　文脈からアが適当。

(5)　①　(例)No, she hasn't.　(問題文と正答例訳)ヒカリは彼女の将来の仕事をすでに決めていますか？　いいえ，決めていません。　問題本文は，「何を学ぶかを決める前に，将来の仕事

を決めたほうがいいのか？」というテーマで書かれていて，ヒカリは将来の仕事を決めないまま，美術史を勉強しようとしている状況だと考えられる。問題文は Has~? という現在完了の疑問文なので Yes/No で答える。　②　(例)She decided her goal first.　(問題文と正答例訳)ユリは何を勉強するべきかどのように決めましたか？　彼女は初めに目標を決めました。ヒカリとユリの会話は，ヒカリからフレッドへのメールの第2段落 Today, my friend~にあり，この段落の最後の文 She decided her~に「彼女は何を勉強するかを決める前に，まず目標を決めた」とあるので，正答例のような内容が適当。　③　(例)They sometimes make their own stories.　(問題文と正答例訳)フレッドの学校の演劇の授業では，新しいものを作り出すことが得意になるために，生徒は何をしますか？　生徒たちは時々自分たち自身の物語を作ります。演劇の授業の具体的な様子は，フレッドからヒカリへのメールの第2段落第8文 For example, we~と第9文 My drama teacher~にあり，ここでは，「時々私たちは物語を作る。この活動を通して何か新しいものを生み出すことが得意になる」とあることから，正答例では第8文を参考に解答文を作成している。

(6)　(例)(Hello, Fred./Thank you for your e-mail and the interesting article.)/You helped me a lot. I decided to follow my heart. Though I don't know what I will do in the future, I can learn something important through art history./(Your friend, Hikari)　(解答例訳)こんにちは，フレッド。／メールと興味深い記事をありがとう。／とても助かりました。私は自分の心に従うことにしました。将来何をするかは分かりませんが，美術史を通じて私は何か大切なことを学ぶことができます。／あなたの友達，ヒカリ

2023年度英語　放送による聞き取り検査

〔放送台本〕
〔1〕
(1)　1　When it stops raining, you sometimes see it in the sky.
　　　　Question: What is this?
　　2　Brian has to leave home at seven fifteen. Now it is six forty.
　　　　Question: How many minutes does he have before he leaves?
　　3　Nancy is a student from Australia and stays at Miki's house. She practices judo every Monday and Wednesday. On Saturday, she learns how to make Japanese foods from Miki. On Sunday, she usually meets her friends.
　　　　Question: When does Nancy cook with Miki?
　　4　Natsumi likes English. Her English teacher talks about his experiences in foreign countries. His stories are interesting. Natsumi studies English hard because she wants to live in the U.S. and get a job there in the future. She also reads many books to learn about foreign cultures.
　　　　Question: What does Natsumi want to do in the future?

〔英文の訳〕

1　雨が止むと，あなたはときどき空にそれを見ます。

　　質問：これは何ですか？

　　ア　カタツムリ　　㋑　虹　　ウ　レインコート　　エ　長ぐつ

2　ブライアンは7時15分に家を出なければなりません。今は6時40分です。

　　質問：彼が出発するまで何分ありますか？

　　㋐　35分　　イ　40分　　ウ　45分　　エ　50分

3　ナンシーはオーストラリアからの生徒で，ミキの家に滞在しています。彼女は毎週月曜日と水曜日に柔道を練習します。土曜日には，彼女はミキから日本食の作り方を学びます。日曜日には，彼女はたいてい友達と会います。

　　質問：ナンシーはいつミキと一緒に料理をしますか？

　　ア　月曜日　　イ　水曜日　　㋒　土曜日　　エ　日曜日

4　ナツミは英語が好きです。彼女の英語の先生は，外国での経験について話します。彼（先生）の話は興味深いです。ナツミは英語を一生懸命勉強しています，なぜなら彼女は将来アメリカに住んで，そこで仕事につきたいからです。また彼女は，外国の文化について学ぶために多くの本を読みます。

　　質問：ナツミは将来何をしたいですか？

　　ア　彼女は外国について勉強したい。　　イ　彼女は日本で英語の教師になりたい。

　　㋒　彼女はアメリカに住んで働きたい。　　エ　彼女は面白い本を書きたい。

〔放送台本〕

(2)　1　A: You should bring an umbrella today, Jack.

　　　　B: I don't need it. It'll rain at night, but I can come back before it starts raining.

　　　　A: Oh, I see.

　　　　Question: Will Jack bring an umbrella today?

　　2　A: Hi, Kate. I need your help. Do you have free time tomorrow?

　　　　B: Sure, Takumi. How can I help you?

　　　　A: Can you go shopping with me? My sister will leave Japan and go to Canada next week. I want to give her something, but I don't know what to buy.

　　　　B: OK, I'll think about it. I'll also ask my friend. She may give me some good ideas.

　　　　Question: Who will get a present from Takumi?

　　3　A: Excuse me, could you tell me how to get to the Art Museum?

　　　　B: Well, you can find it if you go straight, but it will take one hour if you walk from here. If you take a taxi, it will take about 15 minutes.

　　　　A: Oh, but it will be expensive. Can I go there by bus?

　　　　B: Yes, I'll check when the next bus will come. … Oh, it will come in 40 minutes. Maybe you should go there by bike. You can use one from the shop over there if you pay 500 yen.

　　　　A: That's the best way. Thank you!

　　　　Question: How will the man go to the Art Museum?

4　A: How was the concert, Lucy?

　　B: I really liked it. I didn't know about the musicians, but I loved their beautiful sound. Thank you for taking me to the concert.

　　A: You're welcome. Their music was wonderful, right? However, I hear that some of them didn't like practicing when they were children.

　　B: Wow, they are like me! I have been practicing the piano for many years, but I didn't like the piano when I was a child.

　　Question: Why did Lucy like the concert?

〔英文の訳〕

1　A：今日は傘を持っていったほうがいいよ，ジャック。

　　B：必要ないよ。夜には雨が降るけれども，雨が降り始める前に戻ってこられるよ。

　　A：ああ，わかった。

　　質問：ジャックは今日，傘を持ってきますか？

　　ア　はい，彼は持っていくでしょう。　　㋑　いいえ，彼は持っていかないでしょう。

　　ウ　はい，彼は持っていきました。　　エ　いいえ，彼は持っていきませんでした。

2　A：こんにちは，ケイト。あなたに助けてほしいの。明日，時間は空いている？

　　B：そうね，タクミ。どんな用なの？

　　A：一緒に買い物に行ってくれない？　私の姉[妹]は来週日本を発ってカナダに行くの。彼女に何かあげたいのだけれども，何を買えばいいのかわからなくて。

　　B：わかった，考えてみる。友だちにも聞いてみる。彼女は私に良いアイデアをくれるかもしれない。

　　質問：タクミからプレゼントをもらうのは誰ですか？

　　ア　ケイトの姉妹　　イ　ケイトの友だち　　㋒　タクミの姉妹　　エ　タクミの友だち

3　A：すみません，美術館への行き方を教えていただけますか？

　　B：そうですね，まっすぐ行けば見つかりますが，ここから歩くと1時間かかります。タクシーを使うならば15分ぐらいかかります。

　　A：ああ，でもお金はかかりますね。バスでそこへ行けますか？

　　B：はい，次のバスがいつ来るか調べてみます。…ああ，あと40分できます。たぶん，自転車でそこへ行ったほうがいいかもしれません。500円払えば，むこうの店で一台使えます。

　　A：それが一番の方法です。ありがとう！

　　質問：その男性はどうやって美術館に行きますか？

　　ア　彼は歩く。　イ　彼はタクシーで行く。　ウ　彼はバスで行く　㋔　彼は自転車で行く

4　A：コンサートはどうでしたか，ルーシー？

　　B：とても気に入りました。私はそのミュージシャンのことは知りませんでしたが，彼らの美しい音をとても気に入りました。コンサートに連れて行ってくれてありがとう。

　　A：どういたしまして。彼らの音楽は素晴らしかったですよね？　けれども，彼らの中には子どもの頃練習が嫌いだった人もいると聞きます。

　　B：うわー，彼らは私に似ていますね！　私は長年ピアノを練習していますが，子どもの頃はピアノが好きではありませんでした。

　　質問：ルーシーはなぜコンサートが気に入ったのですか？

　　ア　彼女はミュージシャンのことをよく知っていたから。　イ　ミュージシャンの音が美しかったから。(○)　ウ　彼女はたくさん練習したミュージシャンが好きだから。　エ　ミュージシャンが彼女に似ていたから。

〔放送台本〕

(3) 　　Hello, everyone. I studied at Barnard Junior High School in America for one year. The culture was so different and I was really surprised. For example, many students don't walk to school. Their fathers or mothers take them to school by car or they use a school bus. Another different thing is the beginning of a new school year. Do you think all schools in America start in September? I thought so, but Barnard Junior High School starts in August. I enjoyed learning about a different culture.

Question: 　1 　Was Maki surprised to learn about American culture?
　　　　　　　2 　When does a new school year start at Barnard Junior High School?

〔英文の訳〕

　こんにちは，みなさん。私はアメリカのバーナード中学校で1年間勉強しました。文化があまりにも違うので，私は本当に驚きました。たとえば，多くの生徒は学校に歩いて行きません。父親や母親が車で彼らを学校に連れて行ったり，彼らはスクールバスを利用したりします。もうひとつ違うのは，新学期の始まりです。みなさんは，アメリカのすべての学校は9月に始まると思いますか？ 私はそう思っていましたが，バーナード中学校は8月に始まります。異文化について学ぶことができて楽しかったです。

　質問1 　マキはアメリカ文化について知って驚きましたか？
　　　　　　(例)Yes, she was. （はい。彼女は驚きました。）
　質問2 　バーナード中学校の新学期はいつ始まりますか？
　　　　　　(例)It starts in August. 　（それは8月に始まります。）

＜理科解答＞

〔1〕 (1) ウ 　(2) エ 　(3) （イ）→（エ）→（ア）→（ウ） 　(4) 104g 　(5) ア
　　　 (6) エ

〔2〕 (1) ア 　(2) ① イ 　② 染色体 　③ （B）→（D）→（A）→（C）

〔3〕 (1) ① X NaCl 　Y Na$^+$ 　Z Cl$^-$ 　② （食塩）2g 　（水）38g
　　　 (2) ① 発熱反応 　② エ 　(3) 伝導[熱伝導]

〔4〕 (1) B 　(2) 日周運動 　(3) （例)油性ペンの先端の影が，円の中心にくるようにして印をつける。 　(4) イ 　(5) ア 　(6) イ

〔5〕 (1) ア 　(2) ウ 　(3) エ 　(4) X 77cm 　Y 71cm

〔6〕 (1) ① 銅 Cu 　亜鉛 Zn 　② ウ
　　　 (2) イ 　(3) ウ

〔7〕 (1) （例)エタノールは引火しやすいから。
　　　 (2) X ア 　Y カ 　(3) （例)調べたい条件以外の条件を同じにして行う実験。

〔8〕 (1) 1A 　(2) 8W 　(3) エ 　(4) 右図
　　　 (5) （例)電力が一定のとき，水の上昇温度は，電流を流した時間に比例する。

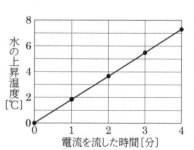

＜理科解説＞

〔1〕　（動物の体のつくりとはたらき：ヒトの呼吸のしくみと血液のはたらき，太陽系と恒星：木星型惑星，エネルギーとその変換，水溶液：溶解度，火山活動と火成岩：火山岩，気象要素の観測）

（1）　正答は，「ウの酸素は血液によって全身の細胞に運ばれる。」である。細胞呼吸でできた二酸化炭素は，血液にとけこんで肺に運ばれて肺胞内に出され，息をはくときに体外に出される。肺では，静脈血が動脈血に変わる。空気を吸うときは，ろっ骨が上がり，横隔膜が下がる。

（2）　太陽系の惑星のうち木星型惑星は，木星，土星，天王星，海王星である。木星型惑星は地球より半径が大きく，大部分が水素やヘリウムのような軽い物質からできているため，密度は地球の5.51g/cm³よりはるかに小さい。よって，Bの木星とCの土星，である。

（3）　火力発電のしくみは，化石燃料の燃焼により，高温・高圧の水蒸気をつくり，タービンを回して発電が行われている。この過程で，化学エネルギー，熱エネルギー，運動エネルギー，電気エネルギーの順でエネルギーが変換される。

（4）　硝酸カリウム水溶液の20℃における溶解度は32〔g/水100g〕であるため，20℃の水300gに溶かすことができる硝酸カリウムの質量は，32〔g〕×3＝96〔g〕である。60℃の水300gに硝酸カリウム200gが溶けている場合，水溶液の温度を20℃まで下げたとき出てくる結晶の質量は，200〔g〕－96〔g〕＝104〔g〕，である。

（5）　火山岩は，マグマが地表や地表付近で急に冷えてできるので，ほとんどの鉱物は大きな結晶にならず，比較的大きな鉱物である斑晶をとり囲んでいる図中のaのような石基という組織ができる。

（6）　6時から21時まで，天気は晴れと快晴であり，高気圧におおわれて，気圧の変化が少ないと考えられるため，気圧の観測値のデータはbである。1日中晴れているので，空気1m³中の水蒸気量はほぼ一定と考えられる。気温が上昇すると飽和水蒸気量が大きくなるため，正午頃気温が上昇すると湿度は下がる。よって，cは気温の測定データであり，aは湿度の測定データである。

〔2〕　（生物の成長と生殖：タマネギの根の体細胞分裂の観察・染色体，生物と細胞：顕微鏡操作）

（1）　図2のタマネギの根の先端近くには生長点があり，体細胞分裂が行われ，細胞が2つに分かれて数をふやし，さらにそれらの細胞が体積を大きくすることで長くのびている。よって，図2の根の印の部分は，3日後には根の先端部分が長くのびてアのようになっている。

（2）　①　正しい顕微鏡操作は，1．視野を明るくする。対物レンズをもっとも低倍率のものにし，接眼レンズをのぞきながら，反射鏡としぼりを調節する。2．対物レンズとプレパラートを近づける。プレパラートをステージにのせ，横から見ながら調節ねじを回して，プレパラートと対物レンズとの間をできるだけ近づける。3．ピントを合わせる。プレパラートと対物レンズを離す方向に調節ねじをゆっくりまわしてピントを合わせる。4．高倍率にしてくわしく観察する。高倍率の対物レンズに変えると視野がせまく暗くなるので，しぼりを調節して見やすい明るさにする。　②　体細胞分裂が起こっている図4のAの細胞の中に見える，ひものようなつくりを染色体という。　③　A～Dの細胞を分裂の進む順に並べると，〔B〕分裂がはじまると，核の形は見えなくなる。染色体は2本ずつくっついたまま太くなり，はっきり見えるようになる。〔D〕染色体が細胞の中央部分に集まる。〔A〕2本ずつくっついていた染色体が1本ずつに分かれ，それぞれが細胞の両端に移動する。〔C〕細胞の両端に2つの核ができはじめ，細胞質も2つに分かれはじめる。

〔3〕　（化学変化：発熱反応・吸熱反応，水溶液：濃度，水溶液とイオン：電離，物質の成り立ち：化学式，原子の成り立ちとイオン：イオンの化学式）

(1) ① 水溶液中の塩化ナトリウムの電離を表す式は，$NaCl \rightarrow Na^+ + Cl^-$，である。 ② 質量パーセント濃度が5%の食塩水を40gつくるとき，必要な食塩の質量は，$40[g] \times 0.05 = 2[g]$，であり，必要な水の質量は，$40[g] - 2[g] = 38[g]$，である。

(2) ① 化学変化のとき，熱を周囲に放出し，温度が上がる反応を**発熱反応**という。 ② 化学変化のとき，周囲の熱を吸収したために，まわりの温度が下がる反応を**吸熱反応**といい，炭酸水素ナトリウムとクエン酸水溶液との反応がその例で，簡易冷却パックをつくることができる。

(3) カイロをもつ手があたたまるのは，**伝導(熱伝導)**により，カイロから手に熱が伝わるためである。

〔4〕 (天体の動きと地球の自転・公転：透明半球による太陽の動きの記録)

(1) Pは太陽が南中した時刻の位置であるから，Aが南の方向にある点である。よって，東の方向にある点はBである。

(2) 地球の自転による天体のみかけの動きを**日周運動**という。

(3) 油性ペンの先端の影が，**透明半球の円の中心にくるようにして印をつける**。これは，**透明半球を天球と見立てたとき円の中心Oにいる観測者から見える太陽の位置に印をつけた**のと同じことになる。

(4) 太陽が南中した時刻の位置であるPのときの太陽の高度が南中高度であるため，太陽の南中高度を表す角は**∠AOP**である

(5) 曲線XYの長さと時刻の時間間隔は比例するため，午前9時からx時間後に南中したとすると，$12[cm] : 5.5[cm] = (15[時間] - 9[時間]) : x[時間]$である。よって，$x[時間] = 2.75[時間] = 2[時間]45[分]$である。よって，太陽が南中した時刻は午前11時45分である。

(6) 日本では，東経135°の地点で太陽が南中する時刻を正午(12時)と決めている。太陽は地球の自転によって，東から西へ動いて見える。したがって，**経度が異なり東にある地点ほど太陽が早く南中する**。緯度が同じ地点では太陽の南中高度は同じである。

〔5〕 (光と音：光の屈折と反射・鏡にうつる像の作図による考察)

(1) 光がガラスから空気へ進むときは，**屈折角は入射角より大きくなるためア**が正しい。

(2) 全反射を利用しているものは，**光ファイバー**である。

(3) 目の位置は床から142cmであり，鏡の上端の位置も床から142cmであるため，鏡に和美さんから見える自分の像の上端は目の位置である。鏡の下端の位置は床から90cmである。鏡の下端で反射して和美さんから見える自分の像の下端は，**入射角と反射角が等しいように作図すると，床から38cm(=90cm-52cm)の和美さんのスカートの下端である。よって，エ**が正しい。

(4) 鏡の下端で反射して和美さんの像の下端の足が見えるには，入射角と反射角が等しいように作図すると，**鏡の下端が目の位置から床までの142cmの半分の71cm**であることが必要である。よって，鏡の下端は床から71cmの位置になるように設置する。鏡の上端で反射して和美さんの像の上端の頭が見えるには，入射角と反射角が等しいように作図すると，**鏡の上端が目の位置から頭までの12cmの半分の6cm**であることが必要である。よって，鏡の縦方向の大きさは，$154[cm] - 71[cm] - 6[cm] = 77[cm]$，である。

〔6〕 (化学変化と電池：ダニエル電池・金属のイオン・イオン化傾向，水溶液とイオン，原子の成り立ちとイオン，物質の成り立ち：化学式)

(1) ① 銅や亜鉛などの金属や炭素などは，1種類の原子がたくさん集まってできているので，

その元素記号で表す。銅の化学式はCu，亜鉛の化学式はZnである。　②　図1は，ダニエル電池である。ダニエル電池の特徴は，セロハンで2種類の電解質の水溶液を仕切っているという点である。亜鉛板を硫酸亜鉛水溶液に，銅板を硫酸銅水溶液にひたし，導線でつないだつくりになっている。セロハンにはとても小さな穴が開いていて，水溶液中の陽イオンと陰イオンはこの穴を通りぬけることができる。ダニエル電池では，**イオン化傾向(イオンへのなりやすさ)の大きい亜鉛原子Znが水溶液中に亜鉛イオンZn^{2+}となってとけ出し，亜鉛板に残った電子は導線を通って銅板へ移動し電流が流れる。水溶液中の銅イオンCu^{2+}は銅板に達した電子を受けとって銅原子Cuになる。**電流が流れているときの電子が移動する向きは−極から＋極の向きであり，電流の向きは＋極から−極である。よって，(−極)$Zn \rightarrow Zn^{2+}+2e^-$，(＋極)$Cu^{2+}+2e^- \rightarrow Cu$，である。電流が流れてプロペラが回転しているときに起きている化学変化は，ウ「亜鉛が溶け出し，銅板は表面に物質(銅の金属)が付着する。」である。

(2)　実験2において，プロペラが実験1とは逆回転した理由は，実験1では亜鉛版が−極になり，モーターに電流が流れたが，**銅に比べてマグネシウムの方がイオン化傾向が大きいため陽イオンになりやすく，実験2ではマグネシウム板が−極になり，電子が流れる向きが実験1とは逆向きになったため，モーターに実験1とは逆向きの電流が流れて，逆回転した。**

(3)　袋状のセロハンのはたらきは，「**2種類の水溶液を分けるが，水溶液中のイオンは通過できるようにする。**」そのことにより，陽イオンと陰イオンによる**電気的なかたより**ができないようにして，電池のはたらきが低下しないようにしている。

〔7〕　(植物の体のつくりとはたらき：対照実験による光合成の実験)
(1)　エタノールをあたためる際，熱湯を用いる理由は，**エタノールは引火しやすいからである。**
(2)　アサガオのふ入りの葉の，Aは「**葉緑体がある**」緑色の部分であり，Bは「**葉緑体がない**」ふの部分である。そのほかの条件は同じである。アサガオのふ入りの葉に光を十分に当てると，Aの部分は，青紫色に変化しデンプンができたことがわかり，Bの部分は変化しなかったことから，光合成は葉の緑色の部分で行われていることがわかる。次に緑色の部分であるAには光を十分に当て，緑色の部分であるCはアルミはくでおおい光を当てなかった。そのほかの条件は同じである。AにはデンプンができてCにはデンプンができなかったことから，光合成には，**葉に光を当てる必要がある**ことがわかる。
(3)　対照実験とは**調べたい条件以外の条件を同じにして行う実験**である。

〔8〕　(電流：回路の電圧と電流と抵抗・電力・熱量・グラフ化と規則性の考察)
(1)　実験1で電流計を流れる電流$[A] = \dfrac{2.0[V]}{2[\Omega]} = 1[A]$である。
(2)　実験2で電熱線が消費する電力$[W] = 4.0[V] \times \dfrac{4.0[V]}{2[\Omega]} = 8[W]$である。
(3)　実験1で電熱線が消費する電力$[W] = 2.0[V] \times \dfrac{2.0[V]}{2[\Omega]} = 2[W]$である。実験2で電流を1分間流したときに電熱線で発生する**熱量$[J] = 8[W] \times 60[s] = 480[J]$**である。実験2で電流を1分間流したときに発生する熱量と同じ熱量にするためには，実験1の場合は実験2の電力の$\dfrac{1}{4}$であるため，**4分間**電流を流す必要がある。
(4)　表より，(電流を流した時間[分]，水の上昇温度[℃])を求めると，(0[分]，0[℃])，(1[分]，1.8[℃])，(2[分]，3.6[℃])，(3[分]，5.4[℃])，(4[分]，7.2[℃])となる。各点(・)をグラフに記入する。ものさしの辺の上下に点(・)が同じぐらい散らばるように，直線を引く。

(5)　電熱線が消費する電力〔W〕＝V〔V〕×$\dfrac{V〔V〕}{R〔\Omega〕}$　より，抵抗値は一定であるため，電圧を一定に

すると，電熱線が消費する電力は一定になる。実験1～3の各実験で，設定した電圧が異なるため，電熱線が消費する電力は異なるが，一定である。よって，(4)のグラフから，「電力が一定のとき，水の上昇温度は，電流を流した時間に比例する。」と考察できる。

＜社会解答＞

〔1〕　(1)　Ⅱ　　(2)　C　　(3)　イ　　(4)　ウ　　(5)　a　ドイツ　　c　南アフリカ共和国

〔2〕　(1)　オ　　(2)　ウ　　(3)　①　イ　　②　ウ
　　　(4)　(符号)　エ　　(理由)　(例)日本海から吹く水蒸気を含んだ季節風により，冬は雪などが降る日が多くなるため，冬の降水量が増えているから。

〔3〕　(1)　渡来人　　(2)　①　イ　　②　万葉集　　(3)　ア　　(4)　①　(例)働き手を工場に集め，分業により製品を生産するしくみ。　　②　ウ

〔4〕　(1)　エ　　(2)　学制　　(3)　X　イ　　Y　ア　　(4)　ア　　(5)　(例)多くの人々が預金を引き出して紙幣が不足したため，政府は急いで大量の紙幣を用意する必要があったから。　　(6)　エ

〔5〕　(1)　①　エ　　②　イ　　(2)　①　ア　　②　国政調査権　　③　ウ
　　　(3)　①　(例)株主総会において議決に参加したり，会社の利益の一部を配当として受け取ったりする権利を持っている。　　②　カ　　③　公正取引委員会　　(4)　①　(例)拒否権を持つ常任理事国が反対したから。　　②　ウ　　③　エ

〔6〕　(1)　(　B　)→(　A　)→(　C　)　　(2)　①　(例)排出量と吸収量を等しくすること。
　　　②　(例)企業は顧客の需要や評価を重視する傾向にあるため，消費者が脱炭素社会づくりに貢献する製品やサービスを選択する

＜社会解説＞

〔1〕　(地理的分野―世界地理－地形・人々のくらし・資源・貿易)

(1)　緯度0度の緯線を赤道という。赤道は，インドネシア・南アメリカ大陸北部・アフリカ大陸中央部を通る。地図1上の緯線のⅡである。

(2)　地図1は正距方位図のため，東京からの距離と方角が正しく示されている。西は左である。地図2では，Cが当てはまる。

(3)　アンデス山脈の高地で暮らす人々の民族衣装は，アルパカなどの毛皮でつくった毛織物の衣服である。写真のイが当てはまる。

(4)　ノルウェーの西側には，氷河の活動によってつくられた，フィヨルドの地形が見られる。夏には日が沈まない白夜となる時期がある。

(5)　a　問題の4国のうち，最も一人当たりの国民総所得が大きいのは，先進国であるドイツである。　c　かつては金・ダイヤモンドなど鉱産資源の輸出が多かったが，現在ではそれに加えて，機械類・自動車など機械工業製品の輸出が増えたのが，南アフリカ共和国である。

〔2〕　(地理的分野―日本地理－地形・人口・工業・農林水産業・地形図の見方・気候)

(1)　飛騨山脈とは，富山県・岐阜県・長野県・新潟県の4県にまたがる山脈である。地図上のAである。木曽山脈とは，長野県に存在する山脈である。地図上のBである。赤石山脈とは，長野県・山梨県・静岡県の3県にまたがる山脈である。地図上のCである。中部地方にある，上記の三つの山脈を総称して日本アルプスという。

(2)　地価の安い周辺の県に居住している人が，愛知県・石川県など大都市を持つ県に集中している事業所や大学等に，通勤・通学して来るために，これらの県では，夜間人口よりも昼間人口が多くなる。よって表のc・dが愛知県・石川県である。この2県のうち製造品出荷額が多いのは，製造品出荷額が全国一多い愛知県である。cが愛知県，dが石川県である。残る2県のうち，米の産出額が多い方が長野県であり，少ない方が岐阜県である。したがって，正しい組み合わせは，ウである。

(3)　①　日本の茶の生産量全国第1位は静岡県である。牧之原・磐田原・愛鷹山・小笠山山麓・安倍川・大井川・天竜川流域の山間部などをはじめとする二十を超えるお茶の産地がある。高地や台地で日当たりが良く温暖で，水はけのよい土地が，茶の生産に適している。　②　この地形図の縮尺は25,000分の1なので，等高線は標高差10mごとに引かれている。XとYの間には，等高線は6本あり，標高差は約60mであることがわかる。

(4)　(符号)　四つの雨温図のうち，夏に比べ冬の方が降水量が多いのは，エだけであり，エが富山県である。　(理由)　冬にシベリア気団から吹く北西の季節風が日本海を渡って水蒸気を含んだ風となり，日本海側の県では，雪などが降る日が多くなるため，冬の降水量が増えているからである。上記のような趣旨のことを簡潔に記せばよい。

〔3〕　(歴史的分野―日本史時代別―古墳時代から平安時代・鎌倉時代から室町時代・安土桃山時代から江戸時代，―日本史テーマ別―技術史・政治史・文化史・社会史・経済史・法律史)

(1)　中国大陸及び朝鮮半島から日本に移住し，様々な技術を伝えた人々を渡来人という。特に4世紀から7世紀頃の古墳時代に渡来した人々を指していうことが多い。

(2)　①　諸国の産物(絹・海産物など)を納めたものが調である。大宝律令では，人頭税として課せられ，庸とともに都まで運ばれ国家の財源となった。納められる調には，写真のような木簡が添えられた。　②　奈良時代の中期に，大伴家持らが編纂したのが万葉集である。漢字の音を借りて国語の音を表記する万葉仮名を用いているのが特徴である。万葉集には，天皇から庶民までの歌が収録された。

(3)　室町時代に，生産力の向上によって実力を蓄えた農民たちは団結して，惣という自治組織をつくった。惣では代表者を定め，農民みずから寄合を開いて掟をつくった。この当時は酒屋が高利貸しを行っており，庶民を苦しめていた。この時期には土一揆が起こり，当時土民と呼ばれた庶民が，高利貸し業者を襲って借金の帳消しを要求した。また，幕府に対して徳政令の発布を要求することが頻発した。正しい組み合わせは，アである。

(4)　①　機械などの生産手段を有する資本家が，多数の手工業者を仕事場に集め，分業で生産に従事させる形態を工場制手工業という。工場制手工業は，マニュファクチュアともいう。上記のような趣旨を簡潔に述べればよい。　②　アは，享保の改革で8代将軍徳川吉宗が行ったことである。イは，5代将軍徳川綱吉が行った生類憐みの令等についての説明である。エは，ききんや凶作に備えて米を蓄えさせた囲米についての説明である。寛政の改革で老中松平定信が行った政策である。ア・イ・エのどれも別の時代の政策についての説明であり，ウが正しい。天保の改革で老中水野忠邦が行ったこの政策は，上知令(上地令)と呼ばれる。

〔4〕　(歴史的分野—日本史時代別−安土桃山時代から江戸時代・明治時代から現代，—日本史テー
マ別−外交史・政治史・教育史・社会史・文化史・経済史，—世界史−政治史)

(1)　X　15代将軍徳川慶喜により，天皇家に政権を返上する**大政奉還**が行われたのは，1867年で
ある。　Y　1864年に，イギリス・フランス・アメリカ・オランダの四国連合艦隊が長州藩の下
関砲台を攻撃した。　Z　坂本龍馬の仲介により，長い間犬猿の仲であった**薩摩**と**長州**のあいだ
に**薩長同盟**が結ばれたのは，1866年である。したがって，この三つを年代の古い順にならべる
と，Y→Z→Xとなる。正答は，エである。

(2)　日本における**国民皆学**の学校教育制度の基本として，1872年に政府が発した法令が，**学制**で
ある。しかし，当初の**就学率は30％**に満たなかった。

(3)　X　政府の改革により，士族の様々な特権が奪われ，西日本各地で**士族の反乱**が相次いで起
こった。　Y　最大で最後の士族の反乱である西南戦争が敗北に終わって，反乱の不可能なこと
を悟り，言論により政府を批判する**自由民権運動**が展開された。

(4)　X　明治末期の1911年に**青鞜社**を結成して，女性解放活動を展開したのは**平塚らいてう**であ
る。青鞜社の機関誌『青鞜』の巻頭言「**元始，女性は実に太陽であった**」は覚えておくべきであ
る。　Y　大日本帝国憲法の枠内で，民意に基づいて政治を進め，民衆の福利を実現することが
望ましいという「**民本主義**」を提唱したのが，東京帝国大学で教壇に立つ**吉野作造**である。吉野
作造は，**大正デモクラシー**の理論的リーダーの一人となった。正しい組み合わせは，アである。

(5)　多くの人々が銀行から預金を引き出す**取り付け騒ぎ**が頻発して紙幣が不足したため，政府は
銀行を救済するために，急いで大量の紙幣を用意する必要があった。そのため，裏が印刷されて
いない紙幣を発行した。上記のような趣旨を要領よくまとめ解答すればよい。

(6)　ア　**ベルリンの壁**が崩壊したのは，1989年である。　イ　**アジア・アフリカ会議**が開催され
たのは，1955年である。　ウ　**朝鮮戦争**が始まったのは，1950年である。ア・イ・ウのどれも
別の時期のできごとである。Cの時期に起こったのは，エの日中国交正常化である。1972年に日
中共同声明を発表して，国交を正常化した日本国と中華人民共和国は，その6年後，**日中平和友
好条約**を結んだ。

〔5〕　(公民的分野—基本的人権・国の政治の仕組み・裁判・経済一般・国際社会との関わり)

(1)　①　アは，「**学問の自由**」であり，日本国憲法第23条に規定されている。これは「**精神の自由**」
である。イは，憲法第19条に規定されている「**思想及び良心の自由**」であり，これも「**精神の自
由**」である。ウは，憲法20条に規定されている「**信教の自由**」である。これも「精神の自由」で
ある。エは，「**居住，移転の自由**」であり，これが「**経済活動の自由**」である。　②　憲法第96
条に以下のように規定されている。「この憲法の改正は，各議院の総議員の**三分の二以上**の賛成
で，国会が，これを発議し，国民に提案してその承認を経なければならない。この承認には，特
別の**国民投票**又は国会の定める選挙の際行はれる投票において，その**過半数**の賛成を必要とす
る。」したがって，正しい組み合わせは，イである。

(2)　①　法律，命令，規則又は処分が憲法に適合するかしないかを決定するのは裁判所の権限で
あり，**違憲審査権**という。**最高裁判所**は終審裁判所として，その権限を有し，「**憲法の番人**」と
呼ばれる。一方，憲法第64条に「国会は，罷免の訴追を受けた裁判官を裁判するため，両議院
の議員で組織する**弾劾裁判所**を設ける。」と規定されている。正しい組み合わせは，アである。
②　憲法第62条に「両議院は，各々国政に関する調査を行い，これに関して，証人の出頭及び
証言並びに記録の提出を要求することができる。」という規定がある。これを国会の**国政調査権**
という。　③　ア・イ・エは，どれも**民事裁判**の説明である。ウが，**刑事裁判**の説明であり，こ

れを国選弁護人という。

(3)　①　株主は，株主総会において経営方針や役員等を議決する権利を持ち，経営によって得た利潤の一部を配当金として受け取る権利を持つ。上記のような趣旨を50字以内にまとめて解答する。　②　売上高では，中小企業と大企業の割合は，ほぼ五分五分である。従業員数では，中小企業が約70％，大企業が約30％である。企業数では中小企業が99％以上である。したがって，正しい組み合わせは，カである。　③　1947年に施行された独占禁止法の目的は，公正かつ自由な競争を促進し，事業者が自主的な判断で自由に活動できるようにし，消費者が不当に高い価格で商品を購入しなくてよいようにすることである。独占禁止法の規制を実現する組織として，公正取引委員会が設けられている。

(4)　①　国際連合の安全保障理事会では，アメリカ・ロシア・中国・イギリス・フランスの常任理事国5国のうち1国でも反対すれば，その議案は否決される。常任理事国は拒否権を持っていることになり，この議案も常任理事国が1国反対したから否決されたのである。　②　国連通常予算分担率では，アメリカが群を抜いた第一位であり，第二位が中国，第三位が日本である。しかし，日本の分担率は，近年減少が続いている。ウが，日本である。　③　ア　アジアや環太平洋地域における多国間経済協力を進めるための組織が，1989年に創設されたAPEC(アジア太平洋経済協力)である。　イ　地域紛争で停戦を維持したり，紛争拡大を防止したり，公正な選挙を確保するための活動が，国際連合のPKO(平和維持活動)である。　ウ　諸国民の教育・科学・文化の協力と交流を通じて，国際平和と人類の福祉の促進を目的とした国際連合の専門機関が，UNESCO(国連教育科学文化機関)である。　エ　国際連合の専門機関であり，全ての人々が可能な最高の健康水準に到達することを目的として1948年に設立されたのが，WHO(世界保健機関)である。

〔6〕　(公民的分野―環境問題)

(1)　A　1997年に京都市で開かれた地球温暖化防止会議で，京都議定書が採択された。議定書では，先進工業国に温室効果ガスの排出量を削減することを義務づけ，2008年から2012年における目標を初めて数値で定めた。　B　地球サミットは，地球環境の保全のための具体的な方策を得ることを目的として，1992年にブラジルにおいて開催された。　C　地球温暖化防止会議で，2015年に採択されたのがパリ協定である。パリ協定では，発展途上国も対象とする国際的な枠組みが定められ，世界の平均気温上昇を産業革命前と比較して，2℃より低く抑えることが目標とされた。したがって年代の古い順に並べると，(B)→(A)→(C)となる。

(2)　①　温室効果ガスの排出量と吸収量を等しくすること，もしくは，排出量よりも吸収量の方を多くすることで，温室効果ガスの排出量を実質ゼロにすることができる。　②　資料Ⅳを見て，企業は顧客の需要や評価を一番に重視することを指摘する。そのため，資料Ⅴを参考に，消費者が脱炭素社会づくりに貢献する製品やサービスを選択すれば，企業の脱炭素化の推進につながることを結論とし，あわせて55字以内でまとめる。

＜国語解答＞

〔一〕　(一)　1　お(しむ)　2　あざ(やか)　3　とうたつ　4　こうけん　5　きっきん
　　　(二)　1　吸(う)　2　勢(い)　3　節減　4　精密　5　類似
〔二〕　(一)　イ　(二)　ウ　(三)　ア　(四)　エ　(五)　ウ

〔三〕　(一) なお　(二) イ　(三) ア　(四) エ　(五) (例)宮の御前が，上の所有する笛の名前に掛けて，笛を交換するつもりはないという淑景舎の女御の気持ちを，僧都の君に伝えたこと。　(六) ウ

〔四〕　(一) エ　(二) ウ　(三) (例)物事の解釈を変更するだけでは，深刻な事態を乗り切ることができないから。　(四) (例)自分が見たい部分や一度信じたことにだけ，繰り返し目を向けているうちに，自分の見方を固く信じて疑わないようになること。
(五) イ　(六) (例)深刻な事態が続くと，私たちの見方は固定化し，自分の見方を正当化してくれる情報を求めるようになるので，多くの情報の中から何が正解かを判断するためには，自分が信じる常識とは固定観念にほかならないものであると，改めて確認する必要があるということ。

＜国語解説＞

〔一〕　(知識－漢字の読み書き)

(一)　1 「惜」には「セキ・お(しい)・お(しむ)」という読みがある。　2 「鮮」の音読みは「セン」で，「鮮明」「新鮮」などの熟語を作る。　3 「到達」は，物事が進んであるところまで行きつくこと。　4 「貢献」は，あることのために力を尽くし，役に立つこと。　5 「喫緊」は，大切で解決が急がれること。

(二)　1 「呼吸」の「呼」は息をはくこと，「吸」は息をすうことである。　2 「勢」の下の部分は「力」である。　3 「節減」は，使う量を切り詰めてへらすこと。　4 「精密」は，細かいところまで行き届いて正確な様子。　5 「類似」の「似」を，形の似ている「以」としない。

〔二〕　(知識―語句の意味，熟語，品詞・用法)

(一)　「ノートに控える」の「控える」は，書き留めるという意味。ア「明日に控える」は時間的に近くにある，イ「電話番号を控える」は書き留める，ウ「ステージの裏で控える」は待機する，エ「運動を控える」は少なめにするということなので，イが正解。

(二)　「乗車」は後の漢字が前の漢字の目的や対象を表すもの，ア「往復」は対になる意味の漢字の組み合わせ，イ「過程」は前の漢字が後の漢字を修飾するもの，ウ「作文」は後の漢字が前の漢字の目的や対象を表すもの，エ「選択」は似た意味の漢字の組み合わせなので，ウが正解。

(三)　「ついに」は副詞。ア「はっきり」は副詞，イ「明るく」は形容詞「明るい」の連用形，ウ「きれいに」は形容動詞「きれいだ」の連用形，エ「大きな」は連体詞なので，アが正解である。

(四)　「話した」は連用形。ア「見れば」は仮定形，イ「来ると」は終止形，ウ「行こう」は未然形，エ「開けて」は連用形なので，エが正解となる。

(五)　選択肢のうち，「最も興味深いところ」という意味をもつものはウ「佳境」である。ア「幕開け」は物事が始まること，イ「転機」はこれまでの状況と変わるきっかけ，エ「大詰め」は物事の最終段階という意味の言葉である。

〔三〕　(古文―情景・心情，内容吟味，仮名遣い，古文の口語訳)

〈口語訳〉 淑景舎の女御がこちらにおいでになって，お話をなさる折に，「私のところにとても趣のある笙の笛があります。故殿がくださったものです」とおっしゃると，僧都の君(隆円)が，「それは隆円にお与えください。私のところに立派な琴がございます。それと取り替えてください。」と申しなさるのを(淑景舎の女御が)聞き入れもなさらないで，他のことをおっしゃるのに，(僧都

の君は)お返事をいただこうと何度も申し上げなさるが，やはり(淑景舎の女御は)物もおっしゃらないので，宮の御前が「いなかへじ(＝いいえ，替えるつもりはない)と思っていらっしゃるのに」とおっしゃったご様子が，たいそう素晴らしかったことが限りないほどである。この(いなかへじという)御笛の名は，僧都の君もご存じなかったので，ただ恨めしいと思っていらっしゃったようだ。これは(宮の御前が)職の御曹司にいらっしゃったころのことであるようだ。一条天皇の御手元に「いなかへじ」という御笛がございまして，その名前である。

（一）　語頭にない「ほ」を「お」に直して「なお」とする。

（二）　僧都の君(隆円)が淑景舎の女御の笛を欲しがっている場面であるから，「給へ」はイの「**お与えください**」という意味である。

（三）　僧都の君が話しかけているのを聞き入れずに話題を変えたのは，ア「**淑景舎の女御**」である。

（四）　傍線部(3)の主語は**僧都の君**であり，淑景舎の女御が話題を変えても，何度も笛のことを言っている様子を示している。これは，どうしても**淑景舎の女御から承諾の返事をもらおうという心情**の表れなので，エが正解。他の選択肢は，人物関係や心情を誤って捉えている。

（五）　「**宮の御前の，『いなかへじとおぼしたるものを』とのたまはせたる御けしき**」をもとに，上(一条天皇)が所有する笛の名が「いなかへじ」であること，淑景舎の女御は笛を交換するつもりがないこと，宮の御前が，淑景舎の女御の気持ちを，僧都の君に伝えたこと，の3点を入れて60字以内で書く

（六）　「**この御笛の名**」は，**上が所有していた笛の「いなかへじ」という名**を指す。副詞の「え」は後に否定を表す語をともなって「……できない」という意味を表すので，「え知りたまはざりけれ」は「お知りになることができなかった」「**ご存じなかった**」という意味になる。正解はウ。「故殿がくださった笛の名前」は，ここでは話題になっていないので，アとイは不適当。アは「知っていた」も誤りである。エの説明では，僧都の君だけが笛の名を知っていたことになるため，本文と合わない。

〔**四**〕　(論説文－内容吟味，脱文・脱語補充)

（一）　文脈から，前の「自分の見方を変えること」と後の「相手や物事を変えること」を比べると，後の方を選びたいという気持ちが読み取れるので，エ「**むしろ**」が当てはまる。

（二）　次の段落に「物事の解釈」は「見方」の一部であることが示され，「見方を方向づける欲求そのものは自分の深い部分で固定化しており」とある。ここから，「欲求―深い部分」「物事の解釈―表面的」という対比が読み取れるので，ウが正解となる。

（三）　傍線部(1)の少し前の「深刻な事態がおこったときには，それだけではうまくいかなくなる」をもとに，「それ」が「物事の解釈を変更すること」を指していることを踏まえて35字以内で書く。

（四）　傍線部(2)の段落の後半に，「自分の都合の悪いものは視界から追いやって，**自分が見たい部分や一度信じたことにだけ目を向けがちになる。そんな状態を繰り返している**うちに，私たちのまなざしはもう変えられないほど固定化してしまう」とある。また，最終段落から「まなざしが固定化した状態」とは「**自らが固く信じて疑わない見方**」であることが読み取れる。この内容を60字以内で書く。

（五）　傍線部(3)の二つ前の段落の「**自分の見方が間違っていると改めるよりも，自分の見方は間違っていないことを確認する方向に物事の解釈を変更する方が私たちには容易い。**」と合致するイが正解。アとウの説明は，逆の内容である。本文は，自分の見方を改めることと物事の解釈を

変更することを比べており，「相手の考え方を変えていく」ことについては述べていないので，エは不適当である。

(六) Ⅱの文章の波線部の「そんなとき」は「混乱が大きく，**多くの情報が溢れていて何が事実で何が正解なのかの判断が難しいとき**」を指している。混乱が大きいということを，Ⅰの文章では「**深刻な事態が続くような状況**」と表現し，そこでは私たちは「**まなざしを固定化する**」ことを選び，「**自分の見方を正当化してくれる情報や理屈，権威を追い求めるようになる**」と説明している。そして，見方が固定化した状態である**固定観念**や偏見が社会にまで広がったものを「**常識**」としている。これを踏まえると，波線部の「『常識とは何か』について確認する」は，常識が固定観念であることを確認するということになる。「どういうことか。」という問いなので，「〜ということ。」という形で答えるのが望ましい。

新潟県公立高等学校

2022年度
★★★★★★★★★★★★★★★★★★★★★★

入 試 問 題

2022
年度

●くわしい解説 …… 37 ページ

＜数学＞　　時間　50分　　満点　100点

〔1〕　次の(1)～(8)の問いに答えなさい。

(1)　$2 - 11 + 5$　を計算しなさい。

(2)　$3(a - 3b) - 4(-a + 2b)$　を計算しなさい。

(3)　$8a^2b^3 \div (-2ab)^2$　を計算しなさい。

(4)　$\sqrt{6} \times 2\sqrt{3} - 5\sqrt{2}$　を計算しなさい。

(5)　2次方程式　$x^2 - 5x - 6 = 0$　を解きなさい。

(6)　2点 $(-1, 1)$，$(2, 7)$ を通る直線の式を答えなさい。

(7)　右の図のように，円Oの円周上に4つの点A，
　　B，C，Dがあり，線分BDは円Oの直径である。
　　∠ABD＝33°，∠COD＝46°であるとき，∠x の
　　大きさを答えなさい。

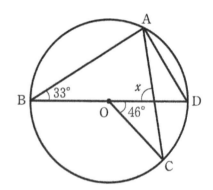

(8)　下の図は，ある中学校の2年A組，B組，C組それぞれ生徒35人の，ハンドボール投げの記
　　録を箱ひげ図に表したものである。このとき，ハンドボール投げの記録について，図から読み
　　取れることとして正しいものを，次のページのア～オからすべて選び，その符号を書きなさい。

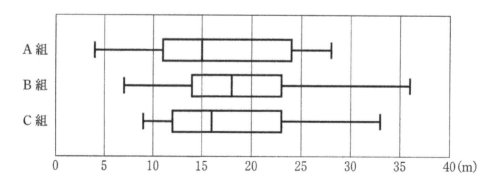

ア　A組，B組，C組のいずれの組にも，30mを上回った生徒がいる。

イ　A組とB組を比べると，四分位範囲はB組の方が大きい。

ウ　B組とC組を比べると，範囲はB組の方が大きい。

エ　A組は，10m以上15m以下の生徒の人数より，15m以上20m以下の生徒の人数の方が多い。

オ　C組には，25m以下だった生徒が27人以上いる。

〔2〕　次の(1)～(3)の問いに答えなさい。

(1)　$\sqrt{56n}$ が自然数となるような，最も小さい自然数 n を求めなさい。

(2)　箱の中に，数字を書いた6枚のカード①，②，③，③，④，④が入っている。これらをよくかき混ぜてから，2枚のカードを同時に取り出すとき，少なくとも1枚のカードに奇数が書かれている確率を求めなさい。

(3)　右の図のように，線分ABと点Pがある。線分AB上にあり，PQ＋QB＝ABとなる点Qを，定規とコンパスを用いて作図しなさい。ただし，作図は解答用紙に行い，作図に使った線は消さないで残しておくこと。

P.

A ————————————— B

〔3〕　モーター付きの2台の模型のボートがあり，それぞれボートA，ボートBとする。この2台のボートを流れのない水面に並べて浮かべ，同時にスタートさせ，ゴールまで200mを走らせた。ただし，2台のボートは，それぞれ一直線上を走ったものとする。

図1

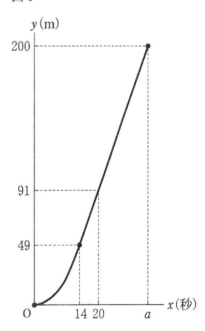

ボートがスタートしてから x 秒間に進んだ距離を y m とする。右の図1は，ボートAについて x と y の関係をグラフに表したものであり，$0 \leqq x \leqq 14$ では放物線，$14 \leqq x \leqq a$ では直線である。また，図2は，ボートBについて x と y の関係をグラフに表したものであり，$0 \leqq x \leqq 20$ では放物線，$20 \leqq x \leqq b$ では直線である。このとき，次の(1)～(4)の問いに答えなさい。

(1)　ボートAについて，$0 \leqq x \leqq 14$ のとき，y を x の式で表しなさい。

(2)　ボートAについて，スタートして14秒後からゴールするまでの速さは毎秒何mか，答えなさい。

(3)　図1のグラフ中の a の値を求めなさい。

(4) 次の文は，2台のボートを走らせた結果について述
べたものである。このとき，文中の　ア　～　ウ　に
当てはまる記号または値を，それぞれ答えなさい。た
だし，記号は，AまたはBのいずれかとする。

> 先にゴールしたのはボート　ア　であり，
> ボート　イ　の　ウ　秒前にゴールした。

図2

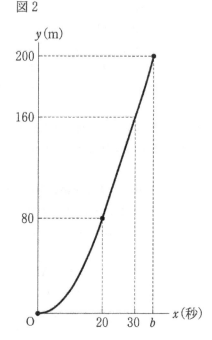

〔4〕　次の文は，ある中学校の数学の授業での課題と，その授業での先生と生徒の会話の一部で
ある。この文を読んで，あとの(1)～(5)の問いに答えなさい。

課題

　　右の図1のような，縦9cm，横16cmの長方
形の厚紙1枚を，いくつかの図形に切り分
け，それらの図形をつなぎ合わせて，図1の
長方形と同じ面積の正方形を1つ作る。

図1

16 cm

9 cm

先生：　これから，縦9cm，横16cmの長方形の厚紙を配ります。

ミキ：　図1の長方形の面積は　ア　cm²だから，これと同じ面積の正方形の1辺の長さは
　　　　イ　cmです。

リク：　私は，図1の長方形を，右の図2のよう
　　　　に_I_5つの長方形に切り分け，それらの長
　　　　方形をつなぎ合わせて，次のページの図3
　　　　のように正方形を作りました。

ミキ：　なるほど。

ユイ：　ほかに切り分ける方法はないのでしょう
　　　　か。

図2

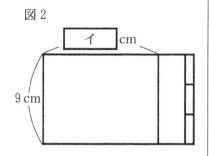

先生：　それでは，切り分ける図形の個数を最も少なくすることを考えてみましょう。まず，右の図4のように，∠RPQが直角で斜辺QRの長さを16cmとし，頂点Pから斜辺QRに引いた垂線と斜辺QRとの交点をHとするとき，線分QHの長さが9cmである△PQRを考えます。このとき，辺PQの長さを求めてみましょう。

コウ：　II △PQRと△HQPが相似なので，辺PQの長さは　ウ　cmです。

先生：　そのとおりです。さて，図1の長方形と図4の△PQRを見て，何か気づくことはありますか。

リク：　長方形の横の長さと，△PQRの斜辺QRの長さは，どちらも16cmです。

ミキ：　私も同じことに気づきました。そこで，図1の長方形と合同な長方形の頂点を，図5のように，左上から反時計回りにA，B，C，Dとしました。そして，図6のように，長方形の辺BCと△PQRの斜辺QRを重ねた図をかきました。

先生：　ミキさんがかいた図6を利用して，長方形AQRDを，3つの図形に切り分けることを考えてみましょう。

ユイ：　右下の図7のように，線分ADと線分RPの延長との交点をEとすると，III 線分PQの長さと線分ERの長さは等しくなります。

コウ：　それなら，長方形AQRDを線分PQと線分ERで3つの図形に切り分け，それらの図形をつなぎ合わせると，図1の長方形と同じ面積の正方形を1つ作ることができます。

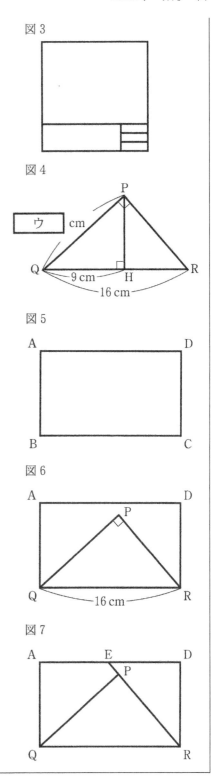

図3

図4

ウ　cm

図5

図6

図7

(1)　ア，イ　に当てはまる数を，それぞれ答えなさい。

(2) 下線部分Ⅰ（4ページ）について，切り分けた5つの長方形のうち，最も面積の小さい長方形は3つある。このうちの1つの長方形の面積を答えなさい。

(3) 下線部分Ⅱについて，△PQR∽△HQPであることを証明しなさい。

(4) ウ に当てはまる数を答えなさい。

(5) 下線部分Ⅲについて，PQ＝ERであることを証明しなさい。

〔5〕 下の図のような，正四角すいと直方体を合わせてできた立体がある。正四角すいOABCDは，1辺の長さが4cmの正方形を底面とし，OA＝OB＝OC＝OD＝3cmであり，直方体ABCD－EFGHの辺AEの長さは2cmである。また，直線OE，OGと平面ABCDとの交点を，それぞれP，Qとする。このとき，次の(1)～(3)の問いに答えなさい。

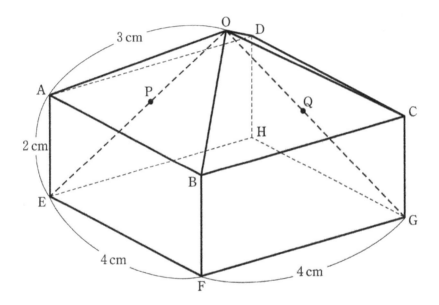

(1) 正四角すいOABCDの高さを答えなさい。

(2) 線分PQの長さを求めなさい。

(3) △PFQの面積を求めなさい。

＜英語＞　　時間　50分　　満点　100点

〔1〕　放送を聞いて，次の(1)〜(3)の問いに答えなさい。

(1)　これから英文を読み，それについての質問をします。それぞれの質問に対する答えとして最も適当なものを，次のア〜エから一つずつ選び，その符号を書きなさい。

1　ア　A mirror.　　　イ　A pencil.　　　ウ　A shirt.　　　エ　A table.

2　ア　Two people.　　　　　　　　　イ　Three people.
　　ウ　Six people.　　　　　　　　　エ　Nine people.

3　ア　Hiroko and her father.　　　　イ　Hiroko and her brother.
　　ウ　Hiroko's father and mother.　エ　Hiroko's father and brother.

4　ア　By bike.　　　イ　By car.　　　ウ　By bus.　　　エ　By train.

(2)　これから英語で対話を行い，それについての質問をします。それぞれの質問に対する答えとして最も適当なものを，次のア〜エから一つずつ選び，その符号を書きなさい。

1　ア　Yes, they do.　　　　　　　　イ　No, they don't.
　　ウ　Yes, they did.　　　　　　　 エ　No, they didn't.

2　ア　On Saturday morning.　　　　イ　On Saturday afternoon.
　　ウ　On Sunday morning.　　　　 エ　On Sunday afternoon.

3　ア　At 9:00.　　　イ　At 9:10.　　　ウ　At 9:40.　　　エ　At 10:00.

4

(3)　これから，英語部の先生が生徒に，留学生のメアリー (Mary) の歓迎会の連絡をします。その連絡について，二つの質問をします。それぞれの質問に対する答えを，3語以上の英文で書きなさい。

〔2〕 次の英文は，地球規模の社会問題を扱った高校生向けの講演会（lecture）の【案内】の一部と，それについて，あなたとオリバー（Oliver）が話をしている【会話】です。【案内】と【会話】を読んで，下の(1)，(2)の問いに答えなさい。ただし，【会話】の＊＊＊の部分には，あなたの名前が書かれているものとします。

【案内】

Lecture A: Safe Water for Everyone	Lecture B: Studying at School
About 2,200,000,000 people cannot drink clean and safe water, and many of them become sick. Safe water is necessary for their healthy lives.	About 1,600,000,000 children do not go to school. Many of them hope to learn how to read, write, or calculate, and improve their lives.
Lecture C: Don't Waste Food	Lecture D: Forests Will Be Lost
About 2,000,000,000 people cannot eat enough food, but more than 30% of the world's food is wasted. How can we stop wasting food?	By 2030, 60% of the Amazon rainforest may be lost. Then, many animals and plants living there will lose their home.

(注) clean きれいな　　healthy 健康的な　　calculate 計算する　　by~ ～までには
the Amazon rainforest アマゾンの熱帯雨林

【会話】

＊＊＊ : Wow, all the lectures look interesting. Which one will you listen to?

Oliver : I will listen to ☐ . My mother works at a restaurant and she often says a lot of food is wasted. I want to learn how to stop that. How about you? Which lecture are you interested in the most?

＊＊＊ : (a)

Oliver : Why do you want to listen to it?

＊＊＊ : (b)

(1) 【会話】の ☐ の中に入る最も適当なものを，次のア～エから一つ選び，その符号を書きなさい。

ア Lecture A　　イ Lecture B　　ウ Lecture C　　エ Lecture D

(2) 【会話】のａ，ｂの（ ）の中に，それぞれ直前のオリバーの質問に対するあなたの答えを，ａは３語以上の英文で，ｂは３行以内の英文で書きなさい。

〔3〕 次の英文を読んで，あとの(1)～(6)の問いに答えなさい。

Ruri is a junior high school student. Jane is from Canada, and she is studying science at university in Japan. Jane is staying at Ruri's house. They are talking at a park.

Jane: Look, a swallow is flying.

Ruri: Oh, that swallow is flying low.　Well, if my grandmother were here, she would say, "Go home before it rains."　She really loves superstitions.

Jane: Ruri, your grandmother may be right.　It will rain when a swallow flies low.

Ruri: What?

Jane: I read it in a science book.　Swallows eat insects.　Before it starts raining, insects cannot fly high because of humidity.　To eat those (　A　) insects, swallows also fly low.

Ruri: Wow, B| interesting, story, an, what |!　That's not a superstition.

Jane: Your grandmother may know other useful stories.

Ruri: Yes, I will ask her.

Jane: I know another interesting story.　Ruri, what will you do if your little brother hits his foot on a table leg and starts crying?

Ruri: Well, I think I will say, "Are you OK?" and touch his foot with my hand.

Jane: You are a good sister.　But do you think it reduces pain?

Ruri: No.　It is a superstition, right?

Jane: Ruri, some scientists say it's not a superstition.　By touching an aching body part, you can reduce pain.　I heard this story from my teacher.

Ruri: Really?　That's amazing!

Jane: C Those stories are two examples of things humans have learned from experience.　They have (　D　) those things to their children.　Some people may think they are superstitions, but some of them are true.　By doing scientific research, we can know many things.

Ruri: Great!　Science is very interesting.

Jane: Yes.　Well, if you like science, I want you to remember one thing. Science isn't perfect.

Ruri: |　E　|　You have just said we can know many things by doing scientific research.

Jane: Yes.　Science is useful and can tell us a lot of things.　However, it is very difficult to know what is really true.

Ruri: Can you give me an example?

Jane: For example, in the past, many scientists believed all dinosaurs died out. But now, some scientists say some dinosaurs survived.　Like this example, scientists sometimes have different theories about something.

Ruri: I see.　Science is useful, but it is difficult to know true things.

Jane: Yes.　It's difficult even for scientists to know true things.　"Why does it happen?"　"Is it really true?"　Scientists always have such questions and do research.　For a long time, _Fthose people have been developing science.

Ruri: How can I become such a person?

Jane: You should always think a lot and try to find questions from your daily life.　When you have a question, think how to study about it and do research.　Also, it is important to read a lot of science books.　You are still a junior high school student, but there are many things you can do.

Ruri: OK, I will try.　And I will study science in the future like you!

Jane: I'm _G| to, that, hear, happy |.　I'm sure you can enjoy learning science more.

(注)　swallow ツバメ　　low 低く　　superstition 迷信　　insect 昆虫　　high 高く
humidity 湿気　　hit ～ on… ～を…にぶつける　　foot 足　　table leg テーブルの脚
reduce ～ ～を減らす　　pain 痛み　　aching 痛む　　scientific 科学的な
perfect 完璧な　　die out 死に絶える　　theory 学説　　develop ～ ～を発達させる

(1)　文中のA，Dの（　）の中に入る最も適当な語を，次のア～エからそれぞれ一つずつ選び，その符号を書きなさい。

A　ア　fly　　　イ　flies　　　ウ　flew　　　エ　flying
D　ア　heard　　イ　lost　　　ウ　taught　　エ　understood

(2)　文中のB，Gの　□　の中の語を，それぞれ正しい順序に並べ替えて書きなさい。

(3)　下線部分Cについて，その具体的な内容を，本文から二つ探して，それぞれ英文1文で抜き出しなさい。

(4)　文中のEの　□　の中に入る最も適当なものを，次のア～エから一つ選び，その符号を書きなさい。

ア　Why do you remember it?

イ　What do you mean?

ウ　I'll never forget it.

エ　I'm sure you are right.

(5)　下線部分Fについて，その内容を，具体的に日本語で書きなさい。

(6)　本文の内容に合っているものを，次のア～オから一つ選び，その符号を書きなさい。

ア　Ruri doesn't think people should believe superstitions because they are not useful.

イ　Jane knows a lot of interesting stories about science because she has learned them from her grandmother.

ウ　Jane thinks scientists can always know what is really true and don't have different theories.

エ　Ruri wants to study science though Jane has told her that it is difficult even for scientists to know true things.

オ　Jane thinks junior high school students are so young that they cannot do research.

〔4〕　次の英文を読んで，あとの(1)〜(6)の問いに答えなさい。

Mike is from America and he studied about Japanese culture at university in Japan. Now he is an ALT at Hikari High School. He puts his "Question Box" on the table in front of the teachers' room. Students can put letters into it when they have questions. They ask him about America, how to learn English, and so on. Mike likes his "Question Box" because it is a good way to communicate with students.

One day in October, he got two long letters. One letter was from Kana, a girl in the English club. The other letter was from Leo, a student from France.

【The letter from Kana】

Hello, Mike. I'm Kana. Do you know Leo, a student from France? He has been in our class for two months. He is kind and everyone likes him. But now, I am worrying about him a little.

He doesn't speak Japanese well and sometimes cannot understand our Japanese. But ₐthat is not the problem. We can communicate with him in English. He is a great English speaker and we learn a lot from him. Last month, he looked very happy when he talked with us. But these days, he doesn't look so happy when we talk to him. Why does he look like that?

Well, sometimes we cannot understand Leo's English because he talks very fast and uses difficult words. Also it is difficult for us to express everything in English. Is it making him disappointed? If we improve our English, will he be happy?

When I ask him, "Are you OK?", he always says he is OK. But if he has any trouble, I want to help him. Mike, can you guess what ₆his problem is? Please give me some advice and help us become good friends.

【The letter from Leo】

Hello, Mike. I'm Leo. I came to Japan in August. I'm writing this letter because you may be the only person who can understand my feelings.

I cannot speak Japanese well, so my classmates talk to me in English. They may think that all foreign people speak great English. My English may be better than theirs, but I'm not a great English speaker. I love talking with my classmates but sometimes I feel as if my classmates talk to me only because they want to practice English.

I came to Japan to learn Japanese. I study Japanese every day, and have learned some words. If my classmates speak slowly, I can understand their Japanese a little. But they try to say everything in English.

I know English is our common language. We can communicate with each other in English though it is not the language we usually speak. In the future, my classmates and I can share ideas with people in the world by using English. That's wonderful, but now, I want to communicate with my classmates in Japanese. I cannot improve my Japanese if I don't use it at school.

　　Mike, should I tell my classmates my feelings? I know they are trying to be kind to me, and I don't want to hurt their feelings. What would you do if you were me?

　　Mike remembered his university days. He really understood their feelings. He thought, "Some friends talked to me in English to help me. They were good friends and thanks to them, I enjoyed life in Japan. But I wanted to ☐ C ☐ and improve my Japanese. Leo, I had the same wish."

　　However, Mike didn't worry too much. He said to himself, "Sometimes it is difficult to communicate with other people, but both Kana and Leo ☐ D ☐. They will be good friends." Mike started to write letters to them.

(注)　～ and so on　～など　　communicate　意思を伝え合う　　disappointed　がっかりする
　　　feel as if ～　まるで～であるかのように感じる　　only because ～　ただ～だから
　　　slowly　ゆっくりと　　common　共通の　　thanks to ～　～のおかげで　　wish　願い
　　　say to himself　彼自身の心の中で考える

(1)　下線部分Aについて，その内容を，具体的に日本語で書きなさい。

(2)　次の英文は，下線部分Bについてのカナ (Kana) の考えをまとめたものです。X，Yの〔　〕の中に入るものの組合せとして，最も適当なものを，下のア～エから一つ選び，その符号を書きなさい。

　　　Leo 〔　X　〕 because 〔　Y　〕.

	X	Y
ア	isn't happy when he talks with us	our English is not as good as Leo's
イ	isn't happy when he talks with us	we talk to him in English
ウ	cannot improve his Japanese	our English is not as good as Leo's
エ	cannot improve his Japanese	we talk to him in English

(3)　文中のCの ☐ に当てはまる内容を，5語以上の英語で書きなさい。

(4)　文中のDの ☐ の中に入る最も適当なものを，次のア～エから一つ選び，その符号を書きなさい。

　ア　practice English very hard
　イ　enjoy talking in Japanese
　ウ　tell their true feelings with each other
　エ　think about each other

(5)　次の①～③の問いに対する答えを，それぞれ3語以上の英文で書きなさい。

　①　Can students ask Mike questions by putting letters into his "Question Box"?

　②　Why is Kana worrying about Leo these days?

　③　According to Leo, what can Leo and his classmates do in the future by using English?

(6)　あなたが，カナとレオ（Leo）の2人から，マイク（Mike）先生への手紙と同じ内容の手紙をもらったとしたら，どのような返事を書きますか。返事を書く相手として，カナかレオのどちらかを選び，解答用紙の〔　〕の中に，KanaかLeoを書き，それに続けて，□の中に，4行以内の英文で返事を書きなさい。ただし，＊＊＊の部分には，あなたの名前が書かれているものとします。

＜理科＞　　時間　50分　　満点　100点

〔1〕　次の(1)～(6)の問いに答えなさい。

(1)　ある地層の石灰岩の層に，サンゴの化石が含まれていた。この石灰岩の層は，どのような環境のもとで堆積したと考えられるか。最も適当なものを，次のア～エから一つ選び，その符号を書きなさい。

　　ア　深くてつめたい海　　イ　深くてあたたかい海

　　ウ　浅くてつめたい海　　エ　浅くてあたたかい海

(2)　シダ植物とコケ植物について述べた文として，最も適当なものを，次のア～エから一つ選び，その符号を書きなさい。

　　ア　シダ植物は，種子をつくる。　　　イ　シダ植物には，維管束がある。

　　ウ　コケ植物は，光合成をしない。　　エ　コケ植物には，根・茎・葉の区別がある。

(3)　放射線について述べた文として，最も適当なものを，次のア～エから一つ選び，その符号を書きなさい。

　　ア　放射能とは，放射性物質が，放射線を出す能力である。

　　イ　γ線は，アルミニウムなどのうすい金属板を通りぬけることができない。

　　ウ　放射線は，人間が人工的につくるもので，自然界には存在しない。

　　エ　放射線の人体に対する影響を表す単位は，ジュール（記号 J ）である。

(4)　水，硫黄，酸化銅，炭酸水素ナトリウムのうち，2種類の原子でできている物質の組合せとして，最も適当なものを，次のア～エから一つ選び，その符号を書きなさい。

　　ア　〔水，硫黄〕　　　　　　　　　　イ　〔硫黄，炭酸水素ナトリウム〕

　　ウ　〔酸化銅，炭酸水素ナトリウム〕　エ　〔水，酸化銅〕

(5)　右の図の粉末A～Cは，砂糖，食塩，デンプンのいずれかである。これらの粉末を区別するために，それぞれ0.5 g を，20℃の水10㎤に入れてかきまぜたときの変化や，燃焼さじにとってガスバーナーで加熱したときの変化を観察する実験を行った。次の表は，この実験の結果をまとめたものである。粉末A～Cの名称の組合せとして，最も適当なものを，下のア～カから一つ選び，その符号を書きなさい。

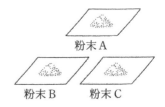

粉末A

粉末B　　粉末C

	粉末A	粉末B	粉末C
水に入れてかきまぜたときの変化	溶けた	溶けた	溶けずに残った
ガスバーナーで加熱したときの変化	変化が見られなかった	黒くこげた	黒くこげた

　　ア　〔A　砂糖，B　食塩，C　デンプン〕　　イ　〔A　砂糖，B　デンプン，C　食塩〕

　　ウ　〔A　食塩，B　砂糖，C　デンプン〕　　エ　〔A　食塩，B　デンプン，C　砂糖〕

　　オ　〔A　デンプン，B　砂糖，C　食塩〕　　カ　〔A　デンプン，B　食塩，C　砂糖〕

(6) 右の図のように，スライドガラスに塩化ナトリウム水溶液
をしみこませたろ紙をのせ，その上に，中央に鉛筆で線を引
いた赤色のリトマス紙を置いた。このリトマス紙の中央の線
上に，ある水溶液を1滴落とすと，中央部に青色のしみができ
きた。次に，ろ紙の両端をクリップでとめ，このクリップに
電源装置をつなぎ，電圧を加えて電流を流した。リトマス紙
の中央の線上に落とした水溶液と，電流を流したあとのリト
マス紙のようすの組合せとして，最も適当なものを，次のア
～エから一つ選び，その符号を書きなさい。

	リトマス紙の中央の線上に落とした水溶液	電流を流したあとのリトマス紙のようす
ア	塩酸	中央部の青色のしみが陽極側に広がった
イ	塩酸	中央部の青色のしみが陰極側に広がった
ウ	水酸化ナトリウム水溶液	中央部の青色のしみが陽極側に広がった
エ	水酸化ナトリウム水溶液	中央部の青色のしみが陰極側に広がった

〔2〕　遺伝の規則性について調べるために，エンドウの種子を用いて，次の実験1～3を行った。
この実験に関して，下の(1)～(4)の問いに答えなさい。

実験1　丸形のエンドウの種子を育て，自家受粉させたところ，丸形としわ形の両方の種子
（子）ができた。
実験2　実験1で得られたエンドウの種子（子）の中から，I丸形の種子とIIしわ形の種子
を1つずつ選んでそれぞれ育て，かけ合わせたところ，できた種子（孫）はすべて丸形に
なった。
実験3　実験1で得られたエンドウの種子（子）のうち，実験2で選んだものとは異なる，
丸形の種子としわ形の種子を1つずつ選んでそれぞれ育て，かけ合わせたところ，丸形と
しわ形の両方の種子（孫）ができ，その数の比は1：1であった。

(1) 次の文は，受粉について述べたものである。文中の X ， Y に最もよく当てはまる用
語をそれぞれ書きなさい。

めしべの先端にある X に， Y がつくことを受粉という。

(2) 実験1について，エンドウの種子の形の丸形としわ形のように，どちらか一方の形質しか現
れない2つの形質どうしを何というか。その用語を書きなさい。

(3) 実験2について，次の①，②の問いに答えなさい。
① 種子の形を丸形にする遺伝子をA，しわ形にする遺伝子をaで表すとき，下線部分Iの丸
形の種子の遺伝子の組合せと，下線部分IIのしわ形の種子の遺伝子の組合せとして，最も適
当なものを，次のア～ウからそれぞれ一つずつ選び，その符号を書きなさい。
ア　AA　　イ　Aa　　ウ　aa

② 実験2で得られた種子（孫）をすべて育て，それぞれ自家受粉させてできる種子における，丸形の種子の数としわ形の種子の数の比はどのようになるか。最も適当なものを，次のア〜オから一つ選び，その符号を書きなさい。

ア　1：1　　イ　1：2　　ウ　1：3　　エ　2：1　　オ　3：1

(4) 実験3について，得られた種子（孫）をすべて育て，それぞれ自家受粉させてできる種子における，丸形の種子の数としわ形の種子の数の比はどのようになるか。最も簡単な整数の比で表しなさい。ただし，1つのエンドウの個体にできる種子の総数は，すべて同じであるものとする。

〔3〕　理科の授業で，花子さんの班は，浮力についての実験を行い，レポートを作成することになった。次の国は，花子さんの班が作成中のレポートの一部である。また，IIは実験中の花子さんと班のメンバーによる会話の一部である。国，IIに関して，あとの(1)〜(4)の問いに答えなさい。

I　作成中のレポートの一部

[目的]　物体にはたらく浮力の大きさと，物体の水中に沈んでいる部分の体積の関係を調べる。

[準備]　密閉できる円筒形の容器，おもり，糸，ばねばかり，水を入れたビーカー

[方法]　① 密閉できる円筒形の容器におもりを入れ，その容器を，糸でばねばかりにつるし，重さを測定した。

② 右の図のように，①で重さを測定した，おもりを入れた容器を，ゆっくりとビーカーに触れないようにして水中に沈めていき，容器の下半分を水中に沈めたときの，ばねばかりが示す値を読んだ。

③ ②と同じ手順で，容器の全体を水中に沈めたときの，ばねばかりが示す値を読んだ。

[結果]　①，②，③の値を，実験の結果として次の表にまとめた。

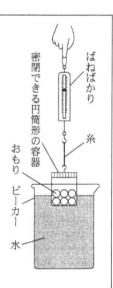

①の値	②の値	③の値
0.95 N	0.73 N	

II　実験中の会話の一部

浮力の大きさは，容器の水中に沈んでいる部分の体積に関係がありそうですね。

花子さん

浮力の大きさは　X　になると考えられます。
容器の下半分を沈めたときの②の値から考えて，容器の全体を沈めたときの③の値は　Y　Nになると予想できます。

太郎さん

では，容器の全体を沈めてみます。
③の値は，予想通り　Y　Nになりました。

良子さん

浮力について調べてみたら，浮力は沈めた物体の重さには
関係しないということが書かれていました。

花子さん

今回の実験では，そのことは確かめることができませんね。

太郎さん

Z　，同様の実験をすれば，そのことを確かめること
ができます。では，やってみましょう。

良子さん

(1)　X　に最もよく当てはまるものを，次のア～カから一つ選び，その符号を書きなさい。
　ア　①の値　　　　　イ　②の値　　　　　　ウ　①の値の半分
　エ　②の値の半分　　オ　①の値と②の値の和　　カ　①の値と②の値の差

(2)　Y　に当てはまる値を求めなさい。

(3)　Z　に最もよく当てはまるものを，次のア～エから一つ選び，その符号を書きなさい。
　ア　容器を変えずに，容器の中のおもりの数を増やして
　イ　容器を大きくして，容器の中のおもりの数を変えないで
　ウ　容器を小さくして，容器の中のおもりの数を増やして
　エ　おもりを入れた容器を，さらに深く沈めるようにして

(4)　この実験で用いた密閉できる円筒形の容器の下面の面積は，8.0cm²である。容器の下半分を
　水中に沈めたとき，容器の下面にはたらく水圧の大きさは何Paか。求めなさい。

〔4〕　空気中の水蒸気の変化について，次の(1)～(3)の問いに答えなさい。

(1)　次の文は，空気中の水蒸気が水滴に変わるしくみについて述べたものである。文中の　X　，
　Y　に当てはまる語句の組合せとして，最も適当なものを，下のア～エから一つ選び，その符
　号を書きなさい。

　　地表面からの高度が上がるほど，それより上にある空気の重さが　X　ため，気圧が
　低くなる。このため，地表付近の空気は上昇すると　Y　，気温が下がる。気温が下が
　ると，空気が含むことのできる水蒸気量が小さくなり，空気中の水蒸気は凝結して，水滴
　になる。

　ア　〔X　小さくなる，　Y　圧縮され〕　　イ　〔X　小さくなる，　Y　膨張し〕
　ウ　〔X　大きくなる，　Y　圧縮され〕　　エ　〔X　大きくなる，　Y　膨張し〕

(2)　1m³の空気が含むことのできる水蒸気の最大質量を何というか。その用語を書きなさい。

(3)　地表から50mの高さにある気温20℃の空気が上昇し，地表からの高さが950mの地点で雲が
　できはじめた。次のページの図は，気温と水蒸気量の関係を表したものであり，曲線は，1m³
　の空気が含むことのできる水蒸気の最大質量を示している。この図をもとにして，次の①，②

の問いに答えなさい。ただし，上昇する空気の温度は，100mにつき1.0℃下がるものとし，空気1m³中に含まれる水蒸気量は，上昇しても変わらないものとする。

① この空気の露点は何℃か。求めなさい。

② この空気が地表から50mの高さにあったときの湿度はおよそ何％か。最も適当なものを，次のア～オから一つ選び，その符号を書きなさい。

ア　58%　　イ　62%　　ウ　66%
エ　70%　　オ　74%

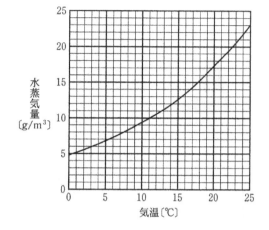

〔5〕　セキツイ動物について，次の(1)，(2)の問いに答えなさい。

(1) セキツイ動物の5つのグループについて，それぞれの化石が発見される地層の年代をもとに考えたとき，地球上に出現した年代が古いものから順に並べたものとして，最も適当なものを，次のア～エから一つ選び，その符号を書きなさい。

ア　魚類　→　ハチュウ類　→　両生類　　　　　→　鳥類　　　　　→　ホニュウ類

イ　魚類　→　ハチュウ類　→　両生類　　　　　→　ホニュウ類　→　鳥類

ウ　魚類　→　両生類　　　→　ハチュウ類　　　→　鳥類　　　　　→　ホニュウ類

エ　魚類　→　両生類　　　→　ハチュウ類　　　→　ホニュウ類　→　鳥類

(2) 図1は，ヒト，イヌ，コウモリの前あしの骨格を，図2は，シマウマとライオンの目の向きを，それぞれ模式的に表したものである。このことに関して，次の①，②の問いに答えなさい。

① 次の文は，ヒト，イヌ，コウモリの前あしの骨格を比較して考えられることについて述べたものである。文中の X ， Y に最もよく当てはまる用語をそれぞれ書きなさい。

> 　ヒト，イヌ，コウモリの前あしの骨格を比較してみると，形が異なっていても，基本的なつくりが共通していることがわかる。形やはたらきが異なっていても，もとは同じ器官であったと考えられる器官のことを X といい，生物のからだが長い年月をかけて世代を重ねる間に変化してきたことの証拠であると考えられている。この変化を Y という。

② シマウマとライオンでは，目の向きに違いがある。ライオンの視野の広さと，物体を立体的に見ることのできる範囲は，シマウマと比較して，どのような違いがあるか。「目の向き」という語句を用いて書きなさい。

〔6〕　健太さんは，理科の授業で月の満ち欠けに興味を
もったので，月を観察することにした。ある年の9月21日
午後7時頃に，新潟県のある場所で観察したところ，満月
が見えた。右の図は，地球の北極側から見たときの地球，
月，太陽の位置関係を模式的に表したものである。このこ
とに関して，あとの(1)～(5)の問いに答えなさい。

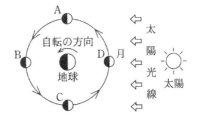

(1) 満月のときの月の位置として，最も適当なものを，図中のA～Dから一つ選び，その符号を
　　書きなさい。

(2) 9月21日午後7時頃に，健太さんから見えた月の方向として，最も適当なものを，次のア～
　　エから一つ選び，その符号を書きなさい。
　　　ア　東の空　　イ　西の空　　ウ　南の空　　エ　北の空

(3) 8日後の9月29日に，同じ場所で月を観察したとき，見える月の形の名称として，最も適当
　　なものを，次のア～エから一つ選び，その符号を書きなさい。
　　　ア　満月　　イ　下弦の月　　ウ　三日月　　エ　上弦の月

(4) 次の文は，月の見え方と，その理由を説明したものである。文中の　X ，　Y　に当てはま
　　る語句の組合せとして，最も適当なものを，下のア～エから一つ選び，その符号を書きなさい。

> 月を毎日同じ時刻に観察すると，日がたつにつれ，月は地球から見える形を変えながら，
> 見える方向を　X　へ移していく。これは，　Y　しているためである。

　　ア　〔X　東から西，Y　地球が自転〕　　　イ　〔X　東から西，Y　月が公転〕
　　ウ　〔X　西から東，Y　地球が自転〕　　　エ　〔X　西から東，Y　月が公転〕

(5) 令和3年5月26日に，月食により，日本の各地で月が欠けたように見えた。月食とは，月が
　　地球の影に入る現象である。月が地球の影に入るのは，地球，月，太陽の位置がどのような
　　ときか。書きなさい。

〔7〕　電流とそのはたらきを調べるために，電熱線a，電気抵抗30Ωの電熱線b，電気抵抗10Ωの
　　電熱線cを用いて，次の実験1～3を行った。この実験に関して，下の(1)～(4)に答えなさい。

> 実験1　図1の端子Pと端子Qに，図2の電熱線aをつないで回路をつくり，スイッチを入
> 　　れて，電圧計が3.0Vを示すように電源装置を調節したところ，電流計の針が図3のように
> 　　なった。

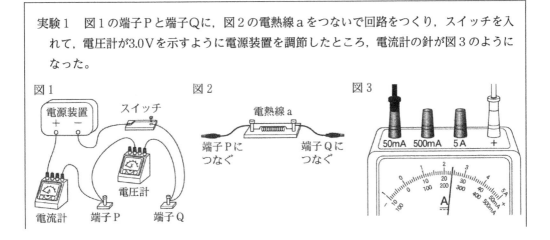

実験2 図4のように電熱線bを2つつないだものを，図1の端子Pと端子Qにつないで回路をつくり，スイッチを入れて，電圧計が3.0Vを示すように電源装置を調節した。

実験3 図5のように電熱線cを2つつないだものを，図1の端子Pと端子Qにつないで回路をつくり，スイッチを入れて，電圧計が3.0Vを示すように電源装置を調節した。

図4　電熱線b　端子Pにつなぐ　電熱線b　端子Qにつなぐ

図5　端子Pにつなぐ　電熱線c　電熱線c　端子Qにつなぐ

(1) 実験1について，次の①，②の問いに答えなさい。
 ① 電熱線aを流れる電流は何mAか。書きなさい。
 ② 電熱線aの電気抵抗は何Ωか。求めなさい。

(2) 実験2について，電流計は何mAを示すか。求めなさい。

(3) 実験3について，2つの電熱線cが消費する電力の合計は何Wか。求めなさい。

(4) 次のア～エの，電熱線b，電熱線c，電熱線bと電熱線cをつないだもののいずれかを，図1の端子Pと端子Qにつないで回路をつくり，スイッチを入れて，電圧計が3.0Vを示すように電源装置を調節し，電流計の示す値を測定した。このとき，ア～エを，電流計の示す値が大きいものから順に並べ，その符号を書きなさい。

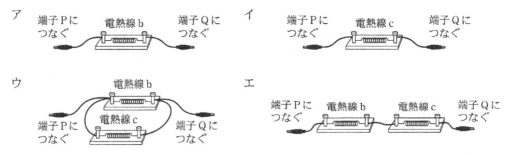

ア　端子Pにつなぐ　電熱線b　端子Qにつなぐ
イ　端子Pにつなぐ　電熱線c　端子Qにつなぐ
ウ　電熱線b　端子Pにつなぐ　電熱線c　端子Qにつなぐ
エ　端子Pにつなぐ　電熱線b　電熱線c　端子Qにつなぐ

〔8〕 エタノールの沸点と，水とエタノールの混合物を加熱して取り出した液体を調べるために，次の実験1，2を行った。この実験に関して，あとの(1)，(2)の問いに答えなさい。

実験1 図1のように，試験管に沸騰石を3個入れてから，エタノールを試験管の5分の1ほどまで入れ，アルミニウムはくでふたをした。
　この試験管を，別に沸騰させておいた水の入ったビーカーの中に入れて加熱し，試験管内のエタノールの温度を，温度計で30秒(0.5分)ごとに測定した。
　次の表は，加熱した時間と試験管内のエタノールの温度の関係を表したものである。

加熱した時間〔分〕	0	0.5	1.0	1.5	2.0	2.5	3.0	3.5	4.0	4.5
温度〔℃〕	25	40	62	75	77	78	78	78	78	78

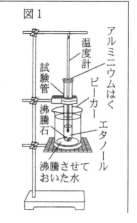

図1　アルミニウムはく　温度計　試験管　ビーカー　エタノール　沸騰石　沸騰させておいた水

実験2　水17.0cm³とエタノール3.0cm³をはかりとって，質量を測定したところ，それぞれ17.00g，2.37gであった。

　次に，水17.0cm³とエタノール3.0cm³の混合物をつくり，図2のように，この混合物と3個の沸騰石を丸底フラスコに入れ，弱い火で加熱して少しずつ気体に変化させた。丸底フラスコ内の気体の温度を測定しながら，気体が冷やされてガラス管から出てきた液体を，試験管Aに体積が約3cm³になるまで集めた。

　その後，試験管Aを試験管Bと交換し，試験管Bに体積が約3cm³になるまで液体を集めた。さらに，試験管Bを試験管Cと交換し，試験管Cに体積が約3cm³になるまで液体を集めた。

　右の表は，試験管A～Cのそれぞれに液体が集まりはじめたときの，丸底フラスコ内の気体の温度をまとめたものである。

図2

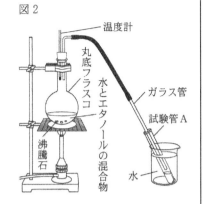

試験管A	試験管B	試験管C
72℃	86℃	92℃

(1)　実験1について，次の①，②の問いに答えなさい。

　①　表をもとにして，加熱した時間と温度の関係を表すグラフをかきなさい。

　②　エタノールの沸点は何℃か。書きなさい。また，そのように判断した理由を書きなさい。

(2)　実験2について，次の①～③の問いに答えなさい。

　①　エタノールの密度は何g/cm³か。求めなさい。

　②　この実験のように，液体を沸騰させて得られた気体を冷やし，再び液体を得る操作を何というか。その用語を書きなさい。

　③　試験管A～Cに集めた液体を，同じ体積ずつはかりとり，質量を比較した。このときの試験管Aからはかりとった液体について述べた文として，最も適当なものを，次のア～エから一つ選び，その符号を書きなさい。

　　ア　水が多く含まれているため，質量が最も小さい。

　　イ　水が多く含まれているため，質量が最も大きい。

　　ウ　エタノールが多く含まれているため，質量が最も小さい。

　　エ　エタノールが多く含まれているため，質量が最も大きい。

＜社会＞　　時間　50分　　満点　100点

〔1〕　次の地図を見て，あとの(1)～(5)の問いに答えなさい。なお，地図中の緯線は赤道を基準と
して，また，経線は本初子午線を基準として，いずれも30度間隔で表している。

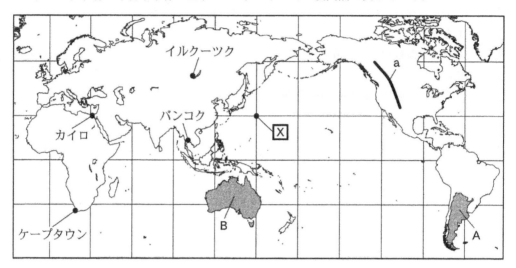

(1)　地図中のaは，山脈を示したものである。この山脈の名称として，正しいものを，次のア～
エから一つ選び，その符号を書きなさい。

　　　ア　ロッキー山脈　　イ　アンデス山脈　　ウ　ヒマラヤ山脈　　エ　ウラル山脈

(2)　地図中に示した地点Ｘの位置の，緯度と経度を書きなさい。ただし地点Ｘは，地図中に示
した緯線と経線が交わった場所である。

(3)　次のア～エのグラフは，地図中に示したケープタウン，カイロ，バンコク，イルクーツクの
いずれかの月降水量と月平均気温を表したものである。このうち，バンコクに当てはまるもの
を，ア～エから一つ選び，その符号を書きなさい。なお，棒グラフは月降水量を，折れ線グラ
フは月平均気温を表している。

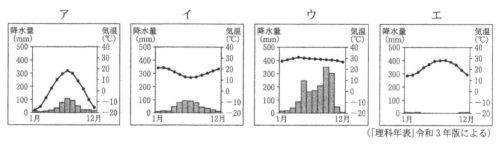

（「理科年表」令和3年版による）

(4)　地図中に示した国Ａについて述べた文として，最も適当なものを，次のア～エから一つ選び，
その符号を書きなさい。

　　　ア　燃料となる石炭などの資源にめぐまれ，世界で最初に産業革命が始まった。

　　　イ　ギニア湾を臨む南部は年間を通じて高温湿潤で，カカオの生産が盛んに行われている。

ウ　シリコンバレーとよばれる地域に，情報技術産業などの企業が集まっている。

エ　パンパとよばれる草原で，小麦の栽培や牛の放牧が大規模に行われている。

(5)　右の表は，地図中に示した国Bの，1969年と2019年における輸出相手国のうち，輸出額の多い順に上位6か国を示しており，1969年に比べて2019年では，アジア州の国が1か国から4か国に増加している。その理由を，「工業化」，「鉱産資源」の語句を用いて書きなさい。

	国Bの輸出相手国	
	1969年	2019年
第1位	日　本	中　国
第2位	アメリカ	日　本
第3位	イギリス	韓　国
第4位	ニュージーランド	イギリス
第5位	フランス	アメリカ
第6位	イタリア	インド

（「国際連合貿易統計年鑑(1969)」，国際連合ホームページより作成）

〔2〕　右の地図を見て，次の(1)〜(4)の問いに答えなさい。

(1)　地図中の　◯　で囲まれた地域には，岬と湾がくり返す入り組んだ海岸が見られる。このような地形を何というか。その用語を書きなさい。

(2)　地図中の地点Pは，空港の位置を示している。この空港の貨物輸送について述べた次の文中の　X　，　Y　に当てはまる語句の組合せとして，最も適当なものを，下のア〜エから一つ選び，その符号を書きなさい。

> 地点Pの空港は，現在，我が国の港や空港の中で，輸出入総額が最大の　X　である。この空港は，主に　Y　を輸送するために利用されている。

ア　〔X　中部国際空港，　Y　自動車などの重くてかさばる貨物　　　　〕

イ　〔X　中部国際空港，　Y　電子部品などの軽くて価値の高い貨物〕

ウ　〔X　成田国際空港，　Y　自動車などの重くてかさばる貨物　　　　〕

エ　〔X　成田国際空港，　Y　電子部品などの軽くて価値の高い貨物〕

(3)　次の表は，秋田県，群馬県，静岡県，福島県，山梨県の，それぞれの県の人口密度，米の産出額，野菜の産出額，果実の産出額，製造品出荷額等を示したものである。この表を見て，下の①，②の問いに答えなさい。

①　表中のaに当てはまる県名を書きなさい。

②　地図中の　▨▨　で示した部分は，表中の福島県の人口密度について，次のページの区分

	人口密度 （人/km²）	米の産出額 （億円）	野菜の産出額 （億円）	果実の産出額 （億円）	製造品出荷額等 （億円）
a	468.5	194	643	298	176,639
b	83.0	1,036	308	72	13,496
c	181.6	63	112	629	26,121
d	305.3	166	983	83	92,011
福島県	133.9	798	488	255	52,812

（「データでみる県勢」2021年版による）

にしたがって作図したものである。同じように，表中の県cの人口密度について，右の区分にしたがって，解答用紙の地図中に作図しなさい。

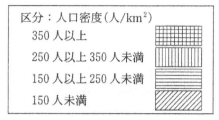

区分：人口密度（人/km²）
350人以上
250人以上350人未満
150人以上250人未満
150人未満

(4) 次の地形図は，地図中の輪島市の市街地を表す2万5千分の1の地形図である。なお，地形図中のAで示した地図記号🏛は，「美術館」を示している。この地形図を見て，次の①，②の問いに答えなさい。

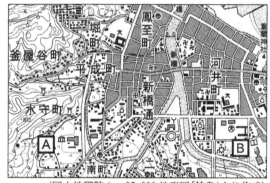

（国土地理院 1：25,000 地形図「輪島」より作成）

① この地形図について述べた文として，最も適当なものを，次のア～エから一つ選び，その符号を書きなさい。

ア　A「美術館」がある地点の標高は，80mである。

イ　A「美術館」からB「図書館」までの直線の長さを測ったところ，約5cmであったので，実際の直線距離は約5kmである。

ウ　「河井町」付近は，広葉樹林が広がっている。

エ　「高等学校」は，「市役所」から見て，東の方位にある。

② A「美術館」には，輪島市でつくられている伝統的工芸品が展示されている。輪島市でつくられている伝統的工芸品として，最も適当なものを，次のア～エから一つ選び，その符号を書きなさい。

ア　鉄器　　イ　将棋の駒　　ウ　漆器　　エ　たんす

〔3〕　社会科の授業で，A～Dの四つの班に分かれて，時代ごとの社会のようすや文化について調べ，発表を行うことにした。次の資料は，班ごとに作成した発表資料の一部である。これらの資料を見て，あとの(1)～(4)の問いに答えなさい。

A班の資料	B班の資料	C班の資料	D班の資料
a　時代 代表的な文化財	平安時代 代表的な文化財	鎌倉時代 c代表的な文化財	江戸時代 e代表的な文化財

唐招提寺の鑑真像	b平等院鳳凰堂	d東大寺南大門の 金剛力士像	f日光東照宮

(1) A班の資料について，aに当てはまる時代の名称を書きなさい。

(2)　B班の資料中の下線部分bについて，この文化財と最も関係の深いできごとを，次のア〜エから一つ選び，その符号を書きなさい。

　ア　宋にわたった栄西が，座禅によってさとりを開こうとする禅宗を我が国に伝えた。

　イ　念仏をとなえ，極楽浄土に生まれ変わることを願う浄土信仰（浄土の教え）が広まった。

　ウ　唐にわたった空海が，真言宗を我が国に伝え，山奥の寺での修行を重視した。

　エ　朝廷が，仏教の力によって国を守ろうとして，国ごとに国分寺と国分尼寺を建てた。

(3)　C班の資料について，次の①，②の問いに答えなさい。

　①　下線部分cについて，この時代に，北条泰時は御成敗式目を制定した。この法令を制定した目的を，「慣習」，「公正」の二つの語句を用いて書きなさい。

　②　下線部分dについて，この文化財をつくった人物の名前として，最も適当なものを，次のア〜エから一つ選び，その符号を書きなさい。

　　ア　運慶　　イ　雪舟　　ウ　一遍　　エ　道元

(4)　D班の資料について，次の①〜③の問いに答えなさい。

　①　下線部分eについて，この時代の農業について述べた次の文中の　X　，　Y　に当てはまる語句の組合せとして，最も適当なものを，下のア〜エから一つ選び，その符号を書きなさい。

> 　江戸時代になると，幕府や藩が新田開発を進めたため，耕地面積が　X　した。また，進んだ農業技術が各地に伝わり，右の絵で示している　Y　などの農具が使われるようになった。

　　ア　〔X　増加，　Y　唐箕〕

　　イ　〔X　増加，　Y　千歯こき〕

　　ウ　〔X　減少，　Y　唐箕〕

　　エ　〔X　減少，　Y　千歯こき〕

　②　下線部分eについて，次のX〜Zは，この時代に起きたできごとである。年代の古い順に並べたものとして，正しいものを，下のア〜カから一つ選び，その符号を書きなさい。

　　X　桜田門外の変が起こった。

　　Y　日米和親条約が結ばれた。

　　Z　幕府が異国船（外国船）打払令を出した。

　　ア　X→Y→Z　　イ　X→Z→Y

　　ウ　Y→X→Z　　エ　Y→Z→X

　　オ　Z→X→Y　　カ　Z→Y→X

　③　下線部分fについて，この文化財を建てた徳川家光は，大名に対して，領地と江戸に一年おきに住むことを命じた。この制度を何というか。その用語を書きなさい。

〔4〕　中学校3年生のNさんは，我が国の近現代の歴史の授業で関心をもった次のA～Dのテーマについて，調べ学習を行った。これらのテーマについて，下の(1)～(4)の問いに答えなさい。

テーマA：近代と現代では，我が国の政治のしくみにどのような違いがあるのだろうか。	テーマB：我が国の近代産業はどのように発展したのだろうか。
テーマC：大正時代から昭和時代初期にかけての我が国の政治や社会の特徴は何だろうか。	テーマD：我が国は，国際社会の動向から，どのような影響を受けてきたのだろうか。

(1)　テーマAについて，次の文は，Nさんが近代と現代の我が国の地方政治のしくみの違いを調べてまとめたものである。文中の　X　に当てはまる用語を書きなさい。また，　Y　に当てはまる数字を書きなさい。

> 　明治時代，新政府は中央集権国家をつくることをめざし，1871年に　X　を実施した。これにより，新政府から派遣された府知事や県令（県知事）が政治を行うことになった。現代では，都道府県知事は住民による直接選挙で選ばれ，満　Y　歳以上の者が被選挙権を有することが定められている。

(2)　テーマBについて調べると，明治時代に，政府が近代産業の育成をめざして，殖産興業政策を進めたことがわかった。この政策の内容を，「欧米」，「官営」の二つの語句を用いて書きなさい。

(3)　テーマCについて，次の①，②の問いに答えなさい。

①　大正時代の我が国の政治について調べると，民主主義が強くとなえられていたことがわかった。次のア～ウは，大正時代に我が国で起きたできごとについて述べたものである。大正時代に起きたできごとを，年代の古いものから順に並べ，その符号を書きなさい。

ア　加藤高明内閣のもとで，選挙制度が改正された。
イ　護憲運動が起こり，桂太郎内閣が総辞職した。
ウ　米騒動をしずめるために，政府が軍隊を出動させた。

②　大正時代から昭和時代初期にかけての我が国の社会のようすについて調べると，メディアが発達し，文化が大衆の間に広まったことがわかった。大正時代から昭和時代初期にかけてのメディアの発達について述べた文として，最も適当なものを，次のア～エから一つ選び，その符号を書きなさい。

ア　テレビ放送が始まり，映像による情報伝達が可能になった。
イ　パソコンやインターネットが普及し，社会の情報化が進んだ。
ウ　ラジオ放送が始まり，国内外のできごとが音声で伝えられるようになった。
エ　新聞や雑誌の発行が始まり，欧米の思想などが紹介されるようになった。

(4)　テーマDについて，次のページの表は，Nさんが，1973年に我が国で始まった石油危機について調べ，その【できごと】の【背景・原因】及び【結果・影響】をまとめたものである。表中の　X　～　Z　に当てはまる語句の組合せとして，最も適当なものを，あとのア～カから一つ選び，その符号を書きなさい。

ア　〔X　中東，　　　Y　上昇，　Z　中国　　　〕
イ　〔X　中東，　　　Y　上昇，　Z　アメリカ〕
ウ　〔X　中東，　　　Y　下落，　Z　中国　　　〕
エ　〔X　朝鮮半島，　Y　上昇，　Z　アメリカ〕
オ　〔X　朝鮮半島，　Y　下落，　Z　中国　　　〕
カ　〔X　朝鮮半島，　Y　下落，　Z　アメリカ〕

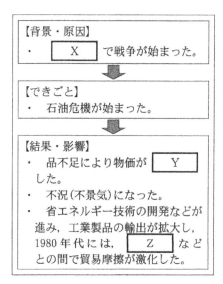

〔5〕　中学校3年生のあるクラスの社会科の授業では，次のA～Dのテーマについて学習を行う
ことにした。これらのテーマについて，あとの(1)～(4)の問いに答えなさい。

テーマ	
A　人権の尊重と日本国憲法について	B　民主政治と政治参加について
C　財政の役割と課題について	D　国際社会のしくみについて

(1)　Aのテーマについて，次の①，②の問いに答えなさい。

①　次の資料は，1989年に国際連合で採択され，我が国では1994年に批准された条約の一部で
ある。この条約を何というか。その名称を書きなさい。

> 締約国は，自己の意見を形成する能力のある児童がその児童に影響を及ぼすすべての
> 事項について自由に自己の意見を表明する権利を確保する。

②　日本国憲法は，国民の自由と権利を保障する一方，国民が自由と権利を濫用することを禁
止し，公共の福祉のために利用する責任があることを定めている。次の表は，日本国憲法で
保障された基本的人権と，その基本的人権が公共の福祉により制限される例を示したもので
ある。表中の　X　に当てはまる語句として，最も適当なものを，下のア～エから一つ選び，
その符号を書きなさい。

基本的人権	公共の福祉により制限される例
X	他人の名誉を傷つける行為の禁止
職業選択の自由	医師免許を持たない者の医療行為の禁止
財産権	不備な建築の禁止

ア　生存権　　イ　請求権　　ウ　身体の自由　　エ　表現の自由

(2)　Bのテーマについて，次の①～③の問いに答えなさい。

①　国民が選挙で選んだ代表者が集まり，複雑な物事について話し合いなどによって決定する

しくみを何というか。最も適当なものを，次のア～エから一つ選び，その符号を書きなさい。

ア　議会制民主主義　　イ　立憲主義　　ウ　多党制　　エ　三審制

② 衆議院議員選挙は，小選挙区制と比例代表制を組み合わせて行われる。このうち，比例代表制では，得票数に応じてドント式で各政党に議席が配分される。比例代表制の選挙が行われ，定数が6人の選挙区で，結果が右の表のようになった場合，a～dのそれぞれの政党に配分される議席数を書きなさい。

政党名	得票数（万票）
a	78
b	72
c	30
d	18

③ 次の表は，国会における，ある予算案の審議の結果を示したものである。このような審議の結果となった場合，日本国憲法では，予算の議決についてどのように規定しているか。「国会の議決」という語句を用いて書きなさい。

日　付	予算案の審議の結果
2月27日	・衆議院予算委員会で予算案を可決した。 ・衆議院本会議で予算案を可決した。
3月27日	・参議院予算委員会で予算案を否決した。 ・参議院本会議で予算案を否決した。 ・両院協議会が開かれたが，意見が一致しなかった。

(3) Cのテーマについて，次の資料は，財政の主な役割についてまとめたものである。この資料を見て，下の①～③の問いに答えなさい。

> 財政の主な役割は三つある。
> ・民間企業だけでは十分に供給できない，社会資本や公共サービスを供給することなどにより，資源の配分を調整する。
> ・a直接税について累進課税の方法をとったり，社会保障政策の充実をはかったりすることなどにより，所得の格差を調整する。
> ・ X のときは，公共事業などへのb歳出を減らしたり，増税したりすることで，企業や家計の経済活動を Y ことをめざすなど，景気の安定化をはかる。

① 下線部分aについて，我が国の主な税のうち，直接税であるものを，次のア～オから一つ選び，その符号を書きなさい。

ア　揮発油税　　イ　消費税　　ウ　関税　　エ　相続税　　オ　入湯税

② 文中の X ， Y に当てはまる語句の組合せとして，最も適当なものを，次のア～エから一つ選び，その符号を書きなさい。

ア　〔X　好況（好景気），　Y　活発にする〕　　イ　〔X　好況（好景気），　Y　おさえる〕
ウ　〔X　不況（不景気），　Y　活発にする〕　　エ　〔X　不況（不景気），　Y　おさえる〕

③ 下線部分bについて，次のページのグラフは，我が国の平成22（2010）年度及び令和2（2020）年度の，一般会計歳出の内訳の割合を示したものである。グラフ中のア～エは，公共事業関係費，国債費，社会保障関係費，防衛関係費のいずれかである。このうち，社会保障関係費はどれか。ア～エから一つ選び，その符号を書きなさい。

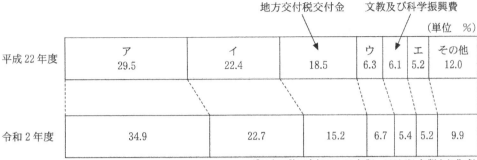

	ア	イ	地方交付税交付金	ウ	文教及び科学振興費	エ	その他
平成22年度	29.5	22.4	18.5	6.3	6.1	5.2	12.0
令和2年度	34.9	22.7	15.2	6.7	5.4	5.2	9.9

(単位　％)

(「日本国勢図会」2010/11年版，2020/21年版より作成)

(4)　Dのテーマについて，次の①，②の問いに答えなさい。

①　世界の平和と安全を維持する役割を果たしている国際連合は，紛争が起こった地域において，停戦や選挙を監視するなどの活動を行っている。この活動を何というか。その用語を書きなさい。

②　現在の国際社会では，特定の地域でいくつかの国々がまとまりをつくり，経済などの分野で協力関係を強めようとする動きが進んでいる。このうち，右の地図中の　　　　　　で示した国のみによって構成されているまとまりとして，正しいものを，次のア〜エから一つ選び，その符号を書きなさい。

ア　APEC　　　イ　AU
ウ　ASEAN　　エ　NAFTA

〔6〕　あるクラスの社会科の授業では，「大人になるとできること」について，テーマを決めて調べることにした。次の資料Ⅰ〜資料Ⅳ（資料Ⅲ・資料Ⅳは次のページ）は，「契約を結ぶこと」をテーマに選んだSさんたちの班が集めたものの一部である。このことについて，あとの(1)，(2)の問いに答えなさい。

資料Ⅰ　契約が成立するしくみ

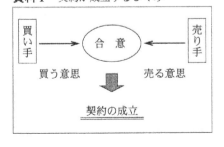

資料Ⅱ　「18，19歳」，「20〜24歳」の年度別消費生活相談件数（平均値）

(国民生活センターホームページより作成)

資料Ⅲ　未成年者の契約について

民法では，未成年者が親の同意を得ずに契約した場合には，原則として，契約を取り消すことができると規定されています。この規定は，未成年者を保護するためのものであり，未成年者の消費者被害を抑止する役割を果たしています。

（総務省ホームページより作成）

資料Ⅳ　「18，19歳」，「20〜24歳」の悪質な手口による被害の消費生活相談件数（2020年度の平均値）

（国民生活センターホームページより作成）

（注）**資料Ⅱ**と**資料Ⅳ**の「18，19歳」（平均値）は，18歳，19歳の相談件数の合計を2で割った値。「20〜24歳」（平均値）は，20歳から24歳までの相談件数の合計を5で割った値。

(1)　前のページの**資料Ⅰ**について，Sさんたちは，契約が成立するしくみについて説明するために，下のカードを作成した。カード中のア〜オは，売買に関する様々な場面について述べた文である。このうち，売買契約が成立した場面として正しいものを，ア〜オから二つ選び，その符号を書きなさい。

【売買契約が成立した場面はどれか】
ア　スーパーマーケットで商品を店の買い物かごに入れた。
イ　自動販売機で飲み物を購入した。
ウ　レストランでメニューを見た。
エ　花屋で店員に商品の説明を頼んだ。
オ　書店に電話をかけて本を注文した。

(2)　Sさんたちは，**資料Ⅱ**（前のページ）〜**資料Ⅳ**から読みとったことをもとに，契約に関する課題について考察し，次の発表原稿を作成した。文中の　X　に当てはまる語句として正しいものを，下のア〜エから一つ選び，その符号を書きなさい。また，　Y　に当てはまる内容を，「保護」という語句を用いて，40字以内で書きなさい。

私たちは，成年になると自分の意思で自由に契約を結ぶことができるようになります。社会では毎日たくさんの契約が結ばれていますが，一方で，契約をめぐって様々な消費者被害が起こっています。**資料Ⅱ**から，未成年の「18，19歳」と成年の「20〜24歳」の年度別消費生活相談件数（平均値）を比較すると，2018年度から2020年度までのすべての年度で，「20〜24歳」の相談件数は，「18，19歳」の相談件数の　X　であることがわかります。**資料Ⅲ**と**資料Ⅳ**から，この要因の一つとして，成年になると，　Y　ことが考えられます。令和4（2022）年4月からは，18歳，19歳の人も成年となります。私たちは，自立した消費者になることができるように，契約の重要性を認識することが大切だと思います。

ア　0.5倍未満　　　イ　0.5倍以上1.0倍未満　　　ウ　1.0倍以上1.5倍未満　　　エ　1.5倍以上

現は、そのような出現を促した自己の変化とともにある。

だが、もう一つ人が風景と出会うときがある。それは、人間が「風景—とともに—あること」を自覚したときである。人生が風景とともにあるということを知るとき、人の生きているということが風景のうちにあるということを知るときである。そのとき人間は風景に出会う。風景について考えるということは、そのような体験の契機に出会うということである。風景についての考察を深めるということは、「風景—とともに—あること」としての人間の自己理解を深めることを意味している。風景について深く思索することは、自己の存在を深く思索することと同じである。

(2) わたしは、「人間は風景を選択するのではなく、風景と出会う」と表現するのである。

風景との出会いに感動があるというとき、「感動」とは、心が風景に感じて動かされることである。「感性」の「感」もまた、「動かされる」ということである。動かされるのは心であるが、動かすものは心の外にある。外界からの刺激によって心が動かされる。その刺激によって成立するのが空間の相貌の立ち現れであり、風景である。

(3) 風景は、人間の外的環境と身体との出会いによって出現するのである。身体と環境のどちらが欠けても風景は出現しない。

わたしたちは風景と出会う。とすると、わたしたちは、特別な機会に風景と出会っているわけでもない。確かに、わたしたちは毎日沖縄の紺碧の海に出会っているわけではないし、窓外に雲上の富士山に出会っているわけでもない。

わたしたちは、生まれたときから風景と出会っているのではないか。その通りである。わたしたちの人生は、風景とともに始まり、風景とともに終わる。人間にとって存在するとは、「風景とともにある」ということである。

（桑子　敏雄「生命と風景の哲学」による）

(一) ――線部分(1)とは何か。具体的に述べている一文を、Ⅰの文章中から三十字以内で抜き出し、そのはじめと終わりの五字をそれぞれ書きなさい。

(二) 文章中の　Ａ　に最もよく当てはまる言葉を、次のア～エから一つ選び、その符号を書きなさい。

ア　具体的　　イ　概念的　　ウ　経験的　　エ　効率的

(三) ――線部分(2)について、筆者がこのように考えるのはなぜか。その説明として最も適当なものを、次のア～エから一つ選び、その符号を書きなさい。

ア　風景は、人間の主体的な行動によって必然的に姿を現すものであり、自ら出会いを求めに行く積極性が必要だから。

イ　風景は、自らの意志で行為を選択してその姿を現すものであり、人間がその出現を待ち続けるしかないから。

ウ　風景は、時間や場所によって異なる姿で立ち現れるものであり、人間が行為として特定の行為を選択することによって出現するものではないから。

エ　風景は、人間が行為として特定の行為を選択できるものではなく、あらかじめ与えられているものだから。

(四) 文章中の　ａ　に最もよく当てはまる言葉を、次のア～エから一つ選び、その符号を書きなさい。

ア　たとえば　イ　つまり　ウ　だから　エ　しかし

(五) ――線部分(3)とはどういうことか。六十字以内で書きなさい。

(六) 次のⅡの文章は、Ⅰの文章と同じ著書の一部である。〰〰線部分について、筆者がこのように考えるのはなぜか。ⅠとⅡの文章を踏まえ、百二十字以内で書きなさい。

Ⅱ

見慣れた風景への出会いがどうして起きるかといえば、そのような風景に遭遇している自己の変化とともに風景が立ち現れるからである。健康なときには気にもとめなかった庭の花の様子が新鮮な生命力を宿していることに気づくときや、病気から回復して眺めた山の姿の落ち着きに対する感動など、風景の出

イ 竜に会いたいと強く願う人がいたが、竜は姿を現してくれな
かったという話が、中国の故事にあったということ。

ウ 竜が会いたいと強く願う人がいたが、その人は竜を恐れて逃げ
出したという話が、中国の故事にあったということ。

エ 竜に会いたいと強く願う人がいて、竜がその人のために姿を見
せたという話が、中国の故事にあったということ。

(六)　──線部分(5)の「思ひ量りもなく」とは、具体的にどういうこと
か。四十字以内で書きなさい。

[四]

次のⅠ、Ⅱの文章を読んで、(一)～(六)の問いに答えなさい。

Ⅰ 人は人生のなかで(1)風景と出会う。「出会う」、「遭遇する」という
のは、一つの出来事である。「出会う」という出来事は、人間とい
う存在を理解するのに不可欠な要素である。すなわち、人間が存在
するときに、そして、自己が存在するということを了解するとき
に、その了解の契機となっているということである。ここで「了解
する」というのは、たんに　Ａ　に理解するということではない。
あるいは、なにか現象から推論によって結論として獲得するという
ことでもない。わたしたちが自己の存在を了解するとは、まず、自
己の存在を感じること、実感することである。「自分という存在が
この世界に存在している、生きている」と感じ、また、そのことを
意識することである。自己の存在を了解するということが、自己の
存在の本質的契機である。　風景との出会いは、そのような契機を提
供する。

人間の存在は「与えられていること（所与）」と「選ぶこと（選
択）」と、その間に広がる「出会うこと（遭遇）」の領域によって構
成されている。

わたしたち人間は、人間としての身体をもって世界を知覚してい
る。身体は、三次元の空間的存在であり、身体そのものは、さらに
より大きな空間のうちにある。したがって、身体とは、二重の意味
で空間的存在である。空間が身体に対して、また、身体に属する感
覚器官に対して感覚的に立ち現れるとき、そこに風景が出現する。
風景とは、身体という空間的存在に立ち現れる空間の相貌である。
相貌の出現をわたしは「出会い」すなわち、遭遇の一つと考えるの
である。

たしかに、わたしたちは、ある風景を見ることを選択する
ことができる。紺碧（こんぺき）の海を眺めるために沖縄に行くことができる。
「風景を見に行く行為を選択する」という意味で、わたしたちは行為
を選択することができる。だから、風景を見ることは、選択の領域
にあるようにみえるかもしれない。

人間は風景を見に行くことを選択することができる。ここで選択
されるのは、見に行く行為である。では、沖縄に行き、海岸
の風景を見ることができたとき、見えた風景は選択されたのであろ
うか。わたしは、沖縄の海岸に海を見るために旅行を選択した。そ
して、海岸に立つことを選択した。そのとき、海は見えたのであ
る。海は、わたしの視覚にその空間の相貌を示した。その時、その
場所で、海はわたしにその姿を見せた。「海はその姿を見せた」とい
うのは、行為の表現ではない。海は行為を選択することができない
からである。それにもかかわらず、海がその姿を見せたから、わた
しには海が見えたのである。海を見ようと目を開けることは行為で
あるが、目を開けたわたしの視覚に広がった海は、わたしにその姿
を見せた。わたしが海を別の時間に、また別の場所で見たとすれ
ば、わたしには違った風景が立ち現れたであろう。このことを、

せ、判者が批評し、その優劣を競う遊戯。

法性寺殿＝内大臣藤原忠通の邸宅。

判者＝歌合などで作品の優劣を判定する人。

殿下＝敬称。ここでは藤原忠通を指す。　　朝臣＝敬称。

B

先生　忠通の邸宅で行われた歌合は、判者が二人いるという珍しい形式で、その判者は、俊頼と基俊でした。

ナツコ　俊頼の和歌は、会いたい人に会えない気持ちを詠んだ和歌ですね。ところで、どうして基俊は、「たつ」を鶴だと思い込んだのでしょうか。

アキオ　私も気になったので調べてみたら、平安時代は、仮名を書くときには濁点をつけないから、「たつ」は「たつ（竜）」とも「たづ（鶴）」とも読めることがわかりました。

ナツコ　確かに、鶴を詠んだ和歌は多いですが、竜を詠んだ和歌はあまり見ません。

ハルカ　俊頼が書いた判の詞について調べたら、俊頼は、中国の故事を踏まえて、竜を和歌に詠んだことがわかりました。珍しさを尊重する俊頼と伝統を重んじる基俊の態度の違いがはっきり現れていて面白いですね。

アキオ　基俊は博識の人だったそうですが、この故事のことは忘れていたのでしょうか。

先生　実は、この文章の続きの部分で、基俊について、失敗も多かったと語っています。(5)思ひ量りもなく人の事を難ずる癖が（くせ）あったので、

ハルカ　これは現代にも通じることですね。

（注）　思ひ量り＝深く考えをめぐらすこと。

(一)　～～線部分の「思ふ」の読みを、すべてひらがなで書きなさい。ただし、現代かなづかいでない部分は、現代かなづかいに改めること。

(二)　——線部分(1)の「口惜しや」の意味として最も適当なものを、次のア〜エから一つ選び、その符号を書きなさい。

ア　あなたの姿を見ることができてうれしいなあ。
イ　あなたが姿を見せてくれないとは残念だなあ。
ウ　あなたの姿を見ることができたら安心だなあ。
エ　あなたが姿を見せてくれないのは心配だなあ。

(三)　——線部分(2)の「雲井に住む事やはある」には、基俊のどのような気持ちが表れているか。最も適当なものを、次のア〜エから一つ選び、その符号を書きなさい。

ア　鶴が雲の中に住むはずがないと非難する気持ち。
イ　鶴は雲の高さまで飛べるのかと感心する気持ち。
ウ　鶴は雲の中に住むに違いないと納得する気持ち。
エ　鶴が雲を越えるという表現に難色を示す気持ち。

(四)　——線部分(3)の「其の座には詞も加へず」とはどういうことか。二十字以内で書きなさい。

(五)　——線部分(4)の「かれがために現はれて見えたりし事の侍る」とはどういうことか。最も適当なものを、次のア〜エから一つ選び、その符号を書きなさい。

ア　竜が会いたいと強く願う人がいて、その人が竜に会いに来てくれたという話が、中国の故事にあったということ。

当てはまる言葉を、あとのア〜エから一つ選び、その符号を書きなさい。

【説明】　手紙の書き出しは、その季節を表す文から始め、次に相手の安否を気づかう言葉を述べます。主文の後にも結びのあいさつを述べ、頭語に対応した結語で締めくくり、日付と署名、宛名を添えます。

拝啓
春風の心地よい季節になりました。
さて、このたびは私の入学祝いにすてきな腕時計をお贈りくださいましてありがとうございました。文字盤が見やすくてとても気に入りました。叔母様からいただいた腕時計とともに、これからの時間を大切に過ごして参ります。
なかなか遊びにうかがえませんが、またお会いできる日を楽しみにしています。まだ肌寒く感じる日もありますので、風邪などひかないよう、お気を付けください。

　　　　　　　　　 A

　　　　　　　　　　　　　　　　　　　　敬具

令和四年四月十日

　　　　　　　　　　　　　　　山田　正太

新潟　栄子　様

ア　学校生活は毎日とても楽しいです。
イ　もうすぐ暑い夏がやって参ります。
ウ　お元気でお過ごしのことと存じます。
エ　お礼をお伝えしたくて筆をとりました。

【三】　次のAの文章は、鴨長明の「無名抄」の一部で、源俊頼と藤原基俊の歌合での出来事について、長明の和歌の師である俊恵が語ったことを記したものである。また、Bの文章は、Aの文章について調べた三人の生徒と先生の会話である。この二つの文章を読んで、(一)〜(六)の問いに答えなさい。

A

法性寺殿にて歌合ありけるに、俊頼・基俊、二人判者にて、作者ノ名ヲ隠シテソノ場デ勝負ヲ判定シタガ名を隠して当座に判じけるに、俊頼の歌に、

(1)口惜しや雲井隠れに棲むたつも思ふ人には見エタトイウノニ見えけるものを

是を基俊、鶴と心得て、「田鶴は沢にこそ棲ムガ、(2)雲井に住む事やはある」と難じて、負になしてける。されど俊頼、(3)其の座には詞も加へず。其の時殿下、「今夜の判の詞、おのソレソレく書きて差シ出セ参らせよ」と仰せられける時、俊頼朝臣、「これ鶴にはあらず、竜なり。彼のなにがしとかやが、(4)かれがために現はれて見えたりし事の侍る中国ノ誰ソレトイッタ人ガを、歌ニヨンダノデアルよめるなり」と書きたりけり。

(注)
源俊頼＝平安時代の歌人。　藤原基俊＝平安時代の歌人。
歌合＝左右に分けた歌人の詠んだ和歌を左右一首ずつ出して組み合わ

＜国語＞

時間　五〇分　満点　一〇〇点

〔一〕

(一) 次の(一)、(二)の問いに答えなさい。

(一) 次の1～5について、──線をつけた漢字の部分の読みがなを書きなさい。

1 美しい絵に心を奪われる。

2 空に白い雲が漂う。

3 登場人物の心理を描写する。

4 抑揚をつけて話す。

5 商品を棚に陳列する。

(二) 次の1～5について、──線をつけたカタカナの部分に当てはまる漢字を書きなさい。

1 氷をコマかく砕く。

2 実験をココロみる。

3 友人の意見にキョウメイする。

4 生徒総会にギアンを提出する。

5 仕上げのダンカイに入る。

〔二〕

(一) 次の(一)～(五)の問いに答えなさい。

(一) 次の文と、文節の数が同じ文を、あとのア～エから一つ選び、その符号を書きなさい。

> 休日に図書館で本を借りる。

ア 虫の音に秋の気配を感じる。

イ こまやかな配慮に感謝する。

ウ あの山の向こうに海がある。

エ 風が入るように窓を開ける。

(二) 次の文中の「眺望」と同じ意味で「望」が使われている熟語を、あとのア～エの──線部分から一つ選び、その符号を書きなさい。

> 山頂には素晴らしい眺望が広がる。

ア 今後の展望について語る。　イ 待望の夏休みが訪れる。

ウ 大会への出場を希望する。　エ 同僚からの信望を得る。

(三) 次の文中の「ない」と同じ品詞であるものを、あとのア～エの──線部分から一つ選び、その符号を書きなさい。

> 森の中はとても静かで物音ひとつ聞こえない。

ア 次の目的地はそれほど遠くない。

イ 姉からの手紙がまだ届かない。

ウ この素材は摩擦が少ない。

エ 私はその本を読んだことがない。

(四) 次の俳句に詠まれている季節と同じ季節の情景を詠んだ俳句を、あとのア～エから一つ選び、その符号を書きなさい。

> 若葉して家ありしとも見えぬかな　　　正岡　子規

ア 山茶花の散りしく月夜つづきけり　　　山口　青邨

イ 鳥渡る空の広さとなりにけり　　　石塚　友二

ウ 山国の星をうつして水ぬるむ　　　吉野　義子

エ 噴水のしぶけり四方に風の街　　　石田　波郷

(五) 次の【説明】にしたがって手紙を書く場合に、［Ａ］に最もよく

2022年度

解 答 と 解 説

《2022年度の配点は解答用紙集に掲載してあります。》

＜数学解答＞

〔1〕　(1)　−4　　(2)　$7a−17b$　　(3)　$2b$　　(4)　$\sqrt{2}$　　(5)　$x=6, −1$
　　　(6)　$y=2x+3$　　(7)　$\angle x=80$度　　(8)　ウ，オ

〔2〕　(1)　(例)$56=2^3×7$であるので，
　　　求める自然数は，$n=2×7=14$
　　　答　$n=14$　　(2)　(例)3と書いた
　　　カードを③, ③, 4と書いたカード
　　　を④, ④とおく。カードの取り出
　　　し方は，全部で15通りあり，このうち，少なくとも1枚
　　　は奇数が含まれるのは12通りある。よって，求める確率
　　　は，$\frac{12}{15}=\frac{4}{5}$　　答　$\frac{4}{5}$　　(3)　右図

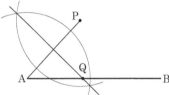

〔3〕　(1)　$y=\frac{1}{4}x^2$　　(2)　毎秒7m　　(3)　(例)ボートAの，
　　　スタートして14秒後からゴールするまでのyをxの式で
　　　表すと，$y=7x−49$　$y=200$のとき，$a=\frac{249}{7}$　　答　$a=\frac{249}{7}$

　　　(4)　ア　B　　イ　A　　ウ　$\frac{4}{7}$

〔4〕　(1)　ア　144　　イ　12　　(2)　$3cm^2$　　(3)　解説参照　　(4)　12　　(5)　解説参照

〔5〕　(1)　1cm　　(2)　(例)線分PQ，EGの中点をそれぞれM，Nとおく。PQ//EG，OM=1cm，
　　　MN=2cmであるから，PQ：EG=1：3　また，EG=$4\sqrt{2}$cm　よって，PQ=$\frac{4\sqrt{2}}{3}$cm
　　　答　$\frac{4\sqrt{2}}{3}$cm　　(3)　(例)△FPQはFP=FQの二等辺三角形で，PQを底辺とすると高さ
　　　はMFである。△MNFにおいて，$MF^2=MN^2+NF^2=12$　$MF=2\sqrt{3}$cm　よって，△PFQ
　　　の面積は，$\frac{1}{2}×\frac{4\sqrt{2}}{3}×2\sqrt{3}=\frac{4\sqrt{6}}{3}$cm²　　答　$\frac{4\sqrt{6}}{3}$(cm²)

＜数学解説＞

〔1〕　(数・式の計算，平方根，2次方程式，直線の式，円の性質と角度，箱ひげ図)

　(1)　$2−11+5=(2+5)−11=7−11=−4$

　(2)　$3(a−3b)−4(−a+2b)=3a−9b+4a−8b=7a−17b$

　(3)　$8a^2b^3÷(−2ab)^2=8a^2b^3÷4a^2b^2=\frac{8a^2b^3}{4a^2b^2}=2b$

　(4)　$\sqrt{6}×2\sqrt{3}−5\sqrt{2}=2×\sqrt{2×3}×\sqrt{3}−5\sqrt{2}=6\sqrt{2}−5\sqrt{2}=\sqrt{2}$

　(5)　$x^2−5x−6=0$　$(x−6)(x+1)=0$　よって，$x=6, −1$

　(6)　傾きは，$\frac{7−1}{2−(−1)}=2$より，直線の式を$y=2x+b$とおいて，点$(−1, 1)$を通るから，$x=−1$，
　　　$y=1$を代入すると，$1=2×(−1)+b$　$b=3$　よって，$y=2x+3$

(7) 線分ACと線分BDとの交点をEとする。∠BOC＝180°−46°＝134° **中心角と円周角の関係**
により，∠BAC＝134°×$\frac{1}{2}$＝67° △ABEで，内角の大きさの和は180°だから，∠x＝180°−
（33°＋67°）＝80°

(8) ア A組の最大値は30m未満である。 イ 四分位範囲は，（第3四分位数）−（第1四分位数）
で求められるから，A組の四分位範囲はおよそ13m，B組の四分位範囲はおよそ9mである。
ウ 範囲は，（最大値）−（最小値）で求められるから，B組の範囲はおよそ29m，C組の範囲はお
よそ24mである。 エ A組について，第1四分位数が10m以上，第2四分位数が15m，第3四分
位数が20m以上なので，10m以上15m以下の生徒は8人以上であり，15m以上20m未満の生徒は
8人以下である。 オ C組について，第3四分位数（27番目の値）が25m未満なので，25m以下の
生徒は27人以上いる。

〔2〕 （平方根の性質，確率，作図）

(1) 56を素因数分解すると，56＝2^3×7より，n＝(2×7)×k^2（kは自然数）と表されるとき，$\sqrt{56n}$
は自然数となる。このとき，$\sqrt{56n}$＝$\sqrt{56×(2×7)×k^2}$＝28kより，k＝1のとき，nは最も小さく
なり，その値はn＝(2×7)×1^2＝14

(2) 2枚 の3を③，③，2枚 の4を④，④
と区別し，樹形図で表すと，右の図の
ようになる。取り出し方は15通りあり，
このうち，少なくとも1枚のカードに奇
数が書かれている場合は12通り。よって，求める確率は，$\frac{12}{15}$＝$\frac{4}{5}$

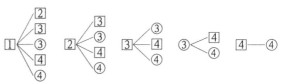

(3) AB＝AQ＋QB＝PQ＋QBより，AQ＝PQ よって，線分APの垂直二等分線と線分ABとの交
点をQとすればよい。

〔3〕 （関数のグラフの利用）

(1) y＝ax^2（a＞0）とおいて，x＝14，y＝49を代入すると，49＝a×14^2 a＝$\frac{1}{4}$ よって，y＝$\frac{1}{4}x^2$

(2) 20−14＝6（秒間）で，91−49＝42（m）進むから，42÷6＝7より，毎秒7m

(3) 14≦x≦aのときのyをxの式で表す。傾きは7より，y＝7x＋cとおいて，点（14，49）を通るか
ら，x＝14，y＝49を代入すると，49＝7×14＋c c＝−49 よって，y＝7x−49 これにy＝200
を代入して，200＝7x−49 7x＝249 x＝$\frac{249}{7}$ よって，a＝$\frac{249}{7}$

(4) ボートBについて，20≦x≦bのときのyをxの式で表す。傾きは，$\frac{160−80}{30−20}$＝8より，y＝8x＋d
とおいて，点（20，80）を通るから，x＝20，y＝80を代入すると，80＝8×20＋d d＝−80 よ
って，y＝8x−80 これにy＝200を代入して，200＝8x−80 8x＝280 x＝35 よって，b＝35
$\frac{249}{7}$＝35.5…より，先にゴールしたのはボート$_ア$B であり，ボート$_イ$A の$\frac{249}{7}$−35＝$_ウ\frac{4}{7}$（秒前）に
ゴールした。

〔4〕 （平面図形，面積，線分の長さ，相似，証明）

(1) 縦9cm，横16cmの長方形だから，面積は，9×16＝$_ア\underline{144}$
（cm^2） 正方形の1辺の長さを$a$cmとすると，a^2＝144 a＞0
より，a＝$_イ\underline{12}$（cm）

(2) 右の図より，縦1cm，横3cmの長方形だから，面積は，
1×3＝3（cm^2）

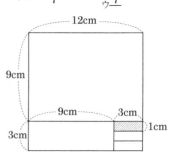

(3)　(例)△PQRと△HQPにおいて，∠QPR＝∠QHP＝90°…①　∠PQR＝∠HQP…②　①，②より，2組の角がそれぞれ等しいから，△PQR∽△HQP

(4)　△PQR∽△HQPより，PQ：HQ＝RQ：PQ　PQ：9＝16：PQ　PQ²＝144　PQ＞0より，PQ＝12(cm)

(5)　(例)　点Hは，図4と同じ点とする。△PQHと△ERDにおいて，QH＝RD…①　∠PHQ＝∠EDR＝90°…②　∠QPH＝∠PRHだから，∠PQH＝90°－∠QPH＝90°－∠PRH＝∠ERD…③　①，②，③より，1組の辺とその両端の角がそれぞれ等しいので，△PQH≡△ERD　よって，PQ＝ER

〔5〕　(空間図形，線分の長さ，面積)

(1)　線分ACの中点をMとすると，OMが正四角すいOABCDの高さとなる。△ABCは，直角二等辺三角形だから，AB：AC＝1：√2　4：AC＝1：√2　AC＝4√2(cm)　△OAMで，三平方の定理により，OM²＝OA²－AM²＝3²－(2√2)²＝9－8＝1　OM＞0より，OM＝1(cm)

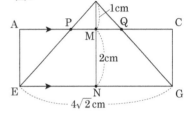

図1

(2)　右の図1のような断面を考える。線分EGの中点をNとすると，PQ//EGなので，PM：EN＝OM：ON＝1：(1+2)＝1：3　よって，PQ＝2PM＝2×$\frac{EN}{3}$＝$\frac{EG}{3}$＝$\frac{4\sqrt{2}}{3}$(cm)

(3)　△PFQはFP＝FQの二等辺三角形なので，PQを底辺するとMFが高さとなる。△FMNで，三平方の定理により，MF²＝MN²＋NF²＝2²＋(2√2)²＝12　MF＞0より，MF＝√12＝2√3(cm)　よって，面積は，△PFQ＝$\frac{1}{2}$×PQ×MF＝$\frac{1}{2}$×$\frac{4\sqrt{2}}{3}$×2√3＝$\frac{4\sqrt{6}}{3}$(cm²)

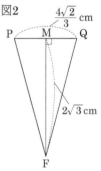

図2

＜英語解答＞

〔1〕　(1)　1　ア　　2　ウ　　3　エ　　4　ウ　　(2)　1　イ　　2　エ　　3　エ　　4　ウ
　　　(3)　1　(例)No, they won't.　　2　(例)She wants to take pictures with them.

〔2〕　(1)　ウ　　(2)　a　(例)I'm interested in Lecture B the most.　　b　(例)Because I want to help children who hope to study at school.　To find good ways to help them, I should know their problems.

〔3〕　(1)　A　エ　　D　ウ　　(2)　B　what an interesting story　　G　happy to hear that　　(3)　It will rain when a swallow flies low.／By touching an aching body part, you can reduce pain.　　(4)　イ　　(5)　(例)「それはなぜ起こるのか」「それは本当に正しいか」というような疑問をいつも持ち，研究をする人々。
　　　(6)　エ

〔4〕　(1)　(例)レオは日本語をうまく話せず，ときどきカナたちの日本語を理解できないこと。
　　　(2)　ア　　(3)　(例)talk with them in Japanese　　(4)　エ
　　　(5)　①　(例)Yes, they can.　　②　(例)Because he doesn't look so happy when Kana and her classmates talk to him.　　③　(例)They can share ideas with people in the world.　　(6)　(例1)Hello,〔Kana〕. I'm ＊＊＊. Why don't you ask him what he really wants? For example, he may like

talking in Japanese because he is studying in Japan. You are kind, so you can help him better. (例2)Hello, [Leo]. I'm ＊＊＊. Your classmates will understand you if you tell them your true feelings. When I had an experience like yours and told my friends my feelings, we became better friends.

＜英語解説＞

〔1〕 (リスニング)

放送台本の和訳は，45ページに掲載。

〔2〕 (会話文：語句補充・選択，英問英答，条件英作文，現在・過去・未来と進行形，不定詞，比較，分詞の形容詞的用法，受け身)

【案内】

講演会A：だれに対しても安全な水	講演会B：学校で学習すること
約22億人が清潔で安全な水を飲むことができず，その多くが病気になっています。彼らの健康的な生活には安全な水が必要です。	約16億人の子供たちが学校に通っていません。彼らの多くは，読み方，書き方や，計算の仕方を学び，彼らの生活を改善したいと望んでいます。
講演会C：食べ物を無駄にしないこと	講演会D：森林は失われるだろう
約20億人が十分な食料を食べることができませんが，世界の食料の30パーセント以上が無駄にされています。どうすれば食べ物の無駄をなくすことができますか？	2030年までに，アマゾンの熱帯雨林の60パーセントが失われる可能性があります。そうなると，そこに住む多くの動植物が生きる場所を失うことになります。

【会話】

＊＊＊：　うわー，全部の講演会が面白そうだ。きみはどれを聴く？

オリバー：　レクチャーCを聞こうかな。母はレストランで働いていて，たくさんの食べ物が無駄にされているとよく言っている。それをなくすための方法を学びたい。君はどう？どの講演会に一番興味があるの？

＊＊＊：　a(講演会Bに一番興味がある。)

オリバー：　なぜきみはそれを聞きたいの？

＊＊＊：　(学校で勉強することを望む子供たちを助けたいから。子供たちを助ける良い方法を見つけるためには，子供たちの問題を知る必要がある。)

(1)　ア　講演会A　　イ　講演会B　　ウ　講演会C(○)　　エ　講演会D　空欄のあとの文では「たくさんの食べ物が無駄にされて，それをなくす方法を学びたい」とあるのでウ(講演会C)が適当。

(2)　a　(例)I'm interested in Lecture B the most.　　b　(例)Because I want to help children who hope to study at school. To find good ways to help them, I should know their problems. （例訳）　a　講演会Bに一番興味がある。

b　学校で勉強することを望む子供たちを助けたいから。子供たちを助ける良い方法を見つけるためには，子供たちの問題を知る必要がある。　bの解答例の文のwho hope to～のwhoは関係代名詞で，直前childrenを説明し「学校で学びたい子供たち」となる。

〔3〕　(会話文：語句選択：補充，条件付き英作文，語句の並べ換え，日本語で答える問題，内容真偽，語句の解釈，指示語，文の挿入，語形変化，不定詞，現在完了，間接疑問文，現在・過去・未来と進行形，動名詞，関係代名詞)

（全訳）　ルリは中学生です。ジェーンはカナダ出身で，日本の大学で科学を勉強しています。ジェーンはルリの家に滞在しています。彼女たちは公園で話しています。

ジェーン：見て，ツバメが飛んでいる。

ルリ　　：ああ，あのツバメは低く飛んでいる。そうね，私のおばあさんがここにいたら，「雨が降る前に家に帰りなさい」と言うと思う。おばあさんは迷信が大好きだから。

ジェーン：ルリ，あなたのおばあさんは正しいかもしれない。ツバメが低く飛ぶと雨が降るよ。

ルリ　　：どういうこと？

ジェーン：私は科学の本で読んだの。ツバメは昆虫を食べる。雨が降り始める前は，湿気のために昆虫は高く飛ぶことができない。A（飛んでいる）昆虫を食べるためには，ツバメも低く飛ぶの。

ルリ　　：うわー，B なんて面白い話なのね ！それは迷信ではないのね。

ジェーン：あなたのおばあさんは，他の役に立つ話を知っているかもしれないよ。

ルリ　　：そうね，おばあさんに聞いてみる。

ジェーン：別の面白い話を知っているよ。ルリ，弟がテーブルの脚に足をぶつけて泣き出したら，どうする？

ルリ　　：そうね，「大丈夫？」と言って，手で弟の足に触れると思う。

ジェーン：あなたはいいお姉さんね。けれども，それは痛みを軽くすると思う？

ルリ　　：いいえ。迷信だよね？

ジェーン：ルリ，迷信ではないと言う科学者もいる。痛む体の部分に触れることで，痛みを減らすことができる。この話は先生から聞いたの。

ルリ　　：本当に？　それはすごい！

ジェーン：C これらの話 は，人間が経験から学んだ2つの事例なの。彼らはそれらのことを子供たちに D（教えた）。迷信だと思う人がいるかもしれないけど，いくつかは本当のこと。科学的な研究をすることで，私たちは多くのことを知ることができるの。

ルリ　　：すてきね！　科学はとても興味深いものだね。

ジェーン：そう。ええと，あなたが科学を好きなら，一つ覚えてもらいたいことがある。科学は完璧ではないということ。

ルリ　　：E どういう意味？ 　科学的な研究を行うことで，私たちは多くのことを知ることができると，さっき言ったよね。

ジェーン：ええ。科学は役に立つし，私たちに多くのことを教えてくれる。けれども，何が本当に真実かを知ることはとても困難なの。

ルリ　　：例を教えてくれる？

ジェーン：たとえば，過去には，多くの科学者がすべての恐竜が死に絶えたと信じていた。けれど

　　　も今，一部の科学者はいくつかの恐竜が生き残ったと言っている。この例のように，科学者は時々何かについて異なる学説を持っているの。

ルリ　：なるほど。科学は役に立つけれども，本当のことを知るのは難しいということね。

ジェーン：そう。科学者でさえ，真実を知ることは困難なのね。「なぜそれが起こるのか？」「それは本当に正しいのか？」科学者はそのような疑問をいつも持って，研究をしている。長い間，F それらの人々 は科学を発展させてきている。

ルリ　：どうすればそのような人になれるのかな？

ジェーン：いつもよく考えて，日常生活から疑問を見つけようとするべきね。疑問があるときは，それについてどのように勉強し，研究するかを考える。また，たくさんの科学の本を読むことも重要だね。あなたはまだ中学生だけれど，できることはたくさんある。

ルリ　：わかった，やってみる。そして，あなたのように将来科学を勉強する！

ジェーン：私は G それを聞いてうれしい 。科学をもっと楽しく学べると思う。

(1) A　ア flyの現在形　イ flyの現在形三人称単数　ウ flyの過去形　エ flyのing形（○）　空欄Aにflyを入れ「それらの飛ぶ昆虫」という意味にするには，flyingとしてinsectsを「飛んでいる」と説明する形容詞的用法が適当。　D　ア 聞いた　イ 失った　ウ 教えた（○）エ 理解した　空欄Dの文は，「人々は経験から学んだことを子供たちに～」という意味になるので空欄にはウが適当。空欄の直前にhaveがあり現在完了形と考えられるので，teachの過去分詞形taughtとする。

(2) B　what an interesting story（なんと興味深い話なんだろう）　四角Bの後には感嘆符!があることから，四角内の文は感嘆文となるように並べ換える。What＋a(an)＋形容詞＋名詞！の順番にしたい。　G　happy to hear that（それを聞いてうれしい）　四角Gの前はI'm（I am）とあって動詞があるのでhearはtoを合わせて不定詞として文を構成する。この不定詞は「～して」という意味で副詞的な働きがある。

(3) It will rain when a swallow flies low.　By touching an aching body part, you can reduce pain.　下線部の文は「これらの話は，人間が経験から学んだ2つの事例」を意味している。下線の文の前に提示された例は，「つばめが低く飛べば雨になる」と「痛い部分に触れると痛みが減る」だと考えられる。この二つを表す英文を問題本文から選びたい。解答例では，問題本文第3番目のジェーンの発話第2文 I will rain～と，第13番目のジェーンの発話第2文 By touching an ～を選んでいる。touching は動名詞形で「さわること」。

(4) ア なぜあなたはそれを覚えていますか？　イ どのような意味ですか？（○）　ウ 私はそれを決して忘れません。　エ あなたが正しいと確信しています。　空欄Eの前後の文の意味に合うような文を選択したい。各選択肢の文の意味からするとイが適当。

(5) (例)「それはなぜ起こるのか」「それは本当に正しいか」というような疑問をいつも持ち，研究をする人々。下線部Fの those people は scientists(科学者たち)のことだと考えられ，下線部の直前では科学者は「『なぜそれが起こるのか？』『それは本当に正しいか？』という疑問を持ち研究している」とあるので，ここから解答の文を作成する。

(6) ア 迷信は役に立たないので，ルリは人々が迷信を信じるべきだとは考えていない。　イ ジェーンは彼女の祖母から科学を学んだので，科学について多くの興味深い話を知っている。　ウ ジェーンは，科学者は何が本当に真実であるかを常に知ることができ，異なる学説を持っていないと考えている。　エ ジェーンは科学者でさえ本当のことを知るのは難しいとルリに言ったが，ルリは科学を勉強したいと思っている。（○）　オ 中学生では若すぎるので研究することはできないと，ジェーンは考えている。　問題本文の第23文のジェーンの発話最初の

　文 Yes. It's difficult ～でジェーンは，「科学者でさえ，真実を知ることは困難だ」と言っているのに対し，第26文のルリの発話 OK. I will ～では「将来科学を勉強したい」と言っていることから，選択肢エが適当。選択肢エの has told は現在完了形。

〔4〕　（長文読解，手紙文：日本語で答える問題，語句補充・選択，条件英作文，自由英作文，英問　　　英答，比較，動名詞，現在・過去・未来と進行形，接続詞，助動詞）

（全訳）　マイクはアメリカ出身で，日本の大学で日本文化について学びました。現在，ヒカリ高校のALTです。彼は職員室の前のテーブルに「質問箱」を置いています。生徒は質問があるときに手紙を入れることができます。生徒たちはマイクにアメリカについて，英語を学ぶ方法などについて尋ねます。マイクは「質問箱」が気に入っています，なぜなら，それは学生と意思を伝え合う良い方法だからです。

　10月のある日，彼は2通の長い手紙を受け取りました。ある手紙は，英語クラブの女の子，カナからのものでした。もう一つの手紙は，フランスからの生徒のレオからのものでした。

【カナからの手紙】

　こんにちは，マイク先生。カナです。フランスからの生徒，レオを知っていますか？　彼は私たちのクラスに2カ月間います。彼は親切で，誰もが彼を好きです。でも今は少し彼が心配です。

　彼は日本語をうまく話せず，時々私たちの日本語が理解できません。しかし，A それは問題ではありません。私たちは彼と英語で意思を伝え合うことができます。彼は素晴らしい英語を話し，私たちは彼から多くのことを学びます。先月，彼は私たちと話をしたとき，とても楽しそうに見えました。けれども最近，私たちが彼と話すとき，彼はそれほど楽しそうに見えません。なぜ彼はそのように見えるのですか？

　そうですね，レオは英語をとても速く話して難しい言葉を使っているので，私たちは理解できないことがあります。また，私たちにとってすべてを英語で表現することは難しいのです。これが彼をがっかりさせていますか？　私たちが英語を上達させたら，彼は楽しくなるでしょうか？

　彼に「大丈夫？」と聞くと，いつも大丈夫と言います。しかし，困っていたら助けたいのです。マイク先生，何が B 彼の問題なのかわかりますか？　アドバイスをお願いします，そして良い友達になるために私たちを助けてください。

【レオからの手紙】

　こんにちは，マイク先生。レオです。私は8月に日本に来ました。私の気持ちを理解できるのは先生だけかもしれないので，この手紙を書いています。

　私は日本語がうまく話せないので，クラスメートは英語で話しかけてくれます。彼らはすべての外国人が素晴らしい英語を話すと思うかもしれません。私の英語は彼らのよりいいかもしれませんが，私は英語がうまくはありません。私はクラスメートと話すのが大好きですが，まるで英語を練習したいという理由だけで，クラスメートが私に話しかけているように時々感じることがあります。

　私は日本語を学ぶために日本に来ました。私は毎日日本語を勉強し，いくつかの単語を学びました。クラスメートがゆっくり話すと，日本語が少しわかります。しかし，彼らはすべてを英語で言おうとします。

　私は英語が私たちの共通言語であることを知っています。私たちが普段話す言語ではありませんが，英語で意思を伝え合うことができます。将来的には，クラスメートと私は英語を使って世界中の人々とアイデアを共有できるようになります。素晴らしいことですが，今はクラスメートと日本語で意思を伝え合いたいと思っています。学校で日本語を使わないと日本語が上達しません。

　マイク先生，クラスメートに私の気持ちを伝えるべきですか？　彼らが私に親切にしようとして

いることを，私は知っています，そして私は彼らの気持ちを傷つけたくありません。もしあなたが私だったらどうしますか？

　マイクは大学時代を思い出しました。マイクは彼らの気持ちを本当に理解していました。「何人かの友人が私を助けるために，英語で私に話しかけた。彼らは良い友達で，彼らのおかげで私は日本での生活を楽しんだ。しかし，私は_C彼らと日本語で話し，日本語を上達させたいと思った。レオ，私も同じ願いを持っていた。」と彼は考えました。

　しかし，マイクはあまり心配していませんでした。「他の人と意思を伝え合うことは難しいこともあるけれども，カナとレオは_Dお互いを考え合っている。彼らは良い友達になるだろう」と彼自身の心の中で考えました。マイクは彼らに手紙を書き始めました。

(1) （例）レオは日本語をうまく話せず，ときどきカナたちの日本語を理解できないこと。下線部はその直前の文He doesn't speak ～を指していると考えられるので，この文から解答を作成する。

(2) （正答文）Leo(isn't happy when he talks with us) because (our English is not as good as Leo's).　ア　X　彼が私たちと話をするとき楽しくない　Y　私たちの英語がレオの英語ほどうまくない(○)　イ　X　彼が私たちと話しをするとき楽しくない　Y　私たちは彼と英語で話す。　ウ　X　彼の日本語を上達させられない　Y　私たちの英語がレオの英語ほどうまくない　エ　X　彼の日本語を上達させられない　Y　私たちは彼と英語で話す。　カナが思っている下線部Bの his problem とは，カナの手紙の第2段落第6文 But these days, ～にある「私たちが彼と話すとき，彼はそれほど楽しそうに見えない」ことだと考えられる。また，その原因はカナの手紙の第3段落第2文 Also it is ～にある「私たちはすべてを英語で表現することが難しい」ことだと考えられることから，選択肢アが適当。

(3) （例）talk with them in Japanese（日本語で彼らと話す）　空欄Cの後のand improve my ～では，「そして私の日本語を上達させたい」とあることから，空欄にはレオが考えている上達の方法が入ると考えられる。この方法はレオの手紙の第4段落第4文 That's wonderful, but ～にあり，「クラスメートと日本語で意思を伝え合って日本語を上達させたい」なのでこの文を参考に解答文を作成する。

(4) ア　英語を一生懸命練習する　イ　日本語で話すことを楽しむ　ウ　お互いに本当の気持ちを伝える　エ　お互いについて考える(○)　カナの手紙とレオの手紙の内容からすると，お互いのことを考えていることがわかるので，選択肢エが適当。選択肢イの talking は「話すこと」という動名詞。

(5) ①　（質問）生徒はマイクの「質問箱」に手紙を入れてマイクに質問ができますか？　（例）Yes, they can.　（例訳）はい，できます。　問題本文の最初の説明文の最初の段落第3文 He puts his ～には，「生徒は質問があるとき質問箱に手紙を入れることができる」とある部分を参照。問題文は Can ～?という疑問文なので yes/no で答える。　②　（質問）最近，なぜカナはレオを心配しているのですか？　（例）Because he doesn't look so happy when Kana and her classmates talk to him.　（例訳）カナとクラスメートが彼に話しかけるとき，彼はそれほど楽しそうに見えないからです。　カナの手紙第2段落第6文 But these days ～には「最近，私たちが彼と話すとき，彼はそれほど楽しそうに見えない」とあり，カナが心配している理由だと考えられるので，この文を参考に解答文を作成する。この問題本文は一人称で書かれているが，解答は三人称となるところに注意したい。また，問題文はWhy ～?なので，解答文は Because から始めたい。　③　（質問）レオによると，レオと彼のクラスメートは英語を使って将来何ができるでしょうか？　（例）They can share ideas with people

in the world.　(例訳)彼らは世界中の人々とアイデアを共有できます。　レオの手紙第4段落第3文 In the future,　～には「将来的に，クラスメートと私は英語を使って世界中の人々とアイデアを共有できるようになる」とあり，この文を参考に解答文を作成する。この解答文も三人称で書く。

(6)　(解答例訳)こんにちは，【かな】。私は＊＊＊です。彼が本当にしてほしいことを彼に聞いてみませんか？　たとえば，彼は日本で勉強しているので，日本語で話すのが好きかもしれません。あなたは親切なので，彼をより良く助けることができます。　(解答例訳)こんにちは，【Leo】。私は＊＊＊です。あなたが彼らにあなたの本当の気持ちを話せば，あなたのクラスメートはあなたを理解するでしょう。私があなたのような経験があり，友達に私の気持ちを話したとき，私たちはより良い友達になりました。

2022年度英語　放送による聞き取り検査

〔放送台本〕
〔1〕
(1)　1　When you want to see your face, you use this.
　　　　Question: What is this?
　　2　There are nine people in the park.　Four of them are playing basketball. Two of them are playing soccer.　Three of them are talking under the tree.
　　　　Question: How many people are playing sports in the park?
　　3　Hiroko is cleaning her room.　Her father is cooking dinner.　Her brother is helping him.　Her mother is writing a letter in her room.
　　　　Question: Who are cooking dinner?
　　4　Steve usually goes to the library by bike.　Last Sunday, his mother wanted to read some books too, so they went there by car.　Today, he went there by bus because it rained a lot.　He left the library before noon, and he went to a big book store in the next town by train.
　　　　Question: How did Steve go to the library today?

〔英文の訳〕
1　あなたはあなたの顔を見たいときにこれを使います。
　　質問：これは何ですか？
　　㋐　鏡　　イ　エンピツ　　ウ　シャツ　　エ　テーブル
2　公園には9人がいます。彼らのうち4人はバスケットボールをしています。彼らのうち2人はサッカーをしています。彼らのうち3人は木の下で話をしています。
　　質問：公園で何人がスポーツをしていますか？
　　ア　二人　　イ　三人　　㋒　六人　　エ　九人
3　ヒロコは彼女の部屋を掃除しています。彼女の父は夕食を作っています。彼女の兄弟は彼を助けています。　彼女の母は自分の部屋で手紙を書いています。

質問：誰が夕食を作っていますか？

ア　ヒロコと彼女の父　　イ　ヒロコと彼女の兄弟　　ウ　ヒロコの父と母

㊂　ヒロコの父と兄弟

4　スティーブはいつも自転車で図書館に行きます。先週の日曜日，彼の母も何か本を読みたがっていたので，車でそこに行きました。今日はたくさん雨が降っていたので，バスでそこへ行きました。彼は正午前に図書館を出て，電車で隣の町の大きな本屋へ行きました。

質問：スティーブは今日どのように図書館に行きましたか？

ア　自転車で　　イ　自動車で　　㊆　バスで　　エ　電車で

〔放送台本〕

(2)　1　A:　Do we need an English dictionary today?

　　　　B:　We have no English class today. But we have a Japanese class, so we need a Japanese dictionary.

　　　　A:　OK.

　　　Question: Do they need an English dictionary today?

　　2　A:　Hi, Maki. Let's go to the movies on Saturday.

　　　　B:　I'm going to go to my friend's house on Saturday morning. I'm also going to go to a swimming school in the afternoon.

　　　　A:　How about on Sunday?

　　　　B:　Well, I'm going to have a tennis game but I will come home before 11:30. Would you like to go in the afternoon?

　　　　A:　Sounds good!

　　　Question: When will they go to the movies?

　　3　A:　Let's go now! We have only 20 minutes before the train leaves.

　　　　B:　Don't worry. Look at my watch. It's still 9:00. We need only 10 minutes to go to the station.

　　　　A:　Oh, your watch has stopped. Look at my watch. It's already 9:40.

　　　　B:　Oh, no!

　　　Question: What time does the train leave?

　　4　A:　Excuse me, where is the art museum? My friend said it is next to a temple, but this is a book store, right?

　　　　B:　Oh, yes. The art museum is next to another temple.

　　　　A:　Oh, really? Can you tell me how to go to the art museum?

　　　　B:　Sure. Go straight, and turn left when you see a flower shop. Then, turn left when you see a shoe shop and a science museum. Walk for about 3 minutes, and you'll see the art museum.

　　　　A:　OK, thank you!

　　　Question: Where are the two people talking now?

〔英文の訳〕

1　A：今日は英語の辞書が必要かな？

　B：今日は英語の授業はないよ。けれども，日本語の授業があるから，日本語の辞書が必要だよ。

　　A：わかった。

　　質問：今日彼らは英語の辞書が必要ですか？

　　ア　はい，必要です。　　㋑　いいえ，必要ありません。　　ウ　はい，必要でした。

　　エ　いいえ，必要ありませんでした。

2　A：こんにちは，マキ。土曜日に映画を見に行こうよ。

　　B：土曜日の午前中に友達の家に行く予定。午後にはスイミング・スクールに行く予定なの。

　　A：日曜日はどう？

　　B：えーと，テニスの試合があるけど，11時30分前に帰宅する予定。午後に行くのはどうかな？

　　A：いいね！

　　質問：彼らはいつ映画に行きますか？

　　ア　土曜日の午前中　　　イ　土曜日の午後　　　ウ　日曜日の午前中　　　㋩　日曜日の午後

3　A：今行こうよ！　電車が出るまであと20分しかない。

　　B：心配ないよ。私の時計を見て。まだ9時だよ。駅まで行くのに 10分しかかからないよ。

　　A：ああ，あなたの時計は止まっている。私の時計を見て。もう9時40分だ。

　　B：ああ，なんてことだ！

　　質問：電車は何時に出発しますか？

　　ア　9時に　　イ　9時10分に　　ウ　9時40分に　　㋩　10時に

4　A：すみません，美術館はどこですか？　友達がお寺の隣だと言っていましたが，ここは本屋ですよね？

　　B：ああ，そうですね。美術館は別のお寺の隣にあります。

　　A：ああ，本当に？　美術館への行き方を私に教えてくれませんか。

　　B：もちろんです。まっすぐ進み，花屋が見えたら左に曲がります。次に，靴屋と科学博物館が見えたら左に曲がります。だいたい3分歩くと美術館が見えます。

　　A：わかりました，ありがとうございます！

　　質問：二人は今どこで話しているのですか？

　　解答：ウ

〔放送台本〕

(3)　　Hello, everyone. I'm going to talk about the welcome party for Mary. We have been planning the party on September 24. However, on September 24, she can't come because she is going to have some activities for students from foreign countries. So, let's have the party on September 21. Well, we have already decided to sing some English songs. Mary wants to take pictures with us at the party. Do you have other ideas?

　　Question:　1　Will the students have the welcome party on September 24?

　　　　　　　　2　What does Mary want to do with the students at the party?

〔英文の訳〕

　　みなさん，こんにちは。メアリーの歓迎会についてお話します。9月24日に歓迎会を予定しています。けれども，9月24日は海外からの学生向けの活動があるため，彼女は来られません。だから，9月21日に歓迎会を開きましょう。さて，私たちはすでにいくつか英語の歌をうたうと決めています。メアリーは歓迎会で私たちと一緒に写真を撮りたいと思っています。他にアイデアはありますか？

質問：　1　生徒は 9月24日に歓迎会を実施しますか？
　　　　（例）No, they won't.　（いいえ，彼らは実施しません。）
　　　　2　メアリーは歓迎会で生徒たちと何をしたいですか？
　　　　（例）She wants to take pictures with them.　（彼女は彼らと一緒に写真を撮りたい。）

＜理科解答＞

〔1〕　(1)　エ　　(2)　イ　　(3)　ア　　(4)　エ　　(5)　ウ　　(6)　ウ
〔2〕　(1)　X　柱頭　　Y　花粉　　(2)　対立形質　　(3)　①　丸形の種子の遺伝子の組合せ　ア　　しわ形の種子の遺伝子の組合せ　ウ　　②　オ
　　　(4)　丸形の種子の数：しわ形の種子の数＝3：5
〔3〕　(1)　カ　　(2)　0.51 N　　(3)　ア　　(4)　275 Pa
〔4〕　(1)　イ　　(2)　飽和水蒸気量　　(3)　①　11℃　　②　ア
〔5〕　(1)　エ　　(2)　①　X　相同器官　　Y　進化　　②　(例)目の向きが前向きであるため，シマウマと比較して，視野がせまいが，物体を立体的に見ることのできる範囲が広いという違いがある。

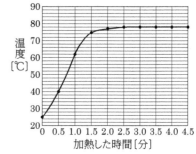

〔6〕　(1)　B　　(2)　ア　　(3)　イ　　(4)　エ
　　　(5)　(例)太陽，地球，月の順で，3つの天体が一直線上に並んだとき。
〔7〕　(1)　①　24 mA　　②　125Ω　　(2)　200mA
　　　(3)　0.45 W　　(4)　（ウ）→（イ）→（ア）→（エ）
〔8〕　(1)　①　右図　　②　沸点　78℃
　　　理由　（例)沸騰している間は，温度が一定であるため。　(2)　①　0.79 g/cm³　　②　蒸留　　③　ウ

＜理科解説＞

〔1〕　(地層の重なりと過去の様子，植物の分類，科学技術の発展，物質の成り立ち：原子・分子，身のまわりの物質とその性質：有機物と無機物，酸・アルカリとイオン)

(1)　サンゴ礁をつくるサンゴは，**あたたかく浅い海**にすんでいる。生物にはある限られた環境でしか生存できないものがいて，これらの化石から地層ができた当時の環境が推定できる。このような化石を**示相化石**という。

(2)　シダ植物には維管束があり，胞子でふえ，種子はつくらない。コケ植物には維管束がなく，根・茎・葉の区別がない。コケ植物の体の細胞にも**葉緑体**があり，光合成によってデンプンなどの栄養分をつくって生活している。

(3)　放射能とは，放射性物質が，放射線を出す能力であり，その単位はベクレル(記号**Bq**)である。放射性物質の原子核は不安定で，別の原子核に自然に変わっていく。これを原子核の壊変(崩壊)といい，このときに放射線がでる。放射線は人工的につくるものだけでなく，自然界に存在する。**放射線には，物質を通りぬける性質(透過性)や物質を変質させる性質があり，現代社会ではこれらの性質を利用している。**γ線は，アルミニウムなどのうすい金属板を通りぬけること

ができる。一度に多量の放射線を浴びると健康被害を生じることがあり，**人体に対する影響を表す単位は，シーベルト(記号Sv)である。**

(4)　それぞれの物質の化学式をかくと，水はH_2O，硫黄はS，酸化銅はCuO，炭酸水素ナトリウムは$NaHCO_3$，である。よって，2種類の原子でできている物質は，水と酸化銅である。

(5)　砂糖，食塩，デンプンのうち，**水に溶けない物質はデンプンであり，粉末Cはデンプンである。**砂糖と食塩のうち，ガスバーナーで加熱したとき，**黒くこげる物質は炭素をふくむ有機物の砂糖であり，粉末Bは砂糖である。ガスバーナーで加熱しても変化が見られないのは無機物の食塩であり，粉末Aは食塩である。**

(6)　塩化ナトリウム水溶液は，中性である。赤いリトマス紙を青色に変えたある水溶液は，アルカリの水酸化ナトリウム水溶液である。水酸化ナトリウムの電離を化学式とイオン式を用いて表すと，$NaOH \rightarrow Na^+ + OH^-$，より，**水酸化物イオンは陰イオンであるため，陽極に移動する。**よって，中央部の青色のしみは陽極に広がる。

〔2〕　(遺伝の規則性と遺伝子：探究の過程を重視したメンデルの実験の考察)

(1)　めしべの先端にある柱頭に花粉がつくことを受粉という。

(2)　エンドウの種子の丸形としわ形のように，どちらか一方の形質しか現れない2つの形質どうしを**対立形質**という。

(3)　①　実験1で丸形のエンドウの種子を自家受粉させたところ，子の代では丸形としわ形の両方の種子が得られたことから，**親の遺伝子はAaであり**，Aは丸形にする顕性形質の遺伝子，aはしわ形にする潜性形質の遺伝子を表す。よって，自家受粉(AaとAaのかけ合わせ)でできる，**子の遺伝子の組み合わせは，AA：Aa：aa＝1：2：1，であるため，しわ形の種子の遺伝子の組み合わせはaaであり，丸形の種子の遺伝子の組み合わせはAAとAaである。**実験2で，丸形の種子としわ形の種子をかけ合わせたとき，できた種子(孫)がすべて丸形になる場合の**実験2で使われた子の遺伝子の組み合わせは，丸形の種子はAA，しわ形の種子はaa，である。**

②　①より，実験2で得られた種子(孫)はAAとaaのかけ合わせであるため，**すべてAaの遺伝子をもつ丸形の種子であり**，自家受粉させると，AA：Aa：aa＝1：2：1，となり，丸形の種子の**数：しわ形の種子の数＝3：1，である。**

(4)　実験1で得られた丸形の種子(子)の遺伝子の組み合わせはAAとAaである。このうち，実験2で使われた丸形の種子の遺伝子はAAであるため，**実験3で使われた丸形の種子の遺伝子(子)はAaである。**実験3では丸形種子Aaとしわ形種子aaのかけ合わせによりできた種子の遺伝子(孫)は，**Aa：aa＝1：1，により，丸形の種子の数：しわ形の種子の数＝1：1，であった。**Aaの遺伝子をもつ丸形の種子を育て，自家受粉させると，AA：Aa：aa＝1：2：1，となり，丸形の種子の数：しわ形の種子の数＝3：1，である。よって，**Aaの遺伝子をもつ丸形の種子を育て，自家受粉させて，得られた種子の総数を4N個とすると丸形の種子が3N個でき，しわ形の種子はN個できる。**aaの遺伝子をもつしわ形の種子を育て，自家受粉させて，得られた種子の総数を4N個とすると，**すべてしわ形の種子で，4N個である。**以上から，丸形の種子の数：しわ形の種子の数＝3N：(1＋4)N＝3：5，である。

〔3〕　(力と圧力：浮力の実験と発展実験の設定・水圧)

(1)　容器の下半分を水中に沈めたときの，ばねばかりが示す値である②の値は，おもりを入れた容器の重さである①の値から，おもりを入れた容器にはたらく浮力を引いた値である。よって，このときの浮力の大きさは，①の値と②の値の差である。

(2)　問(1)より，容器の下半分を水中に沈めたときの浮力の大きさ〔N〕＝0.95〔N〕－0.73〔N〕＝0.22〔N〕である。容器の全体を水中に沈めたときの浮力の大きさは0.44Nであるから，ばねばかりが示す③の値〔N〕＝0.95〔N〕－0.44〔N〕＝0.51〔N〕である。

(3)　浮力は沈めた物体の重さには関係しないことを確かめるには，容器を変えずに，容器の中のおもりの数を増やして，同様の実験をし，浮力の大きさを求めると，物体の重さには関係しないで一定になることから，確かめることができる。

(4)　容器の下半分を水中に沈めたとき，容器の下面にはたらく水圧の大きさ〔Pa〕＝$\dfrac{0.22〔N〕}{0.0008〔m^2〕}$＝275〔N/m²〕＝275〔Pa〕である。

〔4〕（天気の変化：雲のでき方・上空での雲の発生と露点・飽和水蒸気量・湿度）
(1)　地表面からの高度が上がるほど，それより上にある空気の重さが小さくなるため，気圧が低くなる。このため，地上付近の空気は上昇すると膨張し，気温が下がると，空気が含むことのできる水蒸気量が小さくなり，空気中の水蒸気は凝結して，水滴になる。
(2)　1m³の空気が含むことのできる水蒸気の最大質量を飽和水蒸気量という。
(3)　①　上昇する空気の温度は100mにつき1.0℃下がるため，地表から50mの高さにある気温20℃の空気は，900m上昇すると，9℃下がり，11℃になる。地表からの高さが950mの地点で気温が11℃になったときに空気中の水蒸気が凝結して水滴となり，雲が発生したので，露点は11℃である。　②　地表から50mの高さにあった時の気温は20℃であったため，飽和水蒸気量は17.3〔g/m³〕である。空気の上昇により，気温が下がり，露点の11℃に達し水滴ができ始めたときの飽和水蒸気量は10〔g/m³〕であり，それが地表から50mの高さにあった時の空気1m³中に含まれていた水蒸気量である。よって，湿度〔%〕＝10〔g/m³〕÷17.3〔g/m³〕×100≒58〔%〕，である。

〔5〕（動物の分類と生物の進化：セキツイ動物の進化，動物の体のつくりとはたらき：刺激と反応）
(1)　魚類から最初の両生類が出現した。やがて，両生類のあるものから，陸上の乾燥にたえられるしくみをもつ，ハチュウ類が出願し，ハチュウ類からホニュウ類が出現した。そして，羽毛恐竜のようなハチュウ類から鳥類が出現したと考えられている。よって，セキツイ動物の5つのグループについて地球上に出現した年代が古いものから順に並べると，魚類→両生類→ハチュウ類→ホニュウ類→鳥類である。
(2)　①　ヒト，イヌ，コウモリの前あしの骨格を比較してみると，形が異なっていても，基本的なつくりが共通していることがわかる。形やはたらきが異なっていても，もとは同じ器官であったと考えられる器官のことを相同器官といい，生物のからだが長い年月をかけて世代を重ねる間に変化してきたことの証拠であると考えられている。この変化を進化という。　②　シマウマとライオンでは，目の向きに違いがある。ライオンは目の向きが前向きであるため，シマウマと比較して，視野がせまいが，物体を立体的に見ることのできる範囲が広いという違いがある。

〔6〕（太陽系と恒星：月の動きと見え方・月食）
(1)　図より，地球が夜のとき，月のかがやいて見える部分全体が見える満月のときの月の位置はBである。
(2)　地球の自転により，午後6時が日没であり，満月の南中は真夜中の12時である。午後7時は日没から1時間で，約15°自転した位置にあるため，東の空に見える。
(3)　図のように，月は地球のまわりを約1か月かけて反時計回りに公転しているため，8日後には，

満月からCの半月の下弦の月へと形が変わる。下弦の月は地球上の観測者からは左側が光って見える。

(4) 同じ時刻に見た月が，日がたつにつれて，**西から東へと1日に約12°ずつ動いて見える**のは，月が地球のまわりを**公転**しているためである。

(5) **月食**により，月が地球の影に入るのは，**太陽，地球，月の順**で，3つの天体が一直線上に並んだときである。

〔7〕 （電流：回路の電圧と電流と抵抗・電力）

(1) ① 図1より電流計を図2の最大電流が50mAの－端子につないでいるので，電熱線aを流れる電流は24mAである。　② 電熱線aの電気抵抗$[\Omega] = \dfrac{3.0[V]}{0.024[A]} = 125[\Omega]$である。

(2) 電熱線bを2つつないだ**並列回路の合成抵抗**をR_{2b}とすると，$\dfrac{1}{R_{2b}[\Omega]} = \dfrac{1}{30[\Omega]} + \dfrac{1}{30[\Omega]} = \dfrac{2}{30[\Omega]}$，$R_{2b} = 15[\Omega]$である。よって，電流計を流れる電流$[A] = \dfrac{V[V]}{R_{2b}[\Omega]} = \dfrac{3.0[V]}{15[\Omega]} = 0.2[A] = 200[mA]$である。

(3) 電熱線cを2つつないだ直列回路の合成抵抗$[\Omega] = 10[\Omega] + 10[\Omega] = 20[\Omega]$である。よって，2つの電熱線cが**消費する電力**$[W] = 3.0[V] \times \dfrac{3.0[V]}{20[\Omega]} = 0.45[W]$である。

(4) 最も大きい電流が流れるのは，**並列回路のウ**である。**並列回路の場合は，電熱線bに加わる電圧＝電熱線cに加わる電圧＝全体に加わる電圧＝3.0[V]**であるため，**電流計が示す値＝電熱線bを流れる電流＋電熱線cを流れる電流**，である。直列回路エの合成抵抗＝電熱線bの抵抗＋電熱線cの抵抗，である。オームの法則より，**抵抗が小さいほど大きい電流が流れる**ため，電流計の示す値の大きい順は，**ウ→イ→ア→エ**である。数値で比較すると，アの電熱線bの場合の電流計を流れる電流$[A] = \dfrac{3.0[V]}{30[\Omega]} = 0.1[A]$，イの電熱線cの場合の電流計を流れる電流$[A] = \dfrac{3.0[V]}{10[\Omega]} = 0.3[A]$，ウの並列回路の場合の電流計を流れる電流$[A] = 0.1[A] + 0.3[A] = 0.4[A]$，エの直列回路の場合の電流計を流れる電流$[A] = \dfrac{3.0[V]}{10[\Omega] + 30[\Omega]} = 0.075[A]$である。

〔8〕 （状態変化：蒸留実験・グラフ化・沸点・密度による考察，身のまわりの物質とその性質：密度）

(1) ① 解答欄のグラフに，（加熱した時間[分]，温度[℃]）の各点，(0, 25)(0.5, 40)(1.0, 62)(1.5, 75)(2.0, 77)(2.5, 78)(3.0, 78)(3.5, 78)(4.0, 78)(4.5, 78)を記入する。加熱開始から2.5分まで，原点を通り，各点の最も近くを通るなめらかな曲線をかく。2.5分から4.5分までは，78℃の一定の直線をかく。　② エタノールの**沸点は78℃**である。そのように判断した理由は，**沸騰している間は，温度が一定である**ためである。

(2) ① エタノールの密度$[g/cm^3] = 2.37[g] \div 3.0[cm^3] = 0.79[g/cm^3]$，である。　② 液体を沸騰させて得られた気体を冷やし，再び液体を得る操作を**蒸留**という。　③ 最初に集めた液体が入っている試験管Aは，エタノールの沸点に最も近い気体をとり出しているため，A，B，Cの3本の試験管のうち，**最も多くエタノールが含まれている**。エタノールの密度は$0.79[g/cm^3]$であり，水の密度は$1.00[g/cm^3]$より，**エタノールの密度のほうが水の密度より小さい**ため，試験管Aの液体の質量は最も小さい。

＜社会解答＞

〔1〕　(1)　ア　　　(2)　(北)緯(30)度(東)経(150)度
　　　(3)　ウ　　(4)　エ　　(5)　(例)工業化が進んだアジア
　　　州の国々への鉱産資源の輸出が増加したから。

〔2〕　(1)　リアス海岸　　(2)　エ　　(3)　①　静岡(県)
　　　②　右図　　(4)　①　エ　　②　ウ

〔3〕　(1)　奈良　　(2)　イ　　(3)　①　(例)武士の慣習をも
　　　とに裁判の基準を定め，争いを公正に解決するため。
　　　②　ア　　(4)　①　イ　　②　カ　　③　参勤交代

〔4〕　(1)　X　廃藩置県　　Y　30　　(2)　(例)欧米の進んだ
　　　技術を取り入れ，官営工場を設立した。
　　　(3)　①　(イ)→(ウ)→(ア)　　②　ウ　　(4)　イ

〔5〕　(1)　①　子どもの権利条約[児童の権利に関する条約]　　②　エ　　(2)　①　ア
　　　②　a　(3)議席　　　b　(2)議席　　　c　(1)議席　　　d　(0)議席　　③　(例)衆議院の議
　　　決が国会の議決となる。　　　(3)　①　エ　　②　イ　　③　ア　　(4)　①　平和維持
　　　活動[PKO]　　②　ウ

〔6〕　(1)　イ，オ　　(2)　X　エ　　Y　(例)民法の未成年者を保護するための規定が適用さ
　　　れず，悪質な手口による被害が増加する

＜社会解説＞

〔1〕　(地理的分野―世界地理－地形・気候・人々のくらし・資源・エネルギー・貿易)

(1)　北米西部を南北に縦走する山脈がロッキー山脈であり，北部はアラスカ山脈に，南部はメキ
シコのシェラ・マドレ山脈に連なる。最高峰はアメリカ合衆国の南部ロッキーのエルバート山
(標高4399メートル)である。

(2)　この地図では緯線・経線は30度ごとに表されている。緯度0度の緯線を**赤道**という。赤道は，
インドネシア・南アメリカ大陸北部・アフリカ大陸中央部を通る。緯線Xは，赤道よりも1本北
の緯線なので，緯度は北緯30度である。**本初子午線**とは，ロンドンのグリニッジ天文台を通る
経線である。経線は，この本初子午線を東経0度，西経0度とし，東経は東へ30度ごとにひかれ
ているので，X地点は，東経150度である。

(3)　バンコクは**赤道**に近いため，月平均気温が一年を通して高く，あまり変化しない。**雨季と乾
季**がはっきりしており，雨季は5月から10月，乾季は2月から4月となる。雨温図のウである。

(4)　A国は**アルゼンチン**である。アルゼンチンの国土の東，ラプラタ川流域に広がる温帯草原を
パンパと呼び，小麦の栽培や牛の放牧が行われている。

(5)　B国は**オーストラリア**である。オーストラリアは，鉄鉱石・石炭・液化天然ガス等の**鉱産資
源**が豊かであり，大量に輸出している。輸出先は，アジア州の国が増加している。それは，日本
や中国や韓国など，アジア州の国々で**工業化**が著しく進んだためである。以上のような趣旨を簡
潔に記せばよい。

〔2〕　(地理的分野―日本地理－地形・交通・貿易・工業・農林水産業・地形図の見方)

(1)　起伏の多い山地が，**海面上昇**や**地盤沈下**によって海に沈み形成された，海岸線が複雑に入り

組んで，多数の島が見られる地形を**リアス海岸**という。日本では，東北地方の**三陸海岸**が代表的である。他に，三重県にある志摩半島，福井県にある若狭湾，愛媛県の宇和海沿岸等がある。

(2)　**半導体・通信機・電子部品**など，小さくて軽い高価なものは，**飛行機での輸送**に適しているため，空港からの輸出入が多くなる。日本で最大の輸出入額の空港は，**成田国際空港**である。

(3)　① **製造品出荷額**では，愛知県，神奈川県，大阪府に続いて全国で第4位なのが静岡県であり，aは静岡県である。なお，**米**の産出額が5県中で最も多いのは秋田県，**野菜**の産出額が最も多いのは群馬県，**果実**の産出額が最も多いのは山梨県である。

　　② 山梨県の**人口密度**は181.6人／km²であり，下から2番目の区分である。これを地図に書き込めば，右の通りになる。

(4)　① ア　この**地形図**の縮尺は2万5000分の1なので，**等高線**は10mごとに引かれている。美術館「記号」のある場所は，水守町の標高80mよりも等高線6本分低いところにあり，標高20m程度である。　イ　これは2万5000分の1地形図なので，地図上の5cmは，5cm×25000＝125000cm＝1250mである。　ウ　河井町付近には，広葉樹林「記号」はない。ア・イ・ウのどれも誤りであり，エが正しい。市役所「記号」の東の方位に，高等学校「記号」がある。　② 輪島市でつくられているのは漆器である。輪島塗には古くからの伝統があるが，現在の形になったのは，江戸時代のことである。なお，南部鉄器は岩手県の，将棋の駒は山形県の伝統的工芸品であり，たんすは福井県・愛知県・宮城県など各地でつくられている。

〔3〕　(歴史的分野—日本史時代別－古墳時代から平安時代・鎌倉時代から室町時代・安土桃山時代から江戸時代，—日本史テーマ別－法律史・外交史・文化史・宗教史・技術史・政治史)

(1)　苦難の末に唐から来日したのが**鑑真**である。鑑真は奈良時代中期の753年に来日した。鑑真は**唐招提寺**をつくり，**戒律**を日本に伝えた。

(2)　ア　**栄西**が，宋に二度に渡って学び，**臨済宗の禅**とともに茶の文化も日本に持ち帰ったのは，鎌倉時代のことである。　ウ　**空海**が唐から帰国し，高野山に**金剛峯寺**を建立して**真言宗**を開いたのは，平安時代初期のことである。　エ　国家を守るという仏教の**鎮護国家**の働きに頼ろうとし，**聖武天皇**が，都に**東大寺**を，諸国に**国分寺・国分尼寺**を建立させたのは，奈良時代の8世紀中期のことである。ア・ウ・エのどれも別の時代のことであり，イが正しい。平安中期には，やがて救いのない世が来るという**末法思想**が流行し，**阿弥陀如来**を信仰して，**極楽浄土**に往生しようとする，**浄土信仰**が盛んになった。その時代の代表的な建造物である**平等院鳳凰堂**は，11世紀の摂関政治の全盛期に，**関白藤原頼通**によって建立された。

(3)　① 鎌倉幕府が**御家人**のために1232年に制定したのが**御成敗式目**であり，武家のための法典として，頼朝以来の慣習を基準に，**裁判の公正**を期すために整備したものである。貞永式目ともいう。上記のような趣旨を簡潔に記せばよい。　② 東大寺南大門の金剛力士像は，鎌倉時代に**運慶**らによってつくられた。阿形像と吽形像がある。なお，イの雪舟は室町時代の画家，ウの一遍は時宗の開祖であり，エの**道元**は曹洞宗の開祖である。

(4)　① 江戸時代には，**新田開発**が活発に行われ，耕地面積が増加した。田沼意次の時代の印旛沼干拓などはその一例である。**千歯こき**は，元禄時代に開発された農具で，干した稲の穂先から籾を取り出すための道具である。櫛状に並べられた鉄の歯に稲穂を通し，籾を引っ掛けて分離させるものである。なお，**唐箕**は，明治時代以降に開発されたものである。　② X　大老井伊直

弼が殺害された桜田門外の変は，1860年に起こった。　Y　ペリーが来航し翌年日米和親条約が結ばれたのは，1854年である。　Z　幕府が異国船打払令を出したのは，1825年である。したがって，年代の古い順に並べると，Z→Y→Xとなり，カが正しい。　③　大名が1年おきに江戸と領地を往復する制度は，参勤交代である。大名が江戸に参勤することはすでに習慣化していたが，3代将軍徳川家光の時代に，武家諸法度寛永令の中で明文化された。

〔4〕　(歴史的分野―日本史時代別―明治時代から現代，―日本史テーマ別―外交史・政治史・社会史・文化史・経済史)

(1)　X　明治政府は，中央集権国家の建設を目標とし，1869年に版籍奉還を行ったが，元の藩主に元の藩を治めさせたため，大きな改革の効果が上がらなかった。そこで明治政府は，1871年に廃藩置県を行い，元の藩主に替って，政府が任命した府知事・県令が新しい府や県を治めるようにした。　Y　都道府県知事の被選挙権の年齢要件は，参議院議員選挙の被選挙権と同じく，満30歳以上である。なお，年齢は選挙当日の年齢である。また，いずれの場合も，日本国籍を持つ者という条件がある。

(2)　明治政府が西洋諸国に対抗し，産業の育成により国家の近代化を推進した諸政策を，殖産興業という。具体的には欧米から外国人技師を招き，官営模範工場を作ったことなどがあげられる。

(3)　①　ア　加藤高明を首相とする護憲三派内閣の下で，1925年に法改正が行われ，25歳以上の男子であれば，納税額による制限のない選挙が行われるようになった。これを普通選挙という。イ　長州陸軍閥の桂太郎が第三次の組閣をすると，政友会などの政党勢力が，民衆の支持を背景に，「憲政擁護」「閥族打破」をスローガンとして護憲運動を展開した。桂内閣は50日余りで総辞職した。1912年に起こったこの事件を大正政変という。　ウ　シベリア出兵を機に，1918年に富山県から起こったのが米騒動である。民衆が米の安売りを求めて米穀商を襲う騒動は全国に広がった。寺内正毅内閣は，米騒動の鎮圧に天皇の軍隊を利用した責任をとって退陣した。時代の古い順に並べると，イ→ウ→アとなる。　②　ア　テレビ放送が始まったのは1953年である。イ　パソコンやインターネットが広く普及したのは，1990年代である。　エ　新聞や雑誌の発行が始まり，欧米の思想などが紹介されるようになったのは，1870年代である。どれも別の時代のことであり，ウが正しい。ラジオ放送が始まったのは，1924年であり，大正時代から昭和時代初期にかけての説明として正しい。

(4)　1973年に第4次中東戦争が勃発し，OPEC(Organization of the Petroleum Exporting Countries＝石油輸出国機構)諸国は原油の値上げを決定し，いわゆる石油危機が起こった。日本では買占めが起こり，狂乱物価といわれるほど物価が上昇した。日本とアメリカの貿易は，日本の輸入額の方が多かったが，1970年代半ばには，輸入額と輸出額が逆転し，アメリカが貿易赤字を抱えるようになった。1980年代にはその差が拡大し，こうしたことが日米貿易摩擦の原因となった。

〔5〕　(公民的分野―国際社会との関わり・国民生活と社会保障・基本的人権・国の政治の仕組み・財政)

(1)　①　「子どもの権利条約」は，1989年に国際連合で採択され，1990年に国際条約として発効した。条約では，18歳未満を子どもと定義している。子どもの権利条約は，「児童の権利に関する条約」ともいう。　②　憲法の規定する基本的人権の中に，「表現の自由」があるが，それによって他人の名誉を傷つける行為は，公共の福祉に反するものとして禁止される。

(2)　①　**主権者**である国民が**選挙**を通じて代表者を選び，選ばれた代表者から構成される議会によって政治が行われているしくみを，**議会制民主主義**という。　②　**比例代表制のドント式**では，以下のようにしてそれぞれの政党の当選者を決定する。まず各政党の得票数を1，2，3，4・・の整数で割る。具体的にはa党の場合，1で割ると78万票，2で割ると39万票，3で割ると26万票となる。他の3党についても同様に計算する。その商の大きい順に定数まで議席を配分する。問題の場合は，定数は6議席であるので，a党が3議席，b党が2議席，c党が1議席，d党が0議席で，合計6議席となる。　③　**日本国憲法第60条**では，以下のように定められている。「予算案については，**参議院で衆議院**と異なつた議決をした場合に，法律の定めるところにより，**両議院の協議会**を開いても意見が一致しないとき，又は参議院が，衆議院の可決した予算を受け取つた後，国会休会中の期間を除いて三十日以内に，議決しないときは，衆議院の議決を国会の議決とする。」との規定がある。いわゆる**衆議院の優越**の一例である。

(3)　①　**納税義務者**と**税負担者**とが同一人であることを想定している租税を**直接税**，納税者と税負担者とが別人であることを想定している租税を**間接税**という。所得税・法人税・相続税などは直接税であり，**消費税・揮発油税・関税・入湯税**などは間接税である。　②　政府が景気を調整するために行う政策を**財政政策**といい，好景気の時には**公共事業**を減らし，**増税**をして，**企業や家計**の経済活動をおさえることで，景気の行き過ぎを抑制する。逆に，不景気の時には公共事業を増やし，減税をすることで，企業や家計の消費を増やし，景気を刺激する。　③　**少子高齢化**が進むにつれて，**社会保障費**は増大する。平成22年度から令和2年度までに，一番伸びが大きいアが，社会保障関係費である。社会保障制度を担当する行政機関は厚生労働省である。

(4)　①　地域紛争で停戦を維持したり，紛争拡大を防止したり，公正な選挙を確保するなどのための活動が，**国際連合のPKO**(Peacekeeping Operations＝平和維持活動)である。日本は，1992年に国際平和協力法が成立し，以来この活動に参加している。　②　1967年にインドネシア・シンガポール・タイ・フィリピン・マレーシアの5か国によって地域協力機構として設立されたのが，**ASEAN**(Association of Southeast Asian Nations＝東南アジア諸国連合)である。その後5か国が加わり，現在の加盟国は10か国である。

〔6〕　(公民的分野—消費生活)

(1)　売買の場合，「売る」という意思表示と，これに呼応する「買う」という意思表示の二つが一致することにより合意がなされ，**契約**が成立する。ア・ウ・エは，まだ買うという意思表示がされておらず，売買契約が成立していない。売買契約が成立しているのは，イとオである。

(2)　X　資料Ⅱを見ると，2018年度から2020年度までのすべての年度で，「20〜24歳」の**消費生活相談件数**は，「18歳，19歳」の相談件数の1.5倍以上であることが読み取れる。　Y　**成年**になると，親の同意は必要なくなり，民法の**未成年者**を保護するための規定が適用されなくなることで，強引な勧誘をされるなど，悪質な手口による被害が増加することになる。上記のような趣旨を簡潔に記せばよい。

＜国語解答＞

〔一〕　(一)　1　うば(われる)　2　ただよ(う)　3　びょうしゃ　4　よくよう
　　　　5　ちんれつ　(二)　1　細(かく)　2　試(みる)　3　共鳴　4　議案　5　段階
〔二〕　(一)　エ　(二)　ア　(三)　イ　(四)　エ　(五)　ウ

〔三〕　(一)　おもう　　(二)　イ　　(三)　ア　　(四)　(例)その場では，何も言わなかったということ。　　(五)　エ　　(六)　(例)中国の故事を踏まえて竜が和歌に詠まれていることに考えが及ばなかったということ。

〔四〕　(一)　(はじめ)　風景とは，　　(終わり)　貌である。　　(二)　イ　　(三)　ウ
(四)　(例)風景は，外界からの刺激により身体に属する感覚器官に対して空間が感覚的に立ち現れ，心が動かされることで出現するということ。　　(五)　エ
(六)　(例)人が風景と出会うという出来事は，自己の存在を了解するという本質的契機を提供することであり，風景についての考察を深めるということは，風景とともにある自分という存在がこの世界に存在していることを実感し，人間の自己理解を深めることになるから。

＜国語解説＞

〔一〕　(知識―漢字の読み書き)

(一)　1　「心を奪われる」は，そのことに関心が集中するという意味。　　2　「漂」の音読みは「ヒョウ」で，「漂流」「漂着」などの熟語を作る。　　3　「描」の訓読みは「えが(く)」と「か(く)」である。　　4　この場合の「抑揚」は，声に高低をつけたり，調子を変えたりすること。
5　「陳列」は，人に見せるために並べること。

(二)　1　「細」には，「サイ・ほそ(い)・ほそ(る)・こま(か)・こま(かい)」という読みがある。
2　「試みる」は，ためしにやってみるということ。　　3　この場合の「共鳴する」は，心から同意するという意味。　　4　「議案」は，会議で話し合うための問題のこと。　　5　「段階」の「段」は，左側の形に注意して書く。

〔二〕　(知識・俳句―脱文・脱語補充，熟語，文と文節，品詞・用法，表現技法・形式)

(一)　それぞれの文を文節に区切ると，「休日に／図書館で／本を／借りる」(4文節)，ア「虫の／音に／秋の／気配を／感じる」(5文節)，イ「こまやかな／配慮に／感謝する」(3文節)，ウ「あの／山の／向こうに／海が／ある」(5文節)，エ「風が／入るように／窓を／開ける」(4文節)なので，エが正解。

(二)　「望」には，「①遠くを見る②願う③人気」などの意味がある。「眺望」は①，ア「展望」は①，イ「待望」は②，ウ「希望」は②，エ「信望」は③の意味なので，アを選ぶ。

(三)　「聞こえない」は助動詞，ア「遠くない」は補助形容詞，イ「届かない」は助動詞，ウ「少ない」は形容詞の一部，エ「読んだことがない」は形容詞なので，イが同じ品詞である。

(四)　「若葉して……」の俳句の季語は「若葉」で季節は夏。アの季語は「山茶花」で季節は冬，イの季語は「鳥渡る」で季節は秋，ウの季語は「水ぬるむ」で季節は春，エの季語は「噴水」で季節は夏である。

(五)　【説明】によれば，手紙で「その季節を表す文」に続くのは「相手の安否を気づかう言葉」なので，ウの「お元気でお過ごしのことと存じます。」が最もよく当てはまる。アは主文，イは季節を表す文，エは主文に入れるのがふさわしい内容である。

〔三〕　(古文・和歌―情景・心情，内容吟味，仮名遣い，口語訳)

〈口語訳〉　法性寺殿で歌合があったときに，俊頼と基俊の二人が判定する人となって，歌の作者の名を隠してその場で勝負を判定したが，俊頼の歌で(次のような歌があった。)

　　　口惜しや……（(1)残念だなあ。雲の中に隠れて住むというたつも，会いたいと強く願う人に
　は見えたというのに）
　これを基俊は，鶴だと解釈して，「鶴は沢には住むが，雲の中に住むことがあろうか（いや，な
い）」と非難して，負けにした。しかし俊頼は，(3)その場では何も言わなかった。そのとき忠通殿
下が「今夜の判定の言葉を，それぞれ書いて差し出せ」とおっしゃったとき，俊頼朝臣は，「これ
は鶴ではなく，竜だ。中国の誰それといった人が，竜に会いたいと思う気持ちが強かったことに
よって，(4)彼のために（竜が）姿を現わして見せたということがありますのを歌に詠んだのである」
と書いたということだ。

（一）　「思ふ」はひらがなで書くと「おもふ」。　語頭にない「ふ」を「う」に直して「おもう」と
　する。
（二）　「口惜し」は「残念だ」という意味の語句なので，イが正解。また，この和歌は「竜が他の
　人には姿を見せてくれたのに自分には見せてくれない」という内容なので，その点からもアとウ
　は誤りである。
（三）　──線部分の「雲井に住む」は「雲の中に住む」ということ。「やはする」は反語で，「～だ
　ろうか，いや，～ではない」という強い否定を表す。ここは「雲の中に住むはずがない」という
　ことになる。また，直後に「難じて，負になしてける」とあるので，「非難する気持ち」と説明
　するアが正解。イとエは「雲井に住む」の解釈が誤り。イとウは「やはする」の意味を捉えてい
　ないので誤りである。
（四）　「其の座」はその場，ここでは歌合の席ということ。「詞も加へず」は，言葉を加えなかっ
　た，つまり何も言わなかったということである。
（五）　「かれ」は「彼のなにがし」を指すが，その人については「竜を見むと思へる心ざしの深か
　りける」，つまり「竜に会いたいと強く願う」人であったことが説明されている。「かれがため
　に」は「かれのために」というということ。「現はれて見えたりし」は「姿を現わして見せた」
　ということで，主語は「かれ」ではなく「竜」である。正解はエ。アとウは「竜が会いたい」と
　している点が誤り。アは「現はれて見えたりし」の主語も誤っている。イとウは「現はれて見え
　たりし」の解釈が誤っている。
（六）　「思ひ量り」は，あれこれと考えること。古語では「鶴」も「竜」も「たつ」と表記するが，
　基俊は和歌に詠まれた「たつ」を「鶴」と思い込んで非難した。これは，「たつ」が「竜」であ
　ることに考えが及ばず，背景にある中国の故事にも思い至らなかったということである。この内
　容を40字以内で書く。

〔四〕　（論説文－内容吟味，文脈把握，脱文・脱語補充，接続語の問題）

（一）　第3段落から「風景とは，身体という空間的存在に立ち現れる空間の相貌である。」（30字）を
　抜き出し，はじめと終わりの5字を書く。
（二）　「たんに　A　に理解するということではない。……実感することである。」という文脈か
　ら，空欄Aには「実感すること」とは逆の内容が入ることがわかる。イの「概念的」は，具体的
　でなく大まかに捉える様子を表す言葉なので，これが当てはまる。アの「具体的」とウの「経験
　的」は，「実感すること」に近い内容なので誤り。エの「効率的」は，効率がいい様子を表す言
　葉であり，文脈に合わない。
（三）　──線部分の直前に「わたしが海を別の時間に，また別の場所で見たとすれば，わたしには
　違った風景が立ち現れただろう」とあるように，人間が見る風景は時間や場所によって異なるも
　のであり，特定の風景を主体的な行為として選択することはできない。正解はウ。アは，風景が

「人間の主体的な行動によって必然的に姿を表す」としている点が誤り。イは，風景には「自分の意志」がないので誤り。エは，風景と出会うためには人間が「風景を見に行く」「目を開ける」などの「特定の行為を選択すること」も必要なので，不適切である。

(四)　風景の出現について書いてある部分を探すと，第3段落に，「空間が身体に対して，また，身体に属する感覚器官に対して感覚的に立ち現れるとき，そこに風景が出現する。」とある。また，傍線部の前に「外界からの刺激によって心が動かされる」ことで風景が成立するとある。この内容をもとに，風景がどのようにして出現するのかを60字以内で書く。

(五)　風景と出会うときについて，空欄aの前は「特別な機会」という考え方を述べているが，後にそれに反する「生まれたときから」「毎日」「目覚めたときから」「眠りにつくまで」という筆者の考えを述べているので，逆接のエ「しかし」が入る。

(六)　Ⅰの文章に，「風景との出会い」が「自己の存在を了解する」「自己の存在を実感する」という「自己の存在の本質的契機」を提供するとある。また，Ⅱの文章には，人間が風景と出会うのは「人生が風景とともにある」ということを自覚したときであり，風景について考察を深めることが「『風景―とともに―あること』としての人間の自己理解を深めること」を意味しているとある。この内容をふまえて，筆者の考えの理由を120字以内で書く。理由を答えるので，文末表現は「～から。」「～ため。」などという形にすること。

新潟県公立高等学校

2021年度
★★★★★★★★★★★★★★★★★★★★★

入 試 問 題

●くわしい解説 …… 37ページ

令和2年5月13日付け2文科初第241号「中学校等の臨時休業の実施等を踏まえた令和3年度高等学校入学者選抜等における配慮事項について（通知）」を踏まえ，出題範囲について以下通りの配慮があった。

〇出題範囲から除く内容。

数学	・資料の活用（標本調査）
英語	主語＋動詞＋what などで始まる節 (間接疑問文)
理科	〇第1分野 ・『科学技術と人間』のうち 「エネルギー」「科学技術の発展」「自然環境の保全と科学技術の利用」 〇第2分野 ・『自然と人間』のうち 「生物と環境」「自然の恵みと災害」「自然環境の保全と科学技術の利用」
社会	〇公民的分野 (4) 私たちと国際社会の諸課題 ア 世界平和と人類の福祉の増大 イ よりよい社会を目指し
国語	書写に関する事項

＜数学＞　　時間　50分　　満点　100点

〔1〕　次の(1)～(8)の問いに答えなさい。

(1)　$6 - 13$ を計算しなさい。

(2)　$2(3a + b) - (a + 4b)$ を計算しなさい。

(3)　$a^3 b^5 \div ab^2$ を計算しなさい。

(4)　$\sqrt{14} \times \sqrt{2} + \sqrt{7}$ を計算しなさい。

(5)　2次方程式 $x^2 + 7x + 5 = 0$ を解きなさい。

(6)　y は x の2乗に比例し，$x = -2$ のとき $y = 12$ である。このとき，y を x の式で表しなさい。

(7)　右の図のように，円Oの円周上に3つの点A，B，Cがあり，線分OAの延長と点Bを接点とする円Oの接線との交点をPとする。∠APB＝28°であるとき，∠x の大きさを答えなさい。

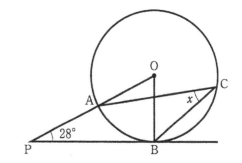

(8)　右の表は，ある中学校の生徒80人の通学距離を調べ，度数分布表にまとめたものである。このとき，次の①，②の問いに答えなさい。

①　200m以上400m未満の階級の相対度数を，小数第2位まで答えなさい。

②　通学距離の中央値がふくまれる階級を答えなさい。

階級(m)		度数(人)
以上	未満	
0 ～	200	3
200 ～	400	20
400 ～	600	16
600 ～	800	12
800 ～	1000	23
1000 ～	1200	6
計		80

〔2〕　次の(1)～(3)の問いに答えなさい。

(1)　連続する2つの自然数がある。この2つの自然数の積は，この2つの自然数の和より55大きい。このとき，連続する2つの自然数を求めなさい。

(2)　赤玉1個，白玉2個，青玉2個が入っている袋Aと，赤玉2個，白玉1個が入っている袋Bがある。袋A，袋Bから，それぞれ1個ずつ玉を取り出すとき，取り出した2個の玉の色が異なる確率を求めなさい。

(3)　下の図のような，正三角形ABCがあり，辺BCの中点をMとする。辺BC上にあり，∠BDA＝105°となる点Dを，定規とコンパスを用いて作図しなさい。ただし，作図は解答用紙に行い，作図に使った線は消さないで残しておくこと。

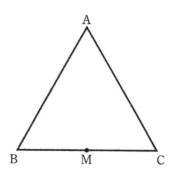

〔3〕　下の図1のように空（から）の水そうがあり，P，Qからそれぞれ出す水をこの中に入れる。最初に，P，Qから同時に水を入れ始めて，その6分後に，Qから出す水を止め，Pからは出し続けた。さらに，その4分後に，Pから出す水も止めたところ，水そうの中には230Lの水が入った。
　　P，Qから同時に水を入れ始めてから，x分後の水そうの中の水の量をyLとする。下の図2は，P，Qから同時に水を入れ始めてから，水そうの中の水の量が230Lになるまでの，xとyの関係をグラフに表したものである。このとき，あとの(1)～(3)の問いに答えなさい。ただし，P，Qからは，それぞれ一定の割合で水を出すものとする。

図1

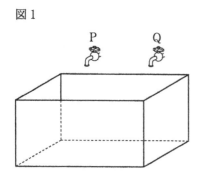

図2

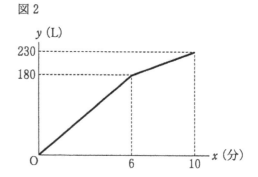

(1)　図2について，$0 \leqq x \leqq 6$のとき，直線の傾きを答えなさい。

(2) 図2について，6≦ x ≦10のとき，x と y の関係を y = ax + b の形で表す。このとき，次の
①，②の問いに答えなさい。

① b の値を答えなさい。

② 次の文は，b の値について述べたものである。このとき，文中の □ に当てはまる最も
適当なものを，下のア～エから１つ選び，その符号を書きなさい。

> b の値は，P，Qから同時に水を入れ始めてから，水そうの中の水の量が230Lになる
> までの間の，□ と同じ値である。

ア　「Pから出た水の量」と「Qから出た水の量」の和
イ　「Pから出た水の量」から「Qから出た水の量」を引いた差
ウ　Pから出た水の量
エ　Qから出た水の量

(3) Pから出た水の量と，Qから出た水の量が等しくなるのは，P，Qから同時に水を入れ始め
てから何分何秒後か，求めなさい。

〔4〕 右の図１のように，AB= 4 cm，BC= 2 cmの長方形ABCD
があり，△ACD≡△FBEとなるように，対角線BD上に点Eを，
辺BAの延長上に点Fをそれぞれとる。このとき，次の(1)，(2)の
問いに答えなさい。

(1) 線分DEの長さを答えなさい。

図1

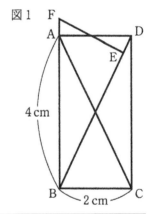

4 cm

2 cm

(2) 次の文は，ある中学校の数学の授業での，先生と生徒の会話
の一部である。この文を読んで，あとの①～④の問いに答えな
さい。

> 先生：　厚紙に，上の図１の△FBEと合同な△PQRを作図し，これを切り取ります。ま
> た，次のページの図２のように，半直線OXと，OXに垂直な半直線OYを紙にかき
> ます。この紙の上に，切り取った△PQRを，次のページの図３のように，頂点Qを
> 点Oと，辺PQを半直線OYと，それぞれ重ねて置き，次の手順Ⅰ，Ⅱに従って動か
> します。このとき，頂点Rの動きについて，何か気づくことはありますか。
>
> > 手順
> > Ⅰ　図３の△PQRの位置から，頂点Pを半直線OY上で，頂点Qを半直線OX上で，
> > それぞれ矢印の向きに動かす。次のページの図４は，頂点Pが半直線OY上のある
> > 点を，また，頂点Qが半直線OX上のある点を，それぞれ通るときのようすを表した
> > ものである。
> > Ⅱ　次のページの図５のように，頂点Pが点Oと重なったとき，△PQRを動かすこと
> > を終了する。

ケン：　頂点Rは，ある1つの直線上を動いているような気がします。不思議ですね。

ナミ：　ある1つの直線上を動くのなら，その直線は点Oを通りそうです。

先生：　それが正しいかどうかを確かめるために，∠ROXに注目してみましょう。

ナミ：　図3では，∠QRPの大きさが　ア　度だから，∠ROXの大きさは∠RPQの大きさと等しくなります。

先生：　そうですね。では，図4で，点Oと頂点Rを結ぶと同じことが言えるでしょうか。

リエ：　図4で，3点P，Q，Rを通る円をかくと，∠QRPの大きさは　ア　度だから，△PQRの辺　イ　はその円の直径になります。

先生：　今のリエさんの考え方を使って，∠ROXの大きさは∠RPQの大きさと等しくなることが証明できます。この証明をノートに書いてみましょう。

ナミ：　できました。

ケン：　私もできました。図5でも，∠ROXの大きさは∠RPQの大きさと等しくなるので，頂点Rは，点Oを通る1つの直線上を動くと言えます。

先生：　そのとおりです。よくできました。次に，手順Ⅰ，Ⅱに従って△PQRを動かしたときの頂点Rの道のりを，頂点Rの動きをふまえて求めてみましょう。

リエ：　はい。頂点Rが動いた道のりは　ウ　cmです。

図2

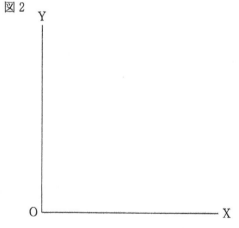

図3

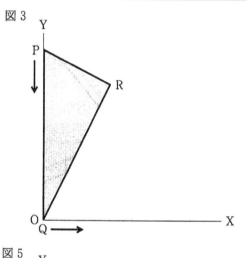

図4

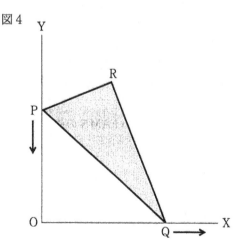

図5

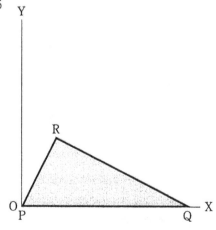

① ア に入る値を答えなさい。

② イ に入る，△PQRの辺はどれか，答えなさい。

③ 下線部分について，リエさんの考え方を使って，図4で∠ROXの大きさが∠RPQの大きさと等しくなることを証明しなさい。

④ ウ に入る値を求めなさい。

〔5〕 下の図のような1辺の長さが8㎝の正四面体ABCDがあり，辺AC，ADの中点をそれぞれM，Nとする。また，辺AB上にAE＝2㎝となるような点Eをとり，辺BC上にBF＝3㎝となるような点Fをとる。このとき，次の(1)～(3)の問いに答えなさい。

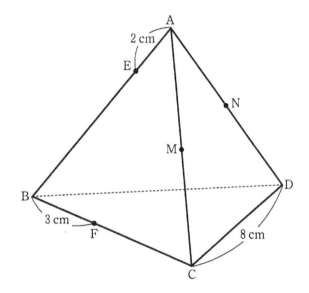

(1) 線分MNの長さを答えなさい。

(2) △AEM∽△BFEであることを証明しなさい。

(3) 5点F，C，D，N，Mを結んでできる四角すいの体積は，三角すいEAMNの体積の何倍か，求めなさい。

＜英語＞　　時間　50分　　満点　100点

〔1〕　放送を聞いて，次の(1)～(3)の問いに答えなさい。

(1)　これから英文を読み，それについての質問をします。それぞれの質問に対する答えとして最も適当なものを，次のア～エから一つずつ選び，その符号を書きなさい。

1　ア　On Sunday, November 22.　　イ　On Monday, November 23.
　　ウ　On Tuesday, November 24.　　エ　On Wednesday, November 25.

2　ア　Here you are.　　　　　　　　イ　How about you?
　　ウ　No, thank you.　　　　　　　エ　See you later.

3　ア　Baseball.　　　　　　　　　　イ　Basketball.
　　ウ　Tennis.　　　　　　　　　　　エ　Volleyball.

4　ア　Betty and her brother.　　　イ　Betty and her father.
　　ウ　Betty and her mother.　　　エ　Betty's father and mother.

(2)　これから英語で対話を行い，それについての質問をします。それぞれの質問に対する答えとして最も適当なものを，次のア～エから一つずつ選び，その符号を書きなさい。

1　ア　Yes, he has.　　　　　　　　イ　No, he hasn't.
　　ウ　Yes, he will.　　　　　　　　エ　No, he won't.

2　ア　About music.　　　　　　　　イ　About school.
　　ウ　About the station.　　　　　　エ　About the weather.

3　ア　The blue T-shirt.　　　　　　イ　The red T-shirt.
　　ウ　The white T-shirt.　　　　　エ　The yellow T-shirt.

4

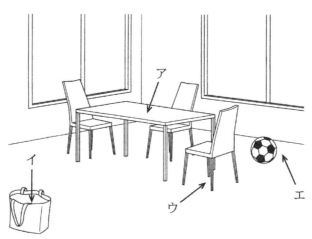

(3)　これから，留守番電話に録音された，ケビン（Kevin）からのあなたへのメッセージを再生します。そのメッセージについて，二つの質問をします。それぞれの質問の答えを，3語以上の英文で書きなさい。

〔2〕　次の英文は，ボランティア活動（volunteer activity）への参加募集の【広告】の一部と，それについて，アン（Anne）とマーク（Mark）が話をしている【会話】です。【広告】と【会話】を読んで，下の(1)，(2)の問いに答えなさい。

【広告】

WE NEED VOLUNTEERS!

We are looking for volunteers in this town.　We have four activities.

Volunteer Activity A	Volunteer Activity B
Planting flowers in the park 9:00 − 11:00, Sunday	Helping young children when they study 16:00 − 17:00, Friday

Volunteer Activity C	Volunteer Activity D
Cleaning the beach 15:00 − 17:00, Saturday or Sunday	Talking with people at the nursing home 16:00 − 17:00, Monday or Wednesday

---

（注）　plant〜　〜を植える　　　beach　浜辺　　　nursing home　高齢者福祉施設

【会話】

Anne: Which volunteer activity are you interested in?
Mark: I'm interested in all of them, but I'm busy from Monday to Friday.　I want to plant flowers in the park.
Anne: Wait.　You and I have a piano lesson in the morning every Sunday.
Mark: That's right.　OK, so I will take part in ☐.

---

(1)　【会話】の ☐ の中に入る最も適当なものを，次のア〜エから一つ選び，その符号を書きなさい。

　　ア　Volunteer Activity A　　　イ　Volunteer Activity B
　　ウ　Volunteer Activity C　　　エ　Volunteer Activity D

(2)　【広告】の四つの "Volunteer Activity" について，あなたが参加するとしたら，どのボランティア活動に参加しますか。解答用紙の（　）の中に，A〜Dから一つ選んでその符号を書き，それに続けて，その理由を4行以内の英文で書きなさい。

〔3〕　次の英文を読んで，あとの(1)〜(6)の問いに答えなさい。

　Akari is a Japanese high school student.　Now she is talking with Steve, a high school student from Australia.　Steve is studying at Akari's school.
Akari: Hi, Steve.　How was your weekend?
Steve: Hello, Akari.　It was nice.　Last Sunday, I went skiing with my host family.　It was my first time.　I was excited to see a lot of snow.　How

was your weekend?

Akari: It was nice, too. I didn't go out, but I (　A　) a good time at home.

Steve: That's good. What did you do at home?

Akari: I enjoyed listening to music, reading books, and watching TV. Well, last Saturday, I watched a TV program about three Japanese people (　B　) in other countries. It was interesting. Did you watch it?

Steve: No, I didn't. What do the Japanese people do in other countries?

Akari: They do different jobs. One person is a teacher of Japanese in India. She gives her students great lessons. She also takes part in local events and introduces traditional Japanese culture to the people.

Steve: That's nice. I think she can make the people in India more interested in Japan.

Akari: I think so, too. Well, another person is an architect in America. He studies hard and knows a lot about the environment. The buildings he designs are beautiful and eco-friendly. So, C│by, he, respected, is│ the people around him.

Steve: Wow, that's nice, too! What does the last person do?

Akari: The last one is a farmer who works with people in Africa. He D│them, to, teaches, how│ grow rice and vegetables well. He works hard for the people, so they trust him.

Steve: That's great.

Akari: But the Japanese farmer had a problem when he first came to Africa. It was hard for him to grow rice and vegetables well.

Steve: Why?

Akari: Because the soil was not rich. │　E　│, he couldn't make the soil rich in his own way. Then, he talked a lot with the local people. He got some useful ideas from them and found a good way to make the soil rich. Finally, he solved F the problem. He said, "That was a good experience to me. I'm glad to work in Africa because I can share such good experiences with the local people."

Steve: I see. As for me, since I came to Japan, I've had many kinds of experiences with Japanese people. G I think these experiences are important.

Akari: Why do you think so?

Steve: Because I've found some differences between Japan and Australia through my experiences with Japanese people. This has given me a chance to think about my own country.

Akari: I understand. I've never been to any other countries. In the future, I want to go abroad and have many experiences like you.

　　(注)　go skiing　スキーに行く　host family　ホストファミリー　　local　地元の
　　　　introduce ～　～を紹介する　　culture　文化　　environment　環境

eco-friendly　環境にやさしい　　vegetable　野菜　　trust 〜　　〜を信頼する　　soil　土壌

rich　肥沃な　　solve 〜　　〜を解決する　　as for 〜　　〜に関して言えば

go abroad　外国に行く

(1)　文中のA，Bの（　）の中に入る最も適当な語を，次のア〜エからそれぞれ一つずつ選び，その符号を書きなさい。

A　ア　did　　イ　had　　ウ　played　　エ　was

B　ア　work　　イ　works　　ウ　worked　　エ　working

(2)　文中のC，Dの □ の中の語を，それぞれ正しい順序に並べ替えて書きなさい。

(3)　文中のEの □ の中に入る最も適当なものを，次のア〜エから一つ選び，その符号を書きなさい。

ア　At first　　イ　By the way　　ウ　Each other　　エ　Excuse me

(4)　下線部分Fの内容として最も適当なものを，次のア〜エから一つ選び，その符号を書きなさい。

ア　The Japanese farmer couldn't talk with the local people in Africa.

イ　The Japanese farmer couldn't take part in the local events in Africa.

ウ　The Japanese farmer couldn't grow rice and vegetables well in Africa.

エ　The Japanese farmer couldn't share good experiences with the local people in Africa.

(5)　下線部分Gについて，スティーブ（Steve）がそのように思う理由を，具体的に日本語で書きなさい。

(6)　本文の内容に合っているものを，次のア〜エから一つ選び，その符号を書きなさい。

ア　The Japanese teacher is so busy with her students every day that she can't take part in local events in India.

イ　The Japanese architect in America knows many things about the environment, and he designs beautiful and eco-friendly buildings.

ウ　The Japanese farmer was able to make the soil rich without getting any ideas from the local people in Africa.

エ　Akari had a good experience with her friends when she went to Australia, so she wants to go there again.

〔4〕　次の英文を読んで，あとの(1)〜(6)の問いに答えなさい。

Sakura was a junior high school student. She liked walking around the town with an old film camera. When she was ten years old, her grandfather gave her the film camera that he used. Of course, it wasn't easy for her to use it and take pictures. The camera couldn't show images. She could see them when the pictures were developed. Using such an old film camera needed more time and effort than using digital

film camera

film
（写真フィルム）

cameras. But, through using the old film camera, she learned _A <u>one thing</u> about taking pictures. She learned to look at things carefully before taking one picture. She liked the old film camera.

Sakura saw a lot of things and people through the camera lens. She took pictures of beautiful flowers, cute animals, historic buildings, and her family.

One Sunday morning, Sakura went out with the old film camera. It was a nice day and she felt a warm wind. Soon, when she started to take pictures, she couldn't push the button of the camera. She thought something was wrong with it.

Sakura went back home and told her grandfather about the old film camera. He said, "Sakura, I'm sorry but I can't repair this old camera." She looked sad. He said, "Why don't you visit Mr. Suzuki? I'm sure he can repair this camera." Mr. Suzuki worked at a camera shop. She often went there to ask him to develop pictures.

_B <u>In the afternoon, Sakura went to the camera shop.</u> When she went into the shop, Mr. Suzuki looked at her and said, "Hi, Sakura, how are you? What can I do for you today?" She said to him, "I can't push this button of the camera. Please repair it." He said, "OK. Can I look at it?" He took the camera from her and went to his desk. There were many parts and tools there. He looked into the camera very carefully. She watched him without saying any words. "I see. I have to change some parts," he said. She asked, "Can you repair this camera?" He said, "Sure. Well, it'll take some time. Sakura, can you wait for two weeks?" She said, "Yes."

Two weeks later, when Sakura visited the camera shop, Mr. Suzuki was waiting for her. When she took the old film camera from him, she said, "_C <u>I'm really glad.</u> I'll always use this camera with care." He said, "I'm glad to hear that. If you have any trouble, please come to me." "Thank you, Mr. Suzuki," she said. "I also want to ask you a question. Why do you work at a camera shop?"

Mr. Suzuki smiled and then he said, "Because I like cameras very much. When I was a child, I enjoyed taking a lot of pictures with my father. When I was a high school student, he bought me a new camera. After that, I became more interested in cameras, and I decided to work at a camera shop."

Mr. Suzuki also said to Sakura, "About thirty years ago, I started working at this camera shop. Since then many customers have come here with some trouble. When I can help them, they smile. I'm glad to see their happy faces. Working at this camera shop makes me happy."

Now Sakura is a high school student. She usually goes to the lake or the mountain to take pictures when she is free. After taking many pictures, she visits the camera shop to ask Mr. Suzuki to develop them.　When she finds a very wonderful picture, she says to him, "Look, Mr. Suzuki.　How beautiful!" She likes talking about her pictures with him.　_D <u>He feels glad</u> because he knows she keeps using the old film camera with love.

(注)　film camera　写真フィルムを用いて撮影するカメラ　　image　画像

　　　develop ～　～を現像（撮影した写真フィルムを化学的に処理し，画像として現すこと）する

　　　effort　労力　　digital camera　デジタルカメラ　　camera lens　カメラレンズ

　　　historic　歴史的な　　button　押しボタン

　　　something was wrong with ～　～はどこか故障があった　　repair ～　～を修理する

　　　part　部品　　tool　道具　　look into ～　～の中を見る　　with care　大切に

　　　keep ～ ing　～し続ける

(1)　下線部分Aについて，その内容を，具体的に日本語で書きなさい。

(2)　下線部分Bについて，サクラ（Sakura）はなぜカメラ屋に行ったのか。その理由として最も適当なものを，次のア～エから一つ選び，その符号を書きなさい。

　ア　To ask Mr. Suzuki to develop pictures.

　イ　To ask Mr. Suzuki to repair the old film camera.

　ウ　To ask Mr. Suzuki to show Sakura the parts of the camera.

　エ　To ask Mr. Suzuki to take pictures of the cute animals.

(3)　下線部分Cについて，サクラはなぜそのように感じたのか。その理由として最も適当なものを，次のア～エから一つ選び，その符号を書きなさい。

　ア　Because Sakura could use the old film camera again.

　イ　Because Sakura found a beautiful picture at the camera shop.

　ウ　Because Sakura got a new film camera from Mr. Suzuki.

　エ　Because Sakura learned a new way to take pictures from Mr. Suzuki.

(4)　次の①～③の問いに対する答えを，それぞれ3語以上の英文で書きなさい。

　①　Did Sakura get the old film camera from her father?

　②　Who told Sakura to visit Mr. Suzuki when something was wrong with the old film camera?

　③　What does Sakura usually do in her free time?

(5)　本文の内容に合っているものを，次のア～エから一つ選び，その符号を書きなさい。

　ア　Sakura could use the old film camera easily to take pictures when she was ten years old.

　イ　Sakura took pictures of only flowers because she really liked them.

　ウ　Mr. Suzuki felt glad when he made his customers happy at the camera shop.

　エ　Mr. Suzuki started a new camera shop when Sakura became a high school student.

(6)　下線部分Dとあるが，あなたがこれまでにうれしいと感じたことを一つあげ，その理由も含め，4行以内の英文で書きなさい。

＜理科＞ 　時間 50分　　満点 100点

〔1〕　次の(1)〜(6)の問いに答えなさい。

(1) 次のア〜エは，植物の葉をスケッチしたものである。アサガオの葉を示したものとして，最も適当なものを，ア〜エから一つ選び，その符号を書きなさい。

ア 　　イ 　　ウ 　　エ

(2) 右の図は，傾斜がゆるやかで，広く平らに広がっている火山の断面を模式的に表したものである。この火山のマグマのねばりけと噴火のようすを述べた文として，最も適当なものを，次のア〜エから一つ選び，その符号を書きなさい。

　ア　マグマのねばりけが弱く，爆発的な噴火が起こりやすい。
　イ　マグマのねばりけが弱く，おだやかな噴火が起こりやすい。
　ウ　マグマのねばりけが強く，爆発的な噴火が起こりやすい。
　エ　マグマのねばりけが強く，おだやかな噴火が起こりやすい。

(3) 体積の異なる，3つの球状の金属のかたまりがあり，それぞれ単体の金，銀，銅でできている。この中から，金でできたかたまりを見分ける方法として，最も適当なものを，次のア〜エから一つ選び，その符号を書きなさい。ただし，それぞれの金属のかたまりに空洞はないものとする。

　ア　重さの違いを調べる。　　　　　イ　液体の水銀に浮くか沈むかを調べる。
　ウ　電気が流れるかどうかを調べる。　エ　磁石にくっつくかどうかを調べる。

(4) エタノール，レモン，砂糖水，食塩水のいずれかと，2枚の金属板，導線を用いて，電子オルゴールが鳴るかどうかを確かめる実験を行った。電流が流れ，電子オルゴールが鳴ったものとして，最も適当なものを，次のア〜エから一つ選び，その符号を書きなさい。

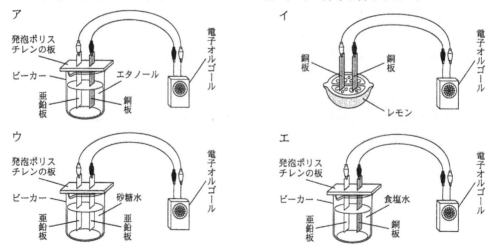

(5)　力や圧力について述べた文として，正しいものを，次のア～オから二つ選び，その符号を書きなさい。

　　ア　物体にはたらく重力の大きさは，物体が置かれている場所によって変化することがある。

　　イ　物体が静止している状態を続けるのは，その物体に力がはたらいていないときのみである。

　　ウ　圧力の単位は，ニュートン（記号Ｎ）が用いられる。

　　エ　変形した物体が，もとにもどろうとする力を，弾性力という。

　　オ　大気圧は，標高が高い場所ほど大きくなる。

(6)　右の図のように，小球を，水平面からの高さ50cmの，斜面上に静かに置いたところ，小球は斜面上を移動し，水平面上のＡ点を通り，さらに斜面を上がって，水平面からの高さ30cmの，斜面上のＢ点を通過した。小球がＡ点を通るときの運動エネルギーの大きさは，Ｂ点を通るときの運動エネルギーの大きさの何倍か。求めなさい。ただし，小球がもつ位置エネルギーの大きさは，水平面からの高さに比例し，小球には摩擦力がはたらかないものとする。

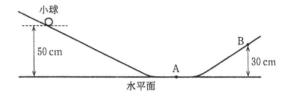

〔2〕　図1は，ヒトの腕の骨格と筋肉のようすを，図2は，ヒトの神経系をそれぞれ模式的に表したものである。このことに関して，次の(1)，(2)の問いに答えなさい。

(1)　図1について，腕を曲げるときの，筋肉Ａと筋肉Ｂの動きとして，最も適当なものを，次のア～エから一つ選び，その符号を書きなさい。

　　ア　筋肉Ａと筋肉Ｂがともに縮む。

　　イ　筋肉Ａと筋肉Ｂがともにゆるむ。

　　ウ　筋肉Ａが縮み，筋肉Ｂがゆるむ。

　　エ　筋肉Ａがゆるみ，筋肉Ｂが縮む。

(2)　図2について，次の①～③の問いに答えなさい。

　①　次の文は，刺激に対する反応について述べたものである。文中の　X　，　Y　に最もよく当てはまる用語をそれぞれ書きなさい。

> 　感覚器官が刺激を受け取ると，刺激の信号が，感覚神経を通して脳やせきずいに伝わる。脳やせきずいは，　X　神経と呼ばれ，刺激に応じた反応のための命令を，運動神経を通して筋肉に伝える。感覚神経と運動神経は，脳やせきずいから枝分かれし，からだ全体に広がっている神経で，まとめて　Y　神経と呼ばれる。

　②　熱いものにさわると，熱いと感じる前に，とっさに手を引っ込める反応が起こる。このように，意識とは無関係に決まった反応が起こることを何というか。その用語を書きなさい。

　③　意識とは無関係に起こる反応は，意識して起こる反応よりも，刺激を受けてから反応が起こるまでの時間が短くなる。その理由を，「せきずい」という用語を用いて書きなさい。

〔3〕　マグネシウムの粉末を空気中で加熱し，酸化させたときの質量の変化を調べるために，次の実験１，２を行った。この実験に関して，下の(1)，(2)の問いに答えなさい。

実験１　次の①，②の手順で，ステンレス皿全体の質量を電子てんびんで，それぞれ測定した。

　　　① 電子てんびんでステンレス皿の質量を測定したところ，21.30 g であった。次に，図１のように，このステンレス皿に入れるマグネシウムの粉末の質量が0.30 g になるように，ステンレス皿全体の質量が21.60 g になるまで，マグネシウムの粉末を入れた。

図1

　　　② 図２のように，0.30 g のマグネシウムの粉末をステンレス皿全体に広げ，しばらくガスバーナーで加熱したのち，よく冷やしてから，ステンレス皿全体の質量を測定した。この操作を，ステンレス皿全体の質量が変化しなくなるまで繰り返し，ステンレス皿全体の質量を測定したところ，21.80 g であった。

図2

実験２　実験１と同じ①，②の手順で，ステンレス皿に入れるマグネシウムの粉末の質量を，0.60 g，0.90 g，1.20 g に変えて，ステンレス皿全体の質量を，それぞれ測定した。

　　下の表は，実験１，２の結果をまとめたものである。

マグネシウムの粉末の質量〔g〕	0.30	0.60	0.90	1.20
加熱前のステンレス皿全体の質量〔g〕	21.60	21.90	22.20	22.50
加熱後のステンレス皿全体の質量〔g〕	21.80	22.30	22.80	23.30

(1)　実験１，２について，次の①〜③の問いに答えなさい。

　① 次の X ， Y ， Z の中に化学式を書き入れて，マグネシウムが酸化して，酸化マグネシウムができるときの化学変化を表す化学反応式を完成させなさい。

　　2 X ＋ Y → 2 Z

　② 加熱したマグネシウムの粉末の酸化のようすを表したものとして，最も適当なものを，次のア〜エから一つ選び，その符号を書きなさい。

　　ア　光を出さないで，黒色に変色した。
　　イ　光を出さないで，白色に変色した。
　　ウ　光を出して，黒色に変色した。
　　エ　光を出して，白色に変色した。

　③ 表をもとにして，マグネシウムの粉末の質量と，マグネシウムの粉末と化合した酸素の質量との関係を表すグラフをかきなさい。

(2)　2.10 g のマグネシウムの粉末を空気中で加熱して，完全に酸化させたとき，得られる酸化マグネシウムの質量は何 g か。求めなさい。

〔4〕　図1は，カエルの生殖のようすを，図2は，ミカヅキモ
の生殖のようすをそれぞれ模式的に表したものである。あ
との(1)，(2)の問いに答えなさい。

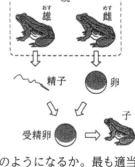

図1

(1)　図1について，次の①，②の問いに答えなさい。

　①　カエルの生殖のように，生殖細胞が受精することに
　　よって子をつくる生殖を何というか。その用語を書き
　　なさい。

　②　カエルの親が，精子や卵などの生殖細胞をつくるとき
　　に，生殖細胞の染色体の数は，親の細胞の染色体の数と比べてどのようになるか。最も適当
　　なものを，次のア〜エから一つ選び，その符号を書きなさい。

　　ア　4分の1になる。　　イ　2分の1になる。　　ウ　変化しない。　　エ　2倍になる。

(2)　図2について，次の①，②の問いに答えなさい。

図2

　①　ミカヅキモのように，からだが一つの細胞でできている生物とし
　　て，最も適当なものを，次のア〜エから一つ選び，その符号を書き
　　なさい。

　　ア　ミジンコ　　　　イ　アオミドロ
　　ウ　ゾウリムシ　　　エ　オオカナダモ

　②　ミカヅキモの生殖では，親と子の形質がすべて同じになる。その
　　理由を，「体細胞分裂」，「染色体」という用語を用いて書きなさい。

〔5〕　太陽系とその天体について，次の(1)〜(3)の問いに答えなさい。

(1)　太陽の表面温度として，最も適当なものを，次のア〜エから一つ選び，その符号を書きなさ
　い。

　　ア　3000℃　　　イ　6000℃　　　ウ　30000℃　　　エ　60000℃

(2)　太陽系について述べた文として，最も適当なものを，次のア〜エから一つ選び，その符号を
　書きなさい。

　　ア　衛星を持つ惑星は，地球以外にはない。　　　　イ　大気を持つ惑星は，地球だけである。
　　ウ　小惑星は，火星と木星の間に多く存在する。　　エ　海王星は，地球型惑星である。

(3)　ある年の4月から9月にかけて，日本のある場所で，金星のようすを観察した。図1は，こ
　の年の4月から9月の太陽，金星，地球の位置関係を模式的に表したものである。この図をも
　とにして，次のページの①〜③の問いに答えなさい。

図1

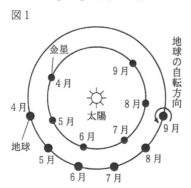

図2

① 前のページの図2は，この年の4月10日のある時間に，この場所で，金星を撮影したものである。金星を撮影した時間と見えた方向を述べた文として，最も適当なものを，次のア～エから一つ選び，その符号を書きなさい。

ア　明け方に，西の空に見えた。

イ　明け方に，東の空に見えた。

ウ　夕方に，西の空に見えた。

エ　夕方に，東の空に見えた。

② この年の7月から9月にかけて，この場所で，同倍率の望遠鏡で金星を観察すると，どのように見られるか。最も適当なものを，次のア～エから一つ選び，その符号を書きなさい。ただし，金星の形は白色の部分で，肉眼で見たときのように上下左右の向きを直して示してある。

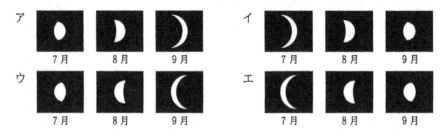

③ 金星は，真夜中に見ることができない。その理由を，「公転」という用語を用いて書きなさい。

〔6〕 電流とそのはたらきを調べるために，抵抗器a，bを用いて回路をつくり，次の実験1～3を行った。この実験に関して，次のページの(1)～(3)の問いに答えなさい。

実験1　図1のような回路を使い，抵抗器aと抵抗器bのそれぞれについて，抵抗器の両端に加わる電圧と回路を流れる電流を測定した。図2は，その結果をグラフに表したものである。

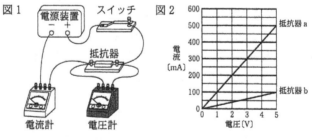

実験2　図3のように，抵抗器aと抵抗器bを直列につないで回路をつくり，スイッチを入れて，電流計が100mAを示すように電源装置を調節した。

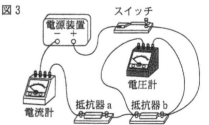

実験3　図4のように，抵抗器aと抵抗器bを並
　　　列につないで回路をつくり，スイッチを入
　　　れて，電流計が300mAを示すように電源
　　　装置を調節した。

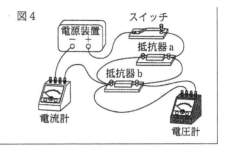

図4

(1)　実験1について，次の①，②の問いに答えなさい。

　①　図1の回路図を，図5の電気用図記号
　　をすべて用いて解答用紙にかきなさい。

　　図5　　⊣⊢　　⊏⊐　　Ⓐ　　Ⓥ　　╱　　⊣

　②　図2のグラフについて述べた文として，最も適当なものを，次のア～エから一つ選び，そ
　　の符号を書きなさい。

　　ア　電流の値と電圧の値は比例している。

　　イ　抵抗器aの電気抵抗は，電流の値が大きくなるほど増加する。

　　ウ　抵抗器aは抵抗器bより電流が流れにくい。

　　エ　グラフの傾きは，それぞれの抵抗器の電気抵抗を表している。

(2)　実験2について，次の①，②の問いに答えなさい。

　①　電圧計は何Vを示すか。求めなさい。

　②　抵抗器aと抵抗器bが消費する電力の合計は何Wか。求めなさい。

(3)　実験3について，次の①，②の問いに答えなさい。

　①　電圧計は何Vを示すか。求めなさい。

　②　抵抗器aが消費する電力は，抵抗器bが消費する電力の何倍か。求めなさい。

〔7〕　気象について，次の(1)，(2)の問いに答えなさい。

(1)　北極と赤道における大気の動きを模式的に表したものとして，最も適当なものを，次のア～
　エから一つ選び，その符号を書きなさい。ただし，ア～エの図中の ——→ は地表付近を吹く風
　を，⟹ は熱による大気の循環を表している。

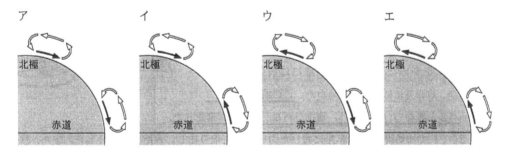

(2)　次のページの図は，ある年の8月7日午前9時の天気図であり，天気図中の，江差，青森，
　新潟，父島，那覇は，気象要素の観測地点である。また，下の表は，このときの，天気図中の
　5つの観測地点における気象要素を示しており，表中のA～Cは，江差，父島，那覇のいずれ
　かを表している。これらの天気図と表をもとにして，あとの①～③の問いに答えなさい。

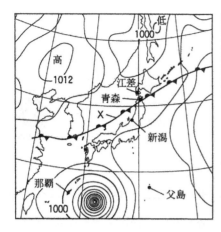

観測地点	新潟	A	B	C	青森
気温〔℃〕	31.0	29.5	28.7	23.9	21.7
湿度〔%〕	67	76	71	92	99
気圧〔hPa〕	1007	998	1010	1007	1007
風速〔m/s〕	3.0	8.7	1.2	2.1	1.3
風向	南南西	北	南南東	西	南南西
天気	◎	◎	◎	◎	●

① 天気図中のXで示される前線を，何前線というか。その名称を書きなさい。

② このときの，青森の天気を表から読みとり，最も適当なものを，次のア～エら一つ選び，その符号を書きなさい。

ア　快晴　　イ　晴れ　　ウ　くもり　　エ　雨

③ 表中のA～Cに当てはまる観測地点の組合せとして，最も適当なものを，次のア～カから一つ選び，その符号を書きなさい。

ア　〔A　江差，B　父島，C　那覇〕

イ　〔A　江差，B　那覇，C　父島〕

ウ　〔A　父島，B　江差，C　那覇〕

エ　〔A　父島，B　那覇，C　江差〕

オ　〔A　那覇，B　江差，C　父島〕

カ　〔A　那覇，B　父島，C　江差〕

〔8〕　炭酸水素ナトリウムを加熱したときの化学変化について調べるために，次の Ⅰ～Ⅲ の手順で実験を行った。この実験に関して，次のページの(1)～(3)の問いに答えなさい。

Ⅰ　右の図のように，炭酸水素ナトリウムの粉末を乾いた試験管Aに入れて加熱し，発生する気体を試験管Bに導いた。しばらくすると，試験管Bに気体が集まり，その後，気体が出なくなってから，加熱をやめた。試験管Aの底には白い粉末が残り，口の方には液体が見られた。この液体に塩化コバルト紙をつけたところ，塩化コバルト紙の色が変化した。

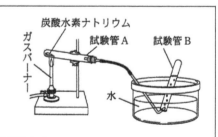

Ⅱ　Ⅰで加熱後の試験管Aに残った白い粉末を取り出し，水溶液をつくった。また，炭酸水素ナトリウムの水溶液を用意し，それぞれの水溶液に，フェノールフタレイン溶液を加えると，白い粉末の水溶液は赤色に，炭酸水素ナトリウムの水溶液はうすい赤色に変わった。

Ⅲ　Ⅰで試験管Bに集めた気体に，水でしめらせた青色リトマス紙をふれさせたところ，赤色に変わった。

(1)　Ⅰについて，次の①，②の問いに答えなさい。

①　図のようにして気体を集める方法を何というか。その用語を書きなさい。

②　下線部分の色の変化として，最も適当なものを，次のア～エから一つ選び，その符号を書きなさい。

ア　青色から桃色　　　イ　桃色から青色　　　ウ　青色から黄色　　　エ　黄色から青色

(2)　Ⅱについて，Ⅰで加熱後の試験管Aに残った白い粉末の水溶液の性質と，炭酸水素ナトリウムの水溶液の性質を述べた文として，最も適当なものを，次のア～エから一つ選び，その符号を書きなさい。

ア　どちらも酸性であるが，白い粉末の水溶液の方が酸性が強い。

イ　どちらも酸性であるが，炭酸水素ナトリウムの水溶液の方が酸性が強い。

ウ　どちらもアルカリ性であるが，白い粉末の水溶液の方がアルカリ性が強い。

エ　どちらもアルカリ性であるが，炭酸水素ナトリウムの水溶液の方がアルカリ性が強い。

(3)　Ⅲについて，試験管Bに集めた気体の性質を，書きなさい。

＜社会＞　　時間　50分　　満点　100点

〔1〕　次の地図1，2を見て，あとの(1)～(3)の問いに答えなさい。なお，地図中の緯線は赤道を基準
　として，また，経線は本初子午線を基準として，いずれも30度間隔で表している。

地図1

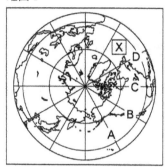

地図2

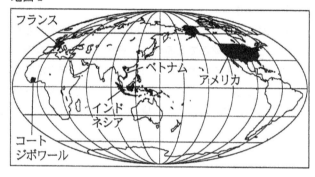

(1)　地図1は，北極点を中心に北半球を表したものである。この地図について，次の①，②の問
　いに答えなさい。

　①　地図1中の区は，三つの海洋（大洋）の一つである。区の海洋の名称を書きなさい。

　②　地図1中のA～Dで示した経線のうち，南アメリカ大陸を通るものはどれか。A～Dから
　　一つ選び，その符号を書きなさい。

(2)　地図2で示したベトナムについて，この国で最も多く栽培される農作物を主な材料に用いた
　料理を示したものとして，最も適当なものを，下のI群のア～エから一つ選び，その符号を書
　きなさい。また，この国のようすについて述べた文として，最も適当なものを，下のII群のカ
　～ケから一つ選び，その符号を書きなさい。

I群

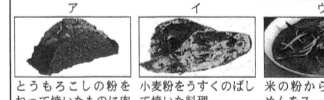

ア	イ	ウ	エ
とうもろこしの粉をねって焼いたものに肉や野菜をはさんだ料理	小麦粉をうすくのばして焼いた料理	米の粉からつくっためんをスープで食べる料理	キャッサバの粉を熱湯でこねた料理

II群

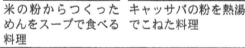

カ　ペルシア湾岸地域でとれる原油の収入により，生活や産業を支える施設が整えられている。
キ　EUに加盟し，ユーロが導入されて，仕事や観光のための人々の移動が活発になった。
ク　標高4000m付近の作物が育たない地域では，リャマやアルパカを放牧している。
ケ　ASEANに加盟し，日本を含む外国の企業を受け入れて，工業化を進めた。

(3) 次の表は，地図2で示したコートジボワール，フランス，インドネシア，アメリカについて，それぞれの国の人口，人口密度，主な輸出品目と金額を示したものであり，表中のa～dは，これらの四つの国のいずれかである。このうち，a，dに当てはまる国名の組合せとして，最も適当なものを，次のア～エから一つ選び，その符号を書きなさい。

	人口 (千人)	人口密度 (人/km²)	主な輸出品目と金額(百万ドル)					
			第1位		第2位		第3位	
a	65,274	118	機 械 類	113,661	自 動 車	54,647	航 空 機	51,999
b	26,378	82	カカオ豆	3,253	野菜・果実	1,399	石油製品	1,003
c	331,003	34	機 械 類	398,033	自 動 車	126,117	石油製品	103,192
d	273,524	143	石　　炭	23,979	パーム油	16,528	機 械 類	14,813

(「世界国勢図会」2020/21年版による)

ア 〔a　フランス，d　コートジボワール〕　　イ 〔a　フランス，d　インドネシア〕
ウ 〔a　アメリカ，d　コートジボワール〕　　エ 〔a　アメリカ，d　インドネシア〕

〔2〕　右の地図を見て，次の(1)～(4)の問いに答えなさい。

(1) 地図中の阿蘇山にみられる，火山の爆発や噴火による陥没などによってできた巨大なくぼ地のことを何というか。その用語を書きなさい。

(2) 次のア～エのグラフは，気象観測地点である鹿児島，高松，鳥取，長野のいずれかの月降水量と月平均気温を表したものである。このうち，鹿児島に当てはまるものを，ア～エから一つ選び，その符号を書きなさい。なお，棒グラフは月降水量を，折れ線グラフは月平均気温を表している。

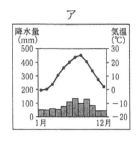
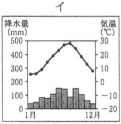
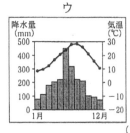
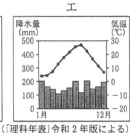

(「理科年表」令和2年版による)

(3) 右のグラフは，愛知県，大阪府，宮崎県，それぞれの府県の工業生産額と農業生産額を示したものであり，グラフ中の点X～Zは，これら三つの府県のいずれかのものである。グラフ中の点Yに当てはまる府県を▨で，解答用紙の地図中に示しなさい。

(「データでみる県勢」2020年版より作成)

(4)　次の**資料1**は、地図中の笛吹市を、明治44（1911）年と平成27（2015）年にそれぞれ測量し、作成された同一地域の2万5千分の1の地形図の一部であり、**資料2**はこの地域の養蚕業の変化について述べたものである。この二つの資料について、次の①、②の問いに答えなさい。

①　**資料1**には、川が山間部から平野や盆地に出たところに土砂がたまってできた地形がそれぞれみられる。このような地形を何というか。その用語を書きなさい。

②　**資料1**から読みとることができる、明治時代と平成時代における土地利用方法の違いを、**資料2**の養蚕業の変化と関連づけて書きなさい。

資料1

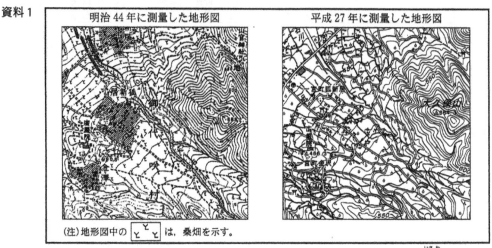

明治44年に測量した地形図　　　　　平成27年に測量した地形図

（注）地形図中の　　は、桑畑を示す。

（国土地理院 1：25,000 地形図「石和」より作成）

資料2

開国により生糸の輸出が増え、明治時代に養蚕業が発展した。しかし、昭和時代から平成時代にかけて、化学繊維の普及などにより、養蚕業は衰退していった。

〔3〕　右の略年表を見て、次の(1)〜(6)の問いに答えなさい。

年代	我が国のできごと
607	a 小野妹子を遣隋使として派遣する。
894	b 遣唐使を停止する。
1274	文永の役が起こる。
1429	c 琉球王国が成立する。
1467	d 応仁の乱が起こる。
1603	e 江戸幕府が開かれる。

（年表中894と1274の間にAの記号）

(1)　下線部分aについて、このころの世界のできごととして、最も適当なものを、次のア〜エから一つ選び、その符号を書きなさい。

ア　マゼランの船隊が世界一周に出発する。

イ　ムハンマドがイスラム教を開く。

ウ　ルターが宗教改革を始める。

エ　秦の始皇帝が中国を統一する。

(2)　下線部分bのできごとのあと、10〜11世紀に我が国で栄えた文化を何というか。次のア〜エから一つ選び、その符号を書きなさい。

ア　飛鳥文化　　イ　天平文化　　ウ　国風文化　　エ　元禄文化

(3)　次のページのX〜Zは、年表中のAの時期のできごとである。年代の古い順に並べ、その符

号を書きなさい。

X　平清盛は，娘を天皇の后にし，朝廷との関係を深めた。

Y　北条泰時は，裁判を公平に行うための基準として，御成敗式目を制定した。

Z　藤原頼通は，阿弥陀仏を信仰し，平等院鳳凰堂をつくった。

(4) 下線部分cについて，**資料Ⅰ**は，琉球王国の都であった首里の位置と，15世紀ごろの琉球王国の交易路を示したものであり，**資料Ⅱ**は，15世紀ごろの琉球王国の主な交易品をまとめたものである。この二つの資料から読みとることができることをもとに，15世紀ごろに琉球王国が栄えた理由を書きなさい。

資料Ⅰ　15世紀ごろの琉球王国の交易路

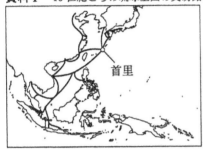

資料Ⅱ　15世紀ごろの琉球王国の主な交易品

産　地	産　　物
琉球	硫黄
日本	武具，屏風
東南アジア	香辛料，象牙
中国	生糸，絹織物，陶磁器，銅銭
朝鮮	朝鮮人参

(5) 次の表は，下線部分dの【できごと】の【背景・原因】，【結果・影響】をまとめたものである。表中の　X　，　Y　に当てはまる文として，最も適当なものを，下のア～エからそれぞれ一つずつ選び，その符号を書きなさい。

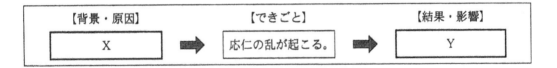

【背景・原因】		【できごと】		【結果・影響】
X	⇒	応仁の乱が起こる。	⇒	Y

ア　実力のある者が，身分の上の者に打ちかつ下剋上の風潮が広がった。

イ　勢力をのばした徳川家康に対し，豊臣政権を守ろうとした石田三成らの大名が兵をあげた。

ウ　農村では百姓一揆が起こり，都市では打ちこわしが起こった。

エ　将軍のあとつぎ問題をめぐり，守護大名の細川氏と山名氏が対立した。

(6) 下線部分eについて，江戸幕府が大名を統制するために1615年に定めた，次のような内容を含む法律を何というか。その名称を書きなさい。

― 諸国の居城はたとえ修理であっても，必ず幕府に報告せよ。まして，新規に築城することは厳重に禁止する。

― 幕府の許可を受けない結婚はしてはならない。

〔4〕　社会科の授業で，班ごとに，次のⅠ～Ⅳのテーマを設定して，調べ学習を行った。これらの
　　テーマについて，あとの(1)～(4)の問いに答えなさい。

テーマⅠ：幕末以降，我が国の近代化はどのように進められたのだろうか。	テーマⅡ：明治時代の我が国の文化は，どのような特色をもっていたのだろうか。
テーマⅢ：第一次世界大戦前後に，我が国の社会はどのように変化したのだろうか。	テーマⅣ：第二次世界大戦後，我が国はどのような改革を行ったのだろうか。

(1)　テーマⅠについて調べると，立憲制の国家が成立して議会政治が始まるとともに，我が国の
　　国際的地位が向上したことがわかった。このことについて，次の①，②の問いに答えなさい。
　①　1881年に，板垣退助が，国会の開設に備えて結成した政党の名称を書きなさい。
　②　次のア～ウは，日露戦争の前後に我が国で起きたできごとについて述べたものである。日
　　露戦争の前後に起きたできごとを，年代の古いものから順に並べ，その符号を書きなさい。
　　ア　関税自主権を完全に回復する。
　　イ　大日本帝国憲法を発布する。
　　ウ　下関条約を結ぶ。

(2)　テーマⅡについて調べると，この時期の文化は，伝統的文化
　　の上に欧米文化を受容して形成されたことがわかった。右の
　　彫刻は，仏像などの伝統的な彫刻の技法に，ヨーロッパの写実
　　的な技法を取り入れたものである。この彫刻を制作したのは
　　誰か。次のア～エから一つ選び，その符号を書きなさい。
　　ア　黒田清輝　　イ　尾形光琳
　　ウ　高村光雲　　エ　歌川広重

(3)　テーマⅢについて調べると，我が国の国民の政治的自覚の高
　　まりがみられたことがわかった。次の文は，第一次世界大戦中
　　の我が国のようすについて述べたものである。文中の　X　，　Y　に当てはまる語句の組合
　　せとして，最も適当なものを，下のア～エから一つ選び，その符号を書きなさい。

　　　　　X　を当てこんだ米の買い占めなどにより米騒動が起こると，軍人出身の寺内正毅
　　　首相は責任をとって辞職した。その後，立憲政友会の　Y　が，初めての本格的な政党
　　　内閣を組織した。

　　ア　〔X　満州事変，　　Y　伊藤博文〕　　イ　〔X　満州事変，　　Y　原敬〕
　　ウ　〔X　シベリア出兵，Y　伊藤博文〕　　エ　〔X　シベリア出兵，Y　原敬〕

(4)　テーマⅣについて調べると，新しい日本の建設に向けた様々な改革が進められたことがわ
　　かった。次のページのグラフは，新潟県における1941年と1949年の，自作地と小作地の割合，
　　自作農と自小作農及び小作農の割合を示したものである。1949年の自作地の割合と自作農の割
　　合が，1941年に比べてどちらも増えている理由を，「地主」，「政府」の二つの語句を用いて書
　　きなさい。

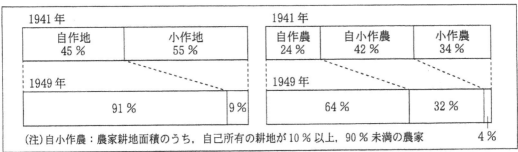

1941 年		
自作地 45 %	小作地 55 %	

1949 年	
91 %	9 %

1941 年		
自作農 24 %	自小作農 42 %	小作農 34 %

1949 年		
64 %	32 %	4 %

(注)自小作農：農家耕地面積のうち，自己所有の耕地が 10 % 以上，90 % 未満の農家

(農地改革記録委員会「農地改革顛末概要」より作成)

〔5〕　中学校3年生のあるクラスの社会科の授業では，次のA～Dのテーマについて学習を行う
ことにした。これらのテーマについて，あとの(1)～(4)の問いに答えなさい。

> テーマ
> A　現代社会と私たちの生活について　　B　日本国憲法について
> C　民主政治と社会について　　　　　　D　私たちの暮らしと経済について

(1)　Aのテーマについて，次の①，②の問いに答えなさい。

①　次の資料は，内閣府が実施している「カエル！ジャパン」キャンペーンについて示したも
のである。文中の X に当てはまる語句として，最も適当なものを，下のア～エから一つ
選び，その符号を書きなさい。

> －こんな思いで，キャンペーンははじまります－
> 自分にとって心地いい働き方が周りのみんなに
> も心地よく響くといいね。ひとりひとりが，仕
> 事も，人生も，めいっぱいたのしめるそんな会
> 社や社会になるといいね。……（略）……
> 「X」の実現に向けて，仕事のやり方を何かひとつ，今日から変えてみませんか？

ひとつ「働き方」を変えてみよう！
カエル！ジャパン
Change! JPN

(内閣府ホームページより作成)

> ア　メディアリテラシー　　　　イ　インフォームド・コンセント
> ウ　ワーク・ライフ・バランス　エ　クーリング・オフ

②　我が国の社会保障制度のしくみにおいて，国民年金などの年金制度が含まれるものとし
て，最も適当なものを，次のア～エから一つ選び，その符号を書きなさい。

> ア　公衆衛生　　イ　公的扶助　　ウ　社会福祉　　エ　社会保険

(2)　Bのテーマについて，あとの①～③の問いに答えなさい。

①　次の文は，日本国憲法の三つの基本原理についてまとめたものの一部である。文中の
X に当てはまる語句を書きなさい。

> 　　日本国憲法は，X，平和主義，基本的人権の尊重の三つの考え方を基本原理とし
> ている。このうち，X は，国の政治の決定権は国民がもち，政治は国民の意思に基
> づいて行われるべきであるという原理である。

② 日本国憲法で国民に保障される基本的人権のうち，自由権に当たるものを，次のア〜オから二つ選び，その符号を書きなさい。

ア　教育を受ける権利

イ　自分の考えを表現する権利

ウ　権利が侵害された場合に裁判を受ける権利

エ　法律の定める手続きによらなければ逮捕されない権利

オ　健康で文化的な最低限度の生活を営む権利

③ 日本国憲法で規定されている国会の仕事として，正しいものを，次のア〜エから一つ選び，その符号を書きなさい。

ア　法律の制定　　イ　予算の作成　　ウ　法令の違憲審査　　エ　条約の締結

(3) Cのテーマについて，次の表は，第188回〜第191回国会のそれぞれにおける，召集日，会期終了日，種類を示したものであり，表中の　X　〜　Z　は，常会（通常国会），臨時会（臨時国会），特別会（特別国会）のいずれかである。また，下の資料は，平成21年〜令和元年に実施された衆議院と参議院における選挙の期日をまとめたものである。資料を参考にして，表中の　X　〜　Z　のうち，特別会（特別国会）であるものを一つ選び，その符号を書きなさい。また，そのように判断した理由を書きなさい。

表　国会の召集日，会期終了日，国会の種類（第188回〜第191回）

	召集日	会期終了日	種　類
第188回	平成26年12月24日	平成26年12月26日	X
第189回	平成27年1月26日	平成27年9月27日	常会（通常国会）
第190回	平成28年1月4日	平成28年6月1日	Y
第191回	平成28年8月1日	平成28年8月3日	Z

資料　衆議院と参議院における選挙の期日（平成21年〜令和元年）

衆議院議員総選挙	参議院議員選挙
平成21年8月30日	平成22年7月11日
平成24年12月16日	平成25年7月21日
平成26年12月14日	平成28年7月10日
平成29年10月22日	令和元年7月21日

(4) Dのテーマについて，あとの①，②の問いに答えなさい。

① 次の文は，日本銀行が行う金融政策について述べたものである。文中の　a　，　b　に当てはまる語句の組合せとして，正しいものを，次のページのア〜エから一つ選び，その符号を書きなさい。

> 不景気（不況）のときに，日本銀行が　a　と，銀行が保有する資金量は　b　ため，企業に貸し出す資金が　b　ので，経済活動が活発になり，景気は回復へ向かうと考えられる。

　　ア〔a　銀行から国債を買う，b　減る〕
　　イ〔a　銀行から国債を買う，b　増える〕
　　ウ〔a　銀行に国債を売る，　b　減る〕
　　エ〔a　銀行に国債を売る，　b　増える〕

②　右の図は，自由な競争が維持されて
　　いる市場における，ある商品の需要量
　　と供給量と価格の関係を表したもので
　　ある。この商品の価格が図中のP円で
　　あるとき，次の文中の　X　，　Y
　　に当てはまる語句の組合せとして，正
　　しいものを，下のア～エから一つ選
　　び，その符号を書きなさい。

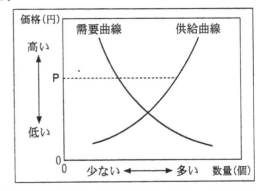

　　　価格がP円のときは，需要量が供給量よりも　X　から，一般に，その後の価格は
　　　Y　と考えられる。

　　ア〔X　多い，　Y　上がる〕
　　イ〔X　多い，　Y　下がる〕
　　ウ〔X　少ない，Y　上がる〕
　　エ〔X　少ない，Y　下がる〕

〔6〕　中学校の職場体験をとおして農業に興味をもったKさんは，日本の農業について調べ，ク
　　ラスで発表することになった。次のページの資料Ⅰ～資料Ⅴは，Kさんが集めたものの一部であ
　　る。また，下はKさんの発表原稿の一部である。このことについて，あとの(1)～(3)の問いに答え
　　なさい。

　Kさんの発表原稿の一部

　　　私は農家で職場体験を行い，日本の農業について調べました。資料Ⅰの農産物は，2015年
　　においていずれも生産量に対して消費量が大きいことから，外国からの輸入量が増えている
　　と考え，消費量に対する生産量の割合である自給率を調べました。調べたものが資料Ⅱで，
　　1955年と2015年を比較すると，2015年の方がいずれも自給率が下がっていることがわかりま
　　す。近年は，「地産地消」とよばれる，地元で生産されたものを地元で消費する取組が注目
　　されていて，　X　を通さずに生産者から直接商品を仕入れることが多い，農産物の直売
　　所の設置は，その取組の1つです。また，私の職場体験先の農家では，農産物を消費者に直
　　接届ける産地直送を始めました。これらのことから，商品の　Y　のしくみが多様化して
　　いることがわかりました。資料Ⅳと資料Ⅴから　Z　と考えられるため，農産物が消費者
　　のもとに届くサービスを必要とする人は，今後，増えるのではないかと思います。

(1)　発表原稿の下線部分について，資料Ⅰから読みとることができることをもとに，資料ⅡのA
　　～Dのうち，野菜の自給率を示したものを一つ選び，その符号を書きなさい。

(2)　資料Ⅲから読みとることができることをもとに，発表原稿の ☐X☐ ，☐Y☐ に当てはまる語句の組合せとして，最も適当なものを，次のア〜エから一つ選び，その符号を書きなさい。

ア　〔X　卸売業者，Y　開発〕

イ　〔X　卸売業者，Y　流通〕

ウ　〔X　小売業者，Y　開発〕

エ　〔X　小売業者，Y　流通〕

(3)　資料Ⅳと資料Ⅴから読みとることができることをもとに，発表原稿の ☐Z☐ に当てはまる内容を，40字以内で書きなさい。

資料Ⅰ　米，野菜，果実，肉類の，国内で生産された量（生産量）と国内で消費に回された量（消費量）

（千 t）

		米	野菜	果実	肉類
1955 年	生産量	12,385	9,234	1,815	275
	消費量	11,275	9,233	1,751	276
2015 年	生産量	8,429	11,856	2,969	3,265
	消費量	8,600	14,777	7,263	6,030

資料Ⅱ　米，野菜，果実，肉類の，自給率の推移

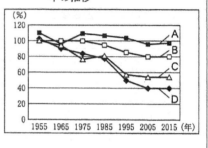

（「数字でみる日本の100年」改訂第7版より作成）

資料Ⅲ　農産物が消費者に届くまでの主な経路

資料Ⅳ　高齢者を対象にしたアンケートの一部
「現在，住んでいる地域の問題点として『日常の買い物に不便である』と答えた人の割合」

2005 年	2010 年	2015 年
13.5 %	14.9 %	15.7 %

（内閣府ホームページより作成）

資料Ⅴ　65 歳以上の人口の推移

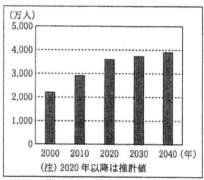

（注）2020 年以降は推計値

（総務省統計局ホームページより作成）

Ⅱ

ぼくらはひとりでは生きていけない。だから、いろんな他者と関わりながら「社会」をつくりあげている。親しくなりたいと感じる人もいれば、できれば避けたいと思う人もいる。その「思い」はかならずしも互いに一致しない。すれ違うことも多い。

いろんな「思い」が交差するなかで、ときに共感／感情を増大させたり、せっせと抑圧したりして、さまざまな他者と関係の網の目がつくりあげられる。それが、いまぼくらの生きている社会の姿だ。

みんなでたくさんのモノや言葉、行為をやりとりしながら、共感／感情のスイッチをONにしたり、OFFにしたりして、人との「関係」がつくられていく。「経済」も「感情」も、このスイッチの動きと密接に関わっている。その動きを理解すれば、この社会の複雑に絡み合った糸をほどいて、見晴らしをよくすることができる。

手からの呼びかけや眼差しによって、あなたは何者かであることを強いられたり、何者かになれたりする。

ぼくらは、強固なかたちで最初から「何者か」であるわけではない。ぼくらが他の人にいかに与え、受けとるのか。それによって生じる関係のなかから「わたし」や「わたしたち」が生まれ、「かれ」や「かれら」が生まれている。

だから、ふたつめの問いへの答えはこうなる。

社会の現実は、ぼくらが日々、いろんな人と関わり合うなかでつくりだしている。あなたが、いまどのように目の前の人と向き合い、なにを投げかけ、受けとめるのか。そこに「わたし」をつくりだし、「あなた」という存在をつくりだす社会という「運動」の鍵がある。

相手に投げかけられる言葉、与えられるモノ、投げ返される行為。そこで見えてくる「わたし—あなた」という関係、「わたしたち／かれら」という存在のかたち。そのどれをとっても、一時も動きを止めているものはない。

ぼくらが動かし、動かされ、そのつどある「かたち」を浮かび上がらせている「関係としての社会」。とどまることなく、否応なしに、誰もがこの運動の連鎖のただなかにいるからこそ、ぼくらは、その社会を同じように動かし、ずらし、変えていく　a　に開かれている。

受けとめる。いま「わたし」と「あなた」をつなぎ、つくりだしている動きを見定める。もしそれを変えたいのであれば、それまでとは違うやり方で与え、受けとり、その関係の磁場を揺さぶり、ずらし続ければいい。

（松村　圭一郎「うしろめたさの人類学」による）

(注)磁場＝磁石や電流のまわりに生じる磁気力の作用する場所。ここでは、比喩的に、あるものごとの影響力などが強く及ぶ場をいう。

(一)文章中の　A　に最もよく当てはまる言葉を、次のア〜エから一つ選び、その符号を書きなさい。

ア　しかし　イ　つまり　ウ　むしろ　エ　ところで

(二)――線部分(1)について、「社会」とは何か。具体的に説明している部分を、Iの文章中から十五字以内で抜き出して、書きなさい。

(三)――線部分(2)とはどういうことか。その説明として最も適当なものを、次のア〜エから一つ選び、その符号を書きなさい。

ア　わたしたちの心や人との関係は、他者との言葉やモノ、行為のやりとりから独立して存在しているということ。

イ　わたしたちの心や人との関係によって、他者との言葉やモノ、行為のやりとりの方法が選択されるということ。

ウ　わたしたちの心や人との関係は、他者との言葉やモノ、行為のやりとりの方法によって変わるということ。

エ　わたしたちの心や人との関係によって、他者との言葉やモノ、行為によるやりとりが制限されるということ。

(四)――線部分(3)とはどういうことか。六十字以内で書きなさい。

(五)文章中の　a　に最もよく当てはまる言葉を、次のア〜エから一つ選び、その符号を書きなさい。

ア　可能性　イ　安全性　ウ　独自性　エ　客観性

(六)次のページのIIの文章は、Iの文章と同じ著書の一部である。筆者は、わたしたちが生きている社会をどのようにとらえ、その社会を構築しなおすためにはどのようなことが必要だと述べているか。IとIIの文章を踏まえ、百二十字以内で書きなさい。

当なものを、次のア～エから一つ選び、その符号を書きなさい。

ア　一つの芸能しか身につけることがない。

イ　一度も芸能を習おうと思ったことはない。

ウ　一つの芸能さえ習い覚えることはない。

エ　一度も芸能を習う機会を得たことがない。

（四）　──線部分(3)の「その人」が指す部分を、文章中から十字以内で抜き出して、書きなさい。

（五）　──線部分(4)の「諸道かはるべからず」とはどういうことか。最も適当なものを、次のア～エから一つ選び、その符号を書きなさい。

ア　作者が述べる芸能を身につける上での心得は、長い年月を経ても決して変わらないものであるということ。

イ　作者が述べる芸能を身につける上での心得は、芸能のあらゆる分野で共通するものであるということ。

ウ　作者が述べる芸能を身につける上での心得は、どのような分野でも通用すると思ってはならないということ。

エ　作者が述べる芸能を身につける上での心得は、世間ではまだ誰も知っている者がいないということ。

（六）　作者は、芸能を身につける上で、どのようなことが大切だと述べているか。文章全体を踏まえ、五十字以内で書きなさい。

Ⅰ〔四〕　次のⅠ、Ⅱの文章を読んで、㈠～㈥の問いに答えなさい。

Ⅰ

ぼくたちは、どうやって社会を構築しているのか？いったいどうしたら、その社会を構築しなおせるのか？

(1)「社会」というと、自分たちには手の届かない大きな存在に思えるかもしれない。でも、それはたぶん違う。

誰もが、さまざまな人やモノとともに「社会」をつくる作業にたずさわっている。そこでの自分や他人のあり方は、最初から「かたち」や「意味」が決まっているわけではない。他人の内面にあるように思える「こころ」も、自分のなかにわきあがるようにみえる「感情」も、ぼくらがモノや言葉、行為のやりとりを積み重ねるなかで、ひとつの現実としてつくりだしている。この、人や言葉やモノが行き来する場、それが「社会」なのだ。

人との言葉やモノのやりとりを変えれば、感情の感じ方も、人との関係も変わる。商品交換は、感情に乏しい関係をつくりだし、贈与は、感情にあふれた、でもときに面倒な親密さを生み出す。「経済」―「感情」―「関係」は、こうして人にモノをどう与え、受けとり、いかに交換／返礼するかという行為の連鎖からできている。

ぼくらは、人にいろんなモノを与え、与えられながら、ある関係の「かたち」をつくりだす。そして同時に、その関係／つながりをとおして、ある精神や感情をもった存在になることができる。愛情も、怒りも、悲しみも、自分だけのものなのではない。「こころ」も、他者との有形・無形のやりとりのなかで生み出される。そして、(2)そのやりとりの方法が、社会を心地よい場所にするかどうかを決めている。

だから、ひとつめの問いへの答えはこうだ。

A　関係の束としての「社会」は、モノや行為を介した人と人との関わり合いのなかで構築される。そこで取り結ばれた関係の輪が、今度は「人」をつくりだす。身近な他者が何者なのかも、あなたがなにをどのように相手に投げかけるかによって変わる。

(3)ぼくらが何者であるかは他者との関係のなかで決まる。あなたの行為によって相手は何者かになり、相手は何者か

(五) 次の文中の「から」と同じ意味で使われている「から」がある文を、あとのア〜エから一つ選び、その符号を書きなさい。

できることから始めてみる。

ア 新年度からバスで学校に行く。
イ 豆腐は主に大豆から作られる。
ウ 過去の経験から状況を判断する。
エ 練習が終わった人から帰宅する。

〔三〕 次の文章は、兼好法師の「徒然草」の一部である。この文章を読んで、(一)〜(六)の問いに答えなさい。

芸能ヲ身ニツケヨウトスル人ハ
能をつかんとする人、「よくせざらんほどは、
ヨクデキナイヨウナ特期ニハ　ナマジッカ　人ニ知
ラレマイ　　　　　人前ニ出テ行クヨウナコトコソ
知られじ。うちうちよく習ひ得てさし出でたらんこそ、いと(1)心
イツモ言ウヨウデアルガ　コノヨウニ
にくからめ」と常に言ふめれど、か(2)く言ふ人、一芸も習ひ得る
マダマッタクノ未熟ナウチカラ　　　上手の中にまじりて、
ことなし。いまだ堅固かたほなるより、上手の中にまじりて、
ケナサレテモ笑ワレテモ　平然ト押シ通シテ稽古ニ励ム人ハ
毀り笑はるるにも恥ぢず、つれなく過ぎて嗜む人、天性その骨な
稽古ノ道ニ停滞セズ　勝手気ママニシナイデ　芸ガ達者デ
けれども、道になづまず、みだりにせずして年を送れば、堪能の
アッテモ稽古ニ励マナイ人ヨリハ　　人望モ十分ニソナワリ　人ニ認
嗜まざるよりは、終に上手の位にいたり、徳たけ、人に認

メラレテ　　　　　　　　ならび
許されて、双なき名を得る事なり。

天下のものの上手といへども、始めは不堪の聞えもあり、無下
芸道ノ規律ヲ正シク守リ
の瑕瑾もありき。されども、その人、道の掟正しく、これを重
　　　　　　　　　　　模範トナリ
くして放埒せざれば、世の博士にて、万人の師となる事、諸道か
はるべからず。

(注) 上手＝名人。
　　天性＝生まれつき。
　　骨＝器量。天分。
　　不堪の聞え＝下手だという評判。
　　無下の瑕瑾＝ひどい欠点。
　　放埒＝勝手きままなこと。

(一) 〜〜〜線部分の「いへども」を現代かなづかいに直し、すべてひらがなで書きなさい。

(二) ──線部分(1)の「心にくからめ」の意味として最も適当なものを、次のア〜エから一つ選び、その符号を書きなさい。
ア 奥ゆかしいだろう
イ 憎らしいだろう
ウ 待ち遠しいだろう
エ 見苦しいだろう

(三) ──線部分(2)の「一芸も習ひ得ることなし」の意味として最も適

〈国語〉

時間　五〇分　満点　一〇〇点

〔一〕

（一）次の(一)、(二)の問いに答えなさい。

(一)次の1～5について、――線をつけた漢字の部分の読みがなを書きなさい。

1　春が近づくと寒さが緩む。
2　観客の応援が熱気を帯びる。
3　収入と支出の均衡を保つ。
4　新作の映画を披露する。
5　名案が脳裏にひらめく。

(二)次の1～5について、――線をつけたカタカナの部分に当てはまる漢字を書きなさい。

1　木のミキから枝が伸びる。
2　文房具店をイトナむ。
3　重要なヤクワリを果たす。
4　漁獲量のトウケイをとる。
5　作業のコウリツを高める。

〔二〕

（一）次の(一)～(五)の問いに答えなさい。

(一)次の文中の――線部分と〜〜〜線部分の関係として最も適当なものを、あとのア～エから一つ選び、その符号を書きなさい。

　川沿いをゆっくり歩く。

ア　主・述の関係
イ　修飾・被修飾の関係
ウ　並立の関係
エ　補助の関係

(二)次の文中の「細かく」と同じ品詞であるものを、あとのア～エの――線部分から一つ選び、その符号を書きなさい。

　野菜を細かく刻む。

ア　流れる音楽にじっと耳を傾ける。
イ　静かな場所で集中して学習する。
ウ　しばらく休んでから出発する。
エ　楽しい時間はあっという間に過ぎる。

(三)――線部分の敬語の使い方として最も適当なものを、次のア～エから一つ選び、その符号を書きなさい。

ア　姉が描いた絵を拝見してください。
イ　あなたが私に申したことが重要です。
ウ　私が資料を受け取りにまいります。
エ　兄は先に料理を召し上がりました。

(四)次の文中の「起きる」と活用の種類が同じ動詞を、あとのア～エの――線部分から一つ選び、その符号を書きなさい。

　朝起きると、すぐに散歩に出かけた。

ア　目を閉じると、次第に気持ちが穏やかになった。
イ　家に帰ると、妹と弟が部屋の掃除をしていた。
ウ　山を眺めると、頂上に白い雲がかかっていた。
エ　姉が来ると、家がいつもよりにぎやかになった。

大切なことはメモしておこうネ！

2021年度

解 答 と 解 説

《2021年度の配点は解答用紙集に掲載してあります。》

<数学解答>

〔1〕 (1) -7　　(2) $5a-2b$　　(3) a^2b^3　　(4) $3\sqrt{7}$　　(5) $x=\dfrac{-7\pm\sqrt{29}}{2}$

(6) $y=3x^2$　　(7) $\angle x=31$度　　(8) ① 0.25　　② 600m以上800m未満

〔2〕 (1) (例)連続する2つの自然数は，nを自然数とすると，n，$n+1$とおける。2つの自然数の積は，和より55大きいから，$n(n+1)=n+n+1+55$　$(n-8)(n+7)=0$　nは自然数だから，$n=8$　求める2つの自然数は8，9　答　8，9　　(2) (例)袋Aに入っている赤玉を①，白玉を①，②，青玉を⚠，⚠，袋Bに入っている赤玉を②，③，白玉を③とおく。玉の取り出し方は15通りあり，玉の色が異なるのは11通りある。よって，求める確率は，$\dfrac{11}{15}$

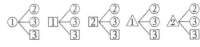

答　$\dfrac{11}{15}$　　(3) 右図

〔3〕 (1) 30　　(2) ① $b=105$　　② エ

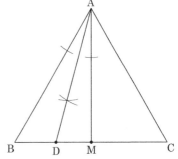

(3) グラフから，Pからは毎分$\dfrac{25}{2}$Lの水が出ていることがわかる。求める時間をx分とすると，$105=\dfrac{25}{2}\times x$だから，$x=\dfrac{42}{5}=8+\dfrac{24}{60}$　よって，求める時間は8分24秒後　答　8分24秒後

〔4〕 (1) $2\sqrt{5}-4$(cm)　　(2) ① 90　　② PQ
③ 解説参照　　④ (例)線分ORの長さが最も長くなるのは，$\angle$RQO$=90°$になるときである。このときの頂点P，Q，RをそれぞれP′，Q′，R′とおく。辺PQと半直線OYが重なっているときのRを考えると，RR′$=2\sqrt{5}-4$である。また，辺PQと半直線OXが重なっているときのRをR″とおくと，R′R″$=2\sqrt{5}-2$　よって，求める道のりは，$2\sqrt{5}-4+2\sqrt{5}-2=4\sqrt{5}-6$　答　$4\sqrt{5}-6$(cm)

〔5〕 (1) 4(cm)　　(2) 解説参照　　(3) (例)中点連結定理より，MN//CDだから，$\triangle$AMN$\infty\triangle$ACDであり，相似比は1：2で，面積比は1：4となる。よって，$\triangle$AMNと四角形CDNMの面積比は1：3である。また，CF＝5cmだから，AE：CF＝2：5＝1：$\dfrac{5}{2}$　したがって，四角すいFCDNMの体積は，三角すいEAMNの体積の$3\times\dfrac{5}{2}=\dfrac{15}{2}$倍である。　答　$\dfrac{15}{2}$倍

<数学解説>

〔1〕 (数・式の計算，平方根，二次方程式，関数$y=ax^2$，円の性質と角度，資料の活用)

(1) $6-13=-7$

(2) $2(3a+b)-(a+4b)=6a+2b-a-4b=5a-2b$

(3) $a^3b^5\div ab^2=a^3b^5\times\dfrac{1}{ab^2}=a^2b^3$

(4) $\sqrt{14}\times\sqrt{2}+\sqrt{7}=\sqrt{2\times7}\times\sqrt{2}+\sqrt{7}=2\sqrt{7}+\sqrt{7}=3\sqrt{7}$

(5) 解の公式より，$x=\dfrac{-7\pm\sqrt{7^2-4\times1\times5}}{2\times1}=\dfrac{-7\pm\sqrt{29}}{2}$

(6) yはxの2乗に比例するから，$y=ax^2$とおいて，$x=-2$，$y=12$を代入すると，$12=a\times(-2)^2$
$4a=12$　$a=3$　よって，$y=3x^2$

(7) 点Bは接点より，$\angle OBP=90°$　よって，$\angle AOB=180°-(90°+28°)=62°$　$\overparen{AB}$に対する中心角と円周角の関係から，$\angle x=\dfrac{1}{2}\angle AOB=\dfrac{1}{2}\times62°=31°$

(8) ①　200m以上400m未満の階級の度数は20人だから，相対度数は，$\dfrac{20}{80}=0.25$

②　中央値は，距離の短い方から40番目と41番目の値の平均である。40番目，41番目の値はどちらも600m以上800m未満の階級に入っているから，求める階級は，600m以上800m未満の階級。

〔2〕　(二次方程式の応用，確率，作図)

(1)　nを自然数とすると，連続する2つの自然数は，n，$n+1$と表されるから，$n(n+1)=n+(n+1)$ $+55$が成り立つ。これを解いて，$n^2-n-56=0$　$(n-8)(n+7)=0$　$n=8$，-7　$n\geqq1$より，$n=8$ よって，連続する2つの自然数は，8と9である。

(2)　袋Aに入っている赤玉を①，白玉を□1，□2，青玉を△1，△2，袋Bに入っている赤玉を②，③，白玉を③とおくと，右の樹形図より，玉の取り出し方は全部で15通りある。そのうち，玉の色が異なるのは○印をつけた11通りあるから，求める確率は，$\dfrac{11}{15}$

(3)　△ABCは正三角形だから，△ABDで，$\angle BAD=180°-(60°+105°)=15°$　よって，$\angle BAM$の二等分線と辺BCとの交点をDとすればよい。　(i)　点Aを中心とする円をかき，辺AB，線分AMとの交点を，それぞれP，Qとする。　(ii)　2点P，Qをそれぞれ中心とする等しい半径の円をかき，その交点の1つをRとする。　(iii)　半直線ARをひき，辺BCとの交点をDとする。

〔3〕　(一次関数のグラフの利用)

(1)　グラフは原点Oと(6，180)を通るから，傾きは，$\dfrac{180}{6}=30$

(2)　①　グラフは2点(6，180)，(10，230)を通るから，傾きは，$a=\dfrac{230-180}{10-6}=\dfrac{25}{2}$　$y=\dfrac{25}{2}x+b$に(6，180)を代入すると，$180=\dfrac{25}{2}\times6+b$　$b=105$

②　Pからは1分間に$\dfrac{25}{2}$Lの水が出るから，Pから出た水の量は，$\dfrac{25}{2}\times10=125$(L)　Qから出た水の量は，$230-125=105$(L)　よって，$b$の値はQから出た水の量と同じ値である。

(3)　Pから出た水の量と，Qから出た水の量が等しくなるのは，$6\leqq x\leqq10$のときである。このとき，$105=\dfrac{25}{2}\times x$が成り立つから，$x=\dfrac{42}{5}=8\dfrac{24}{60}$　よって，8分24秒後。

〔4〕　(平面図形，線分の長さ，円周角の定理，点が動いた道のり)

(1)　三平方の定理により，$BD^2=AB^2+AD^2=4^2+2^2=20$　$BD>0$より，$BD=\sqrt{20}=2\sqrt{5}$(cm) △ACD≡△FBEより，BE=CD=4cmだから，$DE=BD-BE=2\sqrt{5}-4$(cm)

(2)　①　△ACD≡△FBEより，$\angle BEF=\angle CDA=90°$　よって，$\angle QRP=90°$

②　半円の弧に対する円周角は90°より，辺PQが直径になる。

③　(証明)　(例)3点P，O，Qを通る円をかくと，$\angle POQ=90°$だから，辺PQはこの円の直径に

なる。3点P，Q，Rを通る円もPQが直径になるので，4点P，O，Q，Rは同じ円周上にあることがわかる。したがって，**円周角の定理**から，∠ROX＝∠RPQ

④　右の図のように，図3に，四角形OQ′R′P′が長方形になるように，3点P′，Q′，R′を書き加える。また，図5のときの点RをR″とおくと，点Rは直線OR上を，R→R′→R″と移動する。RR′＝2√5 －4(cm)，R′R″＝2√5 －2(cm)より，求める道のりは，(2√5 －4)＋(2√5 －2)＝4√5 －6(cm)

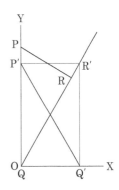

〔5〕　(空間図形，線分の長さ，相似の証明，体積の比)

(1)　中点連結定理により，MN＝$\frac{1}{2}$CD＝$\frac{1}{2}$×8＝4(cm)

(2)　(証明)　(例)△AEMと△BFEにおいて，△ABCは正三角形だから，∠MAE＝∠EBF＝60°…①　AE＝2cmで，点Mは辺ACの中点だから，AM＝4cm　また，BF＝3cm，BE＝AB－AE＝6cm　よって，AE：BF＝AM：BE＝2：3…②　①，②より，2組の辺の比とその間の角がそれぞれ等しいから，△AEM∽△BFE

(3)　中点連結定理により，MN∥CDなので，△AMNと△ACDは相似であり，相似比は，MN：CD＝1：2より，面積の比は，1²：2²＝1：4　よって，△AMN：(四角形CDNM)＝1：(4－1)＝1：3　また，辺CDの中点をLとし，点Eから線分ALにひいた垂線と線分ALとの交点をH，点Fから線分CNにひいた垂線と線分CNとの交点をH′とすると，△AEHと△CFH′は相似なので，EH：FH′＝AE：CF＝2：(8－3)＝2：5　三角すいEAMN，四角すいFCDNMの底面を，それぞれ△AMN，四角形CDMNとみると，高さは，それぞれEH，FH′となるから，四角すいFCDNMの体積は三角すいEAMNの体積の，3×$\frac{5}{2}$＝$\frac{15}{2}$(倍)

＜英語解答＞

〔1〕　(1)　1　イ　　2　ア　　3　ウ　　4　ア　　(2)　1　ア　　2　エ　　3　イ　　4　エ
　　　(3)　1　(例)Yes, they do.　　2　(例)It is in front of the library.

〔2〕　(1)　ウ　　(2)　(例)(I want to take part in Volunteer Activity)D. I like talking with people at the nursing home because they know many things. I'm interested in the history of this town. I want to hear a lot of stories about it from them in this volunteer activity.

〔3〕　(1)　A　イ　　B　エ　　(2)　C　he is respected by　　D　teaches them how to
　　　(3)　ア　　(4)　ウ　　(5)　(例)日本の人々との経験を通して，日本とオーストラリアの違いを見つけ，自分自身の国について考える機会を得たから。　　(6)　イ

〔4〕　(1)　(例)一枚の写真を撮る前に，注意深く物を見ること。　　(2)　イ　　(3)　ア
　　　(4)　①　(例)No, she didn't.　　②　(例)Her grandfather did.
　　　③　(例)She goes to the lake or the mountain to take pictures.
　　　(5)　ウ　　(6)　(例)I felt glad when I helped a woman. She asked me the way to the station in English. I used some English words and told her how to get there. She understood me and said, "Thank you."

＜英語解説＞

〔1〕　(リスニング)

　　放送台本の和訳は，44ページに掲載。

〔2〕　(会話文：語句補充・選択，自由・条件付き英作文，動名詞，不定詞)

　【広告】

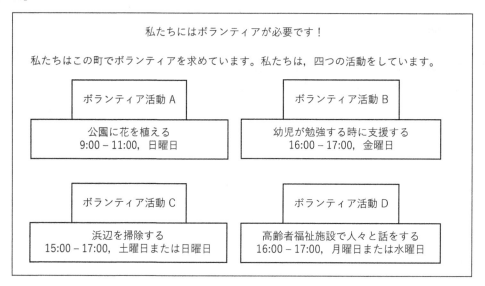

私たちにはボランティアが必要です！

私たちはこの町でボランティアを求めています。私たちは，四つの活動をしています。

ボランティア活動 A	ボランティア活動 B
公園に花を植える 9:00 – 11:00, 日曜日	幼児が勉強する時に支援する 16:00 – 17:00, 金曜日

ボランティア活動 C	ボランティア活動 D
浜辺を掃除する 15:00 – 17:00, 土曜日または日曜日	高齢者福祉施設で人々と話をする 16:00 – 17:00, 月曜日または水曜日

　【会話】

アン：どのボランティア活動に興味がある？／マーク：ぼくは全部に興味があるけど，月曜日から金曜日は用事があるんだ。公園で花を植えたいな。／アン：ちょっと待って。あなたと私は，毎週日曜日の午前中に，ピアノの練習があるでしょ。／マーク：そうだ。わかった，では ボランティア活動C に参加しよう。

(1)　ア　ボランティア活動 A　　イ　ア　ボランティア活動 B　　ウ　ボランティア活動 C(○)

　　エ　ボランティア活動 D　　問題の会話文から，月曜日から金曜日と日曜日は用事があること

　　がわかるので，土曜日に参加できるボランティア活動 C (ウ)が適当

(2)　(解答例訳)私はボランティア活動(D)に参加したい。私は高齢者福祉施設で人々と一緒に話

　　をすることが好きだ，なぜなら，人々はたくさんのことを知っているからだ。私はこの町の歴史

　　に興味がある。私はこのボランティア活動で，歴史についてたくさんの話を人々から聞きたい。

〔3〕　(会話文：語句選択・補充，語句の並べ換え，語句の解釈・指示語，内容真偽，語形変化，日

　　本語で答える問題，現在・過去・未来と進行形，受け身，不定詞，動名詞，関係代名詞，分詞

　　の形容詞用法，現在完了，助動詞)

(全訳)　アカリは日本人の高校生です。今彼女は，オーストラリアから来た高校生のスティーブと

話をしています。スティーブはアカリの学校で勉強をしています。／アカリ：こんにちは，スティ

ーブ。週末はどうだった？／スティーブ：こんにちは，アカリ。楽しかったよ。先週の日曜日

に，ホストファミリーと一緒にスキーへ行ったんだ。初めてのことだった。ぼくはたくさんの雪

を見てわくわくした。きみの週末はどうだった？／アカリ：私も楽しかった。外出はしなかったけ

れども，家で楽しい時間を_A_(過ごした)。／スティーブ：それはいいね。家で何をしたの？／アカ

リ：音楽を聴いて，本を読んでそしてテレビを見て楽しんだ。そうね，先週の日曜日は，他の国々でB(働いている)三人の日本人について，テレビ番組を見た。それはおもしろかった。その番組を見た？／スティーブ：いいや。別の国々でその日本人たちは何をしているの？／アカリ：その人たちはさまざまな仕事をしているの。一人は，インドで日本語の教師。彼女は生徒たちにすばらしい授業をしている。彼女は地元のイベントに参加して，そして人々に伝統的な日本文化も紹介している。／スティーブ：それはいいね。彼女はインドの人々にもっと日本に興味を持ってもらうようにできると思うよ。／アカリ：私もそう思う。ええと，別の人はアメリカで建築家をやっている。彼は一生懸命に勉強して，環境について多くを知っている。彼がデザインする建物は，美しくて環境にやさしいの。だから，まわりの人々からC彼は尊敬されている。／スティーブ：わあ，それもいいね！　最後の人は何をしているの？／アカリ：最後の人は，アフリカで人々と一緒に働く農家なの。彼は，お米と野菜がよく育つD方法をアフリカの人々に教えている。彼は人々のために一生懸命に働くから，アフリカの人々は彼を信頼している。／スティーブ：それはすばらしい。／アカリ：けれども，初めてアフリカへ来た時，日本人の農家には問題があったの。彼にとってお米と野菜をうまく育てることは難しかった。／スティーブ：なぜ？／アカリ：肥沃な土壌ではなかったから。E最初に，彼自身のやり方では土壌を肥沃にすることができなかった。それから，彼は地元の人々とたくさん話をした。彼は地元の人々からいくつか役に立つ考えを得て，土壌を肥沃にするよい方法を見つけたの。ついに，彼はFその問題を解決した。彼は，「それは私にとっていい経験でした。私はアフリカで働くことが楽しい。なぜなら，私は地元の人々とそのようなよい経験を共有できるからです」と言った。／スティーブ：わかった。ぼくに関して言えば，日本に来てから，日本の人々と一緒に多くの種類の経験をした。Gぼくは，それらの経験は大切だと思っている。／アカリ：なぜそう思うの？／スティーブ：なぜなら，日本の人々と一緒に経験したことを通して，日本とオーストラリアの間にいくつかの違いを見つけたから。これは，ぼく自身の国について考える機会を，ぼくに与えてくれた。／アカリ：わかった。私は別の国へ行ったことがないの。将来，私は外国へ行って，あなたのように多くの経験をしてみたい。

(1)　(A)の前後から，楽しい時間を(過ごす)と考えられる。have a good time で「楽しい時を過ごす」。過去のことを話題にしているので，過去形のイ had が適当。　カッコ B の選択肢を見ると，work を変化させた形が空欄に入るとわかる。about 以降の部分の意味は，「他の国々で働いている三人の日本人について」となりそうなので，work は「三人の日本人」を説明する現在分詞の形容詞的用法としてエの working が適当。

(2)　C　問題文の四角の中の単語には，be 動詞と by があって，動詞 respected(尊敬する)は過去分詞形とすると受け身と考えられ，語順は he is respected by が適当。　D　teaches が動詞，how to があって文脈から「お米と野菜がよく育つ方法」と考えられる。them は，直前の文の people in Africa を指す「彼ら」とすると，語順は teaches them how to が適当。

(3)　ア　最初に(○)　イ　ところで　ウ　お互いに　エ　すみません　空欄の前後から適当な選択肢を選びたい。

(4)　ア　日本人の農家は，アフリカで地元の人々と話ができなかった。　イ　日本人の農家は，アフリカで地元のイベントに参加できなかった。　ウ　日本人の農家は，アフリカでお米と野菜をうまく育てることができなかった。(○)　エ　日本人の農家は，アフリカで地元の人々とのよい経験を共有できなかった。　問題本文の第13番目のアカリの発話第1文 But the Japanese ～と第2文 It was hard～では，「日本人の農家には，アフリカで米と野菜をうまく育てることが困難だった」とあるのでウが適当。

(5)　下線 G「経験は大切だ」の理由は，問題本文第18番目のスティーブの発話 Because I've

found～で始まる発話全体に書かれているので，解答はこの発話を参考に作成したい。

(6)　ア　日本人の教師は毎日彼女の生徒のことでとても忙しいので，インドで地元のイベントに参加できない。　イ　アメリカの日本人建築家は，環境について多くのことを知っていて，そして彼は美しく環境にやさしい建物をデザインする。（○）　ウ　日本人の農家は，アフリカで地元の人々の考えを得ることなしに，土壌を肥沃にすることができた。　エ　アカリは彼女がオーストラリアへ行った時に友達と一緒に楽しい経験をしたので，彼女はもう一度オーストラリアへ行ってみたい。　問題本文の第9番目のアカリの発話第2文 Well, another person～，第3文 He studies hard～と第4文 The building he～では，「アメリカの日本人建築家は，環境について多くのことを知っていて，美しく環境にやさしい建物をデザインする」とあるのでイが適当。選択肢ウの make the soil rich は make A B の形で「A を B にする(させる)」となる。

〔4〕　（長文読解：語句の解釈・指示語，内容真偽，英問英答，条件付き英作文，不定詞，助動詞，動名詞）

（全訳）　サクラは中学生でした。彼女は古い写真フィルムを用いて撮影するカメラを持って，町の中を歩き回ることが好きでした。彼女が10歳の時，彼女の祖父が彼女に，彼が使っていたフィルムカメラを与えました。もちろん，そのカメラを使って写真を撮ることは，彼女にとって簡単なことではありませんでした。そのカメラは画像を表示できませんでした。彼女は，写真を現像した時に，画像を見ることができました。そのような古いフィルムカメラを使うには，普通のデジタルカメラを使うよりも，さらに多くの時間と労力を必要としました。しかし，その古いフィルムカメラを使うことを通して，彼女は写真を撮ることについて_A一つのことを学びました。彼女は，一枚の写真を撮る前に注意深く物を見ることを学びました。彼女は，その古いフィルムカメラが気に入りました。

サクラはカメラのレンズを通して，たくさんの物と人を見ました。彼女は，美しい花，かわいい動物，歴史的な建物，そして彼女の家族の写真を撮りました。

ある日曜日の朝，サクラはその古いフィルムカメラを持って出かけました。それはいい日で，彼女は暖かな風を感じました。まもなく，写真を撮り始めた時，彼女はカメラの押しボタンが押せませんでした。彼女は，カメラにどこか故障があるのだと思いました。

サクラは家に戻って，祖父に古いフィルムカメラについて話をしました。彼は，「サクラ，ごめんなさい。私はその古いカメラを修理することができない」と言いました。彼女は悲しそうでした。祖父は，「スズキさんのところへ行っては？　スズキさんならきっとこのカメラを修理できると思うよ」と言いました。スズキさんはカメラの店で働いていました。彼女は写真の現像を彼に頼むために，よく店へ行きました。

_B午後，サクラはそのカメラの店に行きました。彼女が店に入ったとき，スズキさんは彼女を見て，「こんにちは，サクラ，元気ですか？　今日はどんな用事ですか？」と言いました。彼女は彼に，「カメラのこの押しボタンが押せないのです。修理してください」と言いました。彼は，「わかりました。カメラを見てもいいですか？」と言いました。彼は彼女からカメラを受け取ると，彼の机へと行きました。そこには，たくさんの部品と道具がありました。彼はとても注意深くカメラの中を見ました。彼女は何も言わずに，彼を見つめていました。「わかりました。いくつかの部品を交換しなければなりません」と彼が言いました。彼女は「このカメラを修理できますか？」とたずねました。彼は「もちろん。そうですね，少し時間がかかるけど。サクラ，二週間待ってもらえますか？」と言いました。彼女は「はい」と言いました。

二週間後，サクラがカメラの店を訪れた時，スズキさんは彼女を待っていました。彼女がスズキ

さんからその古いフィルムカメラを受け取った時，彼女は「_C私は本当にうれしいです。このカメラをいつも大切に使います」と言いました。彼は，「それはよかった。もし何か困ったことがあったら，ここに来てください」と言いました。彼女は「ありがとうスズキさん」と言いました。「私はスズキさんに質問があります。なぜ，カメラの店で働くのですか？」

スズキさんはほほえみで，それから「私はとてもカメラが好きだから。子供のころ，父と一緒にたくさんの写真を撮って楽しみました。私が高校生だった時，父は私に新しいカメラを買ってくれました。それから，私はカメラにより興味を持つようになって，カメラの店で働くことに決めました」と言いました。

またスズキさんは，サクラに「30年ほど前に，私はこのカメラの店で働き始めました。それから，いくつもの問題があるたくさんのお客様がここに来ました。私がお客様を助けることができると，お客様はほほえみます。私はお客様の幸せそうな顔を見ると，うれしいのです。このカメラの店で働くことは，私を幸せにしてくれます」と言いました。

今サクラは高校生です。彼女は時間のある時に，たいてい写真を撮りに湖や山へ出かけます。たくさん写真を撮った後，彼女はそのカメラの店を訪れて，スズキさんに現像をたのみます。彼女はとてもすばらしい写真を見つけた時，スズキさんへ「見てください，スズキさん。なんて美しいのでしょう！」と言います。彼女はスズキさんと彼女の写真について話をすることが好きです。_D彼はうれしく感じます。なぜなら，彼女が愛情をもってその古いフィルムカメラを使い続けていると，彼は知っているからです。

(1)　下線部の「一つのこと」とは，下線部の文の次の文 She learned to〜「彼女は，一枚の写真を撮る前に注意深く物を見る事を学んだ」に書かれている。この文を参考に解答を書きたい。

(2)　ア　スズキさんへ写真の現像を頼むために。　イ　スズキさんへ古いフィルムカメラの修理を頼むために（○）　ウ　スズキさんへ，サクラにカメラの部品を見せるよう頼むために　エ　スズキさんに，かわいい動物の写真を撮るよう頼むために。　問題本文の第4段落第4文　He said, "Why〜に，「カメラを修理するために，スズキさんをたずねたらどうか」とあるのでイが適当。

(3)　ア　なぜなら，サクラはフィルムカメラをもう一度使うことができたから。（○）　イ　なぜなら，サクラはカメラの店で美しい写真を見つけたから。　ウ　なぜなら，サクラはスズキさんから新しいフィルムカメラを手に入れたから。　エ　なぜなら，サクラはスズキさんから新しい写真の撮り方を学んだから。　下線部Cの前の部分 When she took では，「修理に出したカメラを受け取った」とあり，これが下線部Cの理由だと考えられるのでアが適当。

(4)　①　(問題文訳)サクラは彼女の父親から，古いフィルムカメラを手に入れましたか？　(例) No, she didn't.(いいえ違います。)　問題文は Did〜という疑問文なので yes/no で答える。問題本文第1段落第3文 When she was〜には，「彼女が10歳の時，祖父がカメラを与えた」とあるので No, she didn't. が適当。　②　(問題文訳)フィルムカメラに何か故障があった時，誰がサクラへスズキさんをたずねるように言いましたか？　(例) Her grandfather did.(彼女の祖父です。)　問題本文の第4段落の最初の文 Sakura went back〜と，その次の文 He said, "Sakura〜には，「サクラは家に戻って，祖父にカメラの話をしたところ，祖父が『スズキさんのところへ行っては？』と言った」とあるのでこの部分を参照。正答例の did は動詞 do (する)の過去形。　③　(問題文訳)サクラは時間があるとき，たいてい何をしますか？　(例) She goes to the lake or the mountain to take pictures.(彼女は写真を撮るために，湖や山へ出かける。)　問題本文第9段落第2文 She usually goes〜には，「彼女は時間のある時に，たいてい写真を撮りに湖や山へ出かける」とあるので，解答はこの英文を参考に作成したい。

(5)　ア　サクラは10歳の時，写真を撮るために古いフィルムカメラを簡単に使うことができた。
　イ　サクラは，花の写真だけしか撮らなかった，なぜなら，彼女はそれらが本当に好きだった
から。　ウ　スズキさんは，カメラの店でお客様をしあわせにした時，うれしく感じた。（○）
　エ　スズキさんは，サクラが高校生になった時，新たなカメラの店を始めた。　問題本文第8
段落最初の文 Mr. Suzuki also～には，「スズキさんはお客様の幸せそうな顔を見るとうれし
くなる」とあるのでウが適当。

(6)　（解答例訳）私は女性を助けた時に，うれしく感じた。彼女は私に英語で駅への道順をたずね
た。私は英語の言葉をいくつか使って，彼女にそこへの行き方を伝えた。彼女は私の言うことを
理解して，そして「ありがとう」と言った。

2021年度英語　放送による聞き取り検査

〔放送台本〕
〔1〕
(1)　1　Today is Tuesday, November 24. My sister Yuzuki went to Kyoto
yesterday.
Question: When did Yuzuki go to Kyoto?

　　2　You are doing homework with Hiroki. He says to you, "Can I use your
dictionary?"
Question:　What will you say to Hiroki if you want him to use your
dictionary?

　　3　Yamato asked his classmates about their favorite sports. Baseball,
basketball, tennis, and volleyball were popular in his class. Basketball
was more popular than baseball and volleyball, and tennis was more
popular than basketball.
Question: Which sport was the most popular in Yamato's class?

　　4　Betty wanted to go to the museum last Sunday. Her father and mother
were too busy to go there, so Betty asked her brother to come there with
her. They enjoyed looking at beautiful pictures in the museum.
Question: Who went to the museum last Sunday?

〔英文の訳〕
　1　今日は11月24日火曜日だ。私の姉妹のユズキは昨日京都へ行った。
　　質問：ユズキはいつ京都へ行きましたか？
　　ア　11月22日日曜日。　　④　11月23日月曜日。
　　ウ　11月24日火曜日。　　エ　11月25日水曜日。
　2　あなたはヒロキと一緒に宿題をやっている。彼はあなたに「あなたの辞書を使ってもいいです
か？」と言う。
　　質問：もし彼に辞書を使ってほしいなら，あなたはヒロキに何と言いますか？
　　⑦　どうぞ。　イ　あなたはどうですか？　ウ　いいえ，いりません。　エ　またね。

3　ヤマトは彼のクラスメイトに，好きなスポーツについてたずねた。野球，バスケットボール，テニス，そしてバレーボールが，彼のクラスでは人気があった。バスケットボールは野球とバレーボールよりも人気があり，そしてテニスはバスケットボールよりも人気があった。

質問：どのスポーツがヤマトのクラスで最も人気がありましたか？

ア　野球　　　イ　バスケットボール　　ウ　テニス　　エ　バレーボール

4　先週の日曜日，ベティは美術館へ行きたかった。彼女の父と母はとても忙しくて，そこへ行くことができなかった。だからベティは彼女の兄弟へ彼女と一緒にそこへ来るように頼んだ。彼らは美術館で美しい絵を見て楽しんだ。

質問：先週の日曜日，誰が美術館へ行きましたか？

ア　ベティと彼女の兄弟　　　イ　ベティと彼女の父
ウ　ベティと彼女の母　　　　エ　ベティの父と母

〔放送台本〕

(2)　1　A: John, have you finished your homework?

　　　　B: Sure. I did it last night.

　　　　A: That's good.

　　　　Question: Has John finished his homework?

　　2　A: It's raining.

　　　　B: Yes, but today's morning news said, "It will be sunny in the afternoon."

　　　　A: Really? I'm glad to hear that.

　　　　Question: What are these two people talking about?

　　3　A: What will you buy, Ken?

　　　　B　I want a new T-shirt. This blue one is nice, but too large for me.

　　　　A: Look, this yellow T-shirt is cool. Wait, this is large, too. This white one is not so good. Well, how about this red T-shirt? This is nice, and smaller than those blue and yellow ones.

　　　　B: Can I see it? Wow, it looks so nice. I'll take it.

　　　　Question: Which T-shirt will Ken buy?

　　4　A: What are you doing, Nick?

　　　　B: Hi, Mom. I'm looking for my watch. Have you seen it?

　　　　A: No. Where did you put it last night?

　　　　B: I think I put it on the table, but there isn't anything on the table.

　　　　A: Did you look under the chairs?

　　　　B: Yes, but I couldn't find it there. And I couldn't find it in my bag.

　　　　A: Let me see. Oh, look ! There is something by the soccer ball.

　　　　B: Really? That's my watch! Thank you.

　　　　Question: Where has Nick found his watch?

〔英文の訳〕

(2)　1　A: ジョン，宿題は終わった？　／B: もちろん。昨日の夜にやったよ。／A: それはいいね。

　　　質問：ジョンは彼の宿題を終えましたか？

　　　　ア　はい，終えました。　イ　いいえ，終えてはいません。　ウ　はい，終えるつもりです。

　　　エ　いいえ，終えるつもりはありません。
2　A: 雨が降っている。／B: そうだね，だけど今朝のニュースでは「午後には晴れるでしょう」
　　　と言っていた。／A: 本当？　それはうれしいね。
　　質問：二人の人物は何について話をしていますか？
　　　ア　音楽について　　イ　学校について　　ウ　駅について　　㋜　天気について
3　A: ケン，何を買うつもりなの？／B: 新しいTシャツが欲しい。この青いシャツがいいな。
　　けれども私には大きすぎる。／A: みて，この黄色いTシャツはかっこいいね。待って，これ
　　も大きすぎる。この白いシャツはそれほどよくないし。そうだね，この赤いTシャツはどう
　　かな？　これはいいね，そして青色や黄色のシャツよりも小さい。／B: 見てもいい？　わあ，
　　とてもよさそうだね。これを買うよ。
　　質問：ケンはどのTシャツを買いますか？
　　　ア　青いTシャツ　　㋑　赤いTシャツ　　ウ　白いTシャツ　　エ　黄色いTシャツ
4　A: 何をやっているの，ニック？／B: あ，おかあさん。ぼくの時計を探しているの。時計を
　　見かけた？／A: いいえ。昨日の夜，時計をどこへ置いたの？／B: テーブルの上に置いたと思
　　う。けれどもテーブルの上には何もない。／A: いすの下を見てみた？／B: うん，けれども
　　そこにはなかった。ぼくのカバンの中にも見つけることができなかった。／A: ええと。あ，
　　見て！　サッカー・ボールの近くに何かがある。／B: 本当？　ぼくの時計だ！　ありがとう。
　　質問：ニックは彼の時計をどこで見つけましたか？
　　　ア　テーブルの上　　イ　カバンの中　　ウ　いすの下　　㋜サッカー・ボールの近く

〔放送台本〕
(3)　　Hello. This is Kevin. Are you free next Saturday? I'm going to go out
　　with Saki. We'll be glad if you can join us. We'll meet at the station at ten
　　o'clock and then go shopping. After that, we're going to have lunch at my
　　favorite restaurant. The food is good, so you'll like it. The restaurant is in
　　front of the library. Please call me back later. Bye.
　　Question　1　Do Kevin and Saki want to go out with you next Saturday?
　　　　　　　　2　Where is Kevin's favorite restaurant?

〔英文の訳〕
(3)　もしもし。ケビンです。次の土曜日は時間がありますか？　私はサキと一緒に外出するつもりで
　　す。もしあなたが一緒ならば，私たちはうれしいです。私たちは 10 時に駅で会うことになって
　　いて，それから買い物に行きます。その後，私たちは私のお気に入りのレストランで，昼食をと
　　るつもりです。食べ物はおいしくて，あなたは気に入るでしょう。レストランは，図書館の前で
　　す。あとで私に電話をかけ直してください。さようなら。
　　質問：1　ケビンとサキは，次の土曜日にあなたと一緒に外出したいのですか？
　　(例)Yes, they do.（はい，そうです。）
　　質問：2　ケビンのお気に入りのレストランはどこですか？
　　(例)It is in front of the library.（図書館の前です。）

＜理科解答＞

〔1〕　(1)　ウ　　(2)　イ　　(3)　イ　　(4)　エ　　(5)　ア，エ　　(6)　2.5倍

〔2〕　(1)　ウ　　(2)　①　X　中枢　　Y　末しょう
　　　②　反射　　③　(例)感覚器官からの刺激の信号
　　　が，せきずいに伝えられると，せきずいから直
　　　接，筋肉に命令が伝えられるため。

〔3〕　(1)　①　X　Mg　　Y　O_2　　Z　MgO
　　　②　エ　　③　右図　　(2)　3.50 g

〔4〕　(1)　①　有性生殖　　②　イ　　(2)　①　ウ
　　　②　(例)ミカヅキモは，体細胞分裂によって子を
　　　つくるので，子は，親の染色体をそのまま受けつ
　　　ぐため。

〔5〕　(1)　イ　　(2)　ウ　　(3)　①　ウ　　②　エ
　　　③　(例)金星は，地球の内側を公転しているため。

〔6〕　(1)　①　右図　　②　ア　　(2)　①　5V　　②　0.6W
　　　(3)　①　2.5V　　②　5倍

〔7〕　(1)　ア　　(2)　①　停滞前線　　②　エ　　③　カ

〔8〕　(1)　①　水上置換法　　②　ア　　(2)　ウ　　(3)　(例)水に溶けると酸性を示す。

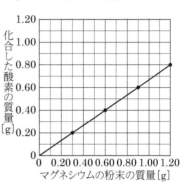

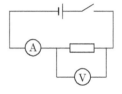

＜理科解説＞

〔1〕　(植物の分類，火山活動と火成岩，身の回りの物質とその性質：金属の見分け方，化学変化と
　　　電池，力と圧力，力と物体の運動：慣性の法則，力学的エネルギー)

(1)　アサガオは，種子植物の双子葉類に分類されるので，葉脈は網目状である。よって，ウである。

(2)　傾斜がゆるやかで，広く平らに広がっている火山は，マグマのねばりけが弱く，おだやかな
　　噴火が起こりやすい。

(3)　体積が異なる球状の金，銀，銅のかたまりから金でできたかたまりを見分ける方法は，3種
　　類の金属が固有にもつ数値である密度で比べる。密度は1cm³あたりの質量であり，20℃におけ
　　る密度は，金が19.32(g/cm³)であり，銀が10.50(g/cm³)であり，銅が8.96(g/cm³)であり，常温で
　　液体の状態で存在するただひとつの金属である水銀は13.55(g/cm³)である。よって，密度が大き
　　い順に並べると，金＞水銀＞銀＞銅，であり，金だけが液体の水銀に沈む。

(4)　化学変化によって電池となり，電流が流れるのは，電解質をとかした水溶液であり，電極は
　　異なる2種類の金属で，イオン化傾向が大きいほうの金属を－極としたときであり，エである。
　　亜鉛が陽イオンとなって溶け出し，電子の流れは，亜鉛板→電子オルゴール→銅板，である。よ
　　って，電流の向きは電子が流れる向きとは逆であり，電流の向きは，＋極となった銅板→電子オ
　　ルゴール→－極となった亜鉛板，であるため，エの装置ではオルゴールが鳴る。

(5)　物体にはたらく重力の大きさは，月面上では地球上の約6分の1になる。よって，同じ物体で
　　も，物体にはたらく重力の大きさは，物体が置かれている場所によって変化する。物体に力がは
　　たらいていないときだけでなく，力がはたらいていてもそれらがつり合っているときは，物体が
　　静止している状態を続ける。圧力の単位は，パスカル(記号Pa)が用いられる。変形した物体が，
　　もとにもどろうとする力を，弾性力という。大気圧は，標高が高い場所ほど，その上にある空気

の重さが小さくなるので，小さくなる。
(6) 力学的エネルギー保存の法則により，小球が水平面からの高さ50cmの位置でもっていた位置エネルギーは，水平面上のA点を通るときの運動エネルギーにすべて変わる。**小球がB点を通るときの運動エネルギーは，小球が水平面からの高さ20cmにあるときの位置エネルギーと同じ大きさだけ，運動エネルギーに変わったものである。よって，小球が水平面上のA点を通るときの運動エネルギーの大きさは，B点を通るときの運動エネルギーの2.5（＝50〔cm〕÷20〔cm〕）倍である。**

〔2〕 （動物の体のつくりとはたらき：刺激と反応）
(1) 図1において，腕を曲げるときの筋肉の動きは，筋肉Aが縮み，筋肉Bがゆるむ。
(2) ① 感覚器官が刺激を受け取ると，刺激の信号が，感覚神経を通して脳やせきずいに伝わる。脳やせきずいは，**中枢神経**と呼ばれ，刺激に応じた反応のための命令を，運動神経を通して筋肉に伝える。感覚神経と運動神経は，脳やせきずいから枝分かれし，からだ全体に広がっている神経で，まとめて**末しょう神経**と呼ばれる。　② 熱いものにさわると，熱いと感じる前に，とっさに手を引っ込める反応が起こる。このように，意識とは無関係に決まった反応が起こることを，**反射**という。　③ 意識とは無関係に起こる反応は，意識して起こる反応よりも，刺激を受けてから反応が起こるまでの時間が短くなる。その理由は，「**感覚器官からの刺激の信号が，せきずいに伝えられると，せきずいから直接，筋肉に命令が伝えられるため。**」である。

〔3〕 （化学変化と物質の質量，化学変化：マグネシウムの燃焼）
(1) ① 物質が酸素と化合して別の物質に変わる化学変化を**酸化**という。マグネシウムが酸化して，酸化マグネシウムができるときの化学反応式は，**$2Mg＋O_2→2MgO$，**である。　② マグネシウムの粉末を加熱すると，激しく熱や光を出しながら酸化する変化（燃焼）が起こり，白色の酸化マグネシウムになる。　③ 0.3gのマグネシウムが酸素と化合すると，できる酸化マグネシウムの質量〔g〕＝21.80〔g〕－21.60〔g〕＝0.20〔g〕，である。マグネシウム粉末の質量を変えて実験した数値を計算して，グラフ用紙に，（マグネシウムの粉末の質量〔g〕，化合した酸素の質量〔g〕）の各点，（0.30，0.20），（0.60，0.40），（0.90，0.60），（1.2，0.80）を記入する。次に，原点を通り各点の最も近くを通る直線を引く。
(2) ③のグラフは比例のグラフで，**マグネシウムの粉末の質量〔g〕：化合した酸素の質量〔g〕＝0.3〔g〕：0.2〔g〕＝3：2，**である。2.10gのマグネシウムの粉末を空気中で加熱した場合は，化合する酸素の質量xgは，2.10〔g〕：x〔g〕＝3：2，であり，x〔g〕＝1.40〔g〕，である。よって，完全に酸化させたとき，得られる酸化マグネシウムの質量は，2.10〔g〕＋1.40〔g〕＝3.50〔g〕，である。

〔4〕 （生物の成長と生殖：有性生殖と単細胞生物の無性生殖）
(1) ① カエルの生殖のように，生殖細胞が受精することによって，子をつくる生殖を**有性生殖**という。　② カエルの親が，精子や卵などの**生殖細胞をつくるときには減数分裂**が行われるので，生殖細胞の染色体の数は，親の細胞の染色体の数と比べると，2分の1になる。
(2) ① ミカヅキモのように，からだが一つの細胞でできている生物を単細胞生物といい，ゾウリムシも単細胞生物である。　② ゾウリムシやミカヅキモなどの**単細胞生物は，**受精を行わず，**無性生殖でふえる。**それぞれの染色体が複製されて同じものが2本ずつできて2等分され，それぞれが分裂後の細胞へと受けわたされる，**体細胞分裂**によって子をつくるので，**子は，親の染色体をそのまま受けつぐため，親と子の形質がすべて同じになる。**

〔5〕　(太陽系と恒星：金星の動きと見え方・惑星・太陽)
(1)　太陽の表面温度は約6000℃である。
(2)　小惑星は，火星と木星の間に多く存在する。地球の衛星は月であるが，火星，土星，木星も衛星を持つ。火星，金星も大気を持つ。海王星は木星型惑星である。
(3)　①　図1より，地球の自転方向を考慮して，太陽が西の空に沈む夕方の地球の位置から西の空に金星は見える。　②　図1の7月の金星は太陽に左の一部が照らされているので，三日月状に見える。8月の金星は太陽に左の半分が照らされているので，下弦の月状に見える。9月の金星は太陽に左の約4分の3が照らされて見える。7月から9月にかけて金星は地球から離れていくので，金星の大きさは小さく見える。　③　金星は，地球よりも太陽の近くの内側を公転する内惑星であるため，地球から見て太陽と反対の方向に位置することはなく，**真夜中には見ることができない。**

〔6〕　(電流：回路の電圧と電流と抵抗・電力)
(1)　①　**回路図**は，最初に，図1の実体配線図を見て，電源装置，抵抗器，電流計，電圧計，スイッチの電気用図記号をかく。電源装置の電気用図記号の長いほうが＋極である。次に，電気用図記号を線で結び，抵抗器と電圧計を結ぶ線の接続は導線の交わりの電気用図記号をかく。
　②　抵抗器を流れる電流の値は，抵抗器に加わる電圧の値に比例する。この関係をオームの法則という。
(2)　①　図2のグラフから，**抵抗器bの抵抗**$[\Omega]=\dfrac{5[V]}{0.1[A]}=50[\Omega]$である。電圧計が示す**抵抗器bの電圧**$[V]=0.1[A]\times50[\Omega]=5[V]$である。　②　図2のグラフから，抵抗器aの抵抗$[\Omega]=\dfrac{5[V]}{0.5[A]}=10[\Omega]$である。抵抗器aの電圧$[V]=0.1[A]\times10[\Omega]=1[V]$である。抵抗器aと抵抗器bが消費する電力の合計$[W]=0.1[A]\times5[V]+0.1[A]\times1[V]=0.6[W]$である。
(3)　①　図3の並列回路の合成抵抗をR_tとすると，$\dfrac{1}{R_t[\Omega]}=\dfrac{1}{10[\Omega]}+\dfrac{1}{50[\Omega]}=\dfrac{6}{50[\Omega]}$である。よって，$R_t[\Omega]=\dfrac{50[\Omega]}{6}$である。したがって，電圧計が示す電圧$[V]=0.3[A]\times\dfrac{50[\Omega]}{6}=2.5[V]$である。　②　**抵抗器aが消費する電力**$[W]=5[V]\times\dfrac{5[V]}{10[\Omega]}=2.5[W]$である。抵抗器bが消費する電力$[W]=5[V]\times\dfrac{5[V]}{50[\Omega]}=0.5[W]$である。したがって，抵抗器aが消費する電力は，抵抗器bが消費する電力の5倍である。

〔7〕　(天気の変化：北極と南極付近の大気の動き・天気図から読みとる停滞前線付近と台風接近地点の気象)
(1)　**赤道付近では気温が高く上昇気流を生じる。北極付近と南極付近では気温が低く下降気流を生じる。**気温の差から生じた気圧の差によって，大気はこれらの間をつなぐように動き，低緯度から高緯度に熱を運んで地球全体の気温差が小さくなる。よって，正しく表されている図は，アである。
(2)　①　天気図中のXで示される前線は，停滞前線である。　②　8月7日午前9時の青森の天気は，表から，雨である。　③　**等圧線は1000hPaを基準に，4hPaごとの細い実線でむすんだ**ものであるため，天気図から，台風の中心に近い**那覇の気圧は998hPa**であり，父島の気圧は1010hPaである。**江差の気圧は，**樺太付近に1000気圧の低気圧があり，1004hPaの等圧線と1008hPaの等圧線にはさまれた地域にあるため，また，**寒気団と暖気団の強さが同じぐらいの**

ときに停滞前線ができるため，新潟と同じ1007hPaと読みとれる。よって，表中の観測地点，Aは那覇，Bは父島，Cは江差である。

〔8〕　(物質の成り立ち：炭酸水素ナトリウムの熱分解，気体の発生とその性質)

(1)　① 　図の装置は，炭酸水素ナトリウムを加熱して熱分解する装置である。化学反応式で表すと，$2NaHCO_3 \rightarrow Na_2CO_3 + H_2O + CO_2$，である。図の気体の集め方は，水にとけにくい気体の捕集に用いられ，水上置換法という。発生した気体は，二酸化炭素で，少ししか水にとけないので，水上置換法で集めることができる。　② 　試験管Aの口の方に見られた液体は，①の化学反応式から，水である。よって，この液体に塩化コバルト紙をつけると，青色から桃色に変化する。

(2)　Ⅰで加熱後の試験管Aに残った白い粉末は，①の化学反応式から，炭酸ナトリウムである。炭酸ナトリウムの水溶液と炭酸水素ナトリウムの水溶液は，どちらもアルカリ性であるが，加熱後試験管に残った炭酸ナトリウムの水溶液の方が，加熱前の炭酸水素ナトリウムの水溶液よりも，アルカリ性が強い。

(3)　Ⅰで試験管Bに集めた気体は，①の化学反応式から，二酸化炭素である。試験管Bに集めた気体に,水でしめらせた青色リトマス紙をふれさせたところ，赤色に変わったことから，二酸化炭素は，「水に溶けると酸性を示す。」性質があることがわかる。

＜社会解答＞

〔1〕　(1)　① 　大西洋　② 　D　(2)　Ⅰ群　ウ
　　　Ⅱ群　ケ　(3)　イ

〔2〕　(1)　カルデラ　(2)　ウ　(3)　右図
　　　(4)　① 　扇状地　② 　(例)明治時代は桑畑として利用しているが，養蚕業の衰退に伴い，平成時代は果樹園として利用している。

〔3〕　(1)　イ　(2)　ウ　(3)　(Z)→(X)→(Y)
　　　(4)　(例)琉球王国は，東アジアと東南アジアの国々を結ぶ中継貿易を行ったから。
　　　(5)　X　エ　　Y　ア　(6)　武家諸法度

〔4〕　(1)　① 　自由党　② 　(イ)→(ウ)→日露戦争→(ア)　(2)　ウ　(3)　エ
　　　(4)　(例)地主が持つ小作地を政府が買いあげて，小作農に安く売りわたしたから。

〔5〕　(1)　① 　ウ　② 　エ　(2)　① 　国民主権　② 　イ，エ　③ 　ア
　　　(3)　(符号)　X　　(理由)　(例)衆議院議員総選挙の期日から30日以内に開かれているから。　(4)　① 　イ　② 　エ

〔6〕　(1)　B　(2)　イ　(3)　(例)日常の買い物に不便を感じる高齢者の割合が増えており，今後も高齢者の人口が増える

＜社会解説＞
〔1〕　(地理的分野―世界地理－地形・人々のくらし・産業・貿易)

(1) ① **太平洋・大西洋・インド洋**が，**世界三大洋**である。三大洋の中で，ユーラシア大陸・ア
フリカ大陸・北アメリカ大陸・南アメリカ大陸・南極大陸・グリーンランドに囲まれた大洋が，
大西洋である。 ② 本初子午線とは，イギリスのロンドン郊外の旧グリニッジ天文台を通る子
午線(経線)である。この線を経度0度とすることが，国際協定で採用され，東経0度，西経0度の
線のことである。アフリカ大陸，南極大陸，ユーラシア大陸は，いずれも本初子午線が通ってい
る。本初子午線がBであり，経線は30
度ごとにひかれているから，Dが南アメリカ大陸である。

(2) Ⅰ群 ウの写真は，ベトナムのフォーである。フォーとは，ベトナム料理で用いられる平た
いライスヌードルである。 Ⅱ群 カ ベトナムは，ペルシア湾岸ではない。 キ EUはヨー
ロッパ連合であり，ベトナムとは関係がない。 ク リャマやアルパカを放牧しているのは，ペ
ルーの高地である。カ・キ・クのどれも誤りであり，ケが正しい。

(3) アメリカは，世界で3番目に人口が多く，インドネシアは，世界で4番目に人口が多い。この
4か国の中では，1番多いcがアメリカ，2番目に多いdがインドネシアである。また，コートジボ
ワールは，世界で1番**カカオ豆**の生産量が多く，カカオ豆はコートジボワールの最大の輸出品で
ある。bがコートジボワールである。残るaがフランスである。フランスは，コンコルドなど航
空機の生産の先進国である。

〔2〕 (地理的分野—日本地理—地形・気候・農林水産業・工業・地形図の見方)
(1) 火山活動によって火山体に生じた凹地を**カルデラ**という。噴火時にできた火口とは区別さ
れ，火口よりも大きい。熊本県の**阿蘇地方**では，カルデラ内に水田や市街地が広がっている。

(2) 鹿児島は，雨温図のグラフを見ると**温帯気候**である。夏の**季節風**によって太平洋から湿気が
もたらされるため，降水量は夏に多い。九州南端の鹿児島は，**台風**や**梅雨**によって雨が大量にも
たらされる。日本の太平洋側の都市に典型的な雨温図である。解答は雨温図のウである。

(3) X 宮崎県では，冬でも温暖な気候を利用して，なすやピーマンなどをビニールハウスで育
てる**促成栽培**を行い，他の都道府県からの出荷量が少なく価格が高い冬から初夏に，出荷量を増
やすことが行われている。 Z **工業生産額**の最も多いのは，愛知県である。愛知県は，国内最
大の自動車メーカーの本拠地があり，出荷額のうち輸送用機械が7割を占める。残るYが大阪で
ある。あとは，大阪府の位置を地図上に示せばよい。解答欄の通りである。

(4) ① 河川が，山地から平野や盆地に移る所などに見られる，運んできた土砂の堆積によりで
きるのが**扇状地**である。河川が運んできた土砂の堆積により河口部にできる三角州との区別が必
要である。 ② 明治時代は**桑畑**「Ｙ」として利用しているが，資料2に示されるような**養蚕業**
の衰退に伴い，平成時代は**果樹園**「◌」として利用している。地図記号を覚えていないと解答で
きない問題である。

〔3〕 (歴史的分野—日本史時代別—古墳時代から平安時代・鎌倉時代から室町時代・安土桃山時代
から江戸時代，—日本史テーマ別—法律史・外交史・文化史・政治史，—世界史—世界史総合)
(1) ア **マゼラン**の船隊は，南アメリカ南部の海峡を経て，太平洋，インド洋を経由し，アフリ
カ南端を回って，16世紀末に**世界一周**を実現した。なお，マゼラン自身はこの航海中にフィリ
ピンで死去している。 イ **ムハンマド**が**イスラム教**を創始した預言者である。7世紀に，アッ
ラーの啓示を受け，布教を開始した。 ウ 16世紀に，**ローマカトリック教会**による**免罪符**の
発行に反対した**ルター**らの人々が，カトリック教会の腐敗を批判し，正そうとして始めたのが宗
教改革である。 エ 紀元前3世紀に「秦」として中国統一を達成したのが，始皇帝である。万

里の長城を初めにつくったのが**始皇帝**である。死後は，**兵馬俑**に守られた壮大な陵墓がつくられ，**クフ王のピラミッド**，日本の**大仙古墳**と並んで，**世界三大陵墓**の一つである。**小野妹子**を遣**隋使**として派遣したのは7世紀初頭であり，そのころの世界のできごととして正しいのは，イである。

(2)　9世紀末の**遣唐使停止**以後，日本では唐文化の影響が弱まり，日本独特の**国風文化**が栄えた。唐風の文化を基礎にしながら，日本の風土や生活にあった独自の文化が生まれたのは，平安時代中期の国風文化の時代である。平がな・片かなが生まれたのもこの時代である。

(3)　X　**平清盛**が，娘の**徳子**を**高倉天皇**のきさきとし，生まれた子供を**安徳天皇**とすることによって，**天皇の外祖父**として朝廷との関係を深めたのは，12世紀のことである。　Y　13世紀前期に，承久の乱に勝利を収めた幕府が，**執権北条泰時**の下で，武家のための法典として，道理と先例を基準に整備したのが，**御成敗式目**である。貞永式目ともいう。　Z　摂関政治の全盛期に，**関白藤原頼通**によって**平等院鳳凰堂**が建てられたのは，11世紀半ばのことである。したがって，年代の古い順に並べると，Z→X→Yとなる。

(4)　**琉球王国**は，東シナ海にあるという地理的利点を生かし，明や明に流れ込んだ世界各地の産物を，朝貢船によって大量に持ち帰り，日本や東南アジア諸国に輸出し，相手国から集めた物産を中国等に輸出する，**中継貿易**を行った。

(5)　X　室町幕府の**8代将軍足利義政**の後継問題をめぐって，管領の**細川勝元**と侍所の所司**山名宗全**の対立が激化し，管領家の細川氏や斯波氏の家督争いも関わって起こったのが，**応仁の乱**である。全国の守護大名も加わって，1467年から1477年まで争いが続いた。　Y　応仁の乱後は，**下剋上**の風潮が広がり，やがて**戦国時代**が到来した。

(6)　江戸幕府が大名の統制のために出したのが**武家諸法度**である。1615年に，**徳川家康**が起草させ，**2代将軍徳川秀忠**の名で発したものである。以後，将軍の代替わりごとに出されたが，**3代将軍の徳川家光**の時に発せられた**武家諸法度寛永令**が，**参勤交代**を初めて明文化するなど重要である。

〔4〕　(歴史的分野—日本史時代別－安土桃山時代から江戸時代・明治時代から現代，—日本史テーマ別－外交史・政治史・文化史・社会史・経済史)

(1)　①　国会の開設を要求する運動として**自由民権運動**は全国的に広がり，1880年に国会期成同盟が結成された。政府は，**集会条例**などの法令によってこれを厳しく弾圧する一方で，翌1881年に国会開設の勅諭を発した。国会期成同盟が発展的に解消して生まれた，日本最初の近代政党が**自由党**である。　②　ア　**外務大臣の小村寿太郎**によって**関税自主権**が完全に回復し，**条約改正**が完結したのは，1911年のことである。　イ　**欽定憲法**として**大日本帝国憲法**が発布されたのは，1889年のことである。　ウ　**日清戦争の講和条約**として**下関条約**が結ばれたのは，1895年である。したがって，年代の古い順に並べると，(イ)→(ウ)→日露戦争→(ア)となる。

(2)　写真の彫刻は，明治時代の**高村光雲**の「老猿」である。高村光雲の息子が高村光太郎である。なお，アの明治時代の画家である**黒田清輝**は，印象派の影響を受けた「湖畔」などの作品を残した。イの**尾形光琳**は，江戸時代中期の画家であり，「燕子花図屏風」(かきつばたずびょうぶ)などの作品を残した。エの**歌川広重**は，江戸後期の浮世絵師であり，「東海道五十三次」などの作品を残した。

(3)　**シベリア出兵**が発表されると，米商人は，後で大量の米が高く売れると予想して米を買い占めた。そのために，米が不足して値上がりし，1918年に富山県から起こった，民衆が米の安売りを求めて米穀商を襲う**米騒動**は全国に広がった。**寺内内閣**はその鎮圧に軍隊を利用したことか

ら退陣し，**政友会**の**原敬**による**本格的政党内閣**が成立した。正しい組み合わせは，エである。
(4)　第二次世界大戦後，**GHQ**の指令により行われたのが**農地改革**である。農村の民主化のために行うとされ，**地主・小作農**の関係を大きく改めようとするものだった。具体的には地主が持つ小作地を**政府**が買い上げて，小作農に安い価格で売り渡すことで，多くの**自作農**が生まれることになった。

〔5〕　（公民的分野─憲法の原理・国民生活と社会保障・基本的人権・国の政治の仕組み・三権分立・財政・経済一般）
(1)　①　「ワーク・ライフ・バランス」とは，「仕事と生活の調和」のことをいう。充実感を持って働きながら，家庭生活や地域生活も充実させられること，またはそのための取り組みを言う。そのためには，企業は育児や介護にともなう休業取得促進を進める必要がある。　②　日本の社会保障制度は，**社会保険・公的扶助・社会福祉・公衆衛生**の4本の柱からなっている。社会保険は，あらかじめ支払っておいた保険料を財源として給付されるものである。介護が必要だと認定された者に給付される**介護保険**，病気になったときに給付される**医療保険**，高齢になったときに給付される**年金保険**，労働上の災害にあったときに給付される**労災保険**などがある。
(2)　①　**大日本帝国憲法**では，「大日本帝国ハ**万世一系ノ天皇**之ヲ統治ス」「天皇ハ国ノ**元首**ニシテ統治権ヲ総攬シ(以下略)」と明記されていたが，**日本国憲法**では「天皇は，日本国の**象徴**であり日本国民統合の象徴であって，この地位は，**主権**の存する日本国民の総意に基く。」と規定されている。日本国憲法の原理の一つは，**国民主権**である。憲法前文にも「主権が国民に存する」との一節がある。　②　基本的人権は，平等権・自由権・社会権・参政権・請求権の5つに分けられる。イの自分の考えを表現する権利は，日本国憲法第21条によって「集会，結社及び言論，出版その他一切の**表現の自由**は，これを保障する。」と定められている。これは精神の自由である。　エ　日本国憲法第31条「何人も，法律の定める手続によらなければ，その生命若しくは自由を奪はれ，又はその他の刑罰を科せられない」と規定されている。これは身体の自由である。なお，アの，教育を受ける権利と，オの，健康で文化的な最低限度の生活を営む権利は，**社会権**であり，ウの，権利が侵害された場合に裁判を受ける権利は，**請求権**である。　③　イ　予算の作成は，内閣の仕事である。　ウ　法令の**違憲審査**は，裁判所の仕事である。　エ　条約の締結は，内閣の仕事である。　イ・ウ・エのどれも別の機関の仕事であり，アの「**法律を制定すること**」が，国会の仕事である。日本国憲法第41条には「国会は，国権の最高機関であつて，国の唯一の立法機関である。」と明記されている。
(3)　符号　**特別国会**は，平成26年12月24日に召集されたXである。　理由　平成26年12月14日に行われた衆議院議員総選挙の日から**30日以内**に開かれているからであることを指摘すればよい。
(4)　①　**日本銀行**は，不景気の時には，銀行が持つ**国債**などを買い上げ，一般の銀行が保有する資金量を増やす。これを買いオペレーションという。一般の銀行は，貸し出し金利を引き下げ，企業に通貨が出回りやすくする。これによって，景気を刺激することができる。これが日本銀行の金融政策である。　②　**市場の原理**により，自由競争が行われていれば，財やサービスの**供給**量が需要量を上回ったときには物価が下がる。

〔6〕　（公民的分野─消費生活・経済一般）
(1)　1955年には，**自給率**(生産量／消費量)がほぼ100％だったのが，2015年では約80％に低下しているので，Bが野菜である。
(2)　国内の地域で生産された食用に供される農林水産物を，**卸売業者**や**小売業者**を通さずに，そ

の生産された地域内において消費する取り組みを，**地産地消**という。このように商品の流通の仕組みが多様化していることが分かる。こうした取り組みは，地域の活性化にもつながるものである。

(3)　資料Ⅳによれば，日常の買い物に不便を感じる高齢者の割合が，2005年の13.5％から2015年の15.7％に増えており，今後も**少子高齢化**が進むことは確実なので，農産物が消費者のもとに届くサービスは増える，といった趣旨のことを記せばよい。

＜国語解答＞

〔一〕　（一）　1　ゆる(む)　2　お(びる)　3　きんこう　4　ひろう　5　のうり
　　　　（二）　1　幹　2　営(む)　3　役割　4　統計　5　効率
〔二〕　（一）　イ　（二）　エ　（三）　ウ　（四）　ア　（五）　エ
〔三〕　（一）　いえども　（二）　ア　（三）　ウ　（四）　天下のものの上手　（五）　イ
　　　　（六）　(例)未熟なうちから名人の中にまじって，芸道の規律を正しく守り，勝手気ままにしないで，稽古を継続すること。
〔四〕　（一）　イ　（二）　人や言葉やモノが行き来する場　（三）　ウ
　　　　（四）　(例)「社会」における自分のあり方の「かたち」や「意味」は，他者とのやりとりによって生じる関係のなかで決まるということ。　（五）　ア　（六）　(例)わたしたちの社会は，モノや言葉，行為をやりとりしながら，共感や感情を増大させたり，抑圧したりすることで生じる人との関係の連鎖により成り立っていることを理解し，現状の他者との関係を見定め，状況に応じて他者とのやりとりの方法を変えていくこと。

＜国語解説＞

〔一〕　（知識－漢字の読み書き）
　（一）　1　「緩」の音読みは「カン」で，「緩和」「緩慢」などの熟語を作る。　2　この場合の「帯びる」は，そのような性質をもつということ。　3　「均衡」は，つりあい，バランスという意味。　4　「披露」の「露」には，「つゆ・ロ・ロウ」という読みがある。　5　「脳裏」は，頭の中という意味。
　（二）　1　「幹」の左側を「車」としないこと。　2　「営」は，上の点の向きに注意。　3　「役割」は，送りがなをつけない。　4　「統計」は，集団の中で個々の要素がもつ数値やその割合を調べてまとめること。　5　「効率」の「率」は，「卒」と書き間違えやすいので注意する。

〔二〕　（知識―文と文節，品詞・用法，敬語）
　（一）　「川沿いをゆっくり歩く」という文には主語がなく，「歩く」が述語になっている。「川沿いを」「ゆっくり」は，いずれも「歩く」と**修飾・被修飾**の関係にある。
　（二）　「細かく」の終止形は「細かい」で**形容詞**。ア「流れる」の終止形は「流れる」で動詞，イ「静かな」の終止形は「静かだ」で形容動詞，ウ「しばらく」は副詞，エ「**楽しい**」の終止形は「楽しい」で形容詞なので，エが正解。
　（三）　アの「拝見する」は「見る」の謙譲語だが，「見る」のは相手なので，尊敬語を用いて「ご覧になってください」と言うのが正しい。イの「申す」は「言う」の謙譲語だが，「あなた」の

行為なので，尊敬語を用いて「<u>おっしゃった</u>」とする。ウは，「私」の行為について「<u>まいります</u>」と謙譲語を用いているので正しい。エの「召し上がる」は「食べる」の尊敬語だが，身内の者である兄の行為なので，謙譲語を用いて「<u>いただきました</u>」とする。

(四)　「起きる」は**上一段活用動詞**。ア「**閉じる**」は上一段活用動詞，イ「帰る」は四段活用動詞，ウ「眺める」は下一段活用動詞，エ「来る」はカ行変格活用動詞なので，アが正解。

(五)　「**できること<u>から</u>**」は，**動作が始まる起点**を表す。アの「**新年度<u>から</u>**」は動作が始まる時間，イの「**大豆<u>から</u>**」は原料や材料，ウの「**経験<u>から</u>**」は理由や根拠，エの「**終わった人<u>から</u>**」は動作が始まる起点を表すので，エが正解となる。

〔三〕　(古文―内容吟味，指示語の問題，仮名遣い，古文の口語訳)

〈口語訳〉　芸能を身につけようとする人は，「よくできないような時期には，なまじっか人に知られまい。ひそかに十分に習い覚えてから人前に出ていくようなことこそ，とても奥ゆかしいだろう」といつも言うようであるが，このように言う人は，一つの芸能さえ習い覚えることはない。まだまったくの未熟なうちから，名人の中にまじって，けなされても笑われても恥ずかしがらず，平然と押し通して稽古に励む人は，生まれつきの天分がなくても，稽古の道に停滞せず，勝手気ままにしないで年月を送れば，芸が達者であっても稽古に励まない人よりは，結局名人の域にいたり，人望も十分に備わり，人に認められてならびない名声を得ることになる，

天下のものの名人といっても，はじめは下手だという評判もあり，ひどい欠点もあった。けれども，その人が，芸道の規律を正しく守り，これを大切にして勝手気ままなことをしないと，世の模範となり，すべての人の師匠となるということは，芸道のあらゆる分野で変わるはずがない。

(一)　語頭にない「**へ**」を「**え**」に直して「**いえども**」とする。

(二)　「心にくからめ」は，「心にくし」に推量を表す「む」がついて変化した形。「心にくし」には「①よく知りたい②奥ゆかしい」などの意味があり，ここでは「**奥ゆかしい**」という意味を表す。

(三)　「**一芸も……なし**」は「**一つの芸も……ない**」，「習ひ得る」は「**習い覚える。習得する**」という意味なので，ウが正解。アは，一つの芸能が身につくことになり，「一芸も……なし」の意味と合わない。イとエは，「習ひ得る」の解釈が誤り。また，「一芸を」は「一度も芸能を」という意味にはならない。

(四)　前の文に「天下のものの上手といへども」とあり，――線部分(3)の文は引き続き同じ人について説明しているので，「**天下のものの上手**」を抜き出す。

(五)　「諸道」は「さまざまな専門の道」という意味で，ここでは**あらゆる分野の芸能**を指す。「かはるべからず」は「変わるはずがない」ということ。どんな分野の芸能でも変わらない，つまりあらゆる分野に**共通する**ということであるから，正解はイとなる。アは，「長い年月を経ても」が本文にない内容である。ウの「どのような分野でも通用すると思ってはならない」は，本文と逆の内容。エの「世間ではまだ誰も知っている者がいない」は，――線部(4)の説明になっていないし，本文の内容とも無関係である。

(六)　芸能を身につける上で大切だと作者が述べているのは，「**いまだ堅固かたほなるより，上手の中にまじりて**」(まだまったくの未熟なうちから，名人の中にまじって)，「**道になづまず，みだりにせず**」(稽古の道に停滞せず，勝手気ままにしないで)，稽古を続けることである。この内容をふまえて，現代語で50字以内で書く。

〔四〕　(論説文―内容吟味，文脈把握，脱文・脱語補充，接続語の問題)

（一）　空欄Aの後の内容は，前の内容を言い換えて「ひとつめの問い」の答えの形にまとめたものなので，イ「つまり」があてはまる。

（二）　「社会」については，第4段落の最後の文で「この，人や言葉やモノが行き来する場，それが『社会』なのだ。」と定義されているので，ここから抜き出す。

（三）　「やりとりの方法が社会を心地よい場所にするかどうかを決める」は，第5段落の「人との言葉やモノとのやりとりを変えれば，感情の感じ方も，人との関係も変わる」を言い換えたものなので，この内容と合致するウが正解となる。アは，「独立して存在している」が誤り。イとエは，心や人との関係がやりとりの方法を変えるという説明になっているので，不適当である。

（四）　第4段落の「そこ（＝社会）での自分や他人のあり方は，最初から『かたち』や『意味』が決まっているわけではない」，第8段落の「ぼくらは，人にいろんなモノを与え，与えられながら～関係／つながりをとおして，ある精神や感情をもった存在になることができる」などをもとに60字以内で書く。「どういうことか。」という設問なので，「～こと。」という形で答えをまとめるとよい。

（五）　文脈から，空欄aを含む文は「ぼくらは社会を変えることができる」という内容が書いてあると考えられるので，ア「可能性」が当てはまる。

（六）　「社会」について，Ⅰの文章では，「モノや言葉，行為のやりとり」が連鎖する場であり，モノや行為を介した人と人との関係のなかで構築されるとする。また，Ⅱの文章では「ときに共感／感情を増大させたり，せっせと抑圧したりして」つくられた，「さまざまな他者と関係の網の目」と説明している。社会を構築し直すためには，まず社会のなかの動きを理解して他者との関係を見直し，「それまでとは違うやり方」でやりとりをすることが必要なのである。この内容を，120字以内で書く。

新潟県公立高等学校

2020年度
★★★★★★★★★★★★★★★★★★★★

入 試 問 題

2020
年
度

●くわしい解説 …… 35ページ

＜数学＞　　時間　50分　　満点　100点

〔1〕　次の⑴～⑽の問いに答えなさい。

⑴　$7 \times 2 - 9$　を計算しなさい。

⑵　$3(5a + b) + (7a - 4b)$　を計算しなさい。

⑶　$6a^2b \times ab \div 2b^2$　を計算しなさい。

⑷　連立方程式　$\begin{cases} x - 4y = 9 \\ 2x - y = 4 \end{cases}$　を解きなさい。

⑸　$\sqrt{24} \div \sqrt{3} - \sqrt{2}$　を計算しなさい。

⑹　2次方程式　$x^2 + 3x - 1 = 0$　を解きなさい。

⑺　関数　$y = \dfrac{3}{x}$　について，x の変域が　$1 \leqq x \leqq 6$　のとき，y の変域を答えなさい。

⑻　右の図のような，AD＝2 ㎝，BC＝5 ㎝，AD∥BC である台形ABCDがあり，対角線AC，BDの交点をEとする。点Eから，辺DC上に辺BCと線分EFが平行となる点Fをとるとき，線分EFの長さを答えなさい。

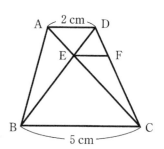

⑼　右の図のように，円Oの円周上に4つの点A，B，C，Dがあり，線分ACは円Oの直径である。∠BOC＝72°，$\overset{\frown}{CD}$ の長さが $\overset{\frown}{BC}$ の長さの $\dfrac{4}{3}$ 倍であるとき，∠x の大きさを答えなさい。ただし，$\overset{\frown}{BC}$，$\overset{\frown}{CD}$ は，いずれも小さいほうの弧とする。

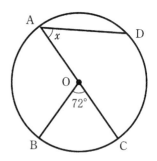

⑽　袋の中に，赤色，青色，黄色，白色のいずれか1色で塗られた，同じ大きさの玉が480個入っている。標本調査を行い，この袋の中にある青色の玉の個数を推定することにした。次のページの表は，この袋の中から40個の玉を無作為に取り出して，玉の色を1個ずつ調べ，表にまと

めたものである。この袋の中には，およそ何個の青色の玉が入っていると推定されるか，答えなさい。

玉の色	赤色	青色	黄色	白色	計
玉の個数(個)	17	7	10	6	40

〔2〕　次の(1)〜(4)の問いに答えなさい。

(1)　x 枚の空の封筒と y 本の鉛筆がある。封筒の中に鉛筆を，4本ずつ入れると8本足りず，3本ずつ入れると12本余る。このとき，x，y の値を求めなさい。

(2)　1から6までの目のついた大，小2つのさいころを同時に投げたとき，大きいさいころの出た目の数を a，小さいさいころの出た目の数を b とする。このとき，出た目の数の積 $a \times b$ の値が25以下となる確率を求めなさい。

(3)　右の図のように，関数 $y = x^2$ のグラフ上に，x 座標が -3 となる点Aをとる。点Aを通り，傾きが -1 となる直線と y 軸との交点をBとする。このとき，次の①，②の問いに答えなさい。

① 　2点A，Bを通る直線の式を答えなさい。

② 　△OABの面積を求めなさい。

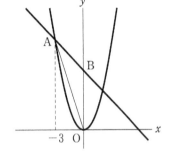

(4)　下の図のように，直線 ℓ と2つの点A，Bがある。直線 ℓ 上にあって，2つの点A，Bを通る円の中心Pを，定規とコンパスを用いて作図しなさい。ただし，作図は解答用紙に行い，作図に使った線は消さないで残しておくこと。

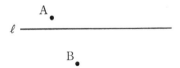

〔3〕　右の図のように，平行四辺形ABCDがあり，対角線ACと対角線BDとの交点をEとする。辺AD上に点A，Dと異なる点Fをとり，線分FEの延長と辺BCとの交点をGとする。このとき，△AEF≡△CEG であることを証明しなさい。

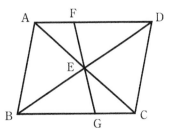

〔4〕　右の図のように，円周の長さが24cmである円Oの円周
上に，点Aがある。点P，Qは，点Aを同時に出発し，点P
は毎秒1cmの速さで ← の向きに，点Qは毎秒3cmの速さで
⇨ の向きに，それぞれ円周上を動き，いずれも出発してか
ら10秒後に止まるものとする。点P，Qが，点Aを出発して
から，x 秒後の $\overset{\frown}{PQ}$ の長さを y cmとする。このとき，次の⑴～
⑶の問いに答えなさい。ただし，$\overset{\frown}{PQ}$ は，180°以下の中心角
∠POQに対する弧とする。また，中心角 ∠POQ＝180°
のとき，$\overset{\frown}{PQ}=12$cm とする。

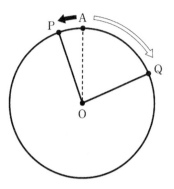

⑴　点P，Qを結んだ線分PQが円Oの直径となるとき，x の値をすべて答えなさい。

⑵　次の①，②の問いに答えなさい。

①　点P，Qが，点Aを同時に出発してから初めて重なるときの x の値を答えなさい。

②　点P，Qを結んだ線分PQが初めて円Oの直径となるときから，点P，Qが重なるとき
まで の y を x の式で表しなさい。

⑶　$0 \leqq x \leqq 10$ のとき，y の値が10以下となるのは何秒間か，グラフを用いて求めなさい。

〔5〕　下の図1のように，縦の長さが x cm，横の長さが y cmである，白色で縁取られた灰色の長
方形の紙がある。この紙を，図2のように，1辺の長さが1cmの正方形の紙に切ると，$x \times y$ 枚
の正方形に分けられ，2辺が白色の正方形，1辺が白色の正方形，どの辺も灰色の正方形の3種
類があり，これらのうち，1辺が白色の正方形の枚数を a 枚，どの辺も灰色の正方形の枚数を
b 枚とする。このとき，次の⑴～⑶の問いに答えなさい。ただし，x，y は整数である。また，x
は3以上で，y は x より大きいものとする。

図1　　　　　　　　　　　　　　　　　　　　図2

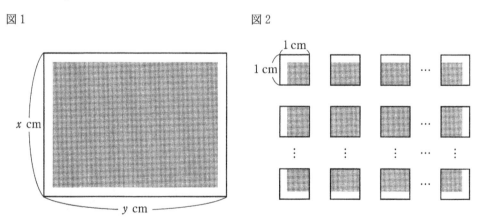

⑴　次の①，②の問いに答えなさい。

①　$x=4$，$y=5$ のとき，a の値を答えなさい。

②　$x=12$，$y=18$ のとき，a の値を答えなさい。

(2)　b を，x，y を用いて表しなさい。

(3)　y が x より5大きく，b が a より20大きいとき，x，y の値を求めなさい。

〔6〕　下の図のように，1辺の長さが6㎝の正方形を底面とし，AB＝AC＝AD＝AE＝6㎝ の正四角すいABCDEがある。辺AC上に ∠BPC＝90° となる点Pをとり，辺AB上に ∠BQP＝90° となる点Qをとる。また，点Qから△APEに引いた垂線と，△APEとの交点をHとする。このとき，次の①〜③の問いに答えなさい。

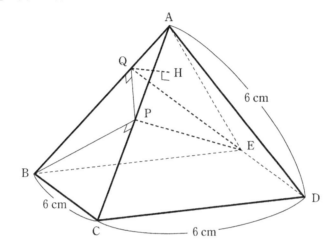

(1)　次の①，②の問いに答えなさい。
　①　線分BPの長さを答えなさい。

　②　△ABCの面積を答えなさい。

(2)　線分AQの長さを求めなさい。

(3)　次の①，②の問いに答えなさい。
　①　線分QHの長さを求めなさい。

　②　四面体APEQの体積を求めなさい。

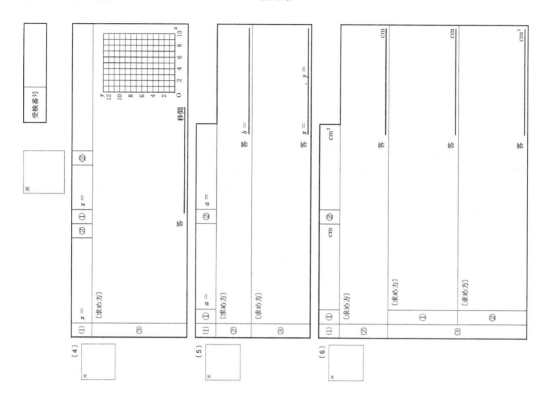

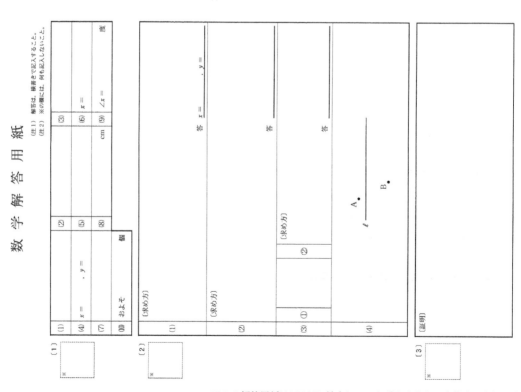

数 学 解 答 用 紙

(注1) 解答は、横書きで記入すること。
(注2) ※の欄には、何も記入しないこと。

※この解答用紙は189%に拡大していただきますと，実物大になります。

＜英語＞　　時間　50分　　満点　100点

〔1〕　放送を聞いて，次の(1)～(3)の問いに答えなさい。

(1)　これから英文を読み，それについての質問をします。それぞれの質問に対する答えとして最も適当なものを，次のア～エから一つずつ選び，その符号を書きなさい。

1　ア 　　イ 　　ウ 　　エ

2　ア　A cap.　　イ　A sweater.　　ウ　A T-shirt.　　エ　Jeans.

3　ア　Ken.　　イ　Tomomi.　　ウ　Taichi.　　エ　Yumi.

4　ア　The zoo.　　イ　The stadium.　　ウ　Masao's house.　　エ　Tokyo.

(2)　これから英語で対話を行い，それについての質問をします。それぞれの質問に対する答えとして最も適当なものを，次のア～エから一つずつ選び，その符号を書きなさい。

1　ア　Yes, he did.　　　　　　イ　No, he didn't.
　　ウ　Yes, he was.　　　　　　エ　No, he wasn't.

2　ア　At 3:40.　イ　At 3:50.　ウ　At 4:00.　エ　At 4:10.

3　ア　He came to school by train.　イ　He came to school by bike.
　　ウ　He came to school by car.　エ　He came to school by bus.

4
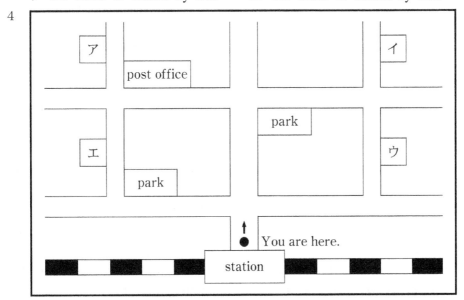

(3)　これから，あなたのクラスの英語の授業で，グリーン先生（Mr. Green）が英語のスピーチをします。そのスピーチについて，四つの質問をします。それぞれの質問の答えとなるように，次のページの1～4の□□□の中に当てはまる英語を1語ずつ書きなさい。

1　He has played basketball for ☐ years.
2　He drinks Japanese ☐.
3　Because she helps a lot of sick people as a ☐.
4　He wants to learn the ☐ of Japan.

〔2〕　次の英文を読んで，あとの(1)～(7)の問いに答えなさい。

　Yuka is a Japanese high school student.　Now she is talking with Ben, a high school student from America.　Ben is studying at Yuka's school.

Yuka : Good morning, Ben.

Ben　: Hi, Yuka.　How are you today?

Yuka : I'm fine, thank you.　How about you?

Ben　: I'm fine, too, thank you.　What did you do last Sunday?

Yuka : I played the violin with my grandfather at home.

Ben　: Oh, wonderful!　When did you start to play it?

Yuka : Ten years ago.　My grandfather ₐ│violin, me, a, bought│ on my birthday. Then I started to play the violin, and I practiced it every day.

Ben　: I see.　Has your grandfather B│teach│ you how to play the violin?

Yuka : Yes, sometimes he gives me advice.　We enjoy playing the violin together. But I learn how to play the violin from Ms. Saito, my mother's friend. She lives near my house.　She is interested in a lot of things.　Her stories are very interesting.　I go to her house and she teaches me how to play the violin.

Ben　: (　C　) do you learn how to play the violin from her?

Yuka : Every Saturday.　Ms. Saito is a good teacher, and I can play the violin better than before.　After my violin lessons, we usually listen to many kinds of music and talk together.　 ᴅSaturday is my favorite day of the week.

Ben　: You have a good time with her.　Do you like playing the violin?

Yuka : Yes.　But last year I didn't feel like playing the violin for one week.

Ben　: What happened?

Yuka : Last spring I took part in a contest.　I wanted to get a prize.　So, I tried to play difficult music.　I practiced hard.　But I couldn't play it well, and I didn't get any prizes.　After that, │　E　│.

Ben　: But now you like playing the violin.　Why did you change your mind?

Yuka : Because I learned one important thing from my grandfather.

Ben　: ꜰOne important thing?　What is it?

Yuka : One day, after the contest, my grandfather asked me to play the violin with him.　I didn't want to do it because I didn't think I could play the violin well.　　But after playing the violin with him, I felt happy. I enjoyed playing the violin again.　My grandfather said to me, "I'm happy to play the violin with you.　You look really happy when you play the violin.　Of course, it is important to get a prize at a contest, but it is more important to enjoy playing the violin."　　This is G| thing, learned, the, I | from my grandfather.

Ben　: Oh, your grandfather is really nice.　Do you want to take part in a contest again?

Yuka : Yes.　Now I'm H| practice | the difficult music which I played at the contest.　It is not easy to play it, but I enjoy playing it.

Ben　: I hope you can enjoy playing the violin at the next contest.

(注)　advice 助言　　than before 以前よりも　　music 曲
　　　feel like ~ ing　~したい気持ちがする　　happen 起こる
　　　change your mind　考えを変える

(1)　文中のA，Gの [　] の中の語を，それぞれ正しい順序に並べ替えて書きなさい。

(2)　文中のB，Hの [　] の中の語を，それぞれ最も適当な形に直して書きなさい。

(3)　文中のCの (　) の中に入る最も適当な語を，次のア～エから一つ選び，その符号を書きなさい。

ア　How

イ　What

ウ　When

エ　Why

(4)　下線部分Dについて，サイトウ先生（Ms. Saito）の家で行うことを，具体的に日本語で書きなさい。

(5)　文中のEの [　] の中に入る最も適当なものを，次のア～エから一つ選び，その符号を書きなさい。

ア　I didn't want to play the violin

イ　I didn't think playing the violin was difficult

ウ　I decided to practice the violin hard

エ　I enjoyed playing the violin with my grandfather

(6)　下線部分Fについて，ユカ（Yuka）はおじいさんからどのようなことを学んだか。具体的に日本語で書きなさい。

(7)　本文の内容に合っているものを，次のア～オから一つ選び，その符号を書きなさい。

ア　Yuka's grandfather gives Yuka violin lessons every Saturday.

イ　Ms. Saito enjoys singing many kinds of songs with Yuka.

ウ　Yuka was able to play difficult music well at the contest last spring.

エ　Yuka and her grandfather have a good time when they play the violin.

オ　Yuka practiced very hard after the contest and got a prize at the next contest.

〔3〕　次の英文は，アメリカでの研修旅行中に友達になったジョン (John) からあなたに来たメールです。このメールに対する返事を，解答用紙の "Hi, John," に続けて，□ の中に，5行以内の英文で書きなさい。ただし，＊＊＊の部分には，あなたの名前が書かれているものとします。

Hello ＊＊＊,

Did you have a good time in America?　I really enjoyed the time with you. You told me about the food in your country.　It was very interesting.　Now I want to know events and festivals in your country.　So could you tell me about events or festivals in your country?

Your friend, John

---

〔4〕　次の英文を読んで，あとの(1)～(7)の問いに答えなさい。

My name is Miki.　I'm a Japanese junior high school student.　Every fall, we have a marathon race in our town.　About three thousand runners come to our town and run 42.195 km.　Last year I worked for it as a volunteer all day.　At first I didn't want to do it because I wasn't good at sports.　But Kenta, one of my friends, said to me, "Miki, let's work as volunteers.　It will be a good experience for us."　So I decided to do it.

It was sunny on the day of the marathon race.　_A<u>I was nervous</u> because working for the marathon race as a volunteer was my first experience.　A lot of runners gathered at the starting point, and they looked excited.　The race started at 8:00 in the morning.

Kenta and I were near the goal with other volunteers.　Our volunteer job was to give runners bottles of water when they finished running.　I was surprised because there were a lot of bottles of water in large boxes in front of us.　| a | We carried the boxes, took the bottles from them, and put them on the tables. It was hard work and we needed a lot of time to get ready.　One of the volunteers said to us, "Thank you for working hard.　The runners will be very glad."　_B<u>Kenta and I were happy</u> to hear that.

At about 10:30, the first runner got to the goal, and everyone near the goal gave him applause.　Many people gathered around him.　They looked very excited and one of them said to him, "You are a great runner!　I'm proud of you."　The runner shared his joy with them.　| b |

Then, one tired runner started running faster near the goal and smiled.　Other runners looked satisfied when he finished running.　| c |

Next, my uncle got to the goal.　I was surprised because I didn't know he joined this marathon race.　| d |　When he finished, I gave him a bottle of water.　My uncle said to me, "When I was running, I didn't think I could run 42.195 km.　I wanted to stop running.　But I tried hard.　I was able to get to the goal, so I feel very happy." He also said to me, "I practiced hard for today's marathon race and many friends supported me. I want to thank them."

In the afternoon, a lot of runners got to the goal. We were very busy. I gave them bottles of water. Some of them said to me, "Thank you for working as a volunteer." (C)

After the marathon race, I talked with Kenta. ┌ e ┐ He said to me, "How was the volunteer work today?" I said to him, "It was nice. It was a long day and I was really tired. But I'm happy to work as a volunteer because I learned it was important to do something for other people. It's wonderful to help and support other people. I enjoyed working as a volunteer for the marathon race today."

Now I'm interested in sports. There are _Dsome ways to enjoy sports. Some people enjoy playing sports. Some people enjoy watching sports. And there are other people who enjoy supporting sports. I enjoyed sports by supporting people. I think sports have the power to change people. I saw people who tried hard, and I was moved by them and now I want to try new things. If we try to do new things, we will be able to find things to enjoy. How about enjoying sports?

(注) marathon race　マラソン大会　　runner　ランナー　　be good at ～　～が得意である
　　　nervous　緊張して　　gather　集まる　　starting point　スタート地点　　goal　ゴール地点
　　　a bottle of water　水の入ったペットボトル　　take ～ from…　～を…から取り出す
　　　applause　拍手　　be proud of ～　～を誇りに思う　　joy　喜び　　satisfied　満足して
　　　be moved by ～　～に感動する

(1)　下線部分Aについて，ミキ（Miki）が緊張していた理由を，具体的に日本語で書きなさい。

(2)　次の英文は，文中のa～eの □ のどこに入れるのが最も適当か。当てはまる符号を書きなさい。

　　　They looked really happy after running.

(3)　下線部分Bについて，ケンタ（Kenta）とミキがそのように感じた理由を，具体的に日本語で書きなさい。

(4)　文中のCの（ ）の中に入る最も適当なものを，次のア～エから一つ選び，その符号を書きなさい。

　　ア　I was glad to run with Kenta in the marathon race today.

　　イ　I was happy to know I could help runners by working as a volunteer.

　　ウ　I was surprised to know the runners could get to the goal before noon.

　　エ　I was really tired and I wanted to stop working for the marathon race.

(5)　下線部分Dについて，その内容を，具体的に日本語で書きなさい。

(6)　次の①～③の問いに対する答えを，それぞれ3語以上の英文で書きなさい。

　①　Was it rainy on the day of the marathon race?

　②　What did Miki do with Kenta as a volunteer job when runners finished running?

③　What does Miki think about the power of sports?

(7)　本文の内容に合っているものを，次のア～オから一つ選び，その符号を書きなさい。

　ア　Miki and Kenta worked for the marathon race in their town because they liked playing sports.

　イ　Miki was surprised when she knew her uncle also worked for the marathon race as a volunteer on that day.

　ウ　In the afternoon, there were a lot of other volunteers, so Miki didn't feel busy and talked a lot with Kenta.

　エ　Miki thought it was good to work for the marathon race and now she is interested in sports.

　オ　Working for the marathon race as a volunteer was very hard and Miki didn't want to go to sports events again.

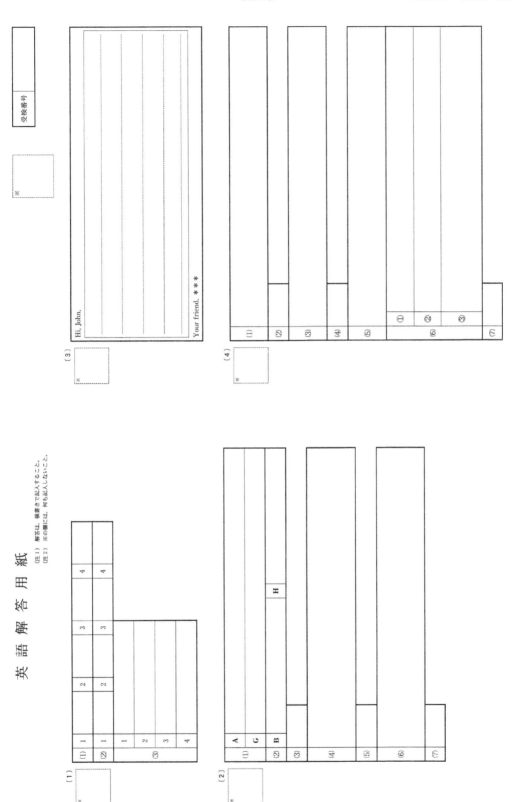

英語解答用紙

(注1) 解答は、横書きで記入すること。
(注2) ※の欄には、何も記入しないこと。

※この解答用紙は189%に拡大していただきますと，実物大になります。

＜理科＞　　時間　50分　　満点　100点

〔1〕　下の図は，新潟市における平成30年4月3日から4月4日までの2日間の気象観測の結果をまとめたものである。この図をもとにして，あとの(1)～(3)の問いに答えなさい。

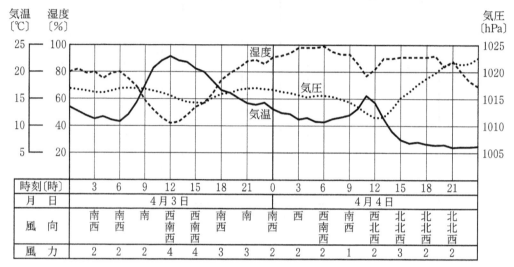

(1)　新潟市の4月3日18時における天気は晴れであった。このときの，風向，風力，天気のそれぞれを表した記号として，最も適当なものを，次のア～エから一つ選び，その符号を書きなさい。

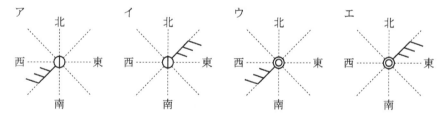

(2)　日本の春の天気の特徴について述べた文として，最も適当なものを，次のア～エから一つ選び，その符号を書きなさい。

　ア　発達したシベリア気団の影響で，強い北西の風が吹き，太平洋側では晴れることが多い。

　イ　太平洋高気圧が勢力を増し，暖かく湿った気団におおわれ，高温多湿で晴れることが多い。

　ウ　高気圧と低気圧が西から東へ向かって交互に通過するため，同じ天気が長く続かない。

　エ　南の湿った気団と北の湿った気団の間に停滞前線ができ，雨やくもりの日が多くなる。

(3)　前線の通過について，あとの①，②の問いに答えなさい。

　①　新潟市を寒冷前線が通過した時間帯として，最も適当なものを，次のア～エから一つ選び，その符号を書きなさい。

　　ア　4月3日　3時から9時　　イ　4月3日　9時から15時

　　ウ　4月4日　3時から9時　　エ　4月4日　9時から15時

②　西から東に向かって進んでいる寒冷前線を南から見たときの，地表面に対して垂直な断面を考える。このとき，前線付近の大気のようすを模式的に表すとどのようになるか。最も適当なものを，次のア～エから一つ選び，その符号を書きなさい。ただし，ア～エの図中の⇨は冷たい空気の動きを，➡は暖かい空気の動きを表している。

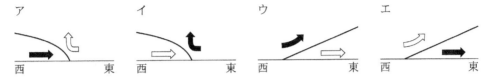

〔2〕　物体を引き上げるときの仕事について調べるために，水平な床の上に置いた装置を用いて，次の実験1，2を行った。この実験に関して，下の⑴～⑶の問いに答えなさい。ただし，質量100gの物体にはたらく重力を1Nとし，ひもと動滑車の間には，摩擦力ははたらかないものとする。また，動滑車およびひもの質量は，無視できるものとする。

実験1　図1のように，フックのついた質量600gの物体をばねばかりにつるし，物体が床面から40cm引き上がるまで，ばねばかりを10cm/sの一定の速さで真上に引き上げた。

実験2　図2のように，フックのついた質量600gの物体を動滑車につるし，物体が床面から40cm引き上がるまで，ばねばかりを10cm/sの一定の速さで真上に引き上げた。

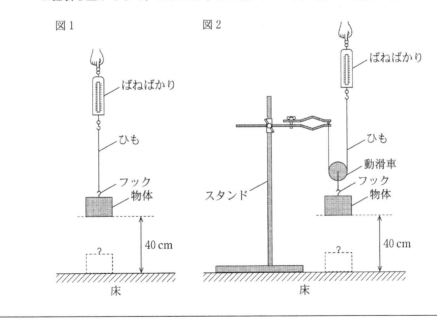

⑴　実験1について，次の①，②の問いに答えなさい。

①　ばねばかりを一定の速さで引き上げているとき，ばねばかりが示す値は何Nか。求めなさい。

②　物体を引き上げる力がした仕事は何Jか。求めなさい。

⑵　実験2について，次の①，②の問いに答えなさい。

①　ばねばかりを一定の速さで引き上げているとき，ばねばかりが示す値は何Nか。求めなさい。

②　物体を引き上げる力がした仕事の仕事率は何Wか。求めなさい。
⑶　物体を引き上げる実験1，2における仕事の原理について，「動滑車」という語句を用いて，書きなさい。

〔3〕　アブラナのからだのつくりを調べるために，アブラナの観察を行った。図1はアブラナの花のつくりを，図2はアブラナのめしべの子房の断面を，また，図3はアブラナの葉のようすを，それぞれ模式的に表したものである。このことに関して，下の⑴〜⑷の問いに答えなさい。

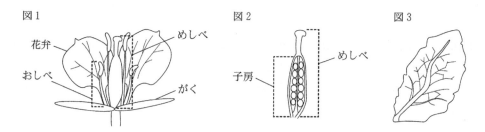

⑴　図1について，おしべの先端の袋状になっている部分の中に入っているものとして，最も適当なものを，次のア〜エから一つ選び，その符号を書きなさい。
ア　果実　　　イ　種子　　　ウ　胞子　　　エ　花粉
⑵　アブラナは，花のつくりから離弁花類に分類される。離弁花類に分類される植物として，最も適当なものを，次のア〜エから一つ選び，その符号を書きなさい。
ア　エンドウ　　イ　ツユクサ　　ウ　ツツジ　　エ　アサガオ
⑶　図2について，アブラナが被子植物であることがわかる理由を書きなさい。
⑷　図3の葉の葉脈のようすから判断できる，アブラナのからだのつくりについて述べた文として，最も適当なものを，次のア〜エから一つ選び，その符号を書きなさい。
ア　茎を通る維管束は，茎の中心から周辺部まで全体に散らばっている。
イ　からだの表面全体から水分を吸収するため，維管束がない。
ウ　根は，主根とそこからのびる側根からできている。
エ　根は，ひげ根とよばれるたくさんの細い根からできている。

〔4〕　二酸化炭素，水素，アンモニアの性質を調べるために，それぞれの気体を別々の乾いた試験管にとった後，ゴム栓をして，次の実験1〜3を行った。この実験に関して，あとの⑴〜⑶の問いに答えなさい。

実験1　二酸化炭素が入った試験管のゴム栓をはずし，□X□を加え，再びゴム栓をしてよく振ったところ，□X□は白く濁った。
実験2　水素が入った試験管のゴム栓をはずし，試験管の口にマッチの炎を近づけたところ，ポンと音をたてて燃えた。
実験3　アンモニアが入った試験管を，フェノールフタレイン溶液を加えた水の中で，試験管の口を下に向けて立て，ゴム栓をはずしたところ，試験管の中に勢いよく水が入り，試験管の中の水の色は赤くなった。

(1)　実験1について，$\boxed{X}$ にあてはまる液体として，最も適当なものを，次のア～エから一つ選び，その符号を書きなさい。

　　ア　食塩水　　イ　石灰水　　ウ　砂糖水　　エ　炭酸水

(2)　実験2について，次の①，②の問いに答えなさい。

　①　この実験で生じた物質は何か。その物質の化学式を書きなさい。

　②　水素を発生させる方法として，最も適当なものを，次のア～エから一つ選び，その符号を書きなさい。

　　　ア　石灰石にうすい塩酸を加える。　　イ　二酸化マンガンにオキシドールを加える。

　　　ウ　亜鉛にうすい硫酸を加える。　　　エ　酸化銀を加熱する。

(3)　実験3について，次の①，②の問いに答えなさい。

　①　下線部分のことからわかるアンモニアの性質を，書きなさい。

　②　右の図のように，水酸化カルシウムの粉末と塩化アンモニウムの粉末を混ぜたものを，乾いた試験管に入れて十分に加熱し，発生するアンモニアを乾いた試験管に集めることができる。このようにして集めるのは，アンモニアのどのような性質のためか。書きなさい。

水酸化カルシウムの粉末と塩化アンモニウムの粉末を混ぜたもの

アンモニアを集める試験管

〔5〕　右の図は，生態系における炭素の循環を模式的に表したものである。図中の ➡ は有機物の流れを，また，⇨ は無機物の流れを表している。この図をもとにして，次の(1)～(5)の問いに答えなさい。

(1)　図中のXで示される流れは，植物の何というはたらきによるものか。その用語を書きなさい。

(2)　生態系において，生物Aや生物Bを消費者，生物Cを分解者というのに対し，植物を何というか。その用語を書きなさい。

(3)　植物，生物A，生物Bは，食べる，食べられるという関係でつながっている。このつながりを何というか。その用語を書きなさい。

(4)　何らかの原因で，生物Aの数量が急激に減少すると，植物や生物Bの数量はその後，一時的にどのようになるか。最も適当なものを，次のア～エから一つ選び，その符号を書きなさい。

　　ア　植物は増加し，生物Bは減少する。　　イ　植物は増加し，生物Bも増加する。

　　ウ　植物は減少し，生物Bも減少する。　　エ　植物は減少し，生物Bは増加する。

(5)　生物A～Cに当てはまる生物の組合せとして，最も適当なものを，右のア～エから一つ選び，その符号を書きなさい。

	生物A	生物B	生物C
ア	ミミズ	ヘビ	バッタ
イ	ウサギ	イヌワシ	ミミズ
ウ	ヘビ	ウサギ	シロアリ
エ	バッタ	シロアリ	イヌワシ

〔6〕　電流とそのはたらきを調べるために，抵抗器a，bを用いて回路をつくり，次の実験1〜3を行った。この実験に関して，下の(1)〜(5)の問いに答えなさい。ただし，抵抗器aの電気抵抗は30Ωとする。

実験1　図1のように，回路をつくり，スイッチを入れ，電圧計が6.0Vを示すように電源装置を調節し，電流を測定した。

実験2　図2のように，回路をつくり，スイッチを入れ，電圧計が6.0Vを示すように電源装置を調節したところ，電流計は120mAを示した。

実験3　図3のように，回路をつくり，スイッチを入れ，電圧計が6.0Vを示すように電源装置を調節し，電流を測定した。

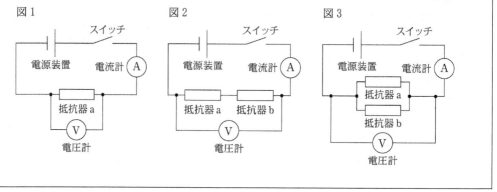

---

(1)　実験1について，電流計は何mAを示すか。求めなさい。

(2)　抵抗器bの電気抵抗は何Ωか。求めなさい。

(3)　実験2について，抵抗器bの両端に加わる電圧は何Vか。求めなさい。

(4)　実験3について，電流計は何mAを示すか。求めなさい。

(5)　実験2で抵抗器aが消費する電力は，実験3で抵抗器aが消費する電力の何倍か。求めなさい。

〔7〕　濃度の異なる塩酸と水酸化ナトリウム水溶液の中和について調べるために，次の Ⅰ〜Ⅲ の手順で実験を行った。この実験に関して，あとの(1)〜(4)の問いに答えなさい。

Ⅰ　ビーカーA，B，Cを用意し，ビーカーAにはうすい塩酸を，ビーカーBにはうすい水酸化ナトリウム水溶液を，それぞれ60cm³ずつ入れた。ビーカーCに，ビーカーAのうすい塩酸10cm³を注ぎ，ある薬品を数滴加えたところ，ビーカーCの水溶液は黄色になった。

Ⅱ　Ⅰで黄色になったビーカーCの水溶液に，ビーカーBのうすい水酸化ナトリウム水溶液10cm³を加え，よく混ぜたところ，ビーカーCの水溶液は青色になった。

Ⅲ　Ⅱで青色になったビーカーCの水溶液に，ビーカーAのうすい塩酸2cm³を加え，よく混ぜたところ，ビーカーCの水溶液は緑色になった。

---

(1)　Ⅰについて，ビーカーCに数滴加えた薬品は何か。最も適当なものを，次のア〜エから一つ選び，その符号を書きなさい。

ア　ベネジクト液　　イ　ヨウ素液　　ウ　酢酸カーミン液　　エ　BTB溶液

(2)　Ⅱについて，青色になったビーカーCの水溶液中で最も数が多いイオンは何か。そのイオン式を書きなさい。

(3)　Ⅲについて，次の □ の中に化学式を書き入れて，塩酸と水酸化ナトリウム水溶液が中和したときの化学変化を表す化学反応式を完成させなさい。

□ ＋ □ → □ ＋ □

(4)　Ⅲのあとに，ビーカーAに残っているうすい塩酸48cm³を中性にするためには，ビーカーBのうすい水酸化ナトリウム水溶液が何cm³必要か。最も適当なものを，次のア～オから一つ選び，その符号を書きなさい。

ア　16cm³　　イ　24cm³　　ウ　32cm³　　エ　40cm³　　オ　48cm³

〔8〕　ある丘陵に位置する3地点A，B，Cで，ボーリングによって地下の地質調査を行った。次の図1は，地質調査を行ったときの，各地点A～Cの地層の重なり方を示した柱状図である。また，図2は，各地点A～Cの地図上の位置を示したものである。図1，2をもとにして，下の(1)～(4)の問いに答えなさい。ただし，地質調査を行ったこの地域の各地層は，それぞれ同じ厚さで水平に積み重なっており，曲がったり，ずれたりせず，地層の逆転もないものとする。また，図1の柱状図に示した火山灰の層は，同じ時期の同じ火山による噴火で，堆積したものとする。

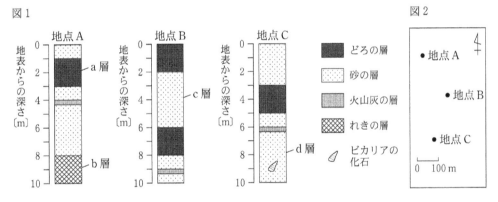

(1)　図1のa層～d層は，どのような順序で堆積したか。古い方から順に，その符号を書きなさい。

(2)　地点Bの標高は40mであった。このとき，地点Cの標高は何mか。求めなさい。

(3)　火山灰が固まってできた岩石の名称として，最も適当なものを，次のア～エから一つ選び，その符号を書きなさい。
ア　花こう岩　　イ　玄武岩　　ウ　凝灰岩　　エ　石灰岩

(4)　地点Cの砂の層に含まれていたビカリアの化石から，地層が堆積した時代を推定することができる。このビカリアのように，地層が堆積した時代の推定に利用することができる化石となった生物は，どのような生物か。「期間」，「分布」という語句を用いて書きなさい。

受検番号

※

理科解答用紙

(注1) 解答は，横書きで記入すること。
(注2) ※の欄には，何も記入しないこと。

〔5〕
(1) (2) (3) (4) (5)
※

〔6〕
(1) mA
(2) Ω
(3) V
(4) mA
(5) 倍
※

〔7〕
(1) (2)
(3) ＋ ↑ ＋
(4)
※

〔8〕
(1) ( )
(2) ( )→( )→( )→( )
(3) m
(4)
※

〔1〕
(1) (2)
(3) ① ②
※

〔2〕
(1) N J
(2) N W
(3) ① ② ① ②
※

〔3〕
(1) (2) (3) (4)
※

〔4〕
(1) ① ②
(2)
(3) ① ②
※

※この解答用紙は189%に拡大していただきますと，実物大になります。

＜社会＞　　時間　50分　　満点　100点

〔1〕　次の地図を見て，後の(1)～(5)の問いに答えなさい。なお，地図中の緯線は赤道を基準として，また，経線は本初子午線を基準として，いずれも30度間隔で表している。

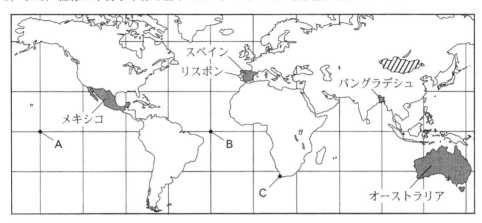

(1)　南極大陸を除く5大陸のうち，その最南端の地点が最も南にあるのはどの大陸か，その大陸の名称を書きなさい。

(2)　地図中の地点A，Bは，それぞれ赤道上にある。地点A，B間の距離は，実際には約何kmか。最も適当なものを，次のア～エから一つ選び，その符号を書きなさい。ただし，赤道の全周は，約4万kmとする。

　　ア　約3,000km　　イ　約13,000km　　ウ　約23,000km　　エ　約33,000km

(3)　地図中の▨▨で示した国でみられるようすについて述べた文として，正しいものを，次のア～エから一つ選び，その符号を書きなさい。

　　ア　年間をとおして凍土が広がっているため，建物の多くが高床になっている。

　　イ　年間をとおして気温が高く雨も多いため，森林が広がっている。

　　ウ　乾燥した草原が広がり，遊牧民の移動式テントがみられる。

　　エ　夏になると，一日じゅう太陽が沈まない現象が起こる。

(4)　次の表は，地図で示したメキシコ，スペイン，バングラデシュ，オーストラリアについて，それぞれの国の人口，穀物生産量，主要輸出品の輸出額の割合を示したものである。このうち，オーストラリアに当てはまるものはどれか。表中のア～エから一つ選び，その符号を書きなさい。

	人口（千人）	穀物生産量（千t）	主要輸出品の輸出額の割合(%)		
			第1位	第2位	第3位
ア	46,737	16,660	自　動　車(17.3)	機　械　類(12.7)	野菜・果実(6.1)
イ	163,046	53,332	衣　　　類(84.2)	繊　維　品(5.1)	はきもの(2.2)
ウ	25,203	50,049	鉄　鉱　石(21.1)	石　　　炭(18.8)	液化天然ガス(8.5)
エ	127,576	37,487	機　械　類(36.1)	自　動　車(24.8)	原　　　油(4.9)

（「世界国勢図会」2019/20年版による）

(5) 地図中の地点Cに関するできごとについて述べた次の文中の X , Y に当てはまる語句の組合せとして，最も適当なものを，下のア～エから一つ選び，その符号を書きなさい。

> ポルトガルの港であるリスボンを出航した X の船隊が，大西洋を南下し，地点C をまわって，1498年に Y に到達し，アジアへの航路が開かれた。

ア 〔X　バスコ=ダ=ガマ，Y　インド〕　　　イ 〔X　バスコ=ダ=ガマ，Y　中国〕
ウ 〔X　コロンブス，　　　Y　インド〕　　　エ 〔X　コロンブス，　　　Y　中国〕

〔2〕 右の地図を見て，次の(1)～(5)の問いに答えなさい。

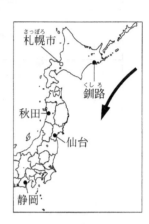

(1) 地図中の矢印でおおよその位置を示した海流の名称として，最も適当なものを，次のア～エから一つ選び，その符号を書きなさい。

ア　北大西洋海流　　　　イ　対馬海流
ウ　千島海流（親潮）　　エ　日本海流（黒潮）

(2) 次のア～エのグラフは，気象観測地点である釧路，秋田，仙台，静岡のいずれかの気温と降水量の月別平年値を表したものである。このうち，仙台に当てはまるものを，ア～エから一つ選び，その符号を書きなさい。なお，棒グラフは月降水量を，折れ線グラフは月平均気温を表している。

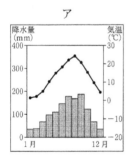
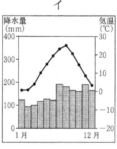
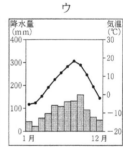
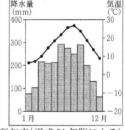

（「理科年表」平成31年版による）

(3) 右の写真は，札幌市中心部の景観を示したものである。この景観について述べた次の文中の X , Y に当てはまる語句の組合せとして，最も適当なものを，下のア～エから一つ選び，その符号を書きなさい。

> X 時代に，北海道の開拓のために，北方の警備の役割を兼ねた Y などが集められた。札幌市中心部は，組織的に開拓が行われ，碁盤の目状に規則正しく区画された。

ア 〔X　江戸，Y　防人〕　　イ 〔X　江戸，Y　屯田兵〕
ウ 〔X　明治，Y　防人〕　　エ 〔X　明治，Y　屯田兵〕

(4)　北海道は，漁業生産量が全国1位である。かつては北洋漁業がさかんであったが，沿岸国が排他的経済水域を設定したことなどから，現在は栽培漁業や養殖業がさかんになっている。この排他的経済水域とはどのような水域か。「200海里」という語句を用いて書きなさい。

(5)　次の表は，北海道，青森県，山形県，千葉県の，それぞれの道県の宿泊施設での延べ宿泊者数，米の産出額，野菜の産出額，果実の産出額，製造品出荷額等を示したものであり，表中のA〜Cは，青森県，山形県，千葉県のいずれかである。表中のAに当てはまる県を ▦ で，Cに当てはまる県を ▨ で，解答用紙の地図中に，それぞれ示しなさい。

	宿泊施設での延べ宿泊者数(千人泊)	米の産出額(億円)	野菜の産出額(億円)	果実の産出額(億円)	製造品出荷額等(億円)
A	24,637	666	1,927	185	114,664
B	5,242	804	423	690	26,875
C	4,624	466	863	854	18,318
北海道	35,557	1,167	2,206	61	61,414

(注)延べ宿泊者数：宿泊した人の泊数の合計　　　　　（「データでみる県勢」2019年版による）

〔3〕　社会科の授業で，歴史における文字の役割について，A〜Dの四つの班に分かれ，調べたことをカードにまとめた。これらのカードを読んで，後の(1)〜(5)の問いに答えなさい。

A班のカード

　a漢字を書きくずしてかな文字がつくられ，このかな文字を用いて，優れた文学作品が生まれた。

B班のカード

　唐の法律にならい，701年に ［　b　］ がつくられ，全国を支配するしくみが整備された。

C班のカード

　藩校では武士の子らが学問や武道を学び，寺子屋では町人や百姓の子らが読み・書き・そろばんなどを学んだ。

D班のカード

　村では有力な農民を中心にして，惣とよばれる c自治的な組織がつくられ，村のおきてが定められた。

(1)　下線部分aについて，右の写真は，紀元前1600年ごろにおこった殷の遺跡から出土したものであり，漢字のもとになった文字が記されている。この文字を何というか。その名称を書きなさい。

(2)　［　b　］ に当てはまる用語を書きなさい。

(3)　C班のカードについて，この時代のできごとを述べた文として，最も適当なものを，次のページのⅠ群のア〜エから一つ選び，その符号を書きなさい。また，この時代の文化について述べた文として，最も適当なものを，次のページのⅡ群のカ〜ケから一つ選び，その符号を書きなさい。

Ⅰ群

> ア　イエズス会の宣教師ザビエルが鹿児島に来て，日本にキリスト教を伝えた。
> イ　ロシアのラクスマンが根室に来航し，漂流民の大黒屋光太夫を送り届け，通商を求めた。
> ウ　元のフビライが博多湾に上陸させた軍勢は，火薬を使った武器で幕府軍を苦しめた。
> エ　日本に招かれた唐の鑑真によって唐招提寺がつくられ，寺院や僧の制度も整えられた。

Ⅱ群

> カ　武士の活躍をえがいた軍記物の平家物語は，琵琶法師によって語り伝えられた。
> キ　大名や豪商たちは，茶の湯をとおして交流を深め，千利休は，わび茶を大成させた。
> ク　多色刷りの版画が人気を集め，美人画や歌舞伎の役者絵，風景画に優れた作品が生まれた。
> ケ　万葉集には，万葉がなが用いられ，天皇や貴族，民衆の和歌がおさめられた。

(4)　下線部分ｃについて，右の資料は，自治が行われた京都のようすを示したものである。このことについて述べた次の文中の X ， Y に当てはまる語句の組合せとして，最も適当なものを，下のア～エから一つ選び，その符号を書きなさい。

> この時代の京都では， X とよばれる有力な商工業者によって都市の政治が行われた。守護大名が争った11年にわたる Y で中断していた祇園祭は， X によって復興された。

ア〔X　町衆，　Y　応仁の乱〕　イ〔X　町衆，　Y　保元の乱〕
ウ〔X　株仲間，Y　応仁の乱〕　エ〔X　株仲間，Y　保元の乱〕

(5)　A～D班のカードを，年代の古いものから順に並べ，その符号を書きなさい。

〔4〕　右の略年表を見て，次の(1)～(4)の問いに答えなさい。

(1)　下線部分ａは，我が国にとって不利な内容を含む不平等な条約であった。どのような内容が不平等であったか，二つ書きなさい。

(2)　年表中のAの時期に，我が国で起きたできごととして，正しいものを，次のア～エから一つ選び，その符号を書きなさい。

年代	で　き　ご　と
1858	ａ日米修好通商条約が結ばれる。
1890	第１回帝国議会が開かれる。
1914	ｂ第一次世界大戦が始まる。
1945	ポツダム宣言を受諾する。
2001	アメリカで同時多発テロが起こる。

（年表の1890と1914の間に「A」，1945と2001の間に「B」の区分がある）

ア　政府が議会の承認なしに労働力や物資を動員できる，国家総動員法が制定された。
イ　普通選挙法が成立し，満25歳以上のすべての男子に衆議院議員の選挙権が与えられた。

ウ　板垣退助らにより，民撰議院設立建白書が政府に提出された。

エ　護憲運動が民衆の支持を集め，桂太郎内閣は辞職に追いこまれた。

⑶　次の表は，年表中の下線部分bについて，この【できごと】の【背景・原因】，【日本の動き】及び【結果・影響】をまとめたものである。この表を見て，下の①，②の問いに答えなさい。

【背景・原因】

・　ドイツがオーストリア，イタリアと三国同盟を結ぶと，cイギリスはフランス，ロシアと三国協商を結び，両陣営とも，植民地の拡大をめざし対立する。

・　「ヨーロッパの火薬庫」とよばれた　　X　　では，民族問題も加わって激しく対立し，1914年，サラエボで事件が起こる。

⬇

【できごと】
・　第一次世界大戦が始まる。
➡
【日本の動き】
・　日本は，日英同盟を理由に参戦する。

⬇

【結果・影響】

・　各国が，国力のすべてを戦争に総動員した総力戦となる。

・　第一次世界大戦後，国際平和をめざして　　Y　　が設立される。

---

①　表中の　X　，　Y　に当てはまる語句の組合せとして，正しいものを，次のア～エから一つ選び，その符号を書きなさい。

ア　〔X　イベリア半島，Y　国際連合〕　　イ　〔X　イベリア半島，Y　国際連盟〕

ウ　〔X　バルカン半島，Y　国際連合〕　　エ　〔X　バルカン半島，Y　国際連盟〕

②　1930年代になると，表中の下線部分cのイギリスでは，ブロック経済が行われた。このブロック経済について，その【背景・原因】，【ブロック経済の内容】及び【結果・影響】を，解答用紙の表が完成するように，それぞれ書きなさい。

⑷　次のX～Zは，年表中のBの時期のできごとである。年代の古い順に並べたものとして，正しいものを，下のア～カから一つ選び，その符号を書きなさい。

X　毛沢東を主席とする中華人民共和国が成立する。

Y　冷戦の象徴であった「ベルリンの壁」が取りこわされる。

Z　沖縄が日本に復帰する。

ア　X→Y→Z　　イ　X→Z→Y　　ウ　Y→X→Z

エ　Y→Z→X　　オ　Z→X→Y　　カ　Z→Y→X

〔5〕　政治に関する内容について，次の⑴～⑸の問いに答えなさい。

⑴　日本国憲法について，次の①，②の問いに答えなさい。

①　日本国憲法が保障する社会権に当たるものを，次のア～エから一つ選び，その符号を書きなさい。

ア　生存権　　イ　財産権　　ウ　居住，移転及び職業選択の自由　　エ　学問の自由

②　次のページの日本国憲法の条文について，文中の　A　に当てはまる語句を書きなさい。

> 　すべて国民は，個人として尊重される。生命，自由及び幸福追求に対する国民の権利については，　A　に反しない限り，立法その他の国政の上で，最大の尊重を必要とする。

⑵　次の表は，我が国における，現在の選挙の原則とその内容をまとめたものである。この表を見て，下の①，②の問いに答えなさい。

選挙の原則	内容
X　　選挙	一人一票の選挙権を持つ。
秘密選挙	無記名で投票する。
普通選挙	一定の年齢以上のすべての国民が選挙権を持つ。
直接選挙	候補者に直接投票する。

①　　X　に当てはまる語句を書きなさい。

②　表中の下線部分について述べた次の文中の　Y　に当てはまる数字を書きなさい。

> 　公職選挙法が改正されて，平成28（2016）年から，選挙権を行使できる年齢が　Y　歳以上に引き下げられた。

⑶　我が国の議院内閣制はどのようなしくみか。「信任」，「責任」の二つの語句を用いて書きなさい。

⑷　我が国では，平成21（2009）年から裁判員制度が導入された。この裁判員制度の説明として，正しいものを，次のア～エから一つ選び，その符号を書きなさい。

　ア　裁判官の人数を減らすために導入され，裁判員は，民事裁判に参加する。

　イ　裁判官の人数を減らすために導入され，裁判員は，刑事裁判に参加する。

　ウ　国民の裁判への参加を進めるために導入され，裁判員は，民事裁判に参加する。

　エ　国民の裁判への参加を進めるために導入され，裁判員は，刑事裁判に参加する。

⑸　世界の人権保障に向けた取組について，次の①，②の問いに答えなさい。

　①　人権保障に向けて，各国が達成すべき共通の基準を示すため，1948年に採択されたものとして，正しいものを，次のア～エから一つ選び，その符号を書きなさい。

　　ア　国際人権規約

　　イ　世界人権宣言

　　ウ　子ども（児童）の権利条約

　　エ　女子差別撤廃条約

　②　人権保障をはじめ，軍縮，環境などの問題に取り組むために活動する，非政府組織の略称として，最も適当なものを，次のア～オから一つ選び，その符号を書きなさい。

　　ア　NGO　　イ　PKO

　　ウ　WTO　　エ　WHO

　　オ　ILO

〔6〕　中学校3年生のあるクラスでは，社会科の授業で，班ごとに，次のA〜Dのテーマについて調べることにした。これらのテーマについて，下の(1)〜(4)の問いに答えなさい。

テーマ
A　私たちの暮らしと経済　　B　私たちの暮らしと社会の変化
C　企業のしくみ　　D　資源・エネルギー問題

(1)　Aのテーマについて，次の①，②の問いに答えなさい。
①　右の図は，家計，企業，政府とそれぞれの間の経済的結びつきについて表したものである。図中の a ， b に当てはまる語句の組合せとして，最も適当なものを，次のア〜エから一つ選び，その符号を書きなさい。
ア〔a　配当，b　労働力〕
イ〔a　配当，b　サービス〕
ウ〔a　税金，b　労働力〕
エ〔a　税金，b　サービス〕

②　次の文は，消費生活について述べたものである。文中の A に当てはまる語句を書きなさい。

　　商品を売りたい人と，買いたい人の意思が一致し，売買が成立することを， A という。一度成立すると，お互いに A を守る責任が生じるため，事前に，内容を慎重に検討することが大切である。

(2)　Bのテーマについて，第二次世界大戦後の高度経済成長のころの，我が国の社会のようすについて述べた文として，最も適当なものを，次のア〜エから一つ選び，その符号を書きなさい。
ア　携帯電話やインターネットが普及し，社会の情報化がいっそう進展した。
イ　東京オリンピックが開催され，家庭電化製品が急速に普及した。
ウ　循環型社会をめざして様々なリサイクル法が制定され，資源の再利用が進んだ。
エ　日本国憲法が施行され，婚姻は両性の合意のみにもとづいて成立することとなった。

(3)　Cのテーマについて，大企業の多くが株式会社の形態をとっているのはなぜか。その理由を，「株式」，「資金」という二つの語句を用いて書きなさい。

(4)　Dのテーマについて，新しい資源・エネルギーの開発やその利用が必要であるため，世界各国で，再生可能エネルギーの開発が進められている。このようなエネルギーとして，最も適当なものを，次のア〜オから二つ選び，その符号を書きなさい。
ア　太陽光　イ　石炭　ウ　天然ガス　エ　バイオマス　オ　石油

受検番号

※

社 会 解 答 用 紙

(注1) 解答は、横書きで記入すること。
(注2) ※の欄には、何も記入しないこと。

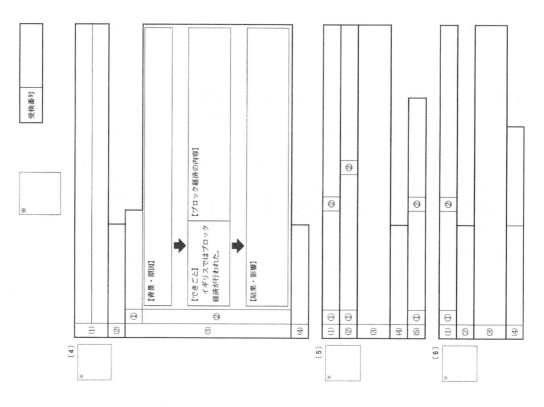

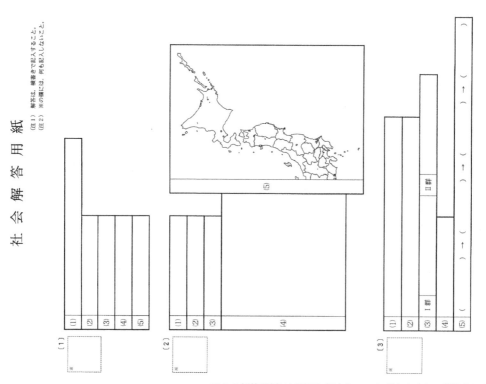

※この解答用紙は189％に拡大していただきますと，実物大になります。

国語解答用紙

(注1) 解答は、縦書きで記入すること。
(注2) ※の欄には、何も記入しないこと。

受検番号

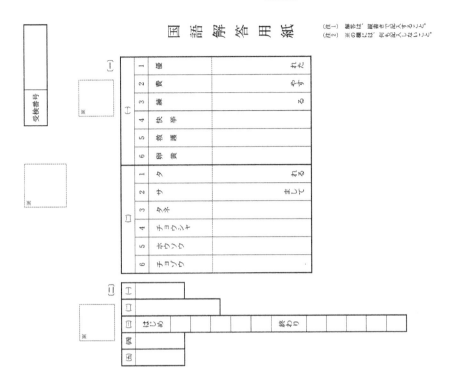

（一）

1	優	れた
2	費	やす
3	縮	る
4	快挙	
5	救護	
6	明黄	

（二）

1	タ	れる
2	サ	まして
3	タ系	
4	チョウシャ	
5	ホウフウ	
6	チョウワ	

（二）

（一）

（二）

（三）　はじめ　　　　　　　　　　終わり

（四）

（五）

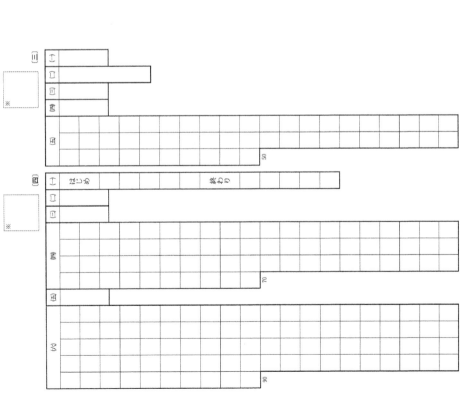

（三）

（一）

（二）

（三）

（四）

（五）　　　　　　　　　　　　　　　　　50

（四）

（一）　はじめ　　　　　　終わり

（二）

（三）

（四）　　　　　　　　　　　　　　　　70

（五）

（六）　　　　　　　　　　　　　　　　90

※この解答用紙は154％に拡大していただきますと、実物大になります。

うになる。

それは、そもそも人間がひとりで時間を使うようにできていないからである。700万年の進化の過程で、人間は高い a 力を手に入れた。他者のなかに自分を見るようになり、他者の目で自分を定義するようになった。ひとりでいても、親しい仲間のことを考えるし、隣人たちの喜怒哀楽に大きく影響される。ゴリラ以上に、人間は時間を他者と重ね合わせて生きているのである。仲間に自分の時間をさしだし、仲間からも時間をもらいながら、互酬性にもとづいた暮らしを営んできたのだ。幸福は仲間とともに感じるもので、信頼は金や言葉ではなく、ともに生きた時間によって強められるものだからである。

世界は今、多くの敵意に満ちており、孤独な人間が増えている。それは経済的な時間概念によってつくりだされたものだ。その時間を社会的な時間に変えて、(4)いのちをつなぐ時間をとりもどすことが必要ではないだろうか。ゴリラと同じように、敵意はともにいる時間によって解消できると思うからである。

（山極　寿一「ゴリラからの警告『人間社会、ここがおかしい』」による）

㊟　固執＝心がとらわれること。
　　隔絶＝かけ離れていること。
　　互酬性＝他者から受けたことに見合うことをして返すことで、お互いの関係が保たれること。

(一)　――線部分(1)について、筆者がこのように考えるのはなぜか。その理由を述べている部分を、文章中から四十字以内の一つの文で抜き出し、そのはじめと終わりの五字をそれぞれ書きなさい。

(二)　文章中の A に最もよく当てはまる言葉を、次のア～エから一つ選び、その符号を書きなさい。
　ア　もし　　イ　しかし　　ウ　だから　　エ　なぜなら

(三)　――線部分(2)について、「互いの存在を認め合っている時間の大切さ」とは具体的にどういうことか。最も適当なものを、次のア～エから一つ選び、その符号を書きなさい。
　ア　ゴリラは、人間に敵意をもっているので、人間が信頼されることはないということ。
　イ　いっしょに暮らす時間が経過するにしたがい、ゴリラとの信頼関係が増すということ。
　ウ　ゴリラは互いの存在を認める時間を好むため、人間を信頼したがる傾向があるということ。
　エ　ゴリラは信頼できる仲間といっしょに暮らし、その群れから決して離れることはないということ。

(四)　――線部分(3)とはどういうことか。七十字以内で書きなさい。

(五)　文章中の a に最もよく当てはまる言葉を、次のア～エから一つ選び、その符号を書きなさい。
　ア　技術　　イ　創造　　ウ　表現　　エ　共感

(六)　――線部分(4)とはどういうことか。文章全体を踏まえ、九十字以内で書きなさい。

ウ　船が見えなくなるようになって分かるようになったということ。

らよいか、分からなくなったということ。

エ　船旅が長くなるにしたがい、船の人には土佐国でのできごとが遠い昔のことのように思われたということ。

(五)　──線部分(5)の「船にも思ふことあれど、かひなし」とはどういうことか。〈Ⅰ〉の和歌を踏まえ、五十字以内で書きなさい。

〔四〕　次の文章を読んで、(一)〜(六)の問いに答えなさい。

今、私たちは経済的な時間を生きている。しかし、自分の時間とはいったいどういう状態のことをいうのだろう。それをどう過ごしたら、幸せな気分になれるのだろうか。

どこの世界でも、(1)人は時間に追われて生活している。私がゴリラを追って分け入ったアフリカの森でもそうだ。晩に食べる食料を集めに森へ出かけ、明後日に飲む酒を今日仕こむ。昨日農作業を手伝ってもらったので、そのお礼として明日ヤギをつぶす際に肉をとり分けて返そうとする。それは、つきつめて考えれば、人間の使う時間が必ず他者とつながっているからである。時間は自分だけでは使えない。ともに生きている仲間の時間と速度を合わせ、どこかで重ね合わせなければならない。 A 、森の外から流入する物資や人の動きに左右されてしまう。

ゴリラといっしょに暮らしてみて私が教わったことは、(2)互いの存在を認め合っている時間の大切さである。野生のゴリラは長い間人間に追い立てられてきたので、私たちに強い敵意をもっている。しかし、辛抱強く接近すれば、いつかは敵意を解き、いっしょにいること

を許してくれる。それは、ともにいる時間が経過するにしたがい、信頼関係が増すからである。

ゴリラたち自身も、信頼できる仲間といっしょに暮らすことを好む。食物や繁殖相手をめぐるトラブルによって信頼が断たれ、離れていくゴリラもいるが、やがてまた別の仲間といっしょになって群れをつくる。とくに、子どもゴリラは周囲のゴリラたちを引きつける。子どもがゴリラに大きなオスゴリラでも喜んで背中を貸すし、悲鳴をあげれば、すっ飛んでいって守ろうとする。ゴリラたちには、自分だけの時間がないように見える。

人間も実はつい最近まで、自分だけの時間にそれほど固執していなかったのではないだろうか。とりわけ、木や紙でつくられた家に住んできた日本人は、隣人の息遣いから完全に隔絶することはできず、常にだれかと分かち合う時間のなかで暮らしてきた。それが原因で、うっとうしくなったり、ストレスを高めたりすることがあったと思う。だからこそ、戦後に高度経済成長をとげた日本人は、他人に邪魔されずに自分だけで使える時間をひたすら追い求めた。そこで、効率化や経済化の観点から時間を定義する必要が生じた。つまり、時間はコストであり、金に換算できるという考え方である。

しかし、(3)せっかく得た自分だけの時間をも同じように効率化の対象にしてしまった。自分の欲求を最大限満たすために、効率的な過ごし方を考える。映画を見て、スポーツを観戦し、ショッピングを楽しんで、ぜいたくな食事をする。自分で稼いだ金で、どれだけ自分がやりたいことが可能かを考える。でも、それは自分が節約した時間と同じ考え方なので、いつまでたっても満たされることがない。そればかりか、自分の時間が増えれば増えるほど、孤独になって時間をもてあますよ

これより、今は漕ぎ離れて行く。これを見送らむとてぞ、この人どもは追ひ来ける。かくて漕ぎ行くまにまに、海のほとりにとまれる人も遠くなりぬ。^{見送ロウトシテ} ⁽⁴⁾船の人も見えずなりぬ。岸にもいふこ^{アルダロウ}とあるべし。　⁽⁵⁾船にも思ふことあれど、かひなし。かかれ^{船ノ人} ^{アルガ} ^{ドウショウモナイ} ^{コウデハアルケレ}^ドど、この歌をひとりごとにして、やみぬ。^{ヤメニシタ}

〈I〉　思ひやる心は海をわたれどもふみしなければ知らずや^{見送ル人ヲ思ウ} ^{気持チハワカ}あるらむ^{ラナイダロウ}

（注）九日＝一月九日。
　　　奈半の泊＝奈半の港。
　　　国＝当時の行政上の区画。
　　　藤原のときざね、橘のすゑひら、長谷部のゆきまさ＝いずれも人名。

B
『土佐日記』は、作者の紀貫之が土佐国（現在の高知県）の国司の役目を終えて京へ帰るまでの旅のようすを記した日記です。貫之は、この日記を、ある女性が筆者であるという設定で記しました。^{きのつらゆき}

貫之の一行は、十二月二十一日に、住んでいた国司の館を出発し、お世話になった人たちとの別れの儀式を行ったり、挨拶を交わしたりしながら、十二月二十八日、大湊という土地までやって来ました。大湊から先は海岸沿いに船を進め、本格的な帰京の旅を始める予定でした。天候不順が続き、なかなか出航することができずにいましたが、一月九日、ようやく出航しました。

（注）国司＝地方を治めるために派遣された役人。

〈I〉の和歌には一つの言葉にもう一つの意味が掛けられており、「ふみ」という言葉には、「手紙」を表す「文」という意味と、「踏み（歩いて渡る）」を表す「踏み」という意味が掛けられています。^{ふみ} ^{ふみ}

（一）──線部分(1)の「奈半の泊を追はむ」の意味として最も適当なものを、次のア～エから一つ選び、その符号を書きなさい。
　ア　奈半の港を思い出そう
　イ　奈半の港を目指そう
　ウ　奈半の港を歌に詠もう
　エ　奈半の港を探そう

（二）──線部分(2)の「さかひ」を現代かなづかいに直し、すべてひらがなで書きなさい。

（三）──線部分(3)の「この人々の深き志はこの海にも劣らざるべし」について、作者がこのように考えるのはなぜか。その理由として最も適当なものを、次のア～エから一つ選び、その符号を書きなさい。
　ア　他の人とは違い、館の前で見送りをやめたから。
　イ　他の人と同じく、出航までの準備を手伝ったから。
　ウ　他の人と同じく、丁寧な別れの儀式を行ったから。
　エ　他の人とは違い、国境を越えて見送りに来たから。

（四）──線部分(4)の「船の人も見えずなりぬ」とはどういうことか。最も適当なものを、次のア～エから一つ選び、その符号を書きなさい。
　ア　船が海岸から遠ざかり、見送りに来た人たちからは船の人の姿が見えなくなったということ。
　イ　船が海岸から遠ざかり、見送りに来た人たちの真心

を表しています。

いま引いた「運動会」や「夏休み」にしても、その場面は多かれ少なかれ、だれもが思い当たるのではないでしょうか。新しい季語を使うことも、やはりそれを解釈することに変わりありません。そこでだれにも心当たりがあるような、しかも今までだれも気づかなかった場面がとらえられれば、そのつど魅力的な新しい解釈が生まれるのです。

(仁平　勝「俳句をつくろう」による)

(注)　本意＝季語が本来持っている意味。
　　　歳時記＝俳句の季語を分類し、整理して記した書物。

(一)　――線部分①の「の」と同じ意味で使われている「の」がある文を、次のア～エから一つ選び、その符号を書きなさい。
ア　昨年会ったのを覚えている。
イ　友人の勧める本を読んだ。
ウ　母校の校歌を口ずさむ。
エ　初夏の高原を散策する。

(二)　――線部分②の「ゆずっ」を、終止形(言い切りの形)に直して書きなさい。

(三)　――線部分③について、「会社の夏休み」が季語にならないのは、何が足りないためか。適切な部分を、文章中から二十字以上二十五字以内で抜き出し、そのはじめと終わりの五字をそれぞれ書きなさい。

(四)　――線部分④の「黒板」と、構成が同じ熟語を、次のア～オから一つ選び、その符号を書きなさい。
ア　重複　　イ　未完　　ウ　緩急　　エ　暖冬　　オ　入浴

(五)　この文章の内容を説明したものとして最も適当なものを、次のア～エから一つ選び、その符号を書きなさい。

ア　新しい季語を使ってつくる俳句には、子供の頃にだれもが味わうような心情を込めることが必要である。
イ　だれも味わったことがない心情のイメージが成立する言葉であれば、新しい季語として認められる。
ウ　新しい季語を使って擬似的な本意として成立したイメージをとらえられれば、魅力的な解釈が生まれる。
エ　今までだれも気づかず、表現されなかった場面を新しい季語を用いて表すことが俳句の本質である。

(三)　次のAの文章は、『土佐日記』の一部である。また、Bの文章は、Aの文章について述べたものである。この二つの文章を読んで、(一)～(五)の問いに答えなさい。

A

九日のつとめて、大湊より、奈半の泊を追はむとて、漕ぎ出でけり。

これかれ互ひに、国の境のうちはとて、見送りに来る人あまたが中に、藤原のときざね、橘のすゑひら、長谷部のゆきまさ等なむ、御館より出で給びし日より、ここかしこに追ひ来る。

この人々ぞ、志ある人なりける。この人々の深き志はこの海にも劣らざるべし。

＜国語＞

時間　五〇分　満点　一〇〇点

〔一〕

（一）次の（一）、（二）の問いに答えなさい。

（一）次の1～6について、――線をつけた漢字の部分の読みがなを書きなさい。

1　優れた作品が展示されている。
2　長い年月を研究に費やす。
3　文章の構想を練る。
4　快挙を成し遂げる。
5　けが人を救護する。
6　料理に卵黄を使う。

（二）次の1～6について、――線をつけたカタカナの部分に当てはまる漢字を書きなさい。

1　窓に付いた水滴が夕れる。
2　熱いお湯をサまして飲む。
3　朝顔のタネをまく。
4　市役所のチョウシャを見学する。
5　贈り物をきれいにホウソウする。
6　農作物をチョゾウする。

〔二〕

次の文章を読んで、（一）～（五）の問いに答えなさい。

子を走らす運動会後の線の上　　矢島渚男（なぎさお）

これは会社や町内の運動会でもいいのですが、やはり「運動会」の

本意ということになれば、多くの人がまずイメージするのは小学校のそれでしょう。この句もおそらく下の子を連れて行った小学校の運動会で、作者はそこに、まだ学校に上がらない下の子を連れて行ったのです。

その子は、大勢の子供たちが走るのを見て、自分も走りたくてたまらなくなったのでしょう。それで運動会が終わった後に、親がグラウンドに出て、その子の手を引いて走っているのです。「線の上」という(1)のがとても重要で、その子が運動会に参加したような気持ちにさせています。

「運動会」と同じく行事の新しい季語では、たとえば「夏休み」があります。これが季語として通用するには、たんにそれが夏の行事というだけでなく、だれもが夏休みにたいして抱く普遍的なイメージが必要になります。だとすればこれも、やはり小学校の夏休みでしょう。そのイメージが、いわば擬似的な本意として成立しているのです。

少し(2)ゆずって中学か高校くらいまでは、そうした本意の範囲に入ると思いますが、(3)会社の夏休みでは季語にはなりません。もっとも手元の歳時記は、その季語を解説して会社の夏休みも含めていますが、実際にそれで句をつくるのは無理があると思います。

黒板にわが文字のこす夏休み　　福永耕二

これは一学期の終業式の日に、教室の(4)黒板になにか書いて帰るのですが、四十日間という長い夏休みが終わるまで、本人はまるでタイムカプセルでもセットした気持ちなのです。これはやはり小学校の思い出でしょう。夏休みそのものを詠まずに、そのはじまりのある行為をとらえて、夏休みの長さと、それがいよいよはじまるときの嬉しさ

2020年度

解　答　と　解　説

《2020年度の配点は解答用紙集に掲載してあります。》

＜数学解答＞

〔1〕　(1)　5　　(2)　$22a-b$　　(3)　$3a^3$　　(4)　$x=1,\ y=-2$　　(5)　$\sqrt{2}$

(6)　$x=\dfrac{-3\pm\sqrt{13}}{2}$　　(7)　$\dfrac{1}{2}\leqq y\leqq 3$　　(8)　$\dfrac{10}{7}$cm　　(9)　$\angle x=48$度

(10)　およそ84個

〔2〕　(1)　封筒の中に鉛筆を，4本ずつ入れると8本足りないから，$4x-8=y$…①　また，3本ずつ入れると鉛筆が12本余るから，$3x+12=y$…②　①，②を解いて，$x=20,\ y=72$　答　$x=20,\ y=72$　　(2)　大，小2つのさいころの目の出方は，全部で36通りある。このうち，出た目の数の積が26以上となるのは3通りある。よって，求める確率は，$1-\dfrac{3}{36}$ $=\dfrac{11}{12}$　答　$\dfrac{11}{12}$　　(3)　①　$y=-x+6$

②　辺OBを底辺とすると，求める△OABの面積は，$\dfrac{1}{2}\times 6\times 3=9$　答　9　　(4)　右図

〔3〕　解説参照

〔4〕　(1)　$x=3,\ 9$　　(2)　①　$x=6$

②　$y=-4x+24$　　(3)　$0\leqq x\leqq 10$の範囲でyをグラフで表すと右のようになる。$0\leqq x\leqq 3$のとき，$y=4x$となる。この式に$y=10$を代入すると，$x=\dfrac{5}{2}$となる。よって，グラフからyの値が10以下となるのは，$\dfrac{5}{2}\times 3+\dfrac{1}{2}=8$（秒間）である。　　答　8秒間

〔5〕　(1)　①　$a=10$　　②　$a=52$　　(2)　正方形は全部で$x\times y$枚になり，2辺が白色の正方形は4枚，1辺が白色の正方形の枚数は，$a=2x+2y-8$　よって，$b=xy-(2x+2y-8)-4=xy-2x-2y+4$　答　$b=xy-2x-2y+4$

(3)　bがaより20大きいから，$b-a=20$　よって，$xy-4x-4y+12=20$…①　yがxより5大きいので，$y=x+5$…②　②を①に代入すると，$x^2-3x-28=0$　因数分解すると，$(x-7)(x+4)=0$　xは3以上だから，$x=7$　これを②に代入して，$y=12$　答　$x=7,\ y=12$

〔6〕　(1)　①　$3\sqrt{3}$ cm　　②　$9\sqrt{3}$ cm²　　(2)　BPは∠ABCの二等分線だから，PはACの中点である。よって，AP=3cm　また，∠AQP=90°で，∠BAC=60°より，AQ：AP=1：2　よって，AQ：3=1：2　AQ=$\dfrac{3}{2}$　答　$\dfrac{3}{2}$cm　　(3)　①　CEとBDの交点をIとする。∠AIB=90°で，BD⊥CEより，BI//QH　よって，△ABI∽△AQH　AQ：AB=$\dfrac{3}{2}$：6=1：4　BD=$6\sqrt{2}$だから，BI=$\dfrac{1}{2}\times$BD=$3\sqrt{2}$　QH：BI=AQ：ABより，QH：$3\sqrt{2}$=1：4よって，QH=$\dfrac{3\sqrt{2}}{4}$　答　$\dfrac{3\sqrt{2}}{4}$cm　　②　三平方の定理より，AI²＝AB²－BI²　よっ

て，$AI=3\sqrt{2}$　$\triangle ACE$の面積は，$\dfrac{1}{2}\times CE\times AI=18$　また，点PはACの中点だから，$\triangle APE$の面積は9　よって，四面体APEQの体積は，$\dfrac{1}{3}\times 9\times\dfrac{3\sqrt{2}}{4}=\dfrac{9\sqrt{2}}{4}$　　答　$\dfrac{9\sqrt{2}}{4}$cm^3

＜数学解説＞

〔1〕　(数・式の計算，連立方程式，平方根，二次方程式，比例関数の変域，三角形と線分の比，円の性質と角度，標本調査)

(1)　$7\times 2-9=14-9=5$

(2)　$3(5a+b)+(7a-4b)=15a+3b+7a-4b=22a-b$

(3)　$6a^2b\times ab\div 2b^2=6a^2b\times ab\times\dfrac{1}{2b^2}=3a^3$

(4)　$x-4y=9\cdots①$，$2x-y=4\cdots②$とする。②−①×2　$7y=-14$　$y=-2$　これを①に代入して，$x-4\times(-2)=9$　$x+8=9$　$x=1$

(5)　$\sqrt{24}\div\sqrt{3}-\sqrt{2}=\sqrt{\dfrac{24}{3}}-\sqrt{2}=\sqrt{8}-\sqrt{2}=2\sqrt{2}-\sqrt{2}=\sqrt{2}$

(6)　$x^2+3x-1=0$　解の公式より，$x=\dfrac{-3\pm\sqrt{3^2-4\times 1\times(-1)}}{2\times 1}=\dfrac{-3\pm\sqrt{13}}{2}$

(7)　$y=\dfrac{3}{x}$に$x=1$を代入して，$y=\dfrac{3}{1}=3$　$x=6$を代入して，$y=\dfrac{3}{6}=\dfrac{1}{2}$　よって，yの変域は，$\dfrac{1}{2}\leqq y\leqq 3$

(8)　AD//BCなので，三角形と比の定理により，$AE:EC=AD:BC=2:5$　EF//ADより，$EF:AD=CE:CA=5:(2+5)=5:7$　よって，$EF=\dfrac{5}{7}AD=\dfrac{5}{7}\times 2=\dfrac{10}{7}$(cm)

(9)　$\overparen{BC}$に対する中心角と円周角の関係から，$\angle BAC=\dfrac{1}{2}\angle BOC=\dfrac{1}{2}\times 72°=36°$　1つの円で，等しい弧に対する円周角は等しいから，$\angle CAD:\angle BAC=\overparen{CD}:\overparen{BC}=4:3$　よって，$\angle x=\angle CAD=\dfrac{4}{3}\angle BAC=\dfrac{4}{3}\times 36°=48°$

(10)　袋の中に入っている青色の玉の個数をx個とすると，袋の中と抽出した標本で，玉の個数と青色の玉の個数の比は等しいと考えられるから，$480:x=40:7$　$40x=480\times 7$　$x=84$　よって，袋の中には，およそ84個の青色の玉が入っていると推定される。

〔2〕　(連立方程式の応用，確率，図形と関数・グラフ，作図)

(1)　封筒の中に鉛筆を4本ずつ入れると8本足りないから，$4x-8=y\cdots①$　3本ずつ入れると12本余るから，$3x+12=y\cdots②$　①，②を連立方程式として解く。②を①に代入して，$4x-8=3x+12$　$x=20$　$x=20$を②に代入して，$3\times 20+12=y$　$y=72$　よって，$x=20$，$y=72$

(2)　出た目の数の積が26以上となるのは，$(a,b)=(5,6)$，$(6,6)$，$(6,5)$の3通り。大，小2つのさいころの目の出方の総数は，$6\times 6=36$(通り)だから，求める確率は，$1-\dfrac{3}{36}=1-\dfrac{1}{12}=\dfrac{11}{12}$

(3)　①　点Aのy座標は，$y=x^2$に$x=-3$を代入して，$y=(-3)^2=9$　よって，A(−3, 9)　直線ABの傾きは−1で，A(−3, 9)を通るから，式を$y=-x+b$とおいて，$x=-3$，$y=9$を代入すると，$9=-(-3)+b$　$b=6$　よって，$y=-x+6$

　　②　①より，B(0, 6)　よって，$\triangle OAB$の面積は，$\triangle OAB=\dfrac{1}{2}\times 6\times 3=9$

(4)　線分ABの垂直二等分線上に中心Pがあるから，(i) 点A，Bをそれぞれ中心とする等しい半径の円をかく。(ii) (i)の2つの円の交点をC，Dとする。(iii) 直線CD(線分ABの垂直二等分線)と直線ℓとの交点をPとする。

〔3〕 (平面図形，合同の証明)

　△AEFと△CEGにおいて，AD//BCより，∠EAF＝∠ECG…① また，対頂角より，∠AEF＝∠CEG…② 四角形ABCDは平行四辺形だから，AE＝CE…③ ①，②，③より，1組の辺とその両端の角がそれぞれ等しいから，△AEF≡△CEG

〔4〕 (一次関数のグラフの利用)

(1) 線分PQが円Oの直径のとき，$\overset{\frown}{PQ}$＝12cmとなる。点Qは出発してから8秒後に一周するから，(i) $0≦x≦8$のとき $\overset{\frown}{AP}+\overset{\frown}{AQ}$＝$1×x+3×x$＝12 $4x$＝12 x＝3 (ii) $8≦x≦10$のとき $\overset{\frown}{AP}+\overset{\frown}{AQ}$＝$1×x+(3×x-24)$＝12 $4x-24$＝12 $4x$＝36 x＝9 よって，x＝3, 9

(2) ① $x+3x$＝24を解いて，$4x$＝24 x＝6 ② $\overset{\frown}{AP}+\overset{\frown}{PQ}+\overset{\frown}{AQ}$＝24より，$x+y+3x$＝24 y＝$-4x+24$

(3) $0≦x≦10$におけるxとyの関係を表すグラフは右図のようになる。$0≦x≦3$のとき，y＝$4x$…(i) $3≦x≦6$のとき，y＝$-4x+24$…(ii) $6≦x≦9$のとき，y＝$4x-24$…(iii) $9≦x≦10$のとき，y＝$-4x+48$…(iv) (i), (ii), (iii), (iv)にそれぞれy＝10を代入して，10＝$4x$ x＝$\dfrac{5}{2}$ 10＝$-4x+24$ $4x$＝14 x＝$\dfrac{7}{2}$ 10＝$4x-24$ $-4x$＝-34 x＝$\dfrac{17}{2}$ 10＝$-4x+48$ $4x$＝38 x＝$\dfrac{19}{2}$ よって，yの値が10以下となるのは，$\dfrac{5}{2}+\left(\dfrac{17}{2}-\dfrac{7}{2}\right)+\left(10-\dfrac{19}{2}\right)$＝$\dfrac{5}{2}+5+\dfrac{1}{2}$＝8(秒間)

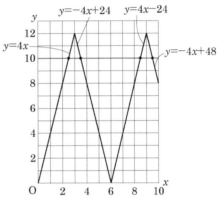

〔5〕 (文字式の利用)

(1) 1辺が白色の正方形の枚数は，$(x-2)×2+(y-2)×2$＝$2x+2y-8$(枚)

① x＝4, y＝5のとき，a＝$2×4+2×5-8$＝10

② x＝12, y＝18のとき，a＝$2×12+2×18-8$＝52

(2) 正方形は全部で，$x×y$＝xy(枚)あり，2辺が白色の正方形の枚数は4枚より，どの辺も灰色の正方形の枚数は，b＝$xy-4-(2x+2y-8)$＝$xy-4-2x-2y+8$＝$xy-2x-2y+4$

(3) yがxより5大きいから，y＝$x+5$…(i) bがaより20大きいから，b＝$a+20$…(ii) (ii)より，$xy-2x-2y+4$＝$(2x+2y-8)+20$ $xy-4x-4y-8$＝0…(ii)´ (ii)´に(i)を代入して，$x(x+5)-4x-4(x+5)-8$＝0 $x^2+5x-4x-4x-20-8$＝0 $x^2-3x-28$＝0 $(x-7)(x+4)$＝0 x＝7, -4 $x≧3$より，x＝7 x＝7を(i)に代入して，y＝$7+5$＝12

〔6〕 (空間図形，線分の長さ，面積，体積)

(1) ① △BCPは，内角の大きさが30°，60°，90°の直角三角形だから，BP：BC＝$\sqrt{3}$：2 よって，BP＝$\dfrac{\sqrt{3}}{2}$BC＝$\dfrac{\sqrt{3}}{2}×6$＝$3\sqrt{3}$(cm)

② △ABC＝$\dfrac{1}{2}×$AC$×$BP＝$\dfrac{1}{2}×6×3\sqrt{3}$＝$9\sqrt{3}$(cm²)

(2) △APQは，内角の大きさが30°，60°，90°の直角三角形だから，AQ：AP＝1：2 ここで，点Pは辺ACの中点だから，AP＝$6÷2$＝3(cm) よって，AQ＝$\dfrac{1}{2}$AP＝$\dfrac{1}{2}×3$＝$\dfrac{3}{2}$(cm)

(3) ① 線分BD，CEの交点をIとすると，点Hは線分AI上にある。∠AHQ＝∠AIB＝90°より，同位角が等しいから，QH//BI 三角形と比の定理により，QH：BI＝AQ：AB ここで，△

BCDは直角二等辺三角形より，BD＝$\sqrt{2}$ BC＝$\sqrt{2}$

×6＝$6\sqrt{2}$（cm）　よって，BI＝$\frac{1}{2}$BD＝$\frac{1}{2}$×$6\sqrt{2}$

＝$3\sqrt{2}$（cm）　したがって，QH：$3\sqrt{2}$＝$\frac{3}{2}$：6

6QH＝$\frac{9\sqrt{2}}{2}$　QH＝$\frac{3\sqrt{2}}{4}$（cm）　②　△ABIで，

三平方の定理により，AI²＝AB²－BI²＝6²－($3\sqrt{2}$)²

＝36－18＝18　AI＞0より，AI＝$\sqrt{18}$＝$3\sqrt{2}$（cm）

△ACEの面積は，△ACE＝$\frac{1}{2}$×CE×AI＝$\frac{1}{2}$×

$6\sqrt{2}$×$3\sqrt{2}$＝18（cm²）　よって，△APE＝

$\frac{1}{2}$△ACE＝$\frac{1}{2}$×18＝9（cm²）　したがって，求め

る体積は，$\frac{1}{3}$×△APE×QH＝$\frac{1}{3}$×9×$\frac{3\sqrt{2}}{4}$＝$\frac{9\sqrt{2}}{4}$（cm³）

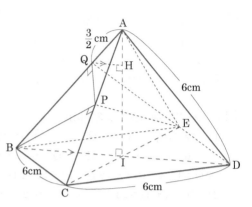

＜英語解答＞

〔1〕　(1)　1　イ　　2　エ　　3　ア　　4　ウ　　(2)　1　イ　　2　ウ　　3　エ
4　ア　　(3)　1　fifteen　　2　tea　　3　doctor　　4　history

〔2〕　(1)　A　bought me a violin　　G　the thing I learned　　(2)　B　taught
H　practicing　　(3)　ウ　　(4)　(例)バイオリンの弾き方を教えてもらい，一緒にた
くさんの種類の曲を聞き，話をすること。　　(5)　ア　　(6)　(例)コンテストで賞を取る
ことは大切なことだが，バイオリンを楽しんで弾くことの方がより大切であること。
(7)　エ

〔3〕　(例)　I will tell you about New Year's Day in Japan. We think the day
is important, and do some special things. For example, we eat traditional
Japanese food, and get New Year's cards. We enjoy talking with family
members, and hope that we will have a happy life.

〔4〕　(1)　(例)マラソン大会のためにボランティアとして働くことは初めての経験だったから。
(2)　c　　(3)　(例)「一生懸命に働いてくれてありがとう。ランナーたちはとても喜ぶ
だろう。」とボランティアの一人が言ったことを聞いたから。　　(4)　イ
(5)　(例)スポーツをしたり，スポーツを見たり，スポーツを支えたりするという楽しみ方。
(6)　①　(例) No, it wasn't.　　②　(例) She gave runners bottles of water.
③　(例) She thinks sports have the power to change people.　　(7)　エ

＜英語解説＞

〔1〕　（リスニング）
　　放送台本の和訳は，42ページに掲載。

〔2〕　（会話文：語句補充・選択，語形変化，語句の並べ替え，日本語で答える問題，内容真偽，現
在完了，動名詞，不定詞，関係代名詞，現在・過去・未来と進行形，助動詞）
（全訳）　ユカは日本の高校生です。今彼女はアメリカから来た高校生のベンと話をしています。ベ

ンは，ユカの学校で学んでいます。

　ユカ（以下Y）：おはよう，ベン。／ベン（以下B）：やあ，ユカ。元気？／Y：元気，ありがとう。あなたはどう？／B：ぼくも元気だよ，ありがとう。この前の日曜日には何をしたの？／Y：私のおじいさんと一緒に，家でバイオリンを弾いたの。／B：それはいいね！　いつバイオリンを弾き始めたの？／Y：10年前に。おじいさんが，私の誕生日に A バイオリンを私に買ってくれた 。それから，バイオリンを弾き始めて，毎日バイオリンを練習したの。／B：そうか。おじいさんは，君にバイオリンの弾き方を B 教えてくれた の？／Y：ええ，時々おじいさんが私に助言をくれた。私たちは，一緒にバイオリンを弾くことが楽しい。けれども，私の母の友達のサイトウ先生から，バイオリンの弾き方を教えてもらっているの。サイトウ先生は私の家の近くに住んでいて。先生は，たくさんのことに興味を持っています。先生の話はとてもおもしろい。私が先生の家へ行って，そして先生がバイオリンの弾き方を教えてくれる。／B： C (いつ) サイトウ先生からバイオリンの弾き方を教えてもらっているの？／Y：毎週土曜日。サイトウ先生は優れた先生で，私は以前よりもバイオリンを上手に弾けるようになった。バイオリンのレッスンの後，私たちはいつもいろいろな種類の曲を聞いて，そして一緒に話をする。 D 土曜日は一週間の中でも大好きな日なの。 ／B：きみはサイトウ先生と，楽しい時間を過ごしているね。バイオリンを弾くことは好きなの？／Y：ええ。けれども，去年の一週間，私はバイオリンを弾く気持ちがしなかった。／B：何か起きたの？／Y：去年の春，私はコンテストに参加した。賞を取りたかった。だから，私は難しい曲を弾こうとした。一生懸命に練習した。けれども，上手に弾けなくて，そして賞は何も取れなかったの。その後， E 私はバイオリンを弾きたくなかった。 ／B：けれども，今君はバイオリンを弾くことが好きだ。なぜ考えを変えたの？／Y：おじいさんから大切なことを一つ学んだから。／B： F 大切なことを一つ？ 　それは何？／Y：そのコンテストの後のある日，おじいさんは私に一緒にバイオリンを弾こうと聞いてきた。私は弾きたくなかった，なぜなら，バイオリンを上手に弾けると思わなかったから。けれども，おじいさんとバイオリンを弾いた後，私は楽しい気持ちになったの。前と同じように，バイオリンを弾くことが楽しかった。おじいさんは私に言いました，「私はあなたとバイオリンを弾くことが楽しい。あなたは，バイオリンを弾いている時，本当に楽しそうだ。もちろん，コンテストで賞を取ることは大切だけど，バイオリンを弾くことを楽しむことが，もっと大切だ」。これが，おじいさんから G 私が学んだこと なの。／B：ああ，君のおじいさんは本当にすてきだ。コンテストにもう一度参加したい？／Y：ええ。コンテストで弾いた難しい曲を，今 H 練習している 。その曲を弾くことは簡単ではないけれども，弾くことが楽しい。／B：次のコンテストで君がバイオリンを弾くことが楽しめるようにと思っているよ。

(1)　A　My grandfather A bought me a violin on my birthday．bought は buy（買う）の過去形。buy A B で，「A に B を買ってあげる」。普通，A は「人」で B は「物」になる。　G　This is G the thing I learned from my grandfather．This is に続くので，the thing と補語を置いて「私が学んだこと」とする。thing と I の間には関係代名詞 which が省略されている。

(2)　B　teach → taught　問題の文は Has から始まる完了形の疑問文なので，動詞は過去分詞形とする。　H　practice → practicing　問題文は I'm と be 動詞となっていて，また Now で始まっていることから現在進行形が適当。

(3)　ア　どのように　イ　何を　ウ　いつ(○)　エ　なぜ　(C)の後のユカの発話で，「毎週土曜日」と答えていることから，カッコの疑問文では「いつ」を聞くウ(When)が適当。

(4)　サイトウ先生の家で行うことは，下線部分 D を含むユカの発話全体で述べられているので，ここから具体的に解答を書き出す。

(5) ア　私はバイオリンを弾きたくなかった。(○)　イ　私は，バイオリンを弾くことが難しいと思わなかった。　ウ　私は，バイオリンを一生懸命に練習しようと決心した。　エ　私はおじいさんと一緒にバイオリンを弾くことを楽しんだ。問題文の第13番目のユカの発話 Yes. But last〜 では，「私は弾きたくなかった」とあり，次のベンの発話 What happened? でなぜかを聞き，次のユカの発話 Last spring I〜で，理由を言っている文脈からすると，(E)の文はア適当。選択肢アの to play は不定詞で「弾くこと」。選択肢イとエにある playing は，動名詞で「弾くこと」。to play と playing は同じ意味を表す。

(6) ユカは，下線部分 F の次のユカの発話の第5文 My grandfather said〜にあるおじいさんの言葉から学んだので，この言葉から具体的に解答を書き出す。

(7) ア　ユカのおじいさんは，毎週土曜日にユカへバイオリンのレッスンをする。　イ　サイトウ先生は，ユカと一緒にさまざまな種類の歌をうたうことが楽しい。　ウ　ユカは，去年の春のコンテストで難しい曲を上手に弾くことができた。　エ　ユカと彼女のおじいさんはバイオリンを弾く時，楽しい時間を過ごす。(○)　オ　ユカはコンテストの後一生懸命に練習して，次のコンテストでは賞を取った。第19番目のユカの発話の第 3 文 But after playing〜 と第4文 I enjoyed playing〜では，「おじいさんと一緒にバイオリンを弾くことが楽しかった」とあることからエが適当。選択肢ウの be able to〜は，「〜することができる」であり，助動詞 can と同じ意味を表す。

〔3〕　(自由・条件英作文)

(問題文訳)　こんにちは *** 。あなたは，アメリカで楽しい時を過ごしましたか？　私はあなたと一緒に，本当に楽しい時を過ごしました。あなたは私に，あなたの国の食べ物について話をしてくれました。それはとても興味深いことでした。今私は，あなたの国のイベントやお祭りについて知りたいのです。だから，あなたの国のイベントやお祭りについて教えてくれますか？　あなたの友，ジョン。　(解答例訳)　私はあなたに日本の正月について伝えます。私たちはその日を大切だと考えていて，そしていくつか特別なことを行います。たとえば，私たちは伝統的な日本の料理を食べます，そして，年賀状を受け取ります。私たちは，家族で話をすることを楽しみ，そして，幸せな暮らしになるように願います。

〔4〕　(長文読解：日本語で答える問題，文の挿入，内容真偽，語句の解釈・指示語，英問英答，不定詞，受け身，比較，接続詞)

(全訳)　私はミキです。日本の中学生です。毎年秋に，私たちの町でマラソン大会があります。おおよそ三千のランナーが私たちの町にきて，そして，42.195キロメートルを走ります。去年，私はマラソン大会のボランティアとして，一日中働きました。最初，ボランティアをやりたくなかったのです，なぜなら，私はスポーツが得意ではかったからです。けれども，友達の一人のケンタが私に言いました，「ミキ，ボランティアとして働こうよ。ぼくたちにとって，良い経験になると思うよ」。そうして，私はボランティアをやると決めました。

　マラソン大会の日は晴れていました。A私は緊張していました，なぜなら，マラソン大会のボランティアとして働くことは，私にとって初めての経験だったからです。スタート地点にたくさんのランナーが集まって，そして，みんな興奮しているようでした。レースは朝の8時に始まりました。

　ケンタと私は，他のボランティアの人たちと一緒に，ゴール地点の近くにいました。私たちボランティアの仕事は，ランナーが走り終えた時に，水の入ったペットボトルをランナーへ渡すことでした。私は驚きました，なぜなら，私たちの目の前の大きな箱の中に，水の入ったペットボトルが

たくさんあったからです。　 a 　私たちはその箱を運んで，箱からペットボトルを取り出して，そしてペットボトルをテーブルの上へ置きました。それはたいへんな仕事で，そして準備を終えるには，長い時間が必要でした。ボランティアの一人が私たちに言いました，「一生懸命に働いてくれてありがとう。ランナーたちはとても喜ぶだろう」。それを聞いて，_Bケンタと私はうれしくなりました。

10時30分ごろ，最初のランナーがゴール地点に着きました，そして，ゴール地点の近くにいる誰もがランナーに拍手を送りました。たくさんの人たちが，彼の周りに集まりました。彼らはとても興奮しているように見えて，そして，そのうちの一人がランナーに言いました，「あなたはすばらしいランナーだ！　私はあなたを誇りに思う」。ランナーは，みんなと喜びを分け合いました。　 b

そして，一人の疲れたランナーがゴール地点の近くで，より早く走り始めました，そして，微笑みました。別のランナーたちは，走り終わったとき，満足そうでした。_c走った後，彼らは本当に幸せそうでした。

次に，私の叔父がゴール地点に着きました。私は驚きました，なぜなら，叔父がこのマラソン大会に参加しているとは知らなかったからです。　 d 　叔父が走り終わった時，私は叔父に水の入ったペットボトルを渡しました。叔父は私に言いました，「走っている時には，42.195キロメートルを走ることができると思っていなかった。走ることをやめたかった。けれども，一生懸命にやってみた。私はゴール地点に着くことができた，だから，とてもうれしいと思っている」。叔父はまた私に言いました，「私は今日のマラソン大会のため一生懸命に練習をした，そして，たくさんの友人が私を支えてくれた。わたしはみんなに感謝したい」。

午後，多くのランナーがゴール地点に着きました。私たちはとても忙しかった。私はペットボトルの水をみんなに渡しました。何人かのランナーが，私に言いました，「ボランティアとして働いてくれてありがとう」。（ C ）

マラソン大会の後，私はケンタと話をしました。　 e 　ケンタは私に言いました，「今日のボランティアの仕事はどうだった？」。私はケンタに言いました，「よかったよ。長い一日で，そして本当に疲れた。けれども，ボランティアとして働けてうれしい，なぜなら，他の人たちのために何かをすることは，大切なことだと学んだから。他の人たちを助けて，そして支えることはすてき。今日のマラソン大会で，ボランティアとして働いて楽しかった」。

今，私はスポーツに興味を持っています。_Dスポーツを楽しむには，いくつかの方法があります。スポーツをやって，楽しむ人たちがいます。スポーツを見て，楽しむ人たちもいます。そして，スポーツを支えて楽しむ，他の人たちもいます。私は人々を支えることで，スポーツを楽しみました。スポーツには人々を変える力があると，私は思います。私は一生懸命にやろうとする人たちを見ました，そして，私はその人たちに感動させられて，今新しことに取り組みたいと考えています。私たちが新しいことに取り組むのならば，私たちは楽しいことを見つけることができるでしょう。スポーツを楽しむことは，いかがでしょうか？

(1)　下線部分Aのあと because 以降にミキが緊張していた理由が書いてあるので，ここから具体的に解答を作成する。

(2)　（英文訳）走った後，彼らは本当に幸せそうでした。各空欄の前後の文脈に合わせると，　 c 　に入れれば全体の意味が通る。

(3)　下線部分Bの直前の文，あるランナーの言葉 One of the～が，ケンタとミキがうれしいと感じた理由に該当する。

(4)　ア　私は今日のマラソン大会でケンタと一緒に走ることが楽しかった。　イ　私はボランティアとして働くことで，ランナーを助けることができると知ってうれしかった。(○)　ウ　私はお昼前にゴール地点に着くことができるランナーを知って驚いた。　エ　私は本当に疲れて，そして，マラソン大会のために働くことをやめたかった。(C)の直前の文 Some of them～では，「ミキはランナーに，『ボランティアとして働いてくれてありがとう』と言われた」とあるので，これに続く文はイが適当。選択肢エの stop working は，「働くことをやめる」で，working は動名詞で「働くこと」となる。

(5)　下線部分Dには「スポーツの楽しみ方はいくつかある」とあり，その次の文 Some people enjoy～以降に楽しみ方の方法が書いてあるので，これらの文から具体的に解答を作成する。

(6)　①　(問題文訳)マラソン大会の日は雨でしたか？　正答例は No it wasn't.(いいえ，違います)。問題文は Was～で始まる疑問文なので，yes/no で答える。問題文の第2段落第1文 It was sunny～では，「マラソン大会の日は晴れ」となっている。　②　(問題文訳)ランナーが走り終えた時，ボランティアの仕事としてミキはケンタと一緒に何をしましたか？　正答例は，She gave runners bottles of water.(彼女は水の入ったペットボトルをランナーに渡した)。問題文の第3段落第2文 Our volunteer job～によると，「ボランティアの仕事は，水の入ったペットボトルをランナーへ渡すこと」とある。　③　(問題文訳)スポーツの力について，ミキは何だと考えていますか？　正答例は，She thinks sports have the power to change people. (彼女は，スポーツが人びとを変える力を持っていると考えている)。問題文の最後の段落第7文 I think sports～に，「スポーツが人びとを変える力を持っていると考えている」とある。正答例では，主語が She(彼女)なので，動詞 think は三人称単数の形とする。

(7)　ア　ミキとケンタは，彼らの町のマラソン大会のために働いた，なぜなら，彼らはスポーツをすることが好きだから。　イ　ミキの叔父もその日マラソン大会のボランティアとして働いていることを知って，ミキは驚いた。　ウ　午後，そこには多くの別のボランティアがいて，そして，ミキは忙しさを感じずに，ケンタと多くのことを話した。　エ　ミキはマラソン大会のために働くことは良いことだと考えた，そして，今彼女はスポーツに興味を持っている。(○)

オ　ボランティアとしてマラソン大会で働くことはとても大変だった，そして，ミキはスポーツのイベントへ二度と行きたくなかった。問題文の第8段落第5文 But I'm happy～では，「ボランティアとして働くことが楽しい」と言い，また，最後の段落の最初の文 Now I'm interested ～では，「スポーツに興味がある」と言っていることからエが適当。選択肢イの be surprised when～は，「～の時に驚かされる」という受け身の文。

2020年度英語　放送による聞き取り検査

〔放送台本〕

〔1〕　放送を聞いて，次の(1)～(3)の問いに答えなさい。

(1)　これから英文を読み，それについての質問をします。それぞれの質問に対する答えとして最も適当なものを，次のア～エの中から一つずつ選び，その符号を書きなさい。

1　When you play tennis, you use this.
　　Question: What is this?

2　Taro went shopping with his family.　Taro bought a cap, and his mother

bought a sweater. His father bought a T-shirt and his sister bought jeans.
Question: What did Taro's sister buy?

3　Ken is 14 years old. Tomomi is 17 years old. Taichi and Yumi are as old as Tomomi.
Question: Who is the youngest of the four?

4　I'm Satoshi. I enjoyed this winter vacation. On December 26, I went to the zoo and saw many animals. On December 27, I went to the stadium to play soccer. The next day, I went to Masao's house and practiced the guitar with him. On December 29, I went to Tokyo to see my uncle.
Question: Where did Satoshi go on December 28?

〔英文の訳〕

(1)　1　あなたはテニスをする時，これを使います。
　　　　質問：これは何ですか？
　　　　ア　グローブ　　④　ラケット　　ウ　自転車　　エ　カメラ

　　　2　Taro は彼の家族とショッピングへ行きました。Taro は帽子を買って，そして彼の母はセーターを買いました。彼の父は，Tシャツを買いました，そして，彼の姉妹はジーンズを買いました。
　　　　質問：Taro の姉妹は何を買いましたか？
　　　　ア　帽子　　イ　セーター　　ウ　Tシャツ　　④　ジーンズ

　　　3　Ken は 14 才です。Tomomi は 17 才です。Taichi と Yumi は Tomomi と同じ年です。
　　　　質問：4 人で一番若いのは誰ですか？
　　　　⑦　ken　　イ　Tomomi　　ウ　Taichi　　エ　Yumi

　　　4　私は Satoshi です。私はこの冬休みを楽しみました。12月26日には動物園へ行き，たくさんの動物を見ました。12月27日には，サッカーをプレーしにスタジアムへ行きました。次の日，私は Masao の家へ行き，彼と一緒にギターを練習しました。12月29日には，私は叔父に会うために，東京へ行きました。
　　　　質問：Satoshi は，12月28日には，どこへ行きましたか？
　　　　ア　動物園　　イ　スタジアム　　⑦　Masao の家　　エ　東京

〔放送台本〕

(2)　これから英語で対話を行い，それについての質問をします。それぞれの質問に対する答えとして最も適当なものを，次のア～エから一つずつ選び，その符号を書きなさい。

1　A: Hi, Yuta. What did you do yesterday?
　　B: I wanted to play baseball with my friends, but I couldn't, because my brother was sick. So, I stayed at home and helped him.
　　Question: Did Yuta play baseball yesterday?

2　A: The movie will begin soon. Can I buy something to drink?
　　B: It's 3:50. Come back soon.
　　A: We have ten minutes before the movie begins. I'll be back soon.
　　Question: What time will the movie begin?

3　A: How do you come to school, Kate?

B: I come to school by train. How about you, Paul?

A: I usually come to school by bike.

B: But it's rainy today. Did you come to school by car or by bus?

A: I came here by bus.

Question: How did Paul come to school today?

4　A: Excuse me, I want to go to the library. Do you know where it is?

B: Yes. Go straight, and turn left when you see the park on your right.

A: OK.

B: Then, go straight and turn right at the post office.

A: Turn right at the post office?

B: That's right. You'll see the library on your left.

A: Thank you.

Question: Which is the library?

〔英文の訳〕

1　A：やあ，Yuta。昨日は何をしたの？／B：友達と野球をしたかったけれどもできなかった，なぜなら，ぼくの兄弟が病気だったから。だから，家にいて，兄弟を助けていたんだ。

質問：昨日 Yuta は野球をしましたか？

ア　はい，やりました。　　　㋑　いいえ，やりませんでした。

ウ　はい，そうでした。　　　エ　いいえ，そうではありませんでした。

2　A：もうすぐ映画が始まるよ。何か飲むものを買ってきていい？／B：3時50分だよ。すぐに戻ってきて。／A：映画が始まる前に，10分はあるよ。すぐに戻る。

質問：映画は何時に始まりますか？

ア　3:40　　イ　3:50　　㋒　4:00　　エ　4:10

3　A：Kate，あなたはどのように学校へ来ますか？　／B：学校へは電車で来ます。Paul，あなたはどうですか？／A：私はいつも自転車で学校へ来ます。／B：けれども，今日は雨ですね。学校へは自動車かバスで来ましたか？／A：ここへはバスで来ました。

質問：Paul は今日学校へどのように来ましたか？

ア　彼は電車で学校へ来ました。　　　イ　彼は自転車で学校へ来ました。

ウ　彼は自動車で学校へ来ました。　　㋓　彼はバスで学校へ来ました。

4　A：すみません。私は図書館へ行きたいのですが。図書館はどこにあるのか知っていますか？／B：はい。まっすぐ行って，そして右側に公園が見えたら左に曲がります。／A：はい。／B：それから，まっすぐ行って，郵便局のところを右に曲がります。／A：郵便局のところを右に曲がるのですね？／B：その通りです。左側に図書館が見えます。／A：ありがとうございます。

質問：図書館はどこですか？

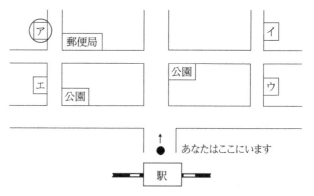

〔放送台本〕

(3)　これから，あなたのクラスの英語の授業で，グリーン先生(Mr. Green)が英語のスピーチをします。そのスピーチについて，四つの質問をします。それぞれの質問の答えとなるように，次の1～4の□□□の中に当てはまる英語を1語ずつ書きなさい。

　　　Hello, everyone.　This year I'll teach you English.　First, I'll talk about my life.　I was born in Canada, and I like basketball.　I have played it for fifteen years.　I also like drinking tea.　So, I drink Japanese tea every day.　Next, I'll talk about my sister.　Her name is Kate.　I think she is great because she helps a lot of sick people as a doctor.　Finally, I'll talk about my experience.　I went to many countries before coming to Japan.　When I visited many places, people talked to me in English.　I learned many things from them.　In Japan, I want to learn the history of Japan from you.　Please tell me about Japan.　I hope you'll enjoy my class.　Thank you.

　　Question　1　How long has Mr. Green played basketball?
　　　　　　　　2　What does Mr. Green drink every day?
　　　　　　　　3　Why does Mr. Green think Kate is great?
　　　　　　　　4　What does Mr. Green want to learn in Japan?

〔英文の訳〕

(3)　こんにちは，みなさん。今年，私があなたたちに英語を教えます。初めに，私の生活についてお話します。私は，カナダで生まれました，そして，バスケットボールが好きです。15年間バスケットボールをやってきました。また，お茶を飲むことが好きです。だから，日本茶を毎日飲みます。次に，私の姉妹についてお話します。彼女の名前はKateです。彼女は素敵だと思います，なぜなら，医者として多くの病気の人たちを助けているからです。最後に，私の経験についてお話します。私は，日本へ来る前に，多くの国へ行きました。いろいろな場所を訪れた時，人びとは英語で私と話をしました。私は，彼らから多くのことを学びました。日本では，あなたたちから日本の歴史を学びたい。日本について，私に教えてください。私の授業を楽しんでもらえると思います。ありがとう。

　　質問：1　グリーン先生は，どれぐらいの期間バスケットボールをやっていますか？　（解答)彼は，15年間バスケットボールをやっています。

　　　　　2　グリーン先生は，毎日何を飲みますか？　（解答)彼は日本茶を飲みます。

　　　　　3　グリーン先生は，なぜKateが素敵だと思いますか？　（解答)なぜなら，彼女は医者として多くの病気の人たちを助けているから。

　　　　　4　グリーン先生は，日本で何を学びたいのですか？　（解答)彼は，日本の歴史を学びたい。

＜理科解答＞

〔1〕　(1)　ア　　(2)　ウ　　(3)　①　エ　　②　イ
〔2〕　(1)　①　6N　　②　2.4J　　(2)　①　3N　　②　0.3W　　(3)　(例)動滑車を使うと，ひもを引き上げる力は半分になるが，ひもを引き上げる距離が2倍になるので，仕事の大きさは変わらない。
〔3〕　(1)　エ　　(2)　ア　　(3)　(例)胚珠が子房の中にあるから。　　(4)　ウ

〔4〕　(1)　イ　　(2)　① H_2O　　②　ウ　　(3)　①　(例)水に溶けるとアルカリ性を示す。
　　②　(例)アンモニアが水に溶けやすく，かつ，空気より密度が小さいため。
〔5〕　(1)　光合成　　(2)　生産者　　(3)　食物連鎖　　(4)　ア　　(5)　イ
〔6〕　(1)　200mA　　(2)　20Ω　　(3)　2.4V　　(4)　500mA　　(5)　0.36倍
〔7〕　(1)　エ　　(2)　Na^+　　(3)　$HCl + NaOH \rightarrow H_2O + NaCl$　　(4)　エ
〔8〕　(1)　(b)→(d)→(a)→(c)　　(2)　37m　　(3)　ウ　　(4)　(例)ある期間にだけ，広
　　く分布していた生物。

＜理科解説＞

〔1〕　(天気の変化：前線，気象観測，日本の気象)
(1)　新潟市の4月3日における天気は晴れであり，ほかの気象要素は図から，風向は南西，風力は
　　3であった。よって，天気図の記号はアである。
(2)　日本の春の天気の特徴は，3月下旬になると，偏西風の影響を受け，日本付近を移動性高気
　　圧と低気圧が西から東へ交互に通過するようになる。そのため，4〜7日の周期で天気が変わる
　　ことが多い。
(3)　①　寒冷前線が通過した時間帯は4月4日9時から15時である。理由は，風向が9時から12時
　　にかけて南よりから北よりに変わり，気温は急激に下がった。また，気圧は12時に最も低くな
　　り，その後は気圧が急激に上昇している。　②　寒冷前線は，寒気が暖気を押し上げるように進
　　むので，前線面の傾きは急で，強い上昇気流を生じるため，イである。

〔2〕　(仕事とエネルギー：仕事の原理・仕事率，力と物体の運動：物体の速さ・等速直線運動)
(1)　①　ばねばかりを一定の速さで引き上げているとき，ばねばかりには物体の重力だけがは
　　たらくので，ばねばかりが示す値は，6Nである。　②　物体を引き上げる力がした仕事[J]＝6
　　[N]×0.4[m]＝2.4[J]である。
(2)　①　物体を動滑車を用いて引き上げる場合は，ばねばかりを一定の速さで引き上げていると
　　き，ばねばかりには物体の重力の半分だけがはたらくので，ばねばかりが示す値は，3Nである。
　　②　物体が床面から40cm引き上がるまでの時間[s]＝40[cm]÷10[cm/s]＝4[s]である。よって，
　　ばねばかりにより物体を引き上げる力がした仕事の仕事率[W]＝$\frac{3[N] \times 0.4[m]}{4[s]}$＝$\frac{1.2[J]}{4[s]}$＝0.3
　　[W]である。
(3)　仕事の原理とは，「動滑車を使うと，ひもを引き上げる力は半分になるが，ひもを引き上げ
　　る距離が2倍になるので，仕事の大きさは変わらない。」ことをいう。

〔3〕　(植物の分類，植物の体のつくりとはたらき：花のつくり)
(1)　図1のおしべの先端の袋状になっている部分の名称はやくで，中には花粉が入っている。
(2)　エンドウは，5枚の異なった形の花弁からなる離弁花である。
(3)　アブラナが被子植物であることがわかる理由は，図2から，胚珠が子房の中にあるからである。
(4)　図3のアブラナの葉の葉脈は網状脈であるため，双子葉類である。よって，根は，主根とそ
　　こからのびる側根からできている。

〔4〕　(気体の発生とその性質，物質の成り立ち)
(1)　二酸化炭素と反応して白く濁る液体は，石灰水である。

(2)　①　水素は，空気中で火をつけると，音を立てて燃え，空気中の酸素と化合して水ができる。この化学変化の化学反応式は，$2H_2+O_2\rightarrow 2H_2O$，であり，水の化学式は，$H_2O$である。
　②　水素を発生させる方法は，亜鉛にうすい硫酸を加えることによる。

(3)　①　アンモニアが，フェノールフタレイン溶液を加えた水に溶けて，水の色が赤くなったことから，アンモニアは水に溶けるとアルカリ性を示すことがわかる。　②　乾いた試験管を用いて上方置換でアンモニアを集めるのは，アンモニアが水に非常に溶けやすく，かつ，空気より密度が小さいためである。

〔5〕　(自然界のつり合い：生態系における炭素の循環・食物連鎖)

(1)　無機物の流れを表す矢印xは，植物が光合成をするために大気中から二酸化炭素をとり入れていることを表している。

(2)　植物は，無機物の水と二酸化炭素をとり入れ，光エネルギーを利用して光合成を行い，デンプンなどの有機物をつくっている。このような，自分で栄養分をつくる生物は，生産者とよばれる。

(3)　植物，生物A(草食動物など)，生物B(肉食動物など)は，食べる，食べられるという関係でつながっている。このつながりを，食物連鎖という。

(4)　草食動物などの生物Aが急激に減少すると，生物Aに食べられている植物は増加し，肉食動物などの生物Bは，食物が少なくなるため，減少する。

(5)　消費者である生物Aは草食動物のウサギ，消費者である生物Bは肉食動物のイヌワシ，分解者である生物Cは土壌動物のミミズや菌類・細菌類などの微生物であり，イが正しい。

〔6〕　(電流：回路の電圧と電流と抵抗・電力)

(1)　オームの法則より，電流計の値$[mA]=\dfrac{6.0[V]}{30[\Omega]}=0.2[A]=200[mA]$　となる。

(2)　抵抗器aの電気抵抗をR_aとし，抵抗器bの電気抵抗をR_bとすると，図2は直列回路なので，合成抵抗$R_{t1}=R_a[\Omega]+R_b[\Omega]=30[\Omega]+R_b[\Omega]=\dfrac{6.0[V]}{120[mA]}=\dfrac{6.0[V]}{0.12[A]}=50[\Omega]$，である。よって，$R_b[\Omega]=50[\Omega]-30[\Omega]=20[\Omega]$　である。

(3)　抵抗器bの両端に加わる電圧$[V]=0.12[A]\times 20[\Omega]=2.4[V]$　である。

(4)　図3の並列回路の合成抵抗をR_{t2}とすると，$\dfrac{1}{R_{t2}[\Omega]}=\dfrac{1}{R_a[\Omega]}+\dfrac{1}{R_b[\Omega]}=\dfrac{1}{30[\Omega]}+\dfrac{1}{20[\Omega]}=\dfrac{5}{60[\Omega]}$である。よって，$R_{t2}[\Omega]=12[\Omega]$である。したがって，電流計の値$[mA]=\dfrac{6.0[V]}{12[\Omega]}=0.5[A]=500[mA]$　となる。

(5)　実験2で抵抗器aの両端に加わる電圧$[V]=0.12[A]\times 30[\Omega]=3.6[V]$である。よって，抵抗器aが消費する電力$[W]=0.12[A]\times 3.6[V]=0.432[W]$である。実験3で抵抗器を流れる電流$[A]=\dfrac{6.0[V]}{30[\Omega]}=0.2[A]$である。よって，抵抗器aが消費する電力$[W]=0.2[A]\times 6[V]=1.2[W]$である。したがって，抵抗器aが消費する電力は，実験2が実験3の0.36倍である。

〔7〕　(酸・アルカリとイオン，中和と塩：イオンの変化，化学変化と物質の質量)

(1)　ビーカーAのうすい塩酸を$10cm^3$入れて酸性になっているビーカーCの水溶液に，加えると水溶液の色が黄色になる薬品は，BTB溶液である。

(2)　Ⅰで酸性により黄色になったビーカーCに，Ⅱでうすい水酸化ナトリウム水溶液を$10cm^3$加えると，アルカリ性になって青色に変色した。この化学変化を化学式とイオン式を用いてモデル

で表すと，$5H^+ + 5Cl^- + 6Na^+ + 6OH^- \rightarrow 5H_2O + 6Na^+ + 5Cl^- + OH^-$，である。よって，**最も数が多いイオンはナトリウムイオンであり，イオン式はNa$^+$である。**

(3)　Ⅲでは，Ⅱでアルカリ性になって青色に変色したビーカーCの水溶液に，ビーカーAのうすい塩酸2cm^{3}を加えると，ビーカーCの水溶液が緑色に変色した。このことから，酸とアルカリは全て中和された結果，水と食塩(塩化ナトリウム)ができたことが分かる。よって，化学反応式は，$HCl + NaOH \rightarrow H_2O + NaCl$，である。

(4)　うすい塩酸12cm^{3}とうすい水酸化ナトリウム水溶液10cm^{3}が中和すると中性になる。うすい塩酸48cm^{3}を中性にする水酸化ナトリウム水溶液を$x$cm^{3}とすると，48cm^3：$x$cm^3＝12cm^3：10cm^3，$x$cm^3＝40cm^{3}である。

〔8〕　**(地層の重なりと過去の様子：かぎ層・示準化石・堆積岩)**

(1)　①　図Ⅰの地点A，地点B，地点C，に共通して見られる**火山灰の層はかぎ層**で，火山の噴火による火山灰は広範囲に堆積するため，同じ時代に堆積した地層であると考える。よって，古い方から順に，b → d → a → c，である。

(2)　地点Bにおける火山灰の層の標高は，40m－9m＝31m，である。この地域の各地層は，それぞれ同じ厚さで水平に積み重なっているので，地点Cの火山灰の層の標高も31mである。よって，地点Cの標高は31m＋6m＝37m，である。

(3)　花こう岩と玄武岩はマグマが冷え固まってできた火成岩であり，凝灰岩と石灰岩は堆積岩である。火山灰など火山の噴出物が堆積して固まってできた岩石の名称は，凝灰岩である。

(4)　ビカリアのように，**ある期間にだけ，広く分布していた生物の化石を示準化石**といい，その化石を含む地層が堆積した時代の推定に利用することができる。

＜社会解答＞

〔1〕　(1)　南アメリカ大陸　　(2)　イ　　(3)　ウ
　　　(4)　ウ　　(5)　ア

〔2〕　(1)　ウ　　(2)　ア　　(3)　エ　　(4)　(例)自国の海岸線から200海里以内にある水産資源や鉱産資源を，利用する権利をもつ水域。　　(5)　右図

〔3〕　(1)　甲骨文字　　(2)　大宝律令　　(3)　Ⅰ群　イ　　Ⅱ群　ク　　(4)　ア　　(5)　B→A→D→C

〔4〕　(1)　(例)領事裁判権(治外法権)を認めたこと。(例)関税自主権がないこと。　　(2)　エ　　(3)　①　エ　②　【背景・原因】(例)世界恐慌となり，不景気が世界中に広がった。　【できごと】イギリスではブロック経済が行われた。　【ブロック経済の内容】(例)多くの植民地との貿易を拡大しながら，他国の商品をしめ出した。【結果・影響】(例)植民地の少ない国々が，不満を持つようになり，国家間の対立が生まれた。　　(4)　イ

〔5〕　(1)　①　ア　②　公共の福祉　　(2)　①　平等　②　18　　(3)　(例)内閣は，国会の信任にもとづいて成立し，国会に対し連帯して責任を負うしくみ。　　(4)　エ

〔6〕
　　(5)　①　イ　　②　ア
　　(1)　①　ウ　　②　契約　　(2)　イ　　(3)　(例)株式を発行することにより，多くの
　　　資金を集めることができるから。　　(4)　ア，エ

<社会解説>

〔1〕　(地理的分野—世界地理—産業・資源・エネルギー・貿易)
　(1)　南アメリカ大陸の南端は，アルゼンチンの**ウスアイヤ**であり，南緯54度48分に位置し，**世界最南端の都市**であるとされている。
　(2)　この地図では，**経線は30度ごと**に示されているので，A・B間の距離は120度となる。したがって，地球全周の360度の3分の1であり，40000kmの3分の1で，約13,000kmとなる。この地図は**メルカトル図法**で描かれているため，**赤道**から遠いほど，実際の距離よりも長く描かれることに注意が必要である。
　(3)　地図上に示されているのは，モンゴル共和国である。モンゴルでは，一定の土地に定住しないで，牛や羊などの家畜とともに水や牧草を求めて，乾燥した平原を移動しながら牧畜を行っており，これを**遊牧**という。モンゴル高原に住む遊牧民が伝統的に使用している，動物の毛などで作られた移動式テントのことを，**ゲル**という。
　(4)　ウの国がオーストラリアである。オーストラリアは人口が世界第53位であり，4国の間で最も少ない。また，オーストラリアは資源が豊かであり，**鉄鉱石・石炭・液化天然ガス**等を輸出している。輸出先は，日本や中国などであり，日本はオーストラリアの資源に大きく依存している。
　(5)　**バスコ＝ダ＝ガマ**は，ポルトガル人の航海者・探検家であり，**東回り航路**をとり，アフリカ大陸の南端の**喜望峰**を回って，1498年に**インド**に到達した。これにより，大量のこしょうがヨーロッパにもたらされるようになった。

〔2〕　(地理的分野—日本地理—地形・気候・都市・日本の国土・農林水産業・工業)
　(1)　**東シナ海**を北上して，九州と奄美大島の間の**トカラ海峡**から太平洋に入り，日本の南岸に沿って流れ，房総半島沖を東に流れる暖流を，**日本海流(黒潮)**という。日本海流の一部が**対馬海峡**から**日本海**に入り，日本列島の沿岸を北に向かって流れる暖流を**対馬海流**という。日本海流とぶつかるように，**オホーツク海**から南下してくる寒流を，**千島海流(親潮)**という。正答は，ウの千島海流である。なお，**北大西洋海流**とは，メキシコ湾流から延長してヨーロッパ西岸に向かって流れる暖流である
　(2)　東北地方の太平洋側にある仙台は，**奥羽山脈**に冬の北西の**季節風**をさえぎられ，冬には**降雪量(降水量)**が少なく，梅雨，台風，秋雨前線の影響などで6月や9月が降水量のやや多い月となっている。また，平均気温は冬には0度近くに下がるが，夏は20度台半ばまであがる。これを示したのは，雨温図のアである。
　(3)　北海道の開拓や北方警備を担うために，明治政府によって北海道各地に家族単位で移住・配備された農兵のことを**屯田兵**という。**日露戦争**の始まった年に屯田兵制度は終了した。
　(4)　沿岸から**200海里(約370km)**の水域を，**排他的経済水域**という。沿岸国が，**水産資源や海底鉱物資源**などについて，排他的管轄権を行使できる水域である。沿岸から12海里の**領海**と排他的経済水域面積が多い順に並べると，アメリカ合衆国，オーストラリア，インドネシア，ニュージーランド，カナダ，日本の順となり，**日本は世界で6番目に排他的経済水域が広い**。

(5) 果実の産出額は，青森，和歌山，山形の順である。米の産出
額は，新潟，北海道，秋田，山形の順である。野菜の産出額は，
北海道，茨城，千葉の順である。製造品出荷額の一番多いのは，
全国都道府県で第6位の千葉県である。以上をもとに考えると，
Aは千葉県，Cは青森県となる。千葉県・青森県を地図に書き込
めば，右のようになる。

〔3〕　(歴史的分野―日本史時代別―古墳時代から平安時代・鎌倉時
代から室町時代・安土桃山時代から江戸時代，―日本史テー
マ別―法律史・宗教史・外交史・文化史・社会史・政治史・
教育史，―世界史―文化史)

(1) 殷で使われた漢字書体の一つで，現在確認できる最古の漢字
が甲骨文字である。古代中国で生まれ発達してきた文字と，獣
骨を用いる占卜(せんぼく)とが結びついて文字記録となったものである。

(2) 文武天皇の治世で，国家の基本法典として701年に制定され，翌年施行されたのが，大宝律
令である。刑部親王，藤原不比等によって，唐の制度を吸収しながら，日本の実情に合うように
修正されて制定された。

(3) C班のカードは，江戸時代のことを説明している。　Ⅰ群　アの，イエズス会のザビエルが
鹿児島に来て，日本にキリスト教を伝えたのは，安土桃山時代である。ウは，元寇のことを説明
しており，鎌倉時代のことである。エの，唐から招かれた鑑真が唐招提寺をつくり，戒律を日本
に伝えたのは，奈良時代のできごとである。ア・ウ・エのどれも別の時代の説明であり，イが，
江戸時代の説明として正しい。ロシアのラクスマンが，女帝エカチェリーナ2世の命令で根室に
来航し，漂流民の大黒屋光太夫を送り届けて通商を求めたのは，江戸時代の後期の18世紀末の
ことである。　Ⅱ群　カ12世紀の平家の栄枯盛衰を描いた軍記物語が「平家物語」である。作
者については，鎌倉時代の信濃前司行長説が有力である。平清盛が，太政大臣となり栄華を極め
た時から，平氏一門が壇ノ浦で滅亡するまでの，約20年間を主題としている。平家物語は，琵
琶法師によって中世に長く語り継がれた。キ大名や豪商たちの間に茶の湯が流行し，千利休がわ
び茶を大成させたのは，安土桃山時代の文化である。ケ奈良時代の中期に，大伴家持らが編纂し
たのが万葉集である。漢字の音を借りて国語の音を表記する万葉仮名を用いているのが特徴であ
る。カ・キ・ケのどれも別の時代の文化についての説明であり，クが，江戸時代の文化の説明と
して正しい。江戸時代には，浮世絵と呼ばれた多色刷りの版画が人気を集め，美人画・役者絵・
風景画などにすぐれた作品が生まれた。

(4) 惣と呼ばれる農民の自治組織がつくられたのは，室町時代である。この時代には京都でも自
治が行われ，町衆と呼ばれる有力な商工業者によって，運営されていた。室町時代には8代将軍
足利義政の後継問題をめぐって，管領の細川勝元と侍所の所司山名宗全の対立が激化し，管領家
の細川氏や斯波氏の家督争いも関わって応仁の乱が起こった。1467年から1477年まで争いが続
き，応仁の乱後は，戦国時代が到来した。

(5) A班のカードは，平安時代中期の国風文化の時代の説明である。B班のカードは，律令政治が
行われた奈良時代の説明である。C班のカードは，江戸時代の教育についての説明である。D班
のカードは，室町時代の農民の自治組織である惣についての説明である。したがって，年代の古
い順に並べると，B→A→D→Cとなる。

〔4〕 （歴史的分野─日本史時代別─安土桃山時代から江戸時代・明治時代から現代，─日本史テーマ別─外交史・政治史，─世界史─政治史・経済史）

(1) 一つ目は，外国人が日本で罪を犯した場合は，日本に駐在するその国の領事が，その国の法律で裁くという領事裁判権を認めていたこと。つまり治外法権を認めていたことである。二つ目は，アメリカからの輸入品にかける税金に関して，協定制をとることになり，日本は関税自主権を持つことができなかったことである。

(2) ア　国家総動員法は，1938年に日中戦争の長期化による総力戦の遂行のために制定された。イ　第二次護憲運動が展開され，その後成立した護憲三派内閣によって，普通選挙法が成立したのは1925年である。　ウ　1874年の板垣退助らによる民撰議院設立建白書の提出に始まり，藩閥政治に反対して国民の自由と権利を要求した政治運動が，自由民権運動である。国会の開設を要求する運動として全国的に広がった。ア・イ・ウのどれも別の時代のことであり，エが正しい。長州陸軍閥の桂太郎が，軍部大臣現役武官制を利用して，立憲政友会の西園寺公望内閣を倒し，内大臣の地位を利用して自ら組閣したことに対して世論が反発し，第一次護憲運動が起こった。桂内閣は50日余りで総辞職せざるを得なかった。これを大正政変といい，Aの時期にあてはまる。

(3) ①　バルカン半島には主導権を握るだけの民族がなく細分化されており，ドイツ・オーストリア＝ハンガリー・イタリアの三国同盟と，イギリス・フランス・ロシアの三国協商という対立構造のはざまで，第一次バルカン戦争・第二次バルカン戦争など紛争が相次ぎ，「ヨーロッパの火薬庫」と呼ばれていた。サラエボでオーストリア＝ハンガリーの皇太子が殺害されたことが，第一次世界大戦の発端となった。1919年から1920年まで，第一次世界大戦の講和会議として開催されたパリ会議は，アメリカ大統領ウィルソンの十四カ条の原則の柱である国際協調・民族自決の精神で進められた。この国際協調の精神を具体化したものが，国際連盟である。国際連盟は1920年に創立された。　②　【背景・原因】1929年にアメリカに端を発する世界恐慌の影響下で，不景気が世界中に広がった。【できごと】イギリスではブロック経済が行われた。【ブロック経済の内容】ブロック経済とは，世界恐慌後にイギリス連邦などの植民地を持つ国が，植民地を「ブロック」として，関税同盟を結び，第三国に対し関税障壁を張り巡らせて，保護した状態の経済体制をいう。【結果・影響】植民地の少ない国々は，ブロック経済が蔓延することに不満を持つようになり，それが国家間の対立を生むことになったことを指摘するとよい。

(4) X　毛沢東を主席とする中華人民共和国が成立したのは，1949年である。国民党と共産党の内戦で敗北した国民党は，アメリカの援助を受けつつ，拠点を台湾に移した。1950年1月には蒋介石が総統に復職し，台湾国民政府が成立した。　Y　1989年のマルタ会談によって，アメリカ・ソ連を中心とした資本主義陣営と社会主義陣営の冷戦が終結し，1989年にベルリンの壁が取り壊され，翌年東西ドイツが統一された。　Z　1945年の敗戦以来，アメリカの占領下に置かれていた沖縄は，1972年に日本に返還された。しかし，沖縄に置かれた米軍基地は，アメリカの東アジア戦略上，そのまま残された。したがって，年代の古い順に正しく並べたのは，イである。

〔5〕 （公民的分野─基本的人権・国の政治の仕組み・三権分立・国際社会との関わり）

(1) ①　資本主義経済が発達した結果，人々の間に貧富の差が拡大する状況が生じ，人間に値する生活を営むために，国民が国家に対して保障を要求する権利が，基本的人権の一つである「社会権」として，憲法に明文化されるようになった。「社会権」には，「生存権」「教育を受ける権利」「勤労の権利」「労働基本権」「社会保障の権利」などがある。正答は，アである。　②　日本国憲法第12条に「この憲法が国民に保障する自由及び権利は，国民の不断の努力によつて，これ

を保持しなければならない。又，国民は，これを濫用してはならないのであつて，常に**公共の福祉**のためにこれを利用する責任を負ふ。」と明記されている。また，日本国憲法第13条は「すべて国民は，個人として尊重される。生命，自由及び**幸福追求**に対する国民の権利については，公共の福祉に反しない限り，立法その他の国政の上で，最大の尊重を必要とする。」と定めている。

(2)　①　1人1票で，有権者の投票の価値をすべて平等に取扱う制度を，**平等選挙**という。**普通選挙，直接選挙，秘密選挙**とともに，現代選挙制の基本原則となっている。　②　2015年に，国会で選挙権年齢の引き下げが，全会一致で可決され，2016年7月実施の参議院議員選挙から，**選挙権年齢が満18歳**以上となった。

(3)　内閣が国会の信任にもとづいて成立し，議会に対して責任を負い，その存立が議会の信任に依存する制度を，**議院内閣制**という。議院内閣制の特徴は，議会の多数派が内閣を形成し，政権の座につくことにより，**立法と行政**との間に**協力関係**が築かれることである。

(4)　**裁判員制度**に基づき，国民が裁判に参加することによって，国民の視点や感覚が，裁判の内容に反映されることになり，**司法に対する理解**と**信頼**が深まることが期待できる。殺人など，重大な**刑事裁判**の一審の裁判に，くじで選ばれた市民の裁判員が参加することが，2009年5月から実施されている裁判員制度である。**民事裁判**には，裁判員制度は取り入れられていない。

(5)　①　1945年に**国際連合**が発足し，3年後の1948年に，国際連合総会で「すべての人間は，生れながらにして自由であり，かつ，尊厳と権利とについて平等である。」とする「**世界人権宣言**」が採択された。なお，アの**国際人権規約**は，世界人権宣言の内容を基礎として，これを条約化したものであり，人権諸条約の中で最も基本的なものである。国際人権規約は，1966年の国連総会で採択された。ウの**子ども(児童)の権利条約**は，子どもの基本的人権を国際的に保障するために，1989年に国連総会で採択された条約であり，**18歳未満の人たちを子どもと定義**している。エの**女子差別撤廃条約**は，「女子に対する差別」を定義し，締約国に対し，政治的及び公的活動，並びに経済的及び社会的活動における差別の撤廃のために適当な措置をとることを求めている。1979年の国連総会において採択された。　②　人権保障などの問題に取り組むために活動する，**非政府組織**の略称は，アの**NGO**(Non−governmental Organization)である。なお，他の選択肢については，以下のとおりである。イの地域紛争で停戦を維持したり，紛争拡大を防止したり，公正な選挙を確保するなどのための活動が国連の**平和維持活動**であり，その略称が，PKO(Peacekeeping Operations)である。ウの**世界貿易機関**の略称が，WTO(World Trade Organization)である。エは1948年に発効した世界保健憲章によって，世界中の人々の健康を実現することを目的として設立された，国際連合の専門機関が**世界保健機関**であり，略称は，WHO(World Health Organization)である。オは1919年に設立された，雇用・労働条件の改善を目的とした国連の専門機関が，**国際労働機関**であり，略称は，ILO(International Labour Organization)である。

〔6〕　(公民的分野—国民生活・消費生活・経済一般，地理的分野—日本地理−資源・エネルギー)

(1)　①　家庭の生活設計に従って行われる経済活動を**家計**という。家計から政府に対して社会保障などと引き換えに払われるものは**税金**である。また，家計から企業に対して**賃金**と引き換えに提供されるものは，**労働力**である。　②　買い手の「買いたい」と売り手の「売りたい」という合意で成立するのが**契約**であり，法律の定めがない限り，**口頭**でも契約は成立する。契約が成立した後は，お互いに契約を守る責任が生じる。

(2)　アの**携帯電話**や**インターネット**が普及したのは，2000年以降のことである。ウの**リサイクル法**は，1998年に国会で成立し，2001年より本格施行された。エの**日本国憲法**は，1946年に公布

され，1947年に施行された。ア・ウ・エのどれも別の時期の説明であり，イが正しい。1955年から始まった経済成長は，1960年代に本格化し，経済成長率が年平均10％を超える**高度経済成長**が続いた。1964年には，**東京オリンピック**が開催され，**東海道新幹線**が開通し，**家庭電化製品**が普及したのがこの時期である。

(3) 企業が効率よく資金を集めるために考えられた方法の一つが，**株式**を発行して出資者を募り，**直接金融**によって資金を集める方法である。なお，株式を購入した個人や法人は，**株主**と呼ばれ，企業の**利益**の一部を**配当金**として受け取る。株式会社は株主から集めた出資金により，最大の利益が出るよう企業努力をする。

(4) 資源が有限でやがて枯渇してしまう石炭・石油・天然ガスなどの**化石燃料や原子力**とは異なり，自然の活動によって**エネルギー源が半永久的**に供給され，継続して利用できるエネルギーのことを，**再生可能エネルギー**という。太陽光・風力・地熱・波力・バイオマスなどが再生可能エネルギーである。バイオマスとは，とうもろこし・さとうきびなど植物由来のエネルギーを指す。日本では再生可能エネルギーの利用があまり進んでいない。アの太陽光と，エのバイオマスが再生可能エネルギーである。

＜国語解答＞

〔一〕 (一) 1 すぐ(れた)　2 つい(やす)　3 ね(る)　4 かいきょ　5 きゅうご　6 らんおう　(二) 1 垂(れる)　2 冷(まして)　3 種　4 庁舎　5 包装　6 貯蔵

〔二〕 (一) ア　(二) ゆずる　(三) (はじめ)だれもが夏　(終わり)なイメージ　(四) エ　(五) ウ

〔三〕 (一) イ　(二) さかい　(三) エ　(四) ア　(五) (例)船の人は見送る人々に自分の思いを伝えたいが，手紙を渡すことも海を歩いて渡ることもできないということ。

〔四〕 (一) (はじめ)それは，つ　(終わり)らである。　(二) ウ　(三) イ　(四) (例)効率化や経済化の観点からだれかと分かち合う時間を節約して得た自分だけの時間までも，効率的に過ごそうと考えるようになったということ。　(五) エ　(六) (例)多くの敵意に満ち，孤独な人間が増えている状況を解消するためには，他者と時間を重ね合わせて生きていくことで信頼関係を深め，互酬性にもとづいた暮らしをとりもどすことが必要だということ。

＜国語解説＞

〔一〕 (知識−漢字の読み書き)

(一) 1 「優」の訓読みは「やさ(しい)」の他に「すぐ(れる)」がある。　2 「費」の音読みは「ヒ」で，「費用」「消費」などの熟語を作る。　3 この場合の「練る」は，工夫してよいものにするという意味。　4 「快挙」は，すばらしい行いのこと。　5 「救護」は，手当てや看護をすること。　6 「卵黄」は，たまごの黄身。

(二) 1 「垂」を形の似ている「乗」と書き間違えない。　2 「冷」の訓読みは，「つめ(たい)」「ひ(える)」「さ(ます)」などたくさんあるので注意する。　3 「種」の部首は「禾(のぎへん)」。

4　「庁舎」は，役所の建物のこと。　5　「包装」の「包」は，「勹」の書き方に注意。　6　「貯蔵」は，蓄えてしまっておくことである。

〔二〕　（俳句・説明文―内容吟味，熟語，品詞・用法）

（一）　――線部分(1)「『線の上』というのが」は「『線の上』ということが」という意味。　ア「会ったのを」が「会ったことを」という意味なので，これが正解。　イ「友人の勧める本」は「友人が勧める本」という意味である。　ウ「母校の校歌」は所有を表す。　エ「初夏の高原」は時を表す。

（二）　――線部分(2)「ゆずっ」は，ラ行五段活用動詞「ゆずる」の連用形が促音便したものである。

（三）　――線部分(3)の前の段落に，「夏休み」が季語として通用するには，「だれもが夏休みにたいして抱く普遍的なイメージ」(22字)が必要とある。「会社の夏休み」には，これが足りないのである。

（四）　――線部分(4)「黒板」の構成は「黒い板」で，前の漢字が後の漢字を修飾している。ア「重複」は似た意味の漢字の組み合わせ，イ「未完」は前の漢字が後の漢字を打ち消す，ウ「緩急」は対になる意味の漢字の組み合わせ，エ「暖冬」は「暖かい冬」で前の漢字が後の漢字を修飾する，オ「入浴」は「浴に入る」で後の漢字が前の漢字の目的や対象を表すという構成である。したがって，正解はエとなる。

（五）　本文のテーマは，「新しい季語」である。本文によれば，小学校の「運動会」や「夏休み」は，だれもが夏休みに対して抱く普遍的なイメージが「疑似的な本意として成立している」ため，「だれにも心当たりがあるような，しかも今までだれも気づかなかった場面」がとらえられれば，魅力的な新しい解釈が生まれる。このことを説明するウが正解。アのような「心情」を込めることは，必要条件ではない。イは「だれも味わったことがない心情のイメージ」が文脈と合わない。エの「今まで～表すこと」は魅力的であるが，「俳句の本質」は言い過ぎである。

〔三〕　（古文―情景・心情，内容吟味，仮名遣い，古文の口語訳）

〈口語訳〉　9日の早朝，大湊から奈半の港を目指そうとして，船を漕ぎ出した。

　この人もあの人もお互いに国境の内まではと言って，見送りに来る人がたくさんいる中で，藤原のときざね，橘のすえひら，長谷部のゆきまさたちが，館を出発なさった日から，あちらこちらと追って来る。この人々は，誠意がある人だったなあ。この人々の深い誠意は，この海にも劣らないだろう。

　ここから，今は(船が)漕ぎ離れて行く。これを見送ろうとして，この人たちは追いかけてきた。こうして漕いで行くにつれて，海岸にとどまる人も遠くなってしまった。(見送りの人たちからは)船の人たちの姿も見えなくなった。岸の人にも言うことがあるだろう。船の人にも思うことがあるが，どうしようもない。こうではあるけれど，この歌を独り言にして，やめにした。

　見送る人を思う心は海を渡るけれども，手紙を渡すことも海を踏み渡ることもないから，(岸の人に私の)気持ちはわからないだろう。

（一）　文章Bに「大湊から先は海岸沿いに船を進め，～出航しました。」とあることから，奈半の港は次の目的地と考えられる。したがって，「目指そう」とするイが正解である。

（二）　語頭にない「ひ」を「い」に直して「さかい」とする。

（三）　他の人々は「国のさかひのうち」まで見送ったが，「この人々」は国境を越えて港まで見送りに来たので，エが正解。アでは「志」が深いことにならない。イの「準備」の手伝いとウの

「別れの儀式」については，本文に書いていないので不適切である。

(四)　前の「海のほとりにとまれる人も遠くなりぬ」と対になる表現である。船の人から見ると岸の人が遠くなり，岸の人から見ると船の人が見えなくなったということなので，アが正解である。イは，岸の人の視点になっていないし，「見えずなりぬ」の説明としても不適切である。ウは，本文にない内容。エは「海のほとりにとまれる人」と「船の人」の対比を読み取れていないので，誤りである。

(五)　「船の人が見送りの人に思いを伝えたい」が「伝えられない」ということを，和歌の「手紙を渡すことも海を歩いて渡ることもできない」という内容を踏まえて書く。

〔四〕　(論説文－内容吟味，文脈把握，脱文・脱語補充，接続語の問題)

(一)　──線部分(1)の理由は，同じ段落に「それは，つきつめて考えれば，人間の使う時間が必ず他者とつながっているからである。」(40字)と説明されている。

(二)　前の「仲間の時間と合わせなければならない」ということを理由として，後に「物資や人の動きに左右される」と説明しているので，ウ「だから」が当てはまる。

(三)　──線部分(2)を含む段落の最後の文に「ともにいる時間が経過するにしたがい，信頼関係が増す」とある。この内容と合致するイが正解。アは本文の「辛抱強く接近すれば，いつかは敵意を解き」と合わない。ウの「人間を信頼したがる」は，本文の「私たちに強い敵意をもっている」と合わない。エは「群れから決して離れることはない」とするが，実際には「離れていくゴリラもいる」ので，誤りである。

(四)　人間は，「自分だけの時間」を得るために，だれかと分かち合う時間をコストとして効率化や経済化の観点から節約した。しかし，その自分だけの時間までも，自分の欲求を満たすために効率的に過ごそうと考えるようになったのである。このことを制限字数内に書く。

(五)　直後の文に「他者のなかに自分を見るようになり，他者の目で自分を定義するようになった」とある。このようなことを可能にするのは，エの「共感」する力である。

(六)　問題は，「世界は今，多くの敵意に満ちており，孤独な人間が増えている」ことである。筆者は，この状況を解消するためには，「社会的な時間」が必要だとする。それは人間本来の「時間を他者と重ね合わせて」「互酬性にもとづいた暮らし」を営むことである。そして，この「ともにいる時間」によって，敵意を解消し，信頼関係をとりもどすことができるというのである。この内容を制限字数内で書く。

大切なことはメモしておこうネ！

解答用紙集

○月×日△曜日　天気〈合格日和〉

◆ご利用のみなさまへ
＊解答用紙の公表を行っていない学校につきましては、弊社の責任において、解答用紙を制作いたしました。
＊編集上の理由により一部縮小掲載した解答用紙がございます。
＊編集上の理由により一部実物と異なる形式の解答用紙がございます。

人間の最も偉大な力とは、その一番の弱点を克服したところから生まれてくるものである。──カール・ヒルティ──

東京学参株式会社

※ 122％に拡大していただくと，解答欄は実物大になります。

数 学 解 答 用 紙

（注１）　解答は，横書きで記入すること。
（注２）　※の欄には，何も記入しないこと。

〔１〕

(1)		(2)		(3)	
(4)		(5)	$x =$	(6)	分　　　秒
(7)	$\angle x =$　　　度	(8)	およそ　　　個		

〔２〕

(1) 〔求め方〕

答　＿＿＿＿＿＿＿＿＿

(2) 〔求め方〕

答　$a =$ ＿＿＿＿＿＿＿＿＿

(3)

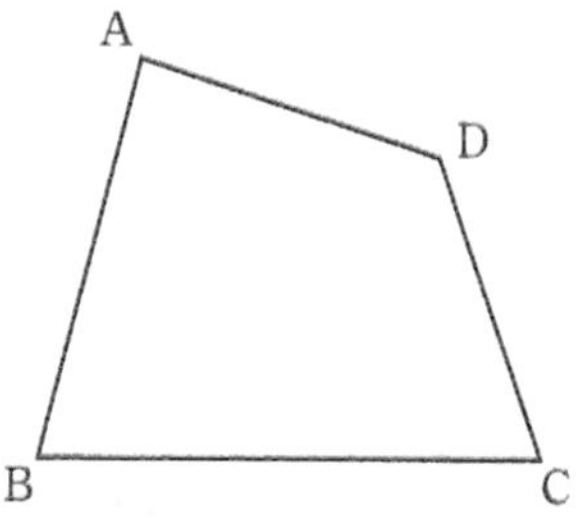

A

D

B

C

〔３〕

(1) ：

(2) ① 〔証明〕

② 〔求め方〕

答　＿＿＿＿＿＿＿＿＿ cm

◇M2（519—13）

受検番号

〔4〕

(1) | cm² | (2)

(3) | cm²

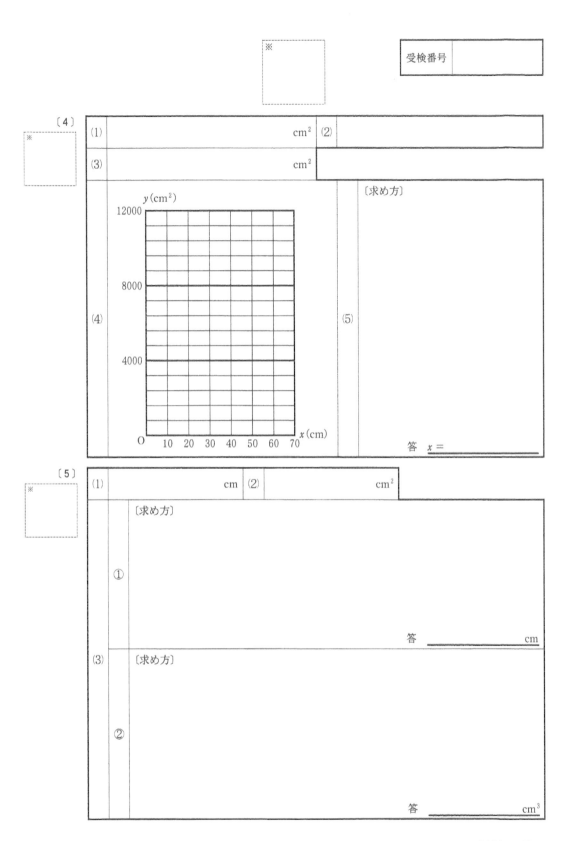

(4) *y* (cm²)

12000

8000

4000

O　10　20　30　40　50　60　70　*x* (cm)

(5) 〔求め方〕

答 *x* =

〔5〕

(1) | cm | (2) | cm²

(3)

① 〔求め方〕

答 _____ cm

② 〔求め方〕

答 _____ cm³

※ 122%に拡大していただくと，解答欄は実物大になります。

英　語　解　答　用　紙

（注１）　解答は，横書きで記入すること。
（注２）　※の欄には，何も記入しないこと。

〔1〕

※

		1		2		3		4	
(1)		1		2		3		4	
(2)		1		2		3		4	
(3)	1								
	2								

〔2〕

※

(1)	
(2)	
(3)	

〔3〕

※

(1)	A	
	D	
(2)	B		F	
(3)		
(4)		
(5)		
(6)		

◇M3(519—24)

※

受検番号

〔4〕

※

(1)		
(2)		
(3)		
(4)		
(5)	①	
	②	
	③	
(6)		

※ 123％に拡大していただくと，解答欄は実物大になります。

理 科 解 答 用 紙

（注1）　解答は，横書きで記入すること。
（注2）　※の欄には，何も記入しないこと。

〔1〕

※

(1)		(2)		(3)	
(4)		(5)		(6)	

〔2〕

※

(1)		
(2)	①	
	②	
	③	（　　　）→（　　　）→（　　　）→（　　　）

〔3〕

※

(1)	X		Y	
(2)	b	
	f	
(3)	コウモリ		マイマイ	

〔4〕

※

(1)			
(2)	気体の体積	cm³	気体の名称	
(3)	①	X	Y	Z
	②			

〔5〕

※

(1)	
(2)	
(3)	cm
(4)	

◇M5（519—45）

〔6〕

※

(1)

(2)

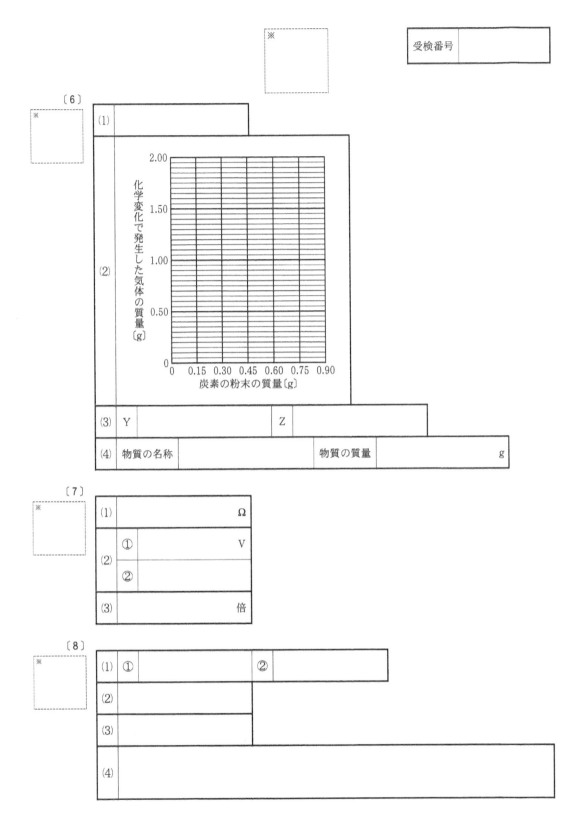

化学変化で発生した気体の質量〔g〕

炭素の粉末の質量〔g〕

(3) Y　　　　　　　　　　Z

(4) 物質の名称　　　　　　　　　物質の質量　　　　　　　　g

〔7〕

※

(1)		Ω
(2)	①	V
	②	
(3)		倍

〔8〕

※

(1)	①	②
(2)		
(3)		
(4)		

※ 119%に拡大していただくと，解答欄は実物大になります。

社 会 解 答 用 紙

（注１）　解答は，横書きで記入すること。
（注２）　※の欄には，何も記入しないこと。

〔１〕

※

(1)	
(2)	
(3)	
(4)	
(5)	

〔２〕

※

		(4)
(1)		
(2)		
(3)		
(5)	①	
	②	

〔３〕

※

(1)	
(2)	
(3)	（　　　）→（　　　）→（　　　）→（　　　）
(4)	
(5)	
(6)	

◇M4（519—34）

〔4〕

※

(1)	
(2)	
(3)	
(4)	
(5)	
(6)	

〔5〕

※

(1)	①		②
(2)	①		
	②		
	③		
(3)	①		
	②		
	③		
(4)	①		
	②		

〔6〕

※

(1)	
(2)	(10)
(3)	(45)

※ 114%に拡大していただくと，解答欄は実物大になります。

※

受検番号

※
〔二〕

(五)	(四)	(三)	(二)	(一)

※
〔一〕

国語解答用紙

	(二)					(一)			
5	4	3	2	1	5	4	3	2	1
ヨクシュウ	センリャク	ヨチョウ	サズ	サカ	辛抱	濃霧	回顧	詳	敬
			ける	ん				しい	う

(注1) 解答は、縦書きで記入すること。
(注2) ※の欄には、何も記入しないこと。

◇M1(519—2)

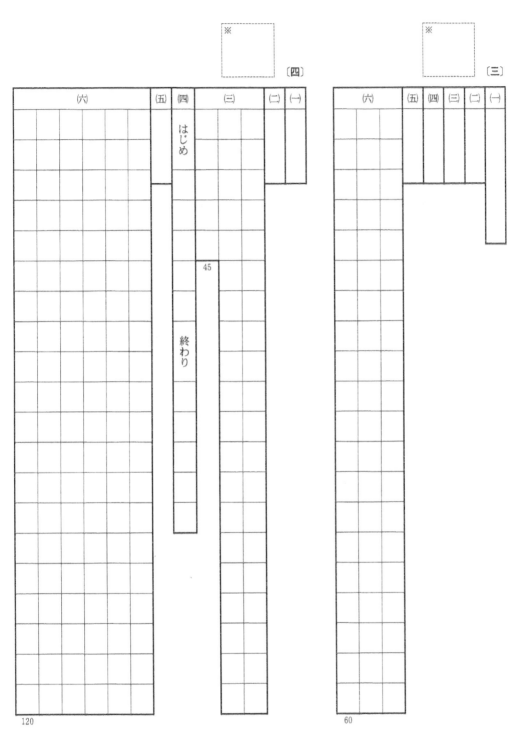

〔四〕　※

(一)　(二)　(三)　(四)　(五)　(六)

(四)　はじめ

(三)　45　終わり

120

〔三〕　※

(一)　(二)　(三)　(四)　(五)　(六)

60

2024年度入試配点表(新潟県)

数学	〔1〕	〔2〕	〔3〕	〔4〕	〔5〕	計
	各4点×8	各6点×3	(1) 4点 (2)① 5点 (2)② 6点	(1) 2点 他 各4点×4 ((2)完答)	(1) 2点 (2) 3点 (3) 各6点×2	100点

英語	〔1〕	〔2〕	〔3〕	〔4〕	計
	各3点×10	(3) 6点 他 各3点×2	(2) 各2点×2 (3) 4点 他 各3点×6	(1)・(3) 各4点×2 (4) 各2点×2 (6) 8点 他 各3点×4	100点

理科	〔1〕	〔2〕	〔3〕	〔4〕	計
	各3点×6	(1)・(2)① 各2点×2 他 各3点×2 ((2)③完答)	(1)・(3) 各3点×4 他 各2点×2 ((2)f完答)	(1)・(3)② 各2点×2 (2) 3点 他 各1点×3	100点
	〔5〕	〔6〕	〔7〕	〔8〕	
	(2) 2点 他 各3点×3	(1)・(4) 各2点×3 他 各3点×2 ((3)完答)	(1) 2点 他 各3点×3	(2)・(4) 各3点×2 他 各2点×3	

社会	〔1〕	〔2〕	〔3〕	〔4〕	〔5〕	〔6〕	計
	(3) 3点 (5) 5点 他 各2点×3	(3) 5点 (4) 3点 他 各2点×4	(2) 5点 (3) 3点 他 各2点×4	(3) 5点 (4) 3点 他 各2点×4	(2)① 5点 (2)③,(3)①,(4)② 各3点×3 他 各2点×6	(1) 2点 (2) 3点 (3) 7点	100点

国語	〔一〕	〔二〕	〔三〕	〔四〕	計
	各2点×10	各3点×5	(一) 2点 (六) 12点 他 各4点×4	(三) 8点 (四) 5点 (五) 4点 (六) 12点 他 各3点×2	100点

※ 122％に拡大していただくと，解答欄は実物大になります。

数 学 解 答 用 紙

(注1)　解答は，横書きで記入すること。
(注2)　※の欄には，何も記入しないこと。

〔1〕

※

(1)		(2)		(3)	
(4)	$x =$, $y =$	(5)		(6)	
(7)	$\angle x =$ 度	(8)			

〔2〕

※

(1) 〔求め方〕

答 ＿＿＿＿＿＿＿＿＿＿

(2) 〔証明〕

(3)

ℓ ＿＿＿＿＿＿＿＿＿＿＿＿＿＿＿

A ●

m ＿＿＿＿＿＿＿＿＿＿＿＿＿＿＿

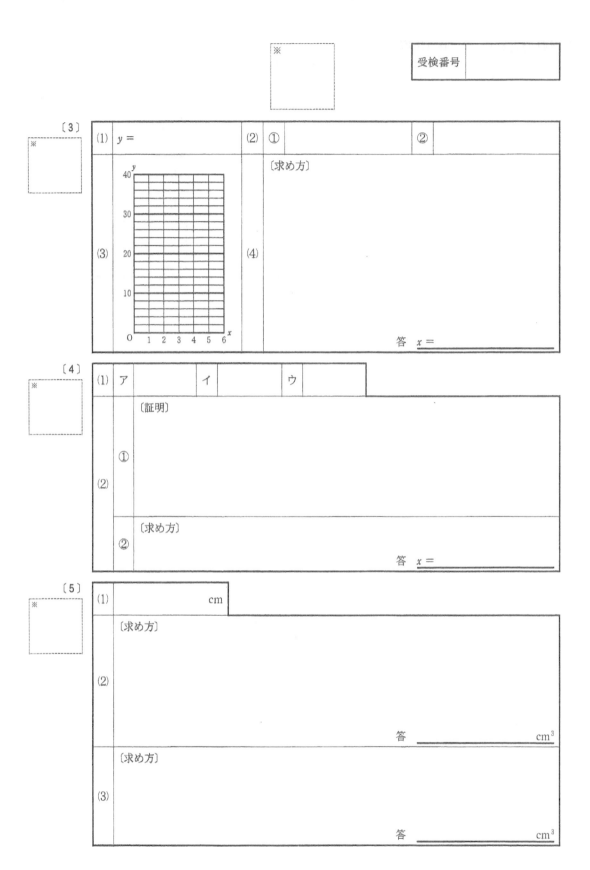

※

受検番号

〔3〕

※

(1) $y =$　　　(2) ①　　　②

(3)
〔y軸: 40, 30, 20, 10, 0, x軸: 1 2 3 4 5 6〕

(4) 〔求め方〕

答　$x =$

〔4〕

※

(1) ア　　イ　　ウ

(2)
① 〔証明〕

② 〔求め方〕

答　$x =$

〔5〕

※

(1)　　　cm

(2) 〔求め方〕

答　　　cm^3

(3) 〔求め方〕

答　　　cm^3

※122％に拡大していただくと，解答欄は実物大になります。

英 語 解 答 用 紙

（注1）　解答は，横書きで記入すること。
（注2）　※の欄には，何も記入しないこと。

〔1〕

(1)	1		2		3		4		
(2)	1		2		3		4		

(3)	1	
	2	

〔2〕

(1)	
(2)	
(3)	

〔3〕

(1)	A		E	

(2)	

(3)	C	
	G	

(4)	

(5)	

(6)	

〔4〕

※

(1)	
(2)	
(3)	
(4)	

(5)	①	
	②	
	③	

(6)

Hello, Fred.

Thank you for your e-mail and the interesting article.

Your friend, Hikari

※ 123％に拡大していただくと，解答欄は実物大になります。

理 科 解 答 用 紙

(注1)　解答は，横書きで記入すること。
(注2)　※の欄には，何も記入しないこと。

〔1〕

※

(1)		(2)	
(3)	(　　　)→(　　　)→(　　　)→(　　　)	(4)	g
(5)		(6)	

〔2〕

※

(1)		
(2)	①	②
	③　(　　　)→(　　　)→(　　　)→(　　　)	

〔3〕

※

(1)	① X	Y	Z
	② 食塩　　　　g　水　　　　g		
(2)	①	②	
(3)			

〔4〕

※

(1)	
(2)	
(3)	
(4)	
(5)	
(6)	

〔5〕

※

(1)		(2)		(3)	
(4)	X　　　　cm	Y　　　　cm			

※

受検番号 [   ]

〔6〕

※

(1)	①	銅		亜鉛	
	②				
(2)					
(3)					

〔7〕

※

(1)	
(2)	X [ ] Y [ ]
(3)	

〔8〕

※

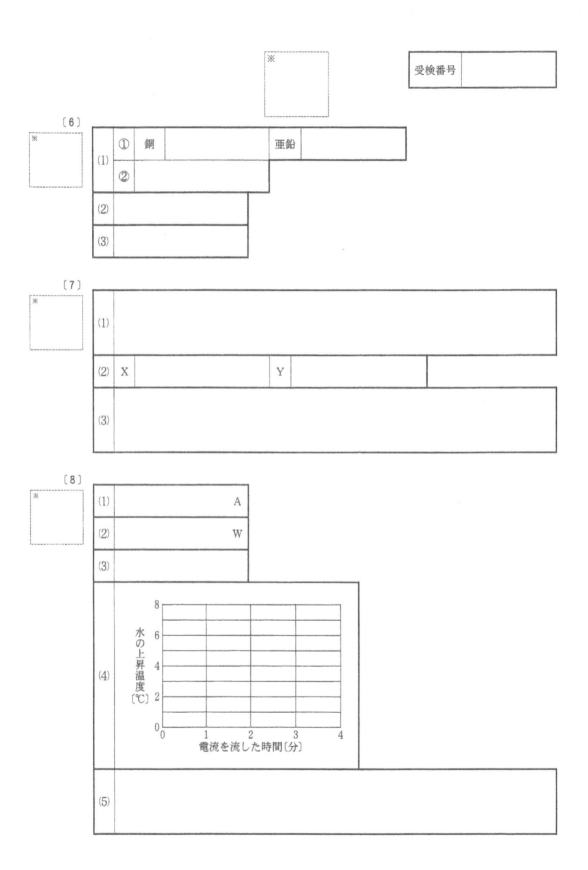

(1)	A
(2)	W
(3)	
(4)	
(5)	

－2023～6－

新潟県公立高校　　2023年度

※119%に拡大していただくと，解答欄は実物大になります。

社 会 解 答 用 紙

（注1）　解答は，横書きで記入すること。
（注2）　※の欄には，何も記入しないこと。

〔1〕

※

(1)	
(2)	
(3)	
(4)	
(5)	a	c

〔2〕

※

(1)		
(2)		
(3)	①	②
(4)	符号	
	理由	

〔3〕

※

(1)		
(2)	①	
	②	
(3)		
(4)	①	
	②	

－ 2023～7 －

〔4〕

※

(1)	
(2)	
(3)	X 　　　　　　　Y
(4)	
(5)	
(6)	

〔5〕

※

(1)	① 　　　　　②
(2)	① 　　　　　②
	③
(3)	①
	② 　　　　　③
(4)	①
	② 　　　　　③

（(3)① のマス目内 50）

〔6〕

※

(1)	（　　）→（　　）→（　　）
(2)	①
	②

（(2)② のマス目内 55）

※114%に拡大していただくと，解答欄は実物大になります。

受検番号

国語解答用紙

（注1）　解答は、縦書きで記入すること。
（注2）　※の欄には、何も記入しないこと。

〔一〕

	（二）					（一）			
5	4	3	2	1	5	4	3	2	1
ルイジ	セイミツ	セツゲン	イキオ	ス	喫緊	貢献	到達	鮮	惜
			い	う				やか	しむ

〔二〕

（五）	（四）	（三）	（二）	（一）

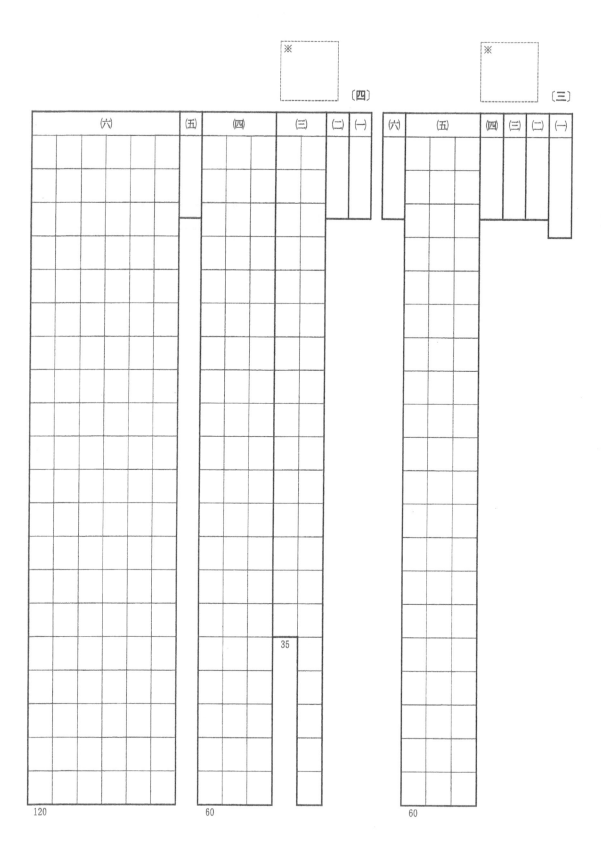

〔四〕

※

〔三〕

※

(六)　(五)　(四)　(三)　(二)　(一)

(六)　(五)　(四)　(三)　(二)　(一)

35

120

60

60

2023年度入試配点表（新潟県）

数学	〔1〕	〔2〕	〔3〕	〔4〕	〔5〕	計
	各4点×8	各6点×3	(3) 4点 (4) 5点 他 各3点×3	(1) 各2点×3 (2)① 6点 (2)② 4点	(2) 6点 他 各5点×2	100点

英語	〔1〕	〔2〕	〔3〕	〔4〕	計
	各3点×10	(3) 6点 他 各3点×2	(1) 各2点×2 (2) 4点 他 各3点×6	(1)・(2)・(4) 各4点×3 (6) 8点 他 各3点×4	100点

理科	〔1〕	〔2〕	〔3〕	〔4〕	計
	各3点×6	(2)③ 3点 他 各2点×3	(1)① 各1点×3 (1)② 3点(完答) 他 各2点×3	(1)・(4) 各2点×2 他 各3点×4	100点
	〔5〕	〔6〕	〔7〕	〔8〕	
	(4) 3点(完答) 他 各2点×3	(1)① 各1点×2 (1)② 2点 他 各3点×2	(3) 4点 他 各3点×3	(1)・(2) 各2点×2 他 各3点×3	

社会	〔1〕	〔2〕	〔3〕	〔4〕	〔5〕	〔6〕	計
	(1)・(2) 各3点×2 他 各2点×4	(2) 3点 (4)理由 5点 他 各2点×4	(4)① 5点 他 各2点×5	(5) 5点 他 各2点×6	(3)①・(4)① 各5点×2 他 各2点×9	(1) 2点 (2)① 3点 (2)② 5点	100点

国語	〔一〕	〔二〕	〔三〕	〔四〕	計
	各2点×10	各3点×5	(一) 2点 (五) 12点 他 各4点×4	(三) 5点 (四) 8点 (五) 4点 (六) 12点 他 各3点×2	100点

※ 122％に拡大していただくと，解答欄は実物大になります。

数 学 解 答 用 紙

(注1)　解答は，横書きで記入すること。
(注2)　※の欄には，何も記入しないこと。

〔1〕

※

(1)		(2)		(3)	
(4)		(5)	$x=$	(6)	
(7)	$\angle x=$ 　　　度	(8)			

〔2〕

※

(1) 〔求め方〕

答　$n=$ _____

(2) 〔求め方〕

答　_____

(3)

P.

A ——————————— B

〔3〕

※

(1)	
(2)	毎秒　　　　　　m

(3) 〔求め方〕

答　$a=$ _____

(4)	ア		イ		ウ	

受検番号

〔4〕

| (1) | ア | | イ | | (2) | | cm² |

(3) 〔証明〕

(4)

(5) 〔証明〕

〔5〕

(1) cm

(2) 〔求め方〕

答 _____ cm

(3) 〔求め方〕

答 _____ cm²

※ 122％に拡大していただくと，解答欄は実物大になります。

英 語 解 答 用 紙

(注1)　解答は，横書きで記入すること。
(注2)　※の欄には，何も記入しないこと。

〔1〕

※

(1)	1		2		3		4	
(2)	1		2		3		4	

(3)	1	
	2	

〔2〕

※

(1)	

(2)	a	
	b	

〔3〕

※

(1)	A		D	

(2)	B	
	G	

(3)	

(4)		

(5)	

(6)	

〔4〕

※

(1)		
(2)		
(3)		
(4)		
(5)	①	
	②	
	③	
(6)	Hello, 〔　　　　〕. I'm ＊＊＊.	

※ 123％に拡大していただくと，解答欄は実物大になります。

理 科 解 答 用 紙

(注1)　解答は，横書きで記入すること。
(注2)　※の欄には，何も記入しないこと。

〔1〕

※

(1)		(2)		(3)	
(4)		(5)		(6)	

〔2〕

※

(1)	X			Y	

(2)		

(3)	①	丸形の種子の遺伝子の組合せ	
		しわ形の種子の遺伝子の組合せ	
	②		

(4)	丸形の種子の数：しわ形の種子の数　＝　　　　　　：

〔3〕

※

(1)	
(2)	N
(3)	
(4)	Pa

〔4〕

※

(1)	
(2)	
(3)	①	℃
	②	

〔5〕

※

(1)	
(2)	①	X		Y	
	②				

〔6〕

※

(1)		(2)	
(3)		(4)	
(5)			

〔7〕

※

(1)	①	mA
	②	Ω
(2)		mA
(3)		W
(4)	( ) → ( ) → ( ) → ( )	

〔8〕

※

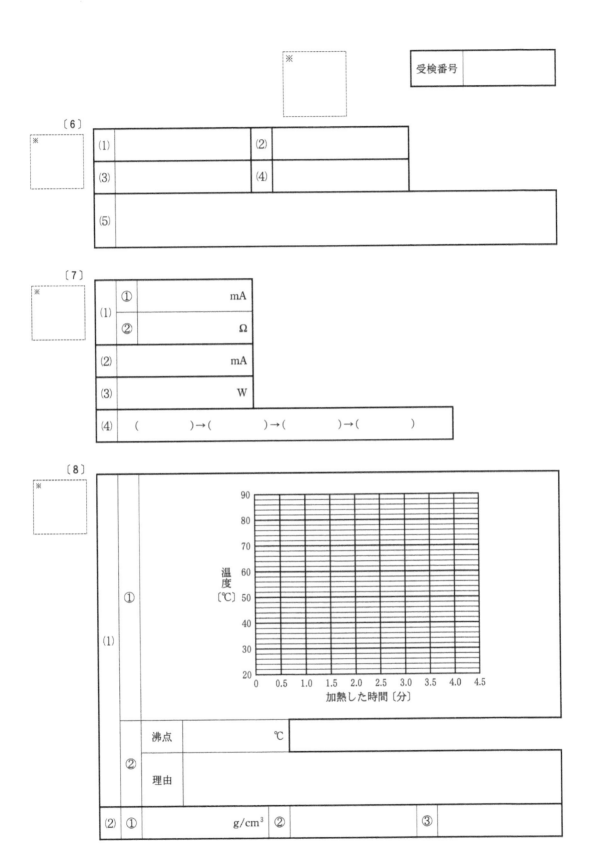

		温度〔℃〕 グラフ（縦軸20〜90、横軸0〜4.5 加熱した時間〔分〕）	

(1)	①		
	②	沸点	℃
		理由	
(2)	①	g/cm³	②	③

※ 119%に拡大していただくと，解答欄は実物大になります。

社 会 解 答 用 紙

（注１）　解答は，横書きで記入すること。
（注２）　※の欄には，何も記入しないこと。

〔1〕

※

(1)	
(2)	（　　　　）緯（　　　　）度　　（　　　　）経（　　　　）度
(3)	
(4)	
(5)	

〔2〕

※

(1)		
(2)		
(3)	①	
(4)	①	
	②	

(3) ②

〔3〕

※

(1)		
(2)		
(3)	①	
	②	
(4)	①	②
	③	

受検番号

〔4〕

※

(1)	X		Y	
(2)				
(3)	①	（　　　）→（　　　）→（　　　）		
	②			
(4)				

〔5〕

※

(1)	①		②	
(2)	①			
	②	a （　　　）議席	b （　　　）議席	
		c （　　　）議席	d （　　　）議席	
	③			
(3)	①		②	
	③			
(4)	①		②	

〔6〕

※

(1)		
(2)	X	
	Y	

40

※ 114%に拡大していただくと，解答欄は実物大になります。

※

受検番号

※
〔二〕

※
〔一〕

国 語 解 答 用 紙

（五）	（四）	（三）	（二）	（一）

（二）					（一）				
5	4	3	2	1	5	4	3	2	1
ダンカイ	ギアン	キョウメイ	ココロ	コマ	陳列	抑揚	描写	漂	奪
			みる	かく				う	われる

（注1）　解答は、縦書きで記入すること。
（注2）　※の欄には、何も記入しないこと。

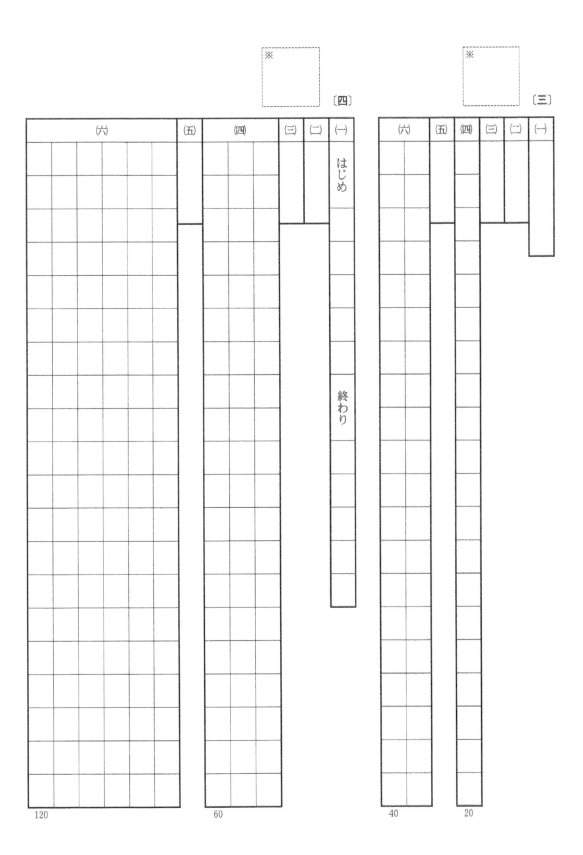

※ 〔四〕

※ 〔三〕

はじめ

終わり

120

60

40

20

2022年度入試配点表 (新潟県)

数学

	【1】	【2】	【3】	【4】	【5】	計
数学	各4点×8 ((8)完答)	(3) 5点 他 各6点×2	(3) 6点 他 各4点×3 ((4)完答)	(1) 各1点×2 (2) 2点 (3) 4点 (4) 3点 (5) 6点	(1) 4点 他 各6点×2	100点

英語

	【1】	【2】	【3】	【4】	計
英語	各3点×10	(2)b 6点 他 各3点×2	(1) 各2点×2 (5) 4点 他 各3点×6	(2)~(4) 各4点×3 (6) 8点 他 各3点×4	100点

理科

	【1】	【2】	【3】	【4】	計
理科	各3点×6	(1) 各1点×2 (2)・(3)① 各2点×2((3) ①完答) 他 各3点×2	(1)・(2) 各2点×2 他 各3点×2	(3)② 3点 他 各2点×3	100点
	【5】	【6】	【7】	【8】	
	(1)・(2)② 各3点×2 他 各2点×2	(1)・(2) 各2点×2 他 各3点×3	(3)・(4) 各3点×2 他 各2点×3	(1)② 各2点×2 他 各3点×4	

社会

	【1】	【2】	【3】	【4】	【5】	【6】	計
社会	(5) 5点 他 各3点×4 ((2)完答)	(1)・(4)② 各2点×2 他 各3点×4	(3)① 5点 他 各2点×6	(2) 5点 (4) 3点 他 各2点×4	(2)②・(3)③ 各3点×3 他 各2点×7 ((2)②完答)	(2)Y 5点 他 各2点×3	100点

国語

	〔一〕	〔二〕	〔三〕	〔四〕	計
国語	各2点×10	各3点×5	(一) 2点 (二)・(三) 各4点×2 (六) 10点 他 各5点×2	(四) 8点 (五) 3点 (六) 12点 他 各4点×3	100点

※125％に拡大していただくと，解答欄は実物大になります。

数 学 解 答 用 紙

（注1）　解答は，横書きで記入すること。
（注2）　※の欄には，何も記入しないこと。

〔1〕

※

(1)		(2)		(3)	
(4)		(5)	$x =$	(6)	
(7)	$\angle x =$　　　　　　　度				
(8)	①		②	m 以上　　　　　　m 未満	

〔2〕

※

(1) 〔求め方〕

答 _____

(2) 〔求め方〕

答 _____

(3)

〔3〕

※

(1)		
(2)	① $b =$	②

(3) 〔求め方〕

答 _____ 分 _____ 秒後

〔4〕

※

(1)			cm		
(2)	①			②	
	③	〔証明〕			
	④	〔求め方〕			

答 ＿＿＿＿＿＿＿ cm

〔5〕

※

(1)		cm
(2)	〔証明〕	
(3)	〔求め方〕	

答 ＿＿＿＿＿＿＿ 倍

※ 123％に拡大していただくと，解答欄は実物大になります。

英 語 解 答 用 紙

(注1)　解答は，横書きで記入すること。
(注2)　※の欄には，何も記入しないこと。

〔1〕

※

(1)	1		2		3		4	
(2)	1		2		3		4	

(3)	1	
	2	

〔2〕

※

(1)	

(2)

I want to take part in Volunteer Activity (　　　).

〔3〕

※

(1)	A		B	

(2)	C	
	D	

(3)	
(4)	

(5)	

(6)	

受検番号

〔4〕

(1)	
(2)	
(3)	
(4)	①
	②
	③
(5)	
(6)	

※ 123％に拡大していただくと，解答欄は実物大になります。

理 科 解 答 用 紙

(注1)　解答は，横書きで記入すること。
(注2)　※の欄には，何も記入しないこと。

〔1〕

※	(1)		(2)		(3)	
	(4)		(5)		(6)	倍

〔2〕

※	(1)				
	(2)	① X	Y	②	
		③			

〔3〕

※	(1)	① X	Y	Z
		②		
		③		
	(2)		g	

〔4〕

※	(1)	①	②	
	(2)	①		
		②		

※　　　　　　　　　受検番号

〔5〕
※

(1)			
(2)			
(3)	①	②	
	③		

〔6〕
※

(1)	①	
	②	
(2)	①	V	②	W
(3)	①	V	②	倍

〔7〕
※

(1)			
(2)	①	②	③

〔8〕
※

(1)	①	②
(2)		
(3)		

※ 122％に拡大していただくと，解答欄は実物大になります。

社 会 解 答 用 紙

（注1）　解答は，横書きで記入すること。
（注2）　※の欄には，何も記入しないこと。

〔1〕

※	(1)	①		②	
	(2)	Ⅰ群		Ⅱ群	
	(3)				

〔2〕

※	(1)	
	(2)	
	(3)	
	(4)	①
		②

〔3〕

※	(1)	
	(2)	
	(3)	（　　　　）→（　　　　）→（　　　　）
	(4)	
	(5)	X　　　　　　　　　Y
	(6)	

※ 受検番号

〔4〕

※

(1)	①	
	②	（　　　　）→（　　　　）→ 日露戦争 →（　　　　）
(2)		
(3)		
(4)		

〔5〕

※

(1)	①	
	②	
(2)	①	
	②	
	③	
(3)	符号	
	理由	
(4)	①	
	②	

〔6〕

※

(1)	
(2)	
(3)	

40

※ 116％に拡大していただくと，解答欄は実物大になります。

※

受検番号

※〔二〕

※〔一〕

国 語 解 答 用 紙

（注1）　解答は、縦書きで記入すること。
（注2）　※の欄には、何も記入しないこと。

(五)	(四)	(三)	(二)	(一)

	(二)						(一)			
5	4	3	2	1		5	4	3	2	1
コウリツ	トウケイ	ヤクワリ	イトナ	ミキ		脳裏	披露	均衡	帯	緩
			む						びる	む

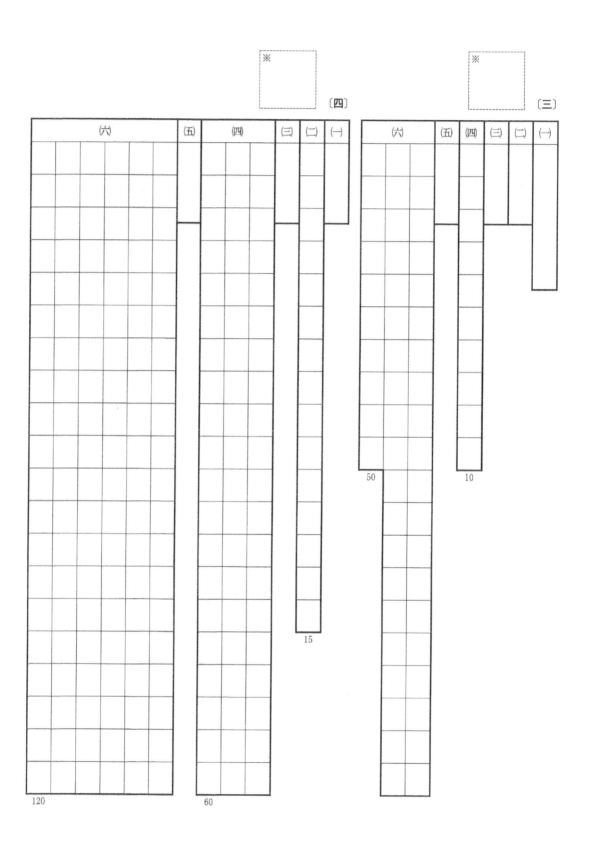

2021年度入試配点表(新潟県)

数学	〔1〕	〔2〕	〔3〕	〔4〕	〔5〕	計
	(8) 各2点×2 他 各4点×7	(3) 5点 他 各6点×2	(3) 6点 他 各4点×3	(1) 4点 (2)①・② 各2点×2 他 各5点×2	各5点×3	100点

英語	〔1〕	〔2〕	〔3〕	〔4〕	計
	各3点×10	(1) 4点 (2) 8点	(1) 各2点×2 (2)・(3) 各3点×3 (5) 5点 他 各4点×2	(1)・(4) 各3点×4 (6) 8点 他 各4点×3	100点

理科	〔1〕	〔2〕	〔3〕	〔4〕	計
	各3点×6 ((5)完答)	(1)・(2)③ 各3点×2 他 各2点×3	(1)① 各1点×3 他 各3点×3	(1) 各2点×2 (2) 各3点×2	
	〔5〕	〔6〕	〔7〕	〔8〕	100点
	(3) 各3点×3 他 各2点×2	(1) 各2点×2 他 各3点×4	(1) 3点 (2) 各2点×3	(1) 各2点×2 他 各3点×2	

社会	〔1〕	〔2〕	〔3〕	〔4〕	〔5〕	〔6〕	計
	各3点×5	(3) 3点 (4)② 5点 他 各2点×3	(4) 5点 他 各2点×6 ((3)完答)	(4) 5点 他 各3点×4 ((1)②完答)	(1),(2)② 各2点×4 (3)理由 5点 他 各3点×5	(3) 5点 他 各2点×2	100点

国語	〔一〕	〔二〕	〔三〕	〔四〕	計
	各2点×10	各3点×5	(一) 2点 (二)・(三) 各4点×2 (六) 10点 他 各5点×2	(一) 3点 (四) 8点 (六) 12点 他 各4点×3	100点

受検番号

数 学 解 答 用 紙

(注1) 解答は、横書きで記入すること。
(注2) ※の欄には、何も記入しないこと。

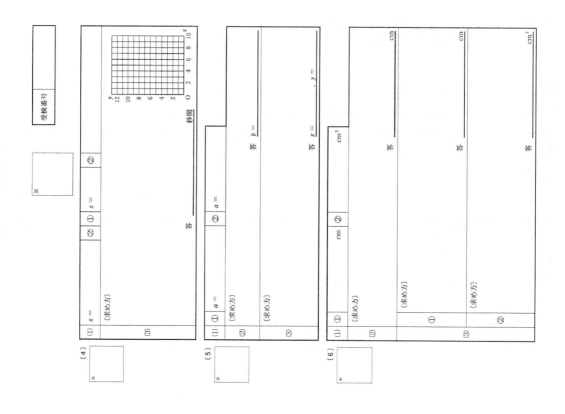

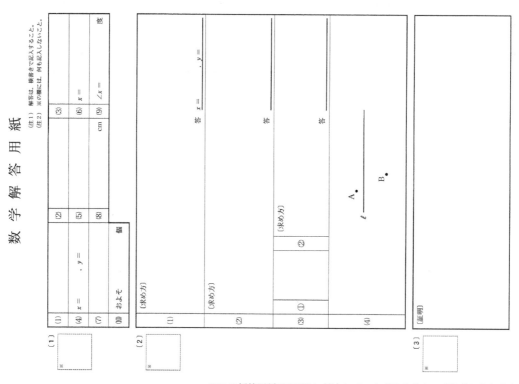

※この解答用紙は189%に拡大していただきますと，実物大になります。

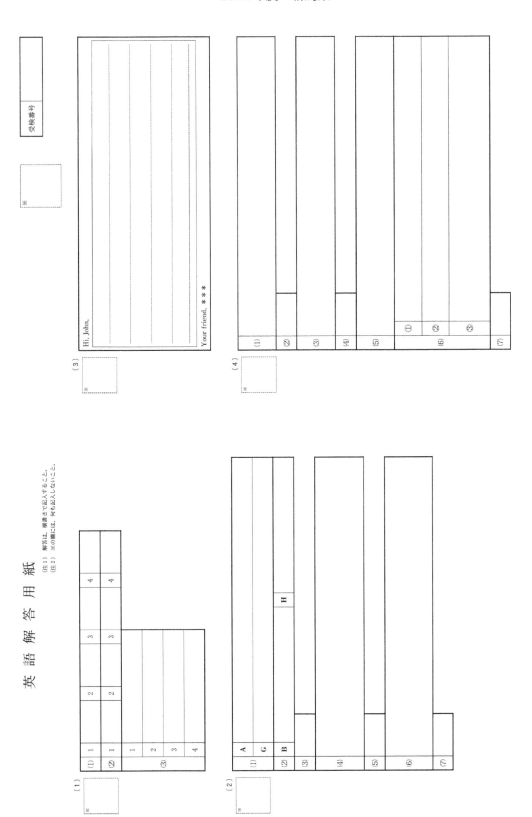

2020年度　新潟県

英語解答用紙

※この解答用紙は189％に拡大していただきますと，実物大になります。

2020年度　新潟県

理　科　解　答　用　紙

(注1) 解答は、横書きで記入すること。
(注2) ※の欄には、何も記入しないこと。

受験番号

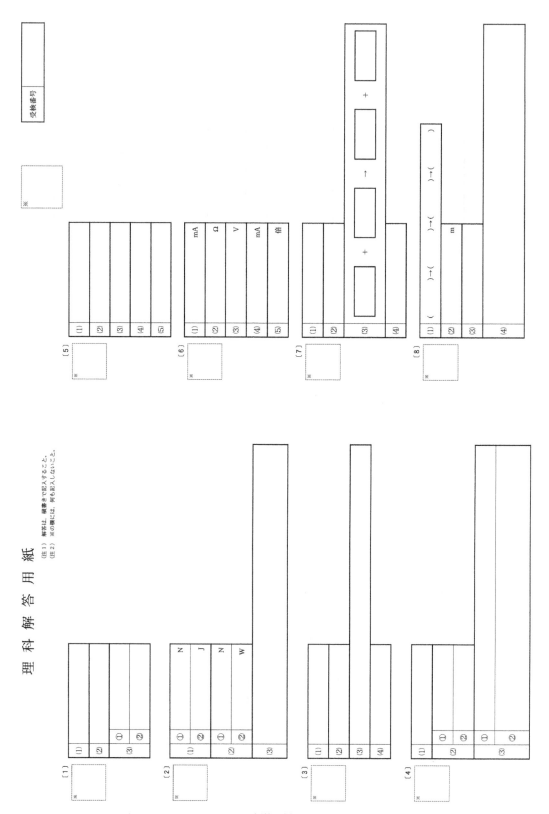

※この解答用紙は189%に拡大していただきますと，実物大になります。

2020年度　新潟県

社 会 解 答 用 紙

(注1) 解答は、横書きで記入すること。
(注2) ※の欄には、何も記入しないこと。

受検番号

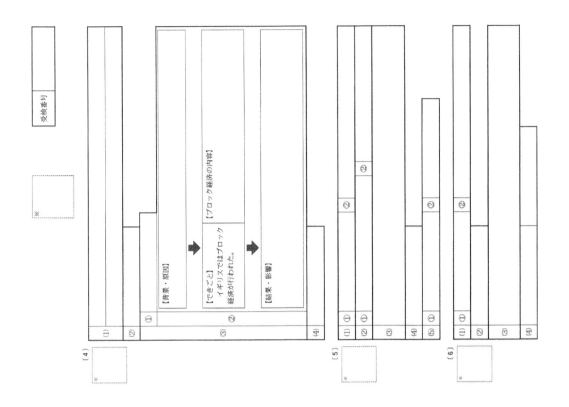

【4】

【5】

【6】

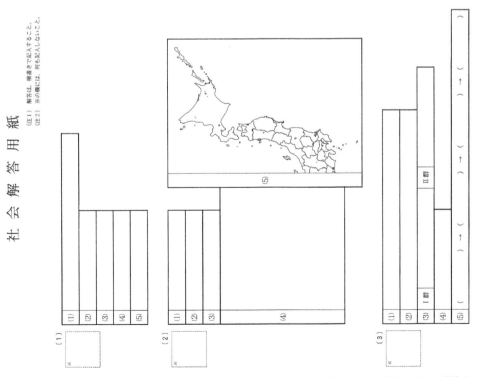

【1】

【2】

【3】

※この解答用紙は189%に拡大していただきますと，実物大になります。

2020年度　新潟県

国語解答用紙

受検番号

(一)

(1)

1	優	れた
2	費	やす
3	繊	る
4	快挙	
5	救護	
6	卵黄	

(2)

1	タ	れる
2	サ	まして
3	タ系	
4	チョウシャ	
5	ホウソウ	
6	チョウ	

(二)

(一)

(二)

(三) はじめ　［　　　　　］　終わり　［　　　　　］

(四)

(五)

(三)

(一)

(二)

(三)

(四)

(五)
（50）

(四)

(一) はじめ　［　　　　］　終わり　［　　　　］

(二)

(三)

(四)
（70）

(五)

(六)
（90）

2020年度入試配点表(新潟県)

数学	〔1〕	〔2〕	〔3〕	〔4〕	〔5〕	〔6〕	計
	各3点×10	(3) 各2点×2 他 各4点×3	6点	(3) 6点 他 各3点×3	(1) 各3点×2 他 各5点×2	(1) 各3点×2 (2) 3点 (3) 各4点×2	100点

英語	〔1〕	〔2〕	〔3〕	〔4〕	計
	(1) 各2点×4 他 各3点×8	(2)・(3) 各2点×3 (4) 6点 (6) 4点 他 各3点×4	10点	(1)・(3)・(5) 各4点×3 他 各3点×6	100点

理科	〔1〕	〔2〕	〔3〕	〔4〕	計
	各3点×4	(2)② 3点 (3) 4点 他 各2点×3	(1) 2点 (3) 4点 他 各3点×2	(1)・(3)① 各2点×2 他 各3点×3	100点
	〔5〕	〔6〕	〔7〕	〔8〕	
	(4)・(5) 各2点×2 他 各3点×3	(4)・(5) 各3点×2 他 各2点×3	各3点×4	(4) 4点 他 各3点×3	

社会	〔1〕	〔2〕	〔3〕	〔4〕	〔5〕	〔6〕	計
	各3点×5	(4) 5点 (5) 各3点×2 他 各2点×3	(3)Ⅰ群・Ⅱ群,(5) 各3点×3 ((5)完答) 他 各2点×3	(3)② 9点 他 各2点×5	(3) 5点 他 各2点×7	(3) 5点 他 各2点×5	100点

国語	〔一〕	〔二〕	〔三〕	〔四〕	計
	各2点×12	(三),(五) 各3点×2 他 各2点×3	(一) 4点 (二) 2点 (五) 12点 他 各6点×2	(四) 8点 (六) 10点 他 各4点×4	100点

公立高校入試シリーズ

数学

NEW

合格のために必要な点数をゲット

目標得点別・公立入試の数学　基礎編

- 効率的に対策できる!　30・50・70点の目標得点別の章立て
- web解説には豊富な例題167問!
- 実力確認用の総まとめテストつき

定価:1,210円 (本体1,100円+税10%) / ISBN:978-4-8141-2558-6

NEW

応用問題の頻出パターンをつかんで80点の壁を破る!

実戦問題演習・公立入試の数学　実力錬成編

- 応用問題の頻出パターンを網羅
- 難問にはweb解説で追加解説を掲載
- 実力確認用の総まとめテストつき

定価:1,540円 (本体1,400円+税10%) / ISBN:978-4-8141-2560-9

英語

「なんとなく」ではなく確実に長文読解・英作文が解ける

実戦問題演習・公立入試の英語　基礎編

- 解き方がわかる!　問題内にヒント入り
- ステップアップ式で確かな実力がつく

定価:1,100円 (本体1,000円+税10%) / ISBN:978-4-8141-2123-6

公立難関・上位校合格のためのゆるがぬ実戦力を身につける

実戦問題演習・公立入試の英語　実力錬成編

- 総合読解・英作文問題へのアプローチ手法がつかめる
- 文法、構文、表現を一つひとつ詳しく解説

定価:1,320円 (本体1,200円+税10%) / ISBN:978-4-8141-2169-4

理科

短期間で弱点補強・総仕上げ

実戦問題演習・公立入試の理科

- 解き方のコツがつかめる!　豊富なヒント入り
- 基礎~思考・表現を問う問題まで
  重要項目を網羅

定価:1,045円 (本体950円+税10%)
ISBN:978-4-8141-0454-3

社会

弱点補強・総合力で社会が武器になる

実戦問題演習・公立入試の社会

- 基礎から学び弱点を克服!　豊富なヒント入り
- 分野別総合・分野複合の融合など
  あらゆる問題形式を網羅
  ※時事用語集を弊社HPで無料配信

定価:1,045円 (本体950円+税10%)
ISBN:978-4-8141-0455-0

国語

最後まで解ききれる力をつける

形式別演習・公立入試の国語

- 解き方がわかる!　問題内にヒント入り
- 基礎~標準レベルの問題で
  確かな基礎力を築く
- 実力確認用の総合テストつき

定価:1,045円 (本体950円+税10%)
ISBN:978-4-8141-0453-6

全国47都道府県を完全網羅

全国公立高校入試過去問題集シリーズ

POINT

① **入試攻略サポート**
- 出題傾向の分析×**10年分**
- 合格への対策アドバイス
- 受験状況

② **便利なダウンロードコンテンツ**（HPにて配信）
- 英語リスニング問題音声データ
- 解答用紙

③ **学習に役立つ**
- 解説は全問題に対応
- 配点
- 原寸大の解答用紙を
ファミマプリントで販売

※一部の店舗で取り扱いがない場合がございます。

最新年度の発刊情報は
HP（https://www.gakusan.co.jp/）をチェック!

こちらの2県は 予想問題集も発売中
実戦的な合格対策に!!

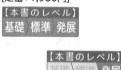

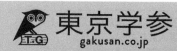
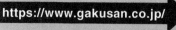

東京学参の
中学校別入試過去問題シリーズ

*出版校は一部変更することがあります。一覧にない学校はお問い合わせください。

公立中高一貫校「適性検査対策」問題集シリーズ

総合編　作文問題編　資料問題編　数と図形編　生活と科学編　実力確認テスト編

私立中・高スクールガイド

THE 私立

私立中学&高校の学校生活がわかる!

東京学参の
高校別入試過去問題シリーズ

*出版校は一部変更することがあります。一覧にない学校はお問い合わせください。

東京ラインナップ

- あ 愛国高校(A59)
  - 青山学院高等部(A16)★
  - 桜美林高校(A37)
  - お茶の水女子大附属高校(A04)
- か 開成高校(A05)
  - 共立女子第二高校(A40)★
  - 慶應義塾女子高校(A13)
  - 啓明学園高校(A68)★
  - 国学院高校(A30)
  - 国学院大久我山高校(A31)
  - 国際基督教大高校(A06)
  - 小平錦城高校(A61)★
  - 駒澤大高校(A32)
- さ 芝浦工業大附属高校(A35)
  - 修徳高校(A52)
  - 城北高校(A21)
  - 専修大附属高校(A28)
  - 創価高校(A66)★
- た 拓殖大第一高校(A53)
  - 立川女子高校(A41)
  - 玉川学園高等部(A56)
  - 中央大高校(A19)
  - 中央大杉並高校(A18)★
  - 中央大附属高校(A17)
  - 筑波大附属高校(A01)
  - 筑波大附属駒場高校(A02)
  - 帝京大高校(A60)
  - 東海大菅生高校(A42)
  - 東京学芸大附属高校(A03)
  - 東京農業大第一高校(A39)
  - 桐朋高校(A15)
  - 都立青山高校(A73)★
  - 都立国立高校(A76)★
  - 都立国際高校(A80)★
  - 都立国分寺高校(A78)★
  - 都立新宿高校(A77)★
  - 都立墨田川高校(A81)★
  - 都立立川高校(A75)★
  - 都立戸山高校(A72)★
  - 都立西高校(A71)★
  - 都立八王子東高校(A74)★
  - 都立日比谷高校(A70)★
- な 日本大櫻丘高校(A25)
  - 日本大第一高校(A50)
  - 日本大第三高校(A48)
  - 日本大第二高校(A27)
  - 日本大鶴ヶ丘高校(A26)
  - 日本大豊山高校(A23)
- は 八王子学園八王子高校(A64)
  - 法政大高校(A29)
- ま 明治学院高校(A38)
  - 明治学院東村山高校(A49)
  - 明治大付属中野高校(A33)
  - 明治大付属八王子高校(A67)
  - 明治大付属明治高校(A34)★
  - 明法高校(A63)
- わ 早稲田実業学校高等部(A09)
  - 早稲田大高等学院(A07)

神奈川ラインナップ

- あ 麻布大附属高校(B04)
  - アレセイア湘南高校(B24)
- か 慶應義塾高校(A11)
  - 神奈川県公立高校特色検査(B00)
- さ 相洋高校(B18)
- た 立花学園高校(B23)
  - 桐蔭学園高校(B01)

- 東海大付属相模高校(B03)★
- 桐光学園高校(B11)
- な 日本大高校(B06)
  - 日本大藤沢高校(B07)
- は 平塚学園高校(B22)
  - 藤沢翔陵高校(B08)
  - 法政大国際高校(B17)
  - 法政大第二高校(B02)★
- や 山手学院高校(B09)
  - 横須賀学院高校(B20)
  - 横浜商科大高校(B05)
  - 横浜市立横浜サイエンスフロンティア高校(B70)
  - 横浜翠陵高校(B14)
  - 横浜清風高校(B10)
  - 横浜創英高校(B21)
  - 横浜隼人高校(B16)
  - 横浜富士見丘学園高校(B25)

千葉ラインナップ

- あ 愛国学園大附属四街道高校(C26)
  - 我孫子二階堂高校(C17)
  - 市川高校(C01)★
- か 敬愛学園高校(C15)
- さ 芝浦工業大柏高校(C09)
  - 渋谷教育学園幕張高校(C16)★
  - 翔凛高校(C34)
  - 昭和学院秀英高校(C23)
  - 専修大松戸高校(C02)
- た 千葉英和高校(C18)
  - 千葉敬愛高校(C05)
  - 千葉経済大附属高校(C27)
  - 千葉日本大第一高校(C06)★
  - 千葉明徳高校(C20)
  - 千葉黎明高校(C24)
  - 東海大付属浦安高校(C03)
  - 東京学館高校(C14)
  - 東京学館浦安高校(C31)
- な 日本体育大柏高校(C30)
  - 日本大習志野高校(C07)
- は 日出学園高校(C08)
- や 八千代松陰高校(C12)
- ら 流通経済大付属柏高校(C19)★

埼玉ラインナップ

- あ 浦和学院高校(D21)
  - 大妻嵐山高校(D04)★
- か 開智高校(D08)
  - 開智未来高校(D13)★
  - 春日部共栄高校(D07)
  - 川越東高校(D12)
  - 慶應義塾志木高校(A12)
- さ 埼玉栄高校(D09)
  - 栄東高校(D14)
  - 狭山ヶ丘高校(D24)
  - 昌平高校(D23)
  - 西武学園文理高校(D10)
  - 西武台高校(D06)

- た 東京農業大第三高校(D18)
- は 武南高校(D05)
  - 本庄東高校(D20)
- や 山村国際高校(D19)
- ら 立教新座高校(A14)
- わ 早稲田大本庄高等学院(A10)

北関東・甲信越ラインナップ

- あ 愛国学園大附属龍ヶ崎高校(E07)
  - 宇都宮短大附属高校(E24)
- か 鹿島学園高校(E08)
  - 霞ヶ浦高校(E03)
  - 共愛学園高校(E31)
  - 甲陵高校(E43)
  - 国立高等専門学校(A00)
- さ 作新学院高校
  - (トップ英進・英進部)(E21)
  - (情報科学・総合進学部)(E22)
  - 常総学院高校(E04)
- た 中越高校(R03) *
  - 土浦日本大高校(E01)
  - 東洋大附属牛久高校(E02)
- な 新潟青陵高校(R02)
  - 新潟明訓高校(R04)
  - 日本文理高校(R01)
- は 白鷗大足利高校(E25)
- ま 前橋育英高校(E32)
- や 山梨学院高校(E41)

中京圏ラインナップ

- あ 愛知高校(F02)
  - 愛知啓成高校(F09)
  - 愛知工業大名電高校(F06)
  - 愛知みずほ大瑞穂高校(F25)
  - 暁高校(3年制)(F50)
  - 鶯谷高校(F60)
  - 栄徳高校(F29)
  - 桜花学園高校(F14)
  - 岡崎城西高校(F34)
- か 岐阜聖徳学園高校(F62)
  - 岐阜東高校(F61)
  - 享栄高校(F18)
- さ 桜丘高校(F36)
  - 至学館高校(F19)
  - 椙山女学園高校(F10)
  - 鈴鹿高校(F53)
  - 星城高校(F27)★
  - 誠信高校(F33)
  - 清林館高校(F16)★
- た 大成高校(F28)
  - 大同大大同高校(F30)
  - 高田高校(F51)
  - 滝高校(F03)★
  - 中京高校(F63)
  - 中京大附属中京高校(F11)★

公立高校入試対策問題集シリーズ

- ●目標得点別・公立入試の数学(基礎編)
- ●実戦問題演習・公立入試の数学(実力錬成編)
- ●実戦問題演習・公立入試の英語(基礎編・実力錬成編)
- ●形式別演習・公立入試の国語
- ●実戦問題演習・公立入試の理科
- ●実戦問題演習・公立入試の社会

- 中部大春日丘高校(F26)★
- 中部大第一高校(F32)
- 津田学園高校(F54)
- 東海高校(F04)★
- 東邦高校(F20)
- 東邦高校(F12)
- 同朋高校(F22)
- 豊田大谷高校(F35)
- な 名古屋高校(F13)
  - 名古屋大谷高校(F23)
  - 名古屋経済大市邨高校(F08)
  - 名古屋経済大高蔵高校(F05)
  - 名古屋女子大高校(F24)
  - 名古屋たちばな高校(F21)
  - 日本福祉大付属高校(F17)
  - 人間環境大附属岡崎高校(F37)
- は 光ヶ丘女子高校(F38)
  - 誉高校(F31)
- ま 三重高校(F52)
  - 名城大附属高校(F15)

宮城ラインナップ

- さ 尚絅学院高校(G02)
  - 聖ウルスラ学院英智高校(G01)★
  - 聖和学園高校(G05)
  - 仙台育英学園高校(G04)
  - 仙台城南高校(G06)
  - 仙台白百合学園高校(G12)
- た 東北学院高校(G03)★
  - 東北学院榴ヶ岡高校(G08)
  - 東北高校(G11)
  - 東北生活文化大高校(G10)
  - 常盤木学園高校(G07)
- は 古川学園高校(G13)
- ま 宮城学院高校(G09)★

北海道ラインナップ

- さ 札幌光星高校(H06)
  - 札幌静修高校(H09)
  - 札幌第一高校(H01)
  - 札幌北斗高校(H04)
  - 札幌龍谷学園高校(H08)
- は 北海高校(H03)
  - 北海学園札幌高校(H07)
  - 北海道科学大高校(H05)
- ら 立命館慶祥高校(H02)

★はリスニング音声データのダウンロード付き。

高校入試特訓問題集シリーズ

- ●英語長文難関攻略33選(改訂版)
- ●英語長文テーマ別難関攻略30選
- ●英文法難関攻略20選
- ●英語難関徹底攻略33選
- ●古文完全攻略63選(改訂版)
- ●国語融合問題完全攻略30選
- ●国語長文難関徹底攻略30選
- ●国語知識問題完全攻略13選
- ●数学の図形と関数・グラフの融合問題完全攻略272選
- ●数学難関徹底攻略700選
- ●数学の難問80選
- ●数学 思考力―規則性とデータの分析と活用―

都道府県別公立高校入試過去問シリーズ

- ●全国47都道府県別に出版
- ●最近数年間の検査問題収録
- ●リスニングテスト音声対応

2404A

〈ダウンロードコンテンツについて〉

　本問題集のダウンロードコンテンツ、弊社ホームページで配信しております。現在ご利用いただけるのは「2025年度受験用」に対応したもので、**2025年3月末日**までダウンロード可能です。弊社ホームページにアクセスの上、ご利用ください。

※配信期間が終了いたしますと、ご利用いただけませんのでご了承ください。

新潟県公立高校　2025年度
ISBN978-4-8141-3265-2

[発行所] 東京学参株式会社
　　　〒153-0043　東京都目黒区東山2-6-4

> 書籍の内容についてのお問い合わせは右のQRコードから　⇒

※書籍の内容についてのお電話でのお問い合わせ、本書の内容を超えたご質問には対応
　できませんのでご了承ください。

2024年7月26日　初版